普通高等院校规划教材

汉语
写作教程

解光穆　陶玉凤 主编

HANYU
XIEZUO
JIAOCHENG

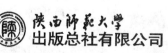

陕西师范大学
出版总社有限公司

图书代号　JC13N0872

图书在版编目(CIP)数据

汉语写作教程 / 解光穆,陶玉凤主编. —西安:陕西师范大学
出版总社有限公司,2013.8
ISBN 978 - 7 - 5613 - 6883 - 1

Ⅰ.①汉…　Ⅱ.①解…②陶…　Ⅲ.①汉语—写作—教材
Ⅳ.①H15

中国版本图书馆 CIP 数据核字(2012)第 294957 号

汉语写作教程

主　　编 / 解光穆　陶玉凤
责任编辑 / 王丽敏
责任校对 / 安　雄
封面设计 / 鼎新设计
出版发行 / 陕西师范大学出版总社有限公司
　　　　　　　(西安市长安南路 199 号　邮编 710062)
网　　址 / http://www.snupg.com
经　　销 / 新华书店
印　　刷 / 西安东江印务有限公司
开　　本 / 787mm×1092mm　1/16
印　　张 / 20.75
字　　数 / 510 千
版　　次 / 2013 年 8 月第 1 版
印　　次 / 2013 年 8 月第 1 次印刷
书　　号 / ISBN 978 - 7 - 5613 - 6883 - 1
定　　价 / 38.00 元

读者购书、书店添货或发现印装质量问题,请与本社高教出版分社联系、调换。
电　话:(029)85303622(传真)　85307826

编 写 说 明

《汉语写作教程》是一本旨在提高母语为非汉语的高等学校民族预科学生汉语写作能力的基础教材,也可供同等汉语写作能力水平的学习者选择使用。

一、编写原则

第一,以提高学生汉语写作能力为根本。帮助民族预科学生通过系统全面的学习与训练,能用汉语具体明确、文从字顺地表述自己的认识与情感,切实提高他们根据日常生活、学习交流、情感抒发等多方面的实际需要而恰当选择常见表达方式来进行写作的能力。

第二,以提高学生文章写作能力为重点。着重提高民族预科学生以记述、描写、说明、议论为基本表达方式的记叙能力、描写能力、说明能力、议论能力以及实际生活、学习与工作所需应用文字的表达能力,同时兼顾提高民族预科学生阅读、欣赏诗歌、小说及现代影视等多种文学样式的能力。

第三,以提高学生中华文化认同为基础。促进民族预科学生在培养和提高汉语写作能力中,不断增进对伟大祖国和中华民族的文化认同与文化自信;能正确认识和积极汲取各兄弟民族文化中的先进元素与表达技巧,善于从对不同民族作品的学习、借鉴中提高写作能力。

第四,以提高学生汉语写作兴趣为关键。在提高民族预科学生的汉语认识水平与实际运用能力的过程中,通过生动形象的写作逸事、深入浅出的写作知识、具体可感的范例作品及形式多样的写作实践,不断提高民族预科学生运用汉语来表情达意、建章立篇的积极性与主动性,使其形成良好的汉语写作素养。

二、体例框架

《汉语写作教程》在编排体例、框架构建上按照总分结合、相对集中、读写结合的基本思路来进行。

第一,总分结合。《汉语写作教程》分上、下两篇,共六十课,第一课"认识作品　了解写作"是总起,第六十课"呕心沥血　不朽作品"则是总括,其余各课都为分说。同时,在阐释每一类文章、文学作品的写作知识与技能时也基本按照先概述后分说的逻辑思路来安排。

第二,相对集中。《汉语写作教程》在每课内容安排上,较为集中地选取写作知识与技能方面的某一个"点"来引导认识、阐释知识、提供范文与进行训练。如第六课"把握特征　熟练运用"就较为集中地安排了对汉字与汉语特点的认识、相关知识梳理及范文阅读、习作实践各方面的内容,使之相互支撑、互为印证,以便于学生积累较为完整的写作知识和提高他们的写作技能。

第三,读写结合。如只有写作知识而无经典作品的阅读借鉴,就容易造成理论的空洞与低效;如只有范文阅读鉴赏,则与一般阅读教材无异。因此,《汉语写作教程》既注意对写作知识与技能、实践训练方面的指导,也注意加强范文的提供与学习借鉴,并力求使二者完美结合在一起,实现"阅读"与"写作"的一体化。

三、内容组织

《汉语写作教程》在每课的内容组织上,都由名言警句、导论与要点、写作启迪、知识技能、阅读借鉴、习作实践、素养积淀七部分组成。

名言警句:根据每课的汉语写作知识与技能内容,选取数则名人写作名言,供学生提高认识水平与素养积淀之用。

导论与要点:导论是对每课学习要点的扼要说明,起概括说明作用;要点则是对每课汉语写作"知识点""技能点"的概要说明,与"导论"一同为师生把握本课教学重点服务。

写作启迪:选取与每课写作知识与技能联系密切的数则名人逸事,主要供学生阅读与思考、讨论,以便使他们在会心的微笑中体悟写作真谛。

知识技能:扼要阐述写作学领域的与学生实际需要基本吻合的基本理论与技能,供师生重点学习与讨论,为学生提高汉语写作能力提供直接的支撑。

阅读借鉴:与"知识技能"相呼应,选取一则或多则文质兼美的范文为阅读对象,一方面使学生在阅读理解中加深对相关汉语写作知识与技能的理解,另一方面也为学生提供学习模仿的"范本",便于他们形成自己的汉语写作的"语汇库""素材库"与"思想库"。

习作实践:紧密结合"知识技能"与"阅读借鉴"中的相关内容,以"片段训练"与"完整作文"相结合的方式,对学生进行较为系统全面的汉语写作实践训练。

素养积淀:主要选取五千多年来脍炙人口的一则诗或词供学生阅读、背诵与赏析,使他们在诵读中既认识到中华传统文化、经典作品的博大精深,又不断提高写作素养。

四、教学建议

第一,《汉语写作教程》主要适用于高等学校两年制民族预科学生的汉语写作教学,也可供汉语表达水平较高的民族预科学生选修之用或供同等汉语写作能力水平的学习者阅读使用。

第二,《汉语写作教程》教学时数建议每周不少于两课时,分两年统筹安排。其中"上篇"用于民族预科一年级,"下篇"用于民族预科二年级。

第三,每课中的"名言警句"与"写作启迪"主要用于学生自读、自悟,可在课外进行;"知识技能"应加强对学生理解掌握的指导,并与"阅读借鉴"相配合,以切实提高学生汉语写作能力;"习作实践"与"素养积淀"一般宜安排于课外,其中写作训练题目、诗词诵读篇目还可由教师做相应替换或增减。

第四,"阅读借鉴"部分的范文教学,教师可视学生实际接受能力组织:可指导学生全部进行阅读理解,也可选取部分进行阅读训练,还可自主选取部分经典作品作为阅读补充材料。

第五,教师可根据民族预科学生的实际汉语写作水平与教学实际需要,根据《汉语写作教程》的编排体例、内容结构,组织进行专题讲座、师生互动、作文竞赛、优秀作文选编、报刊推荐等形式多样的教学活动,促进学生汉语写作能力的快速提高。

编者

2013 年 6 月

目 录

上 篇

第一课　认识作品　了解写作……………………（3）

第二课　刻苦努力　笔耕不辍……………………（9）

第三课　志存高远　力创佳作……………………（15）

第四课　掌握工具　熟练应用……………………（20）

第五课　认识汉语　提高能力……………………（26）

第六课　把握特征　熟练运用……………………（31）

第七课　锤词炼句　意味无穷……………………（36）

第八课　多样句式　灵活选用……………………（42）

第九课　感知生活　注重体验……………………（48）

第十课　热爱家乡　赞美时代……………………（54）

第十一课　知晓历史　熟悉习俗…………………（61）

第十二课　热爱自然　保护生态…………………（67）

第十三课　浓郁情感　艺术语言…………………（71）

第十四课　奇异独特　神奇瑰丽…………………（78）

第十五课　生动有趣　扬善惩恶…………………（83）

第十六课　勤于读书　重视积累…………………（89）

第十七课　诵读经典　涵养素质…………………（94）

第十八课　意在笔先　凝练升华…………………（99）

第十九课　体验感受　多维思考…………………（103）

第二十课　思路明晰　行文连贯…………………（109）

第二十一课　掌握方法　合理结构………………（115）

第二十二课　善于取舍　精于剪裁………………（121）

第二十三课　巧设线索　串连全文………………（126）

第二十四课　精妙布局　完整结构…………（132）

第二十五课　紧密衔接　巧妙照应…………（138）

第二十六课　完整要素　清晰顺序…………（142）

第二十七课　以人写事　以事系人…………（147）

第二十八课　一人多事　一事多人…………（153）

第二十九课　细腻传神　刻画典型…………（158）

下　篇

第 三 十 课　多方着笔　绘形绘神…………（165）

第三十一课　精巧构思　窥斑知豹…………（170）

第三十二课　跌宕起伏　引人入胜…………（175）

第三十三课　情由景生　景由情变…………（182）

第三十四课　联想比拟　托物言志…………（187）

第三十五课　多维观察　移步换景…………（192）

第三十六课　介绍事物　揭示事理…………（197）

第三十七课　深刻把握　准确说明…………（202）

第三十八课　巧用方法　科学阐述…………（207）

第三十九课　合理安排　有序解说…………（211）

第 四 十 课　科学内容　文学形式…………（215）

第四十一课　晓畅论说　以理服人…………（220）

第四十二课　提炼观点　鲜明表达…………（226）

第四十三课　持之有故　言之成理…………（230）

第四十四课　论如析薪　贵在破理…………（235）

第四十五课　思路清晰　逻辑严密…………（240）

第四十六课　变换角度　辩证思考…………（245）

第四十七课　针锋相对　驳斥谬误…………（250）

第四十八课　悉心品鉴　巧读妙感…………（254）

第四十九课　影像结合　述评并重…………（259）

第 五 十 课　种类繁多　应用广泛…………（264）

第五十一课　真情实感　有效沟通……………（269）

第五十二课　面向大众　传递讯息……………（275）

第五十三课　周密规划　及时总结……………（279）

第五十四课　严谨规范　表意明确……………（285）

第五十五课　形式多样　便捷及时……………（290）

第五十六课　日新月异　方便快捷……………（296）

第五十七课　精益求精　文不厌改……………（303）

第五十八课　学会方法　臻于完善……………（308）

第五十九课　掌握符号　注重运用……………（313）

第六十课　呕心沥血　不朽作品………………（319）

后　记…………………………………………（324）

CONTENTS

上　篇

写作是一种生活方式。

——[法]福楼拜

写作就是说话，为了生活上的种种需要，把自己要说的话说出来。

——叶圣陶

写作能使人充分发挥创造之光、智慧之光、心灵之光，写作能使人的情绪得到宣泄，写作能使人的精神得到充分的享受。

——何承伟

第一课

认识作品 了解写作

导论 写作是一种创造性的精神劳动，也是个体认识生活、观察世界、分析问题、表达情感的最主要方式。写作主要是为了组织协作，为了信息沟通，为了情谊表达，为了感情宣泄，为了陈述观点，为了描述事物，为了说明事物，为了展现自我，为了丰富人生……因此，写作在现代社会中是个体在生活、学习与工作时应具备的基本能力和普遍的日常行为。

要点 提高对写作在个体生活、学习和工作中的必要性与重要性的认识水平；形成正确的写作观，初步养成乐于学习、勤于写作、善于表达、追求完美的写作习惯。

❦❧ 写作启迪 ❦❧

故事一 英国著名诗人拜伦有次在街上看见一位盲人身前挂着一个牌子："自幼失明，沿街乞讨。"可他手里乞讨所用的破盒子却空空如也。拜伦很同情这位可怜的盲人乞丐，于是在他的牌子上写了一句诗："春天来了，可我看不见。"诗句的魅力拨动了过路人的心弦，众人于是纷纷解囊相助。

故事二 晋代文学家左思，小时不爱读书，父亲为此经常发脾气，可小左思仍然不肯好好学习。有一天，左思的父亲与朋友们聊天，朋友们都称赞他有个聪明可爱的儿子。左思的父亲叹口气说："快别提他了，小儿左思的学习，还不如我小时候，看来没有多大的出息了。"说着，脸上流露出失望的神色。这一切都被小左思看到、听到了，他为此非常难过并暗下决心，一定要刻苦学习。由于坚持不懈，他终于成为一位学识渊博的人，并用十年时间写出文学巨著《三都赋》。由于当时还没有发明印刷术，喜爱《三都赋》的人只能争相抄阅，因为抄写的人太多，京城洛阳的纸张供不应求，一时间全城纸价大涨。这就是成语"洛阳纸贵"的来历。

知识技能

著名教育家苏霍姆林斯基曾说:"人的心灵深处总有一种把自己当作发现者、研究者、探索者的固有需要。"因此,对正在学习成长的学生来说,写作不应是一种被动的行为,而应是生活与学习、发展与成长的必然要求。

为什么要写作?从某种意义上说,这就如同问我们为什么要吃饭一样,在现代社会,写作是对人的基本能力的要求,不会写、不常写、不善写的人,其生存发展会受到很大影响。

为什么要写作?从某种意义上说,这就如同问我们为什么要唱歌一样,唱歌会使我们感到某种无以言表的愉悦。表达自己真实情感的写作,也会使我们一吐为快,心旷神怡。

为什么要写作?从某种意义上说,这就如同问我们为什么要梳妆一样,精心的梳妆打扮,可把我们最漂亮的一面呈现给世人。由精彩的词句、完美的结构、深刻的思想、严密的逻辑所构成的作品,也是我们展现才华的最好媒介。

为什么要写作?从某种意义上说,这就如同问我们为什么要发明创造一样,发明创造给人类带来了福音,推动着社会的进步。写作,特别是伟大人物的写作,可使他们对人生、对社会、对世界的认识留存下来,并成为推动社会前进的强大精神动力。

为什么要写作?从某种意义上说,这就如同问我们为什么要进行体育锻炼一样,长期的体育锻炼,可使我们身强体健,活力充沛,享受生活的幸福。持久的写作,也会使我们梳理生活、激活情感、形成思想,成为目光敏锐、精神丰富的人,正如哲学家培根所言:"读书使人充实,讨论使人机敏,写作使人精确。"

为什么要写作?从某种意义上说,这就如同问我们为什么要交友一样,志同道合的朋友,可给我们帮助、批评与启迪,可与我们同欢乐,共患难。写作也会使我们获得更广、更多的朋友,我们的感悟、我们的辛酸、我们的成功、我们的情感、我们的生活,都可与无数朋友分享和共勉。

为什么要写作?从某种意义上说,这就如同问我们为什么要学习一样,学习可开发智力,提高能力,熏陶情感,完善人格。写作也是开发智力的重要手段,它可使我们的感悟能力、联想能力、想象能力、观察能力、思维能力、表达能力都获得显著提高。

自然,作为学生之所以要学习写作,根本原因还在于只有通过写作,才能提高写作能力,而提高了写作能力,才有利于提高综合素质。

阅读借鉴

我们为什么要写作

肖 川

造就教师的书卷气的有效途径,除了读书,大概就是写作了。写作是最能体现一个人的综合素质的。我一向认为能够写好文章的人,也一定能上好课,因为一篇文章和一节课非常近似。文章无非是这样几个要素:第一是主题——你要表达什么,肯定什么,否定什么,歌颂什么,贬斥什么,这就是文章的主题。主题是一篇文章的灵魂,"文以载道"的那个"道"。任何一篇文章都不是无意义的语言的堆积,它是需要承载一定的思想与情怀的。第二是素材,为了表达一定的思想与情怀,总需要依托一定的材料——你的经历、你的观察,你的学识的积累和生活的积累。第三是写作的技巧,如何地选材剪裁,如何地布局谋篇、起承转合,如何地铺垫、渲染,如何地蓄势,如何地细处摄神,如何地横云断岭、横桥锁溪,等等。第四是语言。用什么样的语言风格来表达,怎样讲究点文趣,如何使语言具有质感和美感。

如果说主题(思想)是火种,那素材就是原料和燃料。火种从原料中提取,又通过燃料来使得星星之火成为熊熊烈火,在暗夜里熠熠生辉。

而一节课也无非是学习的主题,学习的材料,教学的技艺和教学的语言。作为教师,你能否上好一节课,就取决于你是否能透彻地理解学习的主题,你是否会有丰富的、帮助学生理解学习主题所依托的材料,你如何规划教学进程、设计教学的活动,你的课堂语言是否凝练而又舒展、平实而又雅致。

具体地说,写作对于教师有以下几个方面的意义。

首先,能提升我们阅读的品质。如果你有写作的习惯,你就不会满足于泛泛浏览,对于一些作品你一定会研读,你会自觉地去揣摩人家是如何立意,如何布局谋篇,如何遣词造句的,你会努力从别人的佳作中去汲取营养。

第二,写作会使你更加用心地去品味生活、洞明世事,去捕捉工作中、生活中有意味的现象和信息,会自觉地去积累学识和生活。

第三,写作会帮助你梳理思绪,使你的头脑变得井井有条,使个体经验概念化。培根说:"写作使人精确。"写作是非常有效的认知加工的过程。

第四,写作会帮助你深化认识。如果你不就某个具体的问题写成文章,你的认识可能是一星半点或者是肤浅的,而写作会迫使你对问题作彻底的思考,从而深化和丰富认识。

第五,写作能使你提升口头语言表达的品质。口头语言由于可以借助手势、表情和交谈对象及时地反馈与沟通,不一定需要非常准确与完整。而书面语言,由于缺乏特定情境和及时反馈,就需要十分完整和精当。当你在写作中练就了用完整和精当的语言来表达思想与感怀时,自然而然,口头语言的品质也就提高了。

第六,写作会提升你生活的品质,使你更具有成就感。杜甫有诗云"文章千古事,得失寸心知",贾岛的名句"两句三年得,一吟双泪流",这都说明写作是一件多么有生命意义的事情。每当看到自己的文章变成铅字,如果这篇的确是你付出了心血与真情的,那你一定会很有成就感,一定会有一种收获的快慰。

作家埃·米·齐奥朗就曾深有感触地说:"假如没有写作本领,我不知道我会成为什么,写作便是释放自己的懊悔和积怨,倾听自己的秘密。作家是一个精神失常的生物,通过言语治疗自己。多亏了这些非本质性的疗法,有多少紊乱、多少残酷的进攻我没有被击败啊!"当写作将你拔出平时的麻木和迟钝状态,使你一下子感应到人生的繁复意味的时候,它也同时在悄悄地改变你和现实生活的联系。

(选自《小作家选刊》2007年第4期。收录时略有删改)

◎练习一　作者说"写作是最能体现一个人的综合素质的",结合对本文内容的理解与平时的感悟,具体阐述一下这句话的内涵。

◎练习二　本文是从写作对教师所具有的积极意义来展开的。依据文意,说说写作对学生所具有的积极意义。

我为什么写作

阎连科

我为什么写作,写作为了什么,是我近年经常关门自问的一个问题。就像一个人一出门就撞到墙上一样,每当我坐在桌前,提起笔,面对稿纸的那一瞬间,出现在我头脑中的,不是我要写的小说的第一句话,而是"我为什么写作"这个挥之不去的问题。

"我为什么写作"这个问题,已经像我老家农村双扇木门后边那道又粗又重的榆木门闩,它卡在了我的脑子里,横在了我的脑子里,不把它拉出来,我就打不开写作的大门,我会被活活憋死在那间屋子里。今天,我坐在这里讲"我为什么写作",不是为了同学们好,是为了我自己好。我是一个非常自私的人,对我自己不好的事情我都不爱去干。勉强干了,也是应付差事。如果不是为了进一步弄懂"我为什么写作"这个问题,不是为了把我头脑中的闩拔出来,我也许不会坐在这里,坐在这里,也可能是满嘴谎言,假话多于真话,空话大于实话,套话连着大话。

我必须诚实地告诉大家,我最初学写小说时,目的非常明确,那就是为了逃离土地。为了离开贫穷、落后的农村,和路遥笔下的高加林一样,为了到城里去,有一个"铁饭碗"端在手里。在别的学校和一些记者面前,我会经常被问到这样一个问题:对你产生最大影响的作家是谁?这时候,我总是脱口而出:张抗抗。张抗抗在三十年前写过一部长篇小说,叫《分界线》。小说的内容、故事我都忘得一干二净,但小说的作者简介有一百多字,我记得非常清楚,说张抗抗是下乡到北大荒的知识青年,因为创作了《分界线》这部小说,已经被抽调到哈尔滨工作——啊!这使我茅塞顿开,原来通过写小说这条渠道可以被抽调到城里去,可以使一个人脱离土地到那到处是高楼大厦的地方去。从此,我开始了学习写小说。那时的写作目的就这么简单,就这么明确。张抗抗这几十年写了许多优秀小说,但对我来说,她写得再多、再好都没有那部《分界线》好,都没有那部《分界线》给我的启悟大,简直是在一个少年那懵懂的头脑里打开了一扇天窗,照下了一片曙光。对于我来说,《分界线》和它的作者简介,就是一部伟大的世界名著,就是和《红楼梦》同等重要的传世之作。张抗抗,就是我少年时期的救世主,我将一生都对她怀着感激之情。

事实上,我也的确是通过写作最终达到了逃离土地的目的。当兵、入党、立功、提干,那段艰辛的登山路程,我是通过发表那么几篇所谓的小说、独幕话剧和几首顺口溜一样的诗歌走完的。文学那时候对我来说,最重要的功能就是敲门砖的功能。一篇小说,就是一块敲开上帝慧眼的石头。1982年,随着自己成为每月有六十四元工资的干部之后,文学的功能在我这里开始发生了变化,开始得到"升华"。利用写作,已经有了可靠的工资,已经逃离了土地,下一步写小说的目的是什么?几乎是毫不犹豫、顺理成章、水到渠成的,写作的目的由逃离土地、吃饱肚子,就转化、升华到了成名成家。一切都是那样顺畅,那样自然,不需要任何的过渡与思考,成名成家就成了写作的又一目标。换一种方式来说,如果最初的吃饱肚子和逃离土地是写作最直接目的的话,那么,成名成家就是那个时候潜在的目标。正如我们伟大的马列主义、毛泽东思想中阐述的哲学观点和辩证关系那样,主要矛盾解决之后,次要矛盾会升将出来,浮出水面,成为新的主要矛盾。现在回忆起来,二十多岁时,我渴望成名成家,就像找不到媳妇的光棍渴望得到天鹅与美女的爱情。

为了挤入文坛,为了成名成家,这不是什么见不得人的事情。而现在的问题是,当你为成名成家而努力奋斗时,我们这个社会发生了急剧的变化。你发现今天这个社会,已经不再是写作的年代,是非常不适宜写作的年代。你写小说无论是为了成名成家,还是挣钱获利,再或是如人家所说,是为了为人民创造精神财富,写出传世之作,以使自己名垂青史,流芳百世。如此等等,这一些目的、目标如果想利用写作来完成,在今天这个社会,都显得荒唐可笑,不合时宜,像堂吉诃德大战风车一样。当年,20世纪80年代初期,那是一个追求写作的人成名成家的最好时期,是文学的又一个盛唐,是作家的天堂岁月。今天你发一篇小说,明天你就名扬天下,后天你就能接到上百封乃至更多的读者来信。我不知道女作家的读者来信中是否都夹有男青年读者的照片,但男作家的读者来信中,里面夹着女青年的玉照是常有的事。可惜我缺少才华,没有赶上那段文学的黄金岁月。80年代初期,我还是一个非常普通的文学爱好者,是军营里的一个兵,一个刚领上每月六十四元工资的小排长。为了成名成家,为了发表一篇小说,我曾经半夜到我们部队机关的大门口,把为了迎接上级首长莅临指导工作而摆在那儿、盛开着的茉莉花偷了一盆,藏在屋里,准备给文学刊物的编辑们送礼。那时候,我的部队是在河南商丘,要送礼的地方是河南开封,几百里路,坐火车要走三个半小时。到了星期天,我就买一张站票,把这盆茉莉花和一个短篇小说送到了开封的《东京文学》的一个编辑家里。在他家吃上一顿饭,听他谈半天文学,给我传授一些写小说的秘诀和小说的发展趋势,然后再买一张站票在火车的过道或厕所里站三个半小时,回到商丘的营房。

我举这样一个例子,不是为了别的,而是为了说明我那时的文学热情,为了说明成名成家思想给我带来的动力和力量。可是现在,热情、力量都已经离我远去,像白云飘飘那样一去不再复返。说实在话,我现在,最近几年,写作的目的越来越模糊,越来越迷惘,越来越弄不明白自己为什么要这样不停地写作。

（这是作者2004年在山东大学威海分校演讲的第一部分,题目为编者所加。选自王尧、林建华:《我为什么写作:当代著名作家讲演集》,郑州大学出版社2005年版。收录时略有删改）

◎练习一　阅读本文,概括阎连科在小说创作道路上的两个"目标",并分析一下这两个目标是怎样产生的。

◎练习二　在本文结尾,作者为什么说现在"越来越弄不明白自己为什么要这样不停地写作"?

习作实践

练习一　课外搜集一则或数则中外知名作家或学者努力提高写作能力的故事,讲给同学们听。

练习二　从上小学时起,我们就开始不断地写作文。其间,我们既有成功的喜悦,也有失败的懊恼。回忆一下自己写作文时感受最深的一次经历,题目自拟,文体不限,500字左右。

素养积淀

夜 吟

〔宋〕陆 游

六十年来妄学诗,工夫深处独心知。
夜来一笑寒灯下,始是金丹换骨时。

赏析 此诗高度概括了学诗的艰苦。经过六十多年的勤学苦练,方得诗中"三昧",才真正成为诗人,这就像经过长期炼制,始得金丹并服食之,才能脱胎换骨而成为神仙一样。不仅诗人陆游在写作时有如此感慨,一切有大成就者概莫能外。

你相信自己能或不能,都是正确的。你认为自己能够做到,事情就会如愿成就;你认为自己不能,事情也会如你所想,难以完成。

——[美]罗斯福

人与人之间只有很小的差别,但这种很小的差别却往往造成巨大的差异,很小的差别就是所具备的心态是积极的还是消极的,巨大的差异就是成功与失败。

——[美]拿破仑·希尔

第二课

刻苦努力 笔耕不辍

导论 写作是现代社会对个体素质的基本要求,为了更好地生存发展,为了有效地交流协作,为了充分地展示自我,为了准确地展现成就,必须善于写作。同时,写作也是一种艰苦而且需要长期坚持才能提高的创造性实践活动。只有勤奋努力、常年坚持、笔耕不辍,才能提高,只有勇于实践、敢于超越、善于创新,才能写出优秀之作。

要点 认识写作在个体发展成长中的重大作用,提高主动、长期坚持写作的积极性;树立只有持续努力、长期练笔,才能写好文章的理念,提高写作的水平。

❧❧ 写作启迪 ❧❧

故事一 拿破仑·希尔(Napoleon Hill,1883—1969),是全世界最早的成功学大师和励志书籍作家,曾影响美国两任总统及千百万读者。1908 年,年轻的希尔去采访钢铁大王卡耐基。卡耐基很欣赏希尔的才华,并对他说:"我向你挑战,我要你用 20 年的时间,专门用在研究美国人的成功哲学上,然后给出一个答案。但除了写介绍信为你引见这些人外,我不会对你做出任何经济支持,你肯接受吗?"希尔勇敢地接受了。在此后 20 年里,希尔遍访美国最富有的 500 名成功人士,写出了震惊世界的《成功定律》一书,并成为罗斯福总统的顾问。他后来回忆此事时说:"试想想,全国最富有的人要我为他工作 20 年而不给我一丁点报酬。如果是你,你会对这个建议说是抑或不是? 如果'识时务'者,面对这样一个'荒谬'的建议,肯定会推辞的,可我没这样干。"拿破仑·希尔成功了,他的八卷本的《成功定律》一书,成为 20 世纪美国的大事件之一,先后共有 26 种文字 34 个国家出版,畅销 2000 多万册。他归纳出的十七条黄金定律,使成功学这门看似神秘的学问变成了可操作的法则。他曾拿十七条黄金定律做实验,训练3000名毫无经验的销售员,不到6个月他们都成绩突出。

故事二 有一次,一个士兵掉进湖里,岸上的人都不会游泳,于是便乱作一团。拿破仑过来后,命令士兵游回来,士兵挣扎着说不行。"我说你行你就行!"拿破仑大声喊道,并马上从一个士兵手里接过枪,朝落水士兵前面的水面打了几枪,大声命令士兵赶快游回来,否则就要枪毙他。这个落水士兵见状吓得赶快掉过头来,并奇迹般地游回了岸边。

知识技能

写作是一种综合性、创造性的实践活动,不但需要以一定的读写知识为基础,而且要掌握具体的写作方法,还要有正确的思想观点、丰富的事实材料与生活感悟。可见,写好作文最重要的是长期坚持,笔耕不辍。

要写好作文,就必须做到多观察、多读书、多练笔、多思考、多修改。多观察,就是要注意观察生活,做生活有心人。对此,鲁迅先生在答复《北斗》杂志社如何写好文章的信中的第一条要求就是,要"留心各样的事情,多看看,不要看到一点就写"。多读书,就是要广泛阅读,除阅读文学书外还要阅读一些历史、地理和科技方面的书籍,以增长知识,扩大视野。多练笔,就是要勤于写作,长期坚持,正如老舍先生告诫的,写作"最好的窍门就是'每天必写''天天拿笔',哪怕是写几十个字也好"。不练不写,就不能掌握写作技巧;多练多写,就熟能生巧。多思考,就是对大千世界、芸芸众生的各种现象、规律进行分析综合。只有多思考才能出智慧,也只有多思考才能把文章写深刻,只有多联想才能把文章写生动。多修改,就是对已写出的文章从立意选材、篇章结构、语言文字、标点符号等多方面进行认真的增、删、改、代,从而使文章更完美、更周密、更准确、更生动。以上"五多",就是写好作文的"秘诀"和"窍门"。那些笔耕不辍的长期坚持者,必能写出优秀的作品,那些视写作为苦差事的一曝十寒者,就难于体会到写作过程中的乐趣,也就难于成功。

阅读借鉴

写作是一种治疗

李维青

我的女友,四十患癌,在与癌的抗争中,最灵验的、最壮美的是她的诗篇。她每写完一首短信发出,我们品阅、传阅、评阅……一时间,我的伙伴们和我的癌病"诗人",互动、互评、互赏、互敬……我们都离开了病的痛苦,一起进入诗境。这个过程,我在探寻:写作真是一剂良药?写作更是一种治疗!

摆在我面前的这部书稿,出自一位癌症患者,且不说内容如何,就是这个写作行为,我就断定:作者正健康地活着;作者,正高质量地活着……

《我为你哭泣》表现的昔年往日的人生情境,打动着我,感动着读者……但是,更让人震撼的是作者,在与作者的交流中,我清晰了写作治疗的机理:

写作使患者从狂躁、焦虑中转移出来。当身患癌症被确认为不可更改的事实后,任何一位患者都会焦虑、低落、恐惧、暴躁、抑郁……仅是程度不同与表现的方式不同。作者山水，也是这样经历过来的，术后的他迷茫，敏感，低落，烦躁……无法自拔。此时，他如果将气吞进肚里，他如果装作不气，他如果用压抑的方式来调节这股气……无疑会雪上加霜，恶化病情……而患者此时的写作行为成为"气"的疏通渠道，让"气"以适当的方式转移和发泄出来，摆脱了病的折磨，让注意力转移到写作之中。作者告诉我，他一头扎在小说里，什么都不想，一门心思，写好这部小说。写作使患者从痛苦的病态中走出来，进入作品创作的愉快中去，抒发情感，享受人生。

写作使患者从创作行为中得到补偿。48 岁正当年。当作者正满怀豪情准备大干一场，为自己谱写光辉的人生时，癌症袭来，目标受阻，理想受挫，这种不幸，能摧毁所有的患者。作者给我说，当时虽然面对现实，有自己的生死态度，但是想："人出生是偶然，人死亡是必然，但对于我，不能这么快呀！""我还有那么多的事没有做，就这么完事了？"作者那种"壮志未酬人即逝"的悲怆、悲感万端，自怨自艾……患者正是在这种大挫下，产生激情、灵感，以创作小说为寄托，以情感表达为补偿。

表达，是人类的一种本能，情动于中而形于言，一个有文化的患者，把文学创作当作一种思想情感不期然而然、无法自抑的流露。作者山水，从患病挫折的现实中激发出了把爱与情的本能冲动用文艺作品表达出来的灵感，涌出了小说《我为你哭泣》，这种创作成功的行为代替了癌症的折磨，这就是补偿，这就是成就，作者的崇高目的，在这部壮美动人、赏心悦目的作品中得以实现。这是一种心理防御机制，这是一种健康人生。

写作使患者建立了信念。当听到癌症的诊断，有人崩溃，有人忧虑、恐惧、烦躁、自责等等，会使患者丧失原来可以用来治疗疾病的能量。作者山水当初的情绪低落到极点，他只是问医生"还能坚持多久"……

让他情绪好转始于写作。"只要你能创作下去，你就不会死。"这就是信念，它与健康、患病、死亡密切相关。观察发现：活得时间长的肿瘤病人，是那些认为自己值得活下去，把自己投身于有意义的活动中去的人。作者山水正是采取积极的最有效的方法——写作，从而树立富有成效的生活目标，他把注意力集中在创作上，信念使他振作起来，重新生活，有新获得。当患者为一件事活着时，活下去的愿望就会更加强烈。创作《我为你哭泣》，这个目标明确具体，真实可能，就像作者在附录中写到的："作品可以成为生命的延续，我从写作中体会到从来没有的快乐。"写作让患者树立了重大的目标，建立了信念，这就是癌症病人康复所需的内在力量的源泉。

写作使患者的人生态度得到提升。生死问题是人生观的核心问题。癌症，由于高死亡率，成为一种寓言。癌症患者，所经历的是一场生死态度的考验。一般来说，人们是难以超越生死、理性思考，难以自觉接受、坦然和释然。对于作者山水，同样曾体验"个我"的失落、痛苦、揪心和沮丧等负面的心理状态。

当他进入写作，进入诉说，其实是获得了一种灵性的文化教养和灵性的抚慰。文学追求真善美，写作使他思考人生，"乐天知命"，"安之若命"。他以反思自己一生的生命历程为基础，用自己的笔来记录，叙写人生跋涉的足印和感怀。他体验到一般人体验不到的焦虑、烦闷、孤苦和绝望。正是这样的痛苦体验，激起他对更美好更自由的未来的更大向往，从而使生命的价值和实现自我的潜力成倍地增长。

《我为你哭泣》是一个时代精神的索引，是作者在这样一个时空中的特殊感情，他经历了,他关注了,他思考了,他对人生的理解提升了,所以我们才看到《我为你哭泣》中情与爱的激情澎湃。这部作品,给人一种完整、深沉的人生体验,将人的内心在心理结构中最激烈的冲突展示出来。当我们把作品和作者联系在一起,我们所看到的不是浮在水面上的冰山,而是冰山下面旋转运动的潜流和激流。

"吾生也有涯,而知也无涯。以有涯随无涯,殆已!已而为知者,殆而已矣!"什么是生命存在的最高目标?什么是人生的理想境界?癌症患者山水通过写作,悟出道出,才能使他把"生"与"死"这一个难以调和的矛盾和冲突完美地结合起来,才能引起读者对《我为你哭泣》的深入思考。

写作使患者的认知扩大了时空。作者山水有一个幸福的童年,也有大起大落的经历。当被确诊为癌症时,他曾大脑一片空白,当周围的人问候他:"最近身体还好吗?"立刻会引起他多虑……他甚至想到早一些"结束"。癌症患者几乎无一例外地都会有这类的认知过程,由此带来不良情绪,进而又强化并扭曲了认知……这都会使患者产生多维度的不良身心反应。

写作是一种思维活动,更是宁静人心、矫正认知的行为训练。写作,对于一个癌症患者而言,其功用的核心成分是:调身、调神、调息、调心。从而"师法自然","大道至简",作者不再只看到眼前,只想到癌变。认知时空的拉大,使作者在达观宁静的心境下,人体自身的免疫力、代偿力、康复力得到最佳组合,各项机能阴阳平衡,和谐运行,精、气、神、行达到最佳境界。

在他今年8月来到新疆时,我看到他那么豁达,那么乐观,那么理性,我给了他一些我的癌症女友的诗篇。我问他:"你不介意吧,我们一起去烈士陵园。"到了陵园后,我又问他:"你不介意吧,我们一起去看看我的女友……"他欣然接受,并很感慨,后来他给我发来短信:"读了潘晓玲(女友)遗作,看了报纸对她生平的简单介绍,尤其是读了沈苇先生悼潘的诗,很有感悟。有一种冲动,应该有人写一本'潘晓玲',这是我新疆之行的最大收获。""潘晓玲诗词写得很有功底,只有在她的诗词里才能隐约体现出她真实的一面,应该让她走下困扰她一生的神坛。"

写作是社会支持的主要话题。癌症患者非常需要家庭、社会真诚的关心、爱护、支持、同情与理解。这就是社会支持。从医学心理学的角度,对于癌症患者的康复来说,尽可能得到社会支持,尽可能扩大患者的社会支持资源。然而,当这些社会支持者面对患者时,往往顾虑重重,不知该说什么,该做什么。他们生怕话题不适而伤害患者;而此时患者又在敏感中,往往对人们一些无意的言行,多疑多虑,而产生了不良情绪……

当患者成为作者,话题就是作品主题,情景立刻变成互动,社会支持者读了作品就有话题,患者又在期待着人们的这类话题,谈论作品,谈论人生,这比谈论病情,谈论死亡轻松得多。

我们从中得到启示:写作是一种治疗。

(选自《新疆新闻出版》2007年第1期。原文为《写作是一种治疗——读〈我为你哭泣〉》。收录时略有删改)

◎练习一　在写作本文时,《我为你哭泣》的作者已经去世,但本文作者为什么说"作者正健康地活着;作者,正高质量地活着"?说说你的理解。

◎练习二　本文的题目和结尾都是"写作是一种治疗",揭示出文章的主旨。阅读本文,具体概括"写作"在《我为你哭泣》的作者治疗癌症时所起的作用。

写作是一种愉快

池　莉

　　写作对于我，似乎挺简单，我和我的作品之间有一种自然的联系。我从小就喜欢写，喜欢文字，像小孩做游戏一样玩儿文字，其他的方面我似乎都不行：数学不行，逻辑思维不行，还经常犯一些低智商的错误。但唯独文字，醉心于它，希望把它用得炉火纯青，希望用它展示出生活中隐蔽的那些部分，这些部分在我们的生活中潜伏着，大家却不便说明，实际上就是我们生活的另外一面。每个人都可能会有另外的一种生活，就像是阳光下有我们的阴影一样——这种感觉有时候非常地美妙，非常地扣人心弦。用文字表达这种感觉，让人们读起来很有意趣，我想这就是我的目标。

　　我是外省作家，这个地理位置让我对很多热闹的事儿可以抱着很逍遥的态度。这是一种心态，一种比较适合从事文字写作和研究的状态。这种心态并不妨碍我对现实生活的观察和体验，甚至有时候我觉得有距离才更清晰。小说的文字是一定要美的，因为它是艺术品，因为艺术品的属性就是要美、要好看。如果你能牵引着读者一口气读下去，如果你能让他觉得内心深处有些什么东西在涌动，这就是一种美感。作品要有美感，但作品的美感和花的美不一样，和雕塑的美也不同，它不是靠视觉直观的。你的小说的好看不在于辞藻的华丽、语言的惊人，而在于它的字里行间，它的文路里隐藏着的有质感的某种东西。读者读后，心动了，或勾起了读者的感慨和经验，那么你就成功了，你的作品就具备了一种美感。

　　一个作家，一方面是文字功夫，另一方面就是生活功夫了。生活并不是看起来的那样简单，你要留心视线之内的一切。多少年来，我养成了过目不忘的习惯，倒不是因为我记忆力好，而是因为但凡我看见的，只要对方给我一种新鲜感，或者因为其中的哪一点触动了我，我就不会忘记。比如写康伟业这种人，我没做过生意，又少跟生意人来往，但我经常会在饭店或其他什么场合里看他们一眼，听上那么一耳朵，就那么一瞬间，他们的形象全在我心里了。我思考，思考现阶段以及以前、以后在他身上应该发生或将要发生的事情。深圳有一个老板，在播放《来来往往》最火爆的时候来到武汉，一定要见我。他对我说，他做了20年生意，自己都不知道他是谁了，看过《来来往往》后他一夜没睡着，他说："那就是我，太像了，这促使我去想今后该怎么办。"我觉得他的感觉和我的预期是一致的，我希望我的作品有这样的"抓觉感"。应该说，一个作者和外界的任何接触都是有用的。

　　阅读有利于文字的表述，有利于研究人、琢磨事儿。史书上记载，孔子非常讲究吃，讲究穿，吃肉越细越好，穿要剪裁得体，华服盛装。我欣赏孔子的大度，欣赏他的临危不惧，就是战火烧到了门前也要把酒喝完。其实，你要想把一个人琢磨得透彻，就得要学会阅读和思考，你还要学会融会贯通，那么你的作品才有可能成为新出炉的好东西。有人说，现在的小说不好看，已经没人读了，我就没这么想过。我始终以为小说是好看的，而且一定会有人看，只要你写得好，怎么会没人看呢？小说是文化艺术，不是一种大众消费，不是一件花衣服，买来就能穿上。好的小说一定要好的读者读，这样作者和读者才能共同完成一种审美。

　　一个人，无论先天的资质是厚还是薄，后天的学习都非常重要。悟性从哪里来？智慧从哪里来？都来自后天的修养。我写过一部小说叫《你以为你是谁》，这句话常被引用。你不要以为自己是谁，你要做的就是踏踏实实读书，任何时候，都不要被外界给你的光环、夸奖、赞赏所诱惑。你抵挡住了诱惑，你就会获得智慧，你的心灵才会彻底地安静，你的作品也才会找到一个安静的、赋予个性的角落。一个人，他的生命价值何在？就在于他生命的愉快——写作使我愉快，读书使我愉快，和小动物在一起使我愉快，那么我就会去写去读。我的一本再版书的后记是我女儿写的，题目叫《我的妈妈有点怪》，她说："我觉得妈妈特别怪，很长时间不去商店，一去就买几件衣服；经常是一点儿都不打扮，有时又很讲究，所以我觉得她很怪。"小孩子不懂，只看表面现象，她哪里知道，一切都源于我在体验一种生命的愉快啊！

(选自《人民论坛》2000年第3期。收录时略有删改)

◎练习一　说说你对"一个作家，一方面是文字功夫，另一方面就是生活功夫了"的理解。

◎练习二　根据本文内容，具体说说作者为什么认为"写作是一种愉快"。

习作实践

练习一　人人头顶一方天。我们每个人的生活都与天空相连，每个人的心中都有一片天空。明净的天空，辽阔的天空，深邃的天空，引人遐思，令人神往。请以"怀想天空"为题，写一篇不少于600字的文章，立意自定，除诗歌外，文体不限。

练习二　有这样一段由成功人士代言的广告语："人生如登山，往上走，即使一小步，也有新高度——我能！"请联系你的感受和认识，以"我能写好作文"为题，写一篇不少于600字的文章。除诗歌外，文体不限。

素养积淀

竹　石

〔清〕郑　燮

咬定青山不放松，立根原在破岩中。

千磨万击还坚劲，任尔东西南北风。

赏析　这是一首寓意深刻的题画诗。首二句说竹子扎根破岩中，基础牢固；后两句说任凭各方来的风猛刮，竹石受到多大的磨折击打，它们仍然坚定强劲。作者在赞美竹石的这种坚定顽强精神中，隐寓了自己强劲的风骨和坚定不移的意志。"千磨万击还坚劲，任尔东西南北风"，常被用来形容有成就者的坚定立场和决不动摇的品格。

如果我们选择了最能为人类福利而劳动的职业，那么我们就不会为它的重负所压倒，因为这是为全人类所做的牺牲；那时，我们感到的将不是一点点自私而可怜的欢乐，我们的幸福将属于千万人。

——[德]马克思

凡属我应该做的事，而且力量能够做到的，我对于这件事便有了责任；凡属于我自己打主意要做一件事，便是现在的自己和将来的自己立了一种契约，便是自己对于自己加一层责任。

——梁启超

第三课

志存高远 力创佳作

导论 我国传统知识分子都非常注重社会责任的承担，认为写作是一种神圣职责，要"为天地立心，为生民立命，为往圣继绝学，为万世开太平"。在这种写作观指导下，涌现出无数伟大人物和伟大作品。文如其人，要写出一流的作品，就要有一流的人品。而一流的人品，则来自高尚的情感、崇高的使命、完善的人格、无私的奉献以及艰苦不懈的实践努力。

要点 认识立志成才对写作能力提高的巨大能动作用，树立远大的写作理想与人生目标；明确写作时所担负的重大社会责任和写作能力提高的长期性、艰巨性，提高主动写作、不断努力练习的积极性和主动性。

🎀 写作启迪 🎀

故事一 汉代伟大的史学家司马迁为搜集史料、开阔眼界，从20岁开始就游历祖国各地：他到过浙江会稽，看了传说中大禹召集部落首领开会之地；到过长沙，在汨罗江边凭吊爱国诗人屈原……这些游览和考察，使司马迁获得了大量的知识，给之后的写作打下了重要基础。但当他正准备着手写作《史记》的时候，由于替李陵辩护而得罪武帝，受了腐刑。他在悲痛欲绝时想到：周文王被关在羑里，写出了《周易》；孔子周游列国时被困在陈蔡，编出了《春秋》；屈原遭到放逐，写出了《离骚》；左丘明眼睛虽瞎了，写出了《国语》；孙膑被剃掉膝盖骨，写出了《兵法》。于是，他发奋写作，最终完成了130篇52万多字的伟大历史著作《史记》，被后人誉为"史家之绝唱，无韵之离骚"。

故事二 美国心理学家做过这样一个实验:教师在每个小孩桌前放一块软糖,并告诉他们,老师要出去一下,等回来后如果发现谁的软糖没吃,老师会再给他一块。老师回来后,发现有的孩子把糖吃了,有的没吃。17年后,当这些孩子长大成人,心理专家对这些人进行了跟踪调查,结果发现:那些没吃软糖的孩子,即能够推迟享受的人,都取得了很大的成就;那些马上吃掉软糖的孩子,几乎都没有取得多大成就。

知识技能

在文化学者看来,写作是一种文化传播与交流。因此,写作就要有正确的动机与良好的愿望,要把传播先进文化作为写作者自觉的追求。就是说,写作就是要通过作品,使读者读后心灵变得崇高,精神变得富有,知识得到扩充。

在管理学者看来,写作是众多信息的及时整理与准确输出。决策者要作出正确判断与决策,就要有真实的信息,而真实的信息要来自写作者如实和及时的表述。由此可见,写作不完全是个人化的行为,有时更是具有社会性的。为此,写作时要认清自己所肩负的责任,严肃对待,认真表达。

在历史学者看来,写作是对过去所发生过的真实事件的记录和保存。人类的探索、技术的更新、思想的阐发、个体的奋斗、群体的智慧、奇异的自然、变化的世界等众多领域的众多事件都会通过写作流传下来。如此看来,写作有时是个人生活轨迹的记录,有时又是人类前行步伐的留存。

在教育学者看来,写作是促进个体成长提高的必然途径。在学校,正是通过有计划、有组织的写作实践,一方面来提高学生的写作能力,另一方面来提高学生认识问题、分析问题、解决问题的能力。正因如此,教育界有识之士便提出了一个响亮的口号:"学习通过写作。"

阅读借鉴

思想境界与写作

王天时

写作,是对生活的反映。但这种反映不像照相那样机械的反映,而是一种能动的反映。作者反映生活的过程必然要受世界观的制约。作者的立场观点、兴趣爱好,决定着对材料的选择与取舍,决定着主题的提炼与开掘,甚至选词造句都与作者的思想修养密切相关。文章中可能有伪装,有巧饰,但这种伪装巧饰是有限度的,不经意间就会露出"麒麟皮下的马脚"。相传,李白应邀到彰明县去游玩,恰巧遇到一场大水灾,江边的芦苇丛中漂浮着一具女尸。县令为了显示诗才,借机发挥,挤出一首诗来:"谁家二八女,漂来倚岸芦。鸟窥眉上翠,鱼戏口旁朱。"李白接续一首:"绿发随波散,红颜逐浪无。何因逢伍相,应是怨秋胡。"吟罢,拂袖而去。面对同一事物写出来的诗,一个情调低级下流,对劳动人民的苦难没有一丝同情;一个则义正词严,同情不幸少女的遭遇,对无恩无义的秋胡这样的小人辛辣嘲讽。其中高低优劣,显而易见。古人说得好:"言,心声也。书,心画也。声画形,君子小人见矣。"

看文章首先要看内容,自古以来衡量文章的高低优劣的首要标准就是思想内容。一篇好文章首先应该有正确的立场观点和崇高的思想境界。作家是点燃精神之火,又有信仰的人。作者的思想高度决定着文章内容的高度,作者认识问题是否缜密、透彻,决定着文章的深度。

写作到一定程度,是一种思想境界的比较,崇高的境界才能写出高质量的作品。你有"扶摇直上九万里"的鲲鹏之志,才能有气吞山河的壮丽华章;你有古仁人之心,才能有"不以物喜,不以己悲"的绝唱;你清正廉洁,高风亮节,才能写出"粉身碎骨浑不怕,要留清白在人间"的名句。深刻的认识,独到的见解,宽广的胸怀,乐观的态度,健康的情调,是作品的灵魂,也是最能感动人、鼓舞人的关键。一代诗圣过着"床头屋漏无干处,两脚如麻未断绝。自经丧乱少睡眠,长夜沾湿何由彻"的苦难生活,心里想的却是"安得广厦千万间,大庇天下寒士俱欢颜……吾庐独破受冻死亦足",其胸怀的博大宽广,境界的高超阔大,是同时代的人无与伦比、难于企及的,读之令多少人潸然泪下。

贺贻孙《诗筏》说:"李杜诗,韩苏文,……乃至自少至老,诵之不辍,其境愈熟,其味愈长。"正道出这个原因。意由心出,境由己造。先哲们把人生境界归纳为"四个层次":"人不为己天诛地灭",一层也;"了却君王天下事,赢得生前身后名",二层也;"先天下之忧而忧,后天下之乐而乐",三层也;"毫不利己,专门利人",四层也。雷锋曾经说过:"一个人爱的最高境界是爱别人。一个共产党员爱的最高境界是爱人民。"

当代著名作家余秋雨教授分析归纳出构成理想文化人格的四个方面是:博大的宽容精神,基于科学思维下的怀疑精神,基本道义精神和责任感意识,融科学与艺术于一体的审美素养。他认为理想文化人格的塑造十分重要。人格的"荒凉"是一个民族的悲哀与不幸。一个民族的整体素质要想提高,必须有一批典范意义的文化人格,才能产生巨大的影响。

作家的劳动就其本质意义是塑造民族的灵魂。打铁先得本身硬,因此,培养自己理想的文化人格,达到崇高的人生境界,应成为写作者"诗外功夫"的一项重要内容。它是艰巨的长期学习总结、磨炼提高的过程。急于求成,一蹴而就是办不到的。磨炼的途径是广阔多样的。就目的而言,要不断摒弃为个人而写作的思想,树立为社会奉献,替人民代言的信念,关怀凭劳动吃饭、无权无势、需要保护的弱者,歌颂积极进取、不畏艰难的强者。就态度而言,要不断同假的大的空的丑的恶的现象做斗争,始终保持艺术家的良心。一方面不断地学习现代科学文化知识,汲取科学的精髓,使自己进入一个更高的境界;另一方面要深入生活,热爱生活,透辟地认识生活,掌握时代的脉搏,对生活作出正确的反映。就效果而言,写文章要有自己的见地,要敢于发表自己的主张、见解和观点。但是又要非常慎重,要考虑自己的观点是否正确,是否符合实际,其社会效果如何,要有社会责任感和历史责任感。只有这样,才能够写出好的受人民欢迎的作品。

（选自《商洛师范专科学校学报》1997年第3期。收录时略有删改）

◎练习一　本文中所述县令与李白创作的诗词有何不同? 对我们的写作有何启示?

◎练习二　具体说说你对"作者的思想高度决定着文章内容的高度"一句的理解。

深度阅读与严肃写作

北 乔

时下,浅阅读已经从单纯性的阅读行为蔓延成一种文化现象。有学者认为,浅阅读时代的到来是人类的退化,"知道分子"成为阅读主体恰恰是大众文化浅薄和浮躁的表征。诚然,出于休闲和获取信息的需求进行"休闲式"和"浏览式"的浅阅读,本无可厚非。然而,并不能因此容忍浅阅读的泛滥,毕竟,深度阅读,才是真正的有效阅读。

信息的海量膨胀,生活节奏的加快,这在一定程度上加剧了阅读的浅显化、快餐化。但是,当下精神产品质量滑坡,可供读者选择的真正意义上的好书太少,阅读上游发生的诸多问题,更是不可忽视。就文学作品而言,当下有些作家坚守精神高地的执着程度下降,文学理想受到功利主义的严重侵蚀,甚至为了多挣钱,干脆彻底放弃纯文学写作,转而经营起通俗文学甚至是庸俗文学;或漠视大众生活,脱离生活现场,想象日渐苍白,情感几近干枯,写作只是语词毫无生命的滑行;或遭遇到写作的难度时,不能够自立信心,只满足于现有状态,突破精神不足,写作质量得不到提升。某些作家陷入了迷惘与失衡的精神空间,甚至丢掉了写作的崇高感和责任感,偏离了艺术最重要的精神和道德基础,丧失了作为作家应有的责任和良知,放弃对人的尊严和理想的捍卫。作品因为失去内在的质量和应有的人文精神而显得数量越来越多,质量却日益轻飘。作家无心或无力为社会奉献高品位的具备经典气质的作品,让垃圾性文字大行其道,这在很大程度上对浅阅读的盛行起到了推波助澜的作用。这是作家个人的不幸,更对整个文学创作乃至文化建设产生了不可估量的负面影响。

作家是特殊的职业,是个人化的,但更是社会性的。那种所谓的只为自己写作的动机和行为,是对作家责任的遮蔽。使人的心灵变得崇高,精神变得富有,是作家的天职。为此,作家应该真正认清肩负的责任,从我做起,从创作起步,积极主动地担当拒绝浅阅读、提升阅读质量的引领者,多出好作品,努力成为"以优秀的作品鼓舞人"的忠实践行者。

在浅阅读风潮的裹挟下,作家更应当保持清醒的认识,重新唤醒文学理想,复活勇气、希望、荣誉感、自尊心、同情心、悲悯心和自我牺牲精神,以清洁的灵魂行走于文学世界,坚守作家应有的良知和良心,给予文学,给予自己,给予社会,以极大的尊重,抵御各种诱惑,淘洗欲望,让作品成为人性光芒的旗帜,要正确看待社会转型时期的各种矛盾和冲突,深刻意识到传统文化所遭遇的挑战,理解并把握现代性趋向,推动传统文化的创造性转化和现代文明的优化发展,寻找并张扬社会中的光明和温暖,为奋斗着的人们提供强有力的精神支撑。要创作出有深度的作品,不能拘泥于生活的表象,重要的是要全身心进入生活第一现场,在生活中写作,在写作中生活。以一个普通生活者的视角打量和体味周围的一切,用心灵与生活建立一种平等亲和的关系。以个人的体验指涉人性的色彩、生命的质量、情感的质地和生存的处境,在具体和质朴中进行形而上的思辨和探求,展现让我们为之感动和膜拜的人性之美和灵魂之重。以优秀的作品与时代对话,既是作家责任使命使然,也是自我完善的必由之路。

(选自《解放军报》2011年2月12日。收录时略有修改)

◎练习一　根据上下文,解释"知道分子""深度阅读""严肃写作""垃圾文字"。

◎练习二　根据本文内容,说说自己对"深度阅读"与"严肃写作"关系的认识。

习作实践

练习一　请以"一步与一生"为题,写一篇文章。要求:文体自选;不少于 600 字。

练习二　一切都会过去　一切都不会过去

1. 犹太王大卫在戒指上刻有一句铭文:一切都会过去。
2. 契诃夫小说中的一个人物在戒指上也有一句铭文:一切都不会过去。

这两句寓有深意的铭文,引起了你怎样的思考?自选角度,自拟题目,写一篇文章。要求:不少于 600 字;不要写成诗歌。

素养积淀

青　松

陈　毅

大雪压青松,青松挺且直。

要知松高洁,待到雪化时。

赏析　作者借物咏怀,表面写松,其实写人。写人坚韧不拔、宁折不弯的刚直与豪迈,写人不畏艰难、雄气勃发、愈挫弥坚的精神。在诗中,我们看到雪的暴虐,感受到松的抗争;而冷峻峭拔的松的形象,因为充溢其中的豪气、激荡其中的力量而挺直起来。在压与挺的抗争中,我们似乎同时也经历了一场灵魂的涤荡。

语言是人类最重要的交际工具。

——[俄]列宁

一人之辩,重于九鼎之宝;三寸之舌,强于百万之师。

——刘勰

驾驭语言的能力,从一般人到文学家、思想家,差别很大,真是不可以道理计。

——吕叔湘

第四课

掌握工具　熟练应用

导论　语言是人与人交流中不可缺少的重要工具,也是熟练进行书面交流(写作)的最重要工具。"三寸之舌,强于百万之师""善言使人笑,恶语使人跳""良言一句三冬暖,恶语伤人六月寒"等名言,都一再雄辩地证明了语言在表情达意、传达信息、沟通协作中的重要性。

要点　认识语言在生活、工作中独特而巨大的作用,提高学习语言的主动性;了解不同民族的不同语言,养成尊重其他民族语言和善于借鉴其他民族语言的良好习惯。

❧ 写作启迪 ❧

故事一　传说从前一个王国有着一项很特别的习俗:任何人在国王的宴席上都不可翻动菜肴,只能吃上面的那部分,不然就是侮辱国王,就要被杀头的。一次,一个国外的使臣来到这个国家,国王非常高兴地设宴招待这个使臣。宴会开始了,侍者端上来一条盖着香料的鱼。这个使者不知道这一习俗,就把鱼翻了过来。这时大臣们看见了,齐声喊道:"陛下,您遭到了侮辱,您必须马上处死他!"

国王叹了口气,对使臣说:"你听见了吗? 如果我不处死你,我就会遭到臣民的嘲笑。不过,看在你并不知道这个习俗,贵国和我国又非常友好的关系上,你在临死前可向我请求一件事,我一定允许。"使臣想了想说:"既然这样,我也没办法,我就向您提一个微小的请求吧。"国王说:"好,除了给你生命,什么要求,我都能满足。"

于是使臣说:"我希望在我死之前,让每一个看见我翻转鱼的人都挖去双眼。"大臣们面面相觑,然后一个个站起来,指天画地地发誓说自己什么也没看见,因此不应该被挖掉双眼。

最后，使臣微笑着站了起来说："既然你们都没看见我翻动那条鱼，为什么要处死我呢？"众臣没办法，只好招呼使臣继续吃饭。就这样，使臣凭着自己的智慧又回到了故土。

故事二　素有"铁娘子"之称的国务院原副总理吴仪以能言善辩著称，她常常以高超的语言艺术来维护国家尊严与民族利益。

在一次中美知识产权谈判会上，双方刚一落座，美国人想给吴仪来个下马威，开场白便显现出来者不善："我们现在是在和小偷谈判。"面对对方的无理，吴仪毫不留情地反唇相讥："我们是在和强盗谈判，请看你们博物馆里的展品，有多少是从中国抢来的。"针锋相对的回答令对方愣了一下，也使对手清楚地意识到：这个女人不简单。正因如此，在多次中美外交谈判中，吴仪副总理让美国人既头痛又不得不敬佩。

知识技能

语言是人类独有的交际工具，是人区别于其他动物的显著标志。语言是以语音为物质外壳，以词汇为建筑材料，以语法为结构规律构成的体系。

人类的语言经历了一个从无到有的发展过程：在口语产生之前，人类也只能如今天的动物一样借助肢体语言或表情来传递信息，交流感情；之后，人类到了非说不可的境地，产生了口语，并经过漫长的磨合，终于成为一套完备的、约定俗成的符号系统；随着口语的使用和发展，人类的发声系统越来越完善，逐渐成为最细腻、最发达的天然发声器，甚至成为一件艺术品，随后又由其衍生出无数次生艺术品，于是人类语言从动物语言中脱颖而出，完成了它的蜕变；由于口语不能及远，无法保存，后来又产生了文字，随之就产生了书面语言。

世界语言十分复杂，一些专家估计有 5000—7000 种，如德国语言学家在 1979 年统计说，当时世界上已查明的语言有 5651 种。因此，一般来说，当今世界拥有 60 多亿人、200 多个国家和地区、2500 多个民族、五六千种语言。世界最畅销的书籍《圣经》的外语译本截至 1997 年就达 2197 种。我国是一个多民族、多语种的国家，共有 80 余种民族语言、30 余种文字，其中汉语使用人口最多。

语言的本质是一种载体——一种人类传递信息、思想情感的载体，而不是信息、思想或情感本身。不同地域、不同民族各有不同的语言，不懂哪种语言就无法提取其中的信息。因此，语言在传递信息的过程中难免会出现信息丢失，有时还会出现传递错误信息的现象，造成人们之间的误解，语言的这种缺憾永远也不可能得到完全弥补。

语言也是文化的有机组成部分，是文化的重要载体，世界文明的多样性在很大程度上表现为世界语言的多样性。但在经济全球化影响下，有专家测算今天人类语言种类的消亡速度是哺乳动物濒临灭绝速度的两倍，是鸟类濒临灭绝速度的四倍。因此，许多国家开始了语言的抢救和保护工作。在我国，国家既积极保护少数民族语言，也大力推广以北京语音为标准音，以北方话为基础方言，以典范的现代白话文著作为语法规范的通用语——普通话。

阅读借鉴

人类的语言

吕叔湘

语言,也就是说话,好像是极其稀松平常的事儿。可是仔细想想,实在是一件了不起的大事。正是因为说话跟吃饭、走路一样的平常,人们才不去想它究竟是怎么回事儿。其实这三件事儿都是极不平常的,都是使人类不同于别的高等动物的特征。别的动物都吃生的,只有人会烧熟了吃。别的动物,除了天上飞的和水里游的,走路都是让身体跟地面平行,有几条腿使几条腿,只有人类直起身子来用两条腿走路,把上肢解放出来干别的、更重要的活儿。同样,别的动物的嘴只会吃东西,人类的嘴除了吃东西还会说话。

记得在小学里读书的时候,班上有一位"能文"的大师兄,在一篇作文的开头写下这么两句:"鹦鹉能言,不离于禽;猩猩能言,不离于兽。"我们看了都非常佩服。后来知道这两句话是有来历的,只是字句有些出入。又过了若干年,才知道这两句话都有问题。鹦鹉能学人说话,可只是作为现成的公式来说,不会加以变化(所以我们管人云亦云的说话叫"鹦鹉学舌")。只有人们的说话是从具体情况(包括外界情况和本人意图)出发,情况一变,话也跟着变。至于猩猩,根据西方学者拿黑猩猩做试验的结果,它们能学会极其有限的一点符号语言,可是学不会把它变成有声语言。人类语言之所以能够"随机应变",在于一方面能够把语音分析成若干音素(当然是不自觉地),又把这些音素组合成音节,再把音节连缀起来,——音素数目有限,各种语言一般都只有几十个音素,可是组成音节就可以成百上千,再组成双音节、三音节,就能有几十万、几百万。另一方面,人们又能分析外界事物及其变化,形成无数的"意念",一一配以语音,然后综合运用,表达各种复杂的意思。一句话,人类语言的特点就在于能用变化无穷的语音,表达变化无穷的意义。这是任何其他动物办不到的。

人类语言采用声音作为手段,而不采用手势或图画,也不是偶然的。人类的视觉最发达,可是语言诉之于听觉。这是因为一切依赖视觉的手段,要发挥作用,离不开光线,夜里不成,黑暗的地方或者有障碍物的地方也不成,声音则白天黑夜都可以发挥作用,也不容易受阻碍。手势之类,距离大了看不清,声音的有效距离大得多。打手势或者画画儿要用手,就不能同时做别的事,说话用嘴,可以一边儿说话,一边儿劳动。论快慢,打手势赶不上说话,画画儿更赶不上。声音唯一不如形象的地方在于缺乏稳定性和持久性,但在原始社会的交际情况下,这方面的要求是次要的,是可以用图形来补充的。总之,正是由于采用了嘴里的声音作为手段,人类语言才得到前程万里的发展。

(选自于吕叔湘:《语文常谈》,当代世界出版社 2003 年版。原文为《只有人类有真正的语言》,收录时略有删改)

◎练习一 根据本文内容,简要回答下面三个问题。

1. 人类语言的特点是什么?

2. 为什么人类能够运用变化无穷的语音,表达变化无穷的意义?

3. 人类语言采用声音作为手段有哪些优越性?

◎练习二　阅读吕叔湘先生的另一段文字,回答问题。

语言是人类的创造,只有人类有真正的语言。许多动物也能够发出声音来表示自己的感情或者在群体中传达信息。但是这都只是一些固定的程式,不能随机变化。只有人类才会把无意义的语音按照各种方式组合起来,成为有意义的语素,再把为数众多的语素按照各种方式组合成话语,用无穷变化的形式来表示变化无穷的意义。(节选自《中国大百科全书·语言·文字》前言《语言和语言研究》)

1.“一些固定的程式”,在本文中是怎么说的?
2.“无意义的语音”“有意义的语素”,在本文中说的是什么?

化繁为简:人类的语言

[美]杰弗里·克鲁杰
赵　雪　张军丽　译

你本来就应该会说话,这没有任何理由。说话能力是人类掌握的最重要的一种能力,它也是一种最复杂的能力。实际上,当你观察语言的各个方面时,你会发现语言太复杂了,就不应该存在。

请考虑以下数字:我们出生时一点也不会说话,对什么是语言也没有一个清晰的概念,就更不用说怎样理解语言和使用语言了。当我们长到 18 个月大时,我们已经掌握了 50 个核心词汇,可以理解大约 100 个词汇。3 岁时,我们已经掌握了 1000 个词汇,可以造出比较复杂的句子。6 岁时,我们的词汇量已经猛增到 6000 个,这意味着我们从出生开始算起,平均每天掌握 3 个新单词。

良好的口语表达需要大约 5 万个词汇,这一数目还只是包括了字典上认可的规范表达。至少大约还有 5 万个成语或固定表达,例如,一天天、经验丰富、周末、全力以赴、吵翻天等。学习第二或第三外语的孩子,既要收集、储存两倍或三倍的信息,还要防止语言信息混杂到一起,这些孩子又是怎么做到的呢?

不管我们掌握了几种语言,我们都会用类似外科手术的方法来处理这些语言。我们都是从积累名词、动词以及方位词开始;然后学习概括词;我们能够感觉同义词的细微差别,尽管我们不能准确地表达这些差别。另外,语言能力是所有人类技能中最民主分配的能力。

语言习得在它的复杂性方面是与众不同的。当你把一件极其精美事物的完成过程看成一个整体时,它总是一个混乱的过程。只有当你把这一过程分解为数个小节,它才有意义。如同摩天大楼对于大多数人来说都太大,太复杂。但是新的摩天大楼还是每天在建。为真正体会摩天大楼建设的细小进程,我们需要一点一点地解构摩天大楼,颠倒工程进程。

语言技能也是同样道理:我们必须解构语言习得的过程才能理解语言习得。我们对天赋形成的方式了解越多,我们就越能更好地欣赏其他伟大事物的所有琐碎环节。我们探究得越多,就越能理解宇宙复杂性的意义。

要理解人类语言现象,最好的地方莫过于行为和分子神经系统科学中心的爱普勒·本纳西科实验室,这所实验室坐落于新泽西州拉特杰斯大学。实验室里,每天都有许多聪明忙碌的人员在工作,而这里最敏捷的头脑当属于那些不知道自己为什么来到这里的人。

以 1 岁的杰克为例,当母亲抱着他坐在一间隔音室里时,临床心理学家中心主任本纳西科会量一下他的头的大小。目的是跟踪记录与头骨同步迅速长大的大脑。之后,助手给孩子戴上一个柔软的网状帽子,这项帽子装有 64 个电极,连接到一根白色的粗缆线上,与电脑相连。与此同时,旁边的电视正小声放映动漫片。

所有的连接都接好之后,杰克和妈妈会单独安静地待在隔音室里。一个电脑生成的声音会传送到隔音室。这个声音只发 3 个音节,其中两个音节"哒"(da)和"嗒"(ta)会间隔不同时间随意重复,之后加上第三个稍有不同的音节"沓"(ta),发音稍平一些就像西班牙语的"ta"。在大人听来,声音来得太快,而且太相近,几乎辨别不开,但杰克不是大人,他只是一个 13 个月大的婴儿,他那长在更复杂的大脑上的耳朵更敏锐。

在看电视的同时听音节,他的听觉中心需要快速运转以收集和分类信息。大脑在默默地、隐蔽地完成这项工作,但尽管如此,电极还是探测到它的活动,感知到所谓诱发反应潜力(ERP)的变化。成人的"da-ta-ta"测验的 ERP 读出是单调的无法辨清的模糊形状,而杰克的 ERP 读出却清晰准确。

本纳西科说:"我们所看到的这一幕真是太伟大了。要听出相近发音的不同,意味着你必须能够区分只持续 35 毫秒或更短时间的音节的不同。13 个月大的婴儿做得很好,他们能够分辨任何语言的语音,而这项能力成人早就丧失了。"

婴儿的这项天赋源于他的大脑结构。新生儿的大脑看起来与成人的一样褶皱,只是小了许多——只有橘子那么大。尽管大脑大小不一样,但成人大脑和婴儿大脑都大约容纳 1 亿个神经细胞,这一数量基本保持不变。两者的不同之处在于,将这些细胞串在一起的连接方面,婴儿有绝对的优势。婴儿大脑的任何一个独立细胞都与多达 1.5 万个其他细胞相连,而这 1.5 万个细胞就有 1.5 万个不同的分支。这样,在整个婴儿大脑里就有多达 10 万亿个蜂窝连接。成人大脑里的每一个神经元的连接只有婴儿的三分之二,即 1 万个。专家说:"没有受过语言训练的失聪孩子会遵循基本语法规则含糊不清地发音。我们好像是带着一个语法软件包来到世上的。"

那么我们又是什么时间丧失了这个语法软件包的呢?一些理论学家认为,我们语言天赋快速丧失的原因之一或许可以归结为精简是复杂系统的行为方式。

公司、委员会、城市和大脑一开始都蔓生出许多不同的结构以便于自己享有最大限度的自由度。在你做事之前,你不会知道你所做的事会把你带到何方,因此你必须准备齐全。随着时间的流逝,体系越来越娴熟,它就启动了自我蚕食过程——一种精简优化过程——为提高效率而吸收和舍弃部分结构。物理学家约翰逊认为,这种现象几乎跟达尔文的适者生存法则相媲美。大脑的部分结构开始退化,退化是为了整体的进步。他说:"在系统早期,多样性被当成一种可用材料,随着体系的日趋完善,它也就消耗殆尽了。"

对语言而言,这一退化现象尤其重要。稳定孩子的主要语言(通晓多种语言的人的两三种主要语言)的唯一方法就是使大脑牢记熟悉的语音和句法,滤除所有的无用之物。尽管父母为自己的孩子说话早而自豪,但实际上,孩子掌握母语的速度越快说明孩子掌握其他语言的能力也在快速丧失。

然而,语言大门终将会关闭,新语言的学习速度会放慢直至停止。但在我们生命周期里,这并不见得是一件坏事。我们对首选母语不断改进和完善,与孩子刚刚接触的语言相比,我们的语言更精准,更抒情。毕竟《哈姆雷特》和《哈克贝利·费恩历险记》并不出自蹒跚学步的儿童之手。文学、诗歌、散文甚至一段平常的对话都需要对一门或少数几门语言的不断练习才能做到。纵使我们怀念由于年龄增长而丧失的那些语言能力,这种精简的成就无疑是对烦琐性的巨大胜利。

(选自《文汇读书周报》,2010 年 11 月 11 日。收录时略有删改)

◎练习一　根据本文内容,扼要说说人类个体最初学习语言的情形。

◎练习二　根据本文中爱普勒·本纳西科实验室对小杰克语言实验过程的具体叙述,把这些内容改写成一篇说明文,以具体说明幼儿与成年人在语言方面的不同。

✿ 习作实践 ✿

练习一　课外搜集有关语言方面的资料并深入学习领会,然后写一篇 500 字左右的说明文,具体介绍一下人类的语言。

练习二　利用相关资料和自己的具体感受,写一篇 500 字左右的说明文,具体介绍一下自己本民族的语言。提示:可侧重于词汇、语音、语法的某一方面,要具体生动。

✿ 素养积淀 ✿

破阵子·为陈同甫赋壮词以寄

〔宋〕辛弃疾

醉里挑灯看剑,梦回吹角连营。八百里分麾下炙,五十弦翻塞外声。沙场秋点兵。
马作的卢飞快,弓如霹雳弦惊。了却君王天下事,赢得生前身后名。可怜白发生!

赏析　这是辛弃疾寄给陈亮(字同甫)的一首词。陈亮是一位爱国志士,一生坚持抗金,是辛弃疾政治上与学术上的好友。词的上片描写在一个秋天的早晨沙场上点兵时的盛壮场面,下片写投入战斗的惊险场面。全词可谓是首"壮词",但最后一句使全首词的感情起了变化,使全词变为悲壮。

> 西方语言是法治的,汉语是人治的。
>
> ——王 力
>
> 汉字源远流长,博大精深,是伟大的中华文化的结晶。它对中国的意义自不必说,即使在世界上也有着广泛而深刻的影响。
>
> ——欧阳中石

第五课

认识汉语 提高能力

导论 汉语是世界上使用人口最多的语言,是联合国六种工作语言之一(其余五种为阿拉伯语、英语、法语、俄语、西班牙语)。汉语也是具有自身特征、独特优势和悠久历史的语言,被称为中国的第五大发明。汉语无论过去、现在还是将来都发挥着重大作用,提高汉语水平,对汉语写作具有决定性意义。

要点 概括认识汉语与汉字的主要特点,提高学习汉语的积极性和主动性;认识汉语汉字源远流长的发展历史与所创造的文化精粹,提高对汉语汉字的认识水平。

❧ 写作启迪 ❧

故事一 1983 年,中国女排和美国女排在小组赛上相遇,赛后中国报纸上出现了"中国队大胜美国队"的标题,报道中国队取得胜利。但过了几天,在决赛中中国队和美国队又碰了头,争夺冠军。赛后,中国报纸上的标题换成了"中国队大败美国队"。当时,Christr 这位来自美国的留学生看了报纸后很高兴,认为是美国队赢了,于是在中国同学中大力称赞自己的国家队,结果弄出了大笑话。据说,直到毕业离开中国时,Christr 见谁都会愤愤不平地称,中国人太奇怪了,胜败都是中国人赢,那还了得。

故事二 有一次,一位外国友人来华访问,与中国朋友在咖啡店坐定后,开始聊起中国的文化。这位外国友人对中国人的友好、礼貌、热情深有感触,同时也表示,虽然中国人一向谦逊,但有时也很骄傲自大,特别是改革开放后表现得最明显。比如现在大街上随处可以见到——中国人民很行、中国建设很行、中国工商很行、中国农业很行,有的干脆就是"中国很行"。说完,还往外面不远处一指,原来外国友人所指之处是一家银行。由于"银"的外形像"很",而"行"又是个多音字,除了读"xíng",还读"háng"。对此,外国朋友一时未能分清,中国朋友听罢只能哈哈大笑。

❧ 知识技能 ❧

　　汉字,亦称中文字、中国字、国字,是属于表意文字的词素音节文字,为上古时代的汉族人发明创制并进行改进,目前确切历史可追溯至约公元前 1300 年商朝的甲骨文。从秦朝的小篆发展至汉朝,才被取名为"汉字",至唐代楷化为今日所用的手写字体标准——楷书。汉字是迄今为止世界上连续使用时间最长的主要文字,有学者将汉字列为中国第五大发明。

　　汉语是汉民族使用的语言。广义的汉语包括汉语的各种方言,即不同地区的汉族人所使用的语言。不同的方言都是汉语,但在语音、词汇、语法等方面存在着差异。狭义的汉语则是指"普通话",即"以北京语音为标准音,以北方话为基础方言,以典范的现代白话文著作为语法规范的现代汉民族共同语"。在我国,以普通话所代表的标准现代汉语是国家通用语言。汉语是一种没有形态变化的语言,短句较多,虚词丰富而重要,词序对意义的表达十分重要。

　　汉字是汉语的文字形式,是看得见的;汉语是汉字的语音形式,是听得见的。二者相互依存不可分割。以汉字为记录工具的汉语,在使用中创造了无数千古流传的诗词歌赋、妙趣横生的俚语俗语、言简意赅的成语以及众多的名篇佳作,构成中华民族的语言精粹和文化瑰宝。

　　汉语由于音韵、词汇及句法等特点,形成整齐之美、抑扬之美和回环之美。整齐之美:由于汉语词汇以单音节、双音节为主,且每个音节的发音既有独立性也有相似性,这就为音节的整齐组合创造了条件,如"绿肥红瘦"与"鸢飞鱼跃",其中两两对称,形成一种整齐之美。推而广之,如两句话意义相关、用词相近、句长相等,这就是对偶句;如在对偶句的基础上再多一些句子,就是排比句,也形成整齐之美。抑扬之美:汉语的四声尽显抑扬顿挫("抑"指语音短促,带降调,而"扬"指语音长扬,带升调),由四种声调组成的语句有无数变化的抑扬顿挫,如此富有乐感,与音乐相似。回环之美:汉语特别是诗词中的用韵与音乐中的旋律回环有些相像,形成了回环之美,其中以回环诗、连环诗为典型代表。

❧ 阅读借鉴 ❧

多彩的心桥

(维吾尔族)艾贝保·热合曼

　　现实生活中,我们经常遇到这样一种人,除了讲母语,还掌握一两种其他民族语言,水平高者,语音纯正,交流自如,如鱼得水,将语言天赋发挥到极致。因不可或缺的桥梁和纽带作用,这种人通常都很受人尊敬,民间还有一个雅号——"两个舌头"。

　　第一个给我留下深刻印象的,是父亲。父亲没上过一天学,是连自己名字都不会写的"睁眼瞎",但这丝毫不影响他超强的语言交际能力。维吾尔族街坊闹纠纷,父亲责无旁贷,将双方当事人请到家,茶饭供着,动之以情,晓之以理,好话说上一箩筐,直到双方冰释前嫌握手言好。

家乡地处半农半牧丘陵地带,沟谷种田,山上放牧,到了羊群转场的时候,山里的牧民就像走亲戚,到我家坐一坐、聊一聊。父亲忙前忙后,一边嘱咐母亲准备好吃的,一边招呼客人,仿佛多年不见的亲弟兄拉家常。一个哈萨克族,一个维吾尔族,上炕盘腿一坐就是几小时,没有一点语言障碍,全凭着父亲精通哈萨克语。

家乡汉族和回族人口居多,维吾尔族占少数,然而父亲先是生产大队长,后来任支部书记,一干就是十几年,除了正直的人品和一腔热情,最关键的是他有极强的汉语水平。我曾听父亲打过这样的比方:鸟有了翅膀才飞得高,车有了轮子才跑得远,人要是多一个"舌头",就等于多了一份财富。如今父亲已经过世多年,但每每遇到老街坊,总有人竖起大拇指对我说:"热合曼书记可真是一个好人啊!"

后来我走上工作岗位,就发现周围不少人有"两个舌头",有的擅长维译汉,有的拿手汉译哈,更有甚者兼而有之,一人会说三种语言,堪称真正的语言天才。有个教育界的朋友,多才多艺,随机应变,因经常出色主持文娱活动,人称"模范主持"。"模范主持"最大的本事,最终还是体现在对不同语言的准确把握上。记得一次野外联欢,各族师生黑压压一片,他再次被推上主持位置。只见他随手将杂志卷成话筒状,即兴来了段开场白:"我兄妹一样亲爱的老师们,我鲜花一样漂亮的同学们,你们看,蓝蓝的天上白云飘啊飘,就像我的心跳啊跳,不是我肚子里没有真金子,就害怕大家看够了还说NO、NO……"朋友先是右手抚胸,继而摇摇手,一脸委屈的样子,惹得四座笑声一片。

"模范主持"是哈萨克族的,开场白却讲的是汉语,明显带有夸张色彩,尤其那个英语单词,一开始就营造了宽松气氛。就像现在一些明星主持,动辄要反串角色一样,朋友也一专多能,唱歌跳舞,毫不逊色。他除了熟知《天鹅之歌》和《燕子》等哈萨克族经典歌曲,其他语种的优秀曲目也能信手拈来,到什么山唱什么歌,张口就来。一个偶然机会,我见他一边摇头晃脑,一边手打拍子哼唱着,走过去一瞧,发现他对着日记本在练歌。日记本已显陈旧,除了工作日记,就是抄录的一大堆歌词,各民族的都有,有些歌词还做了注音和眉批,密密麻麻,只有他自己看得懂。

他用维吾尔语演绎《达坂城的姑娘》,发音纯正、地道不说,感情也真挚、炽热,仿佛自己就是如痴如醉的情郎,哪怕千年等一回也在所不惜;而蒙古族的《祝酒歌》,也是"模范主持"的保留节目,多亏他有一副金嗓子,圆融、高亢,让"金杯银杯斟满酒,双手举过头"的深情厚谊,连同婉转、悠扬的曲调,长久在人的心头萦绕。最经典的是他演唱京剧《红灯记》,尽显李玉和大义凛然、宁死不屈的英勇气概,尤其是那句经典台词"谢谢妈",从"模范主持"嘴里说出,别有韵味,令人难忘。

90年代初,我刚到县上工作,经常下乡,一天来到一个牧业乡,适逢乡上研究牧业生产,乡机关和村队干部都在场,几乎都是民族干部,清一色哈萨克语,争先恐后,气氛热烈。

等到一个汉族人发言,我还以为要用翻译,不曾想他一张口我就目瞪口呆了,不折不扣的哈萨克语,自然流畅,水到渠成,丝毫不逊于先前的发言者。如果"只闻其声,不观其貌",你很可能把他当成哈萨克族人,"铁杵磨成针,功到自然成",在他身上得到了充分印证。

后来这位朋友从一名普通科员,升任到领导岗位,就隔三岔五跑城里,不是争取资金,就是报告乡上近期工作,尽最大可能解决实际问题。虽说职务发生了变化,但衣着打扮依旧如故。不同的,就是腋下多了个黑色公文包,遇上开会和研究工作,就掏出本子快速记录,仔细留意一下,多为由右至左书写的哈萨克文。

　　一方水土养一方人，他打小生活在牧区，与哈萨克族朝夕相处几十年，耳濡目染中不仅练就一口标准纯正的民族语言，就连生活习惯也入乡随俗，水乳相融。就拿最常见也最典型的"刀削肉"来说，足见其"冰冻三尺，非一日之寒"的功力。一盘手抓肉，刚从锅中捞出，香气四溢，也灼烫难挨，手难得靠近。就见朋友挽袖、洗手，随后习惯性地跪坐在盘子前，挑上一块肉，熟练麻利地削了起来。肉烫，刀子又快，不是所有人都能胜任的，不是手烫得扔了刀，就是"东一棒子西一榔头"，削不下完整一块肉。而朋友则不停翻转着手中肉块，刀子不紧不慢依次削着，大小匀称，肥瘦搭配，吃在嘴里，美在心头。

　　吃肉的时候，就听"科斯塔克"（村子）、"赛木雅"（家庭）、"焦耳斯帕"（计划）和"都如斯"（在理）之类的日常生活用语，就那么自然随意地从朋友口中一一道出，让餐桌充满温馨。

　　接触的人多了，遇到的奇闻趣事也就不少。譬如最近一天，我正在办公室翻阅材料，随着一声敲门，径直走进来一个陌生人。他六十出头，戴一顶黑礼帽，人还未到跟前，两只手先伸了过来，这显然是维吾尔族见面礼，我就急忙起身和来者握手、寒暄、让座，并很快断定他是个回族人。然而他一开口，则完全像是一个维吾尔族人，自始至终没有一点忘词的意思，滔滔不绝，谈笑风生，而且带有明显的喀什噶尔口音。原来他是父亲生前一个朋友的亲戚，因为工龄计算问题，打听到我前来进行政策咨询。

　　"水流走了石头在，奥斯曼褪了眉毛在"，说起早年的一段工作经历，长者精准地用了一句维吾尔族谚语，我就有些惊诧。"阿卡是乌鲁木齐人，说话咋是喀什口音？"我问他。"父母是莎车人，而我在喀什生活了半辈子，如今黄土都快埋身子了，口音当然变不过来。"长者证实了我的判断。

　　维吾尔语分三个方言区：中心方言、和田方言和罗布方言。其中中心方言分布最广，东起哈密，西至伊犁，南抵喀什。方言的差别主要是语音和词汇，譬如吐（吐鲁番）鄯（鄯善）托（托克逊）一带发音有些直和硬，而和田地区发音则带拐弯，仿佛唱歌一样，非常动听。

　　今年8月我们去了一趟和田，其间结识一个刘姓汉族人同行，不但维吾尔语说得好，一口和田腔，即便是说汉语，也带着那么一点拐弯调，用老刘的话说："同饮一河水，习惯成自然"，耐人寻味。

　　…………

　　那天恰好经过玉龙喀什河大桥，就看见河水中人头攒动，呈现一片繁忙景象，我误以为要拦坝抗洪，老刘一听就笑了："我说阿达西，难道没听说过和田盛产美玉吗，那是人们忙着捡玉呢，而不是你所说的拦坝抗洪！"

　　于是我们又从老刘的口中，得到不少和田玉的知识，什么青玉、黄玉、墨玉和羊脂玉，其中羊脂玉最为稀少，方显珍贵，是玉中极品。而根据和田玉产出的环境和方式不同，又细分为子玉、山流水和山玉。老刘神采奕奕，两眼放光，言语中流露出一种自豪感。

　　随后我们就来到和田玉石交易一条街，一边辨识和欣赏着，一边听老刘和摊主讨价还价。"布塔西康其普鲁，让斯么雅嘎么？"（这块玉多少钱？真的还是假的？）老刘问，一副笑脸，语调拐弯。"让斯塔西，芒其普鲁。"摊主先说是真的，接着伸出五个手指。"白西玉孜？"（500吗？）老刘说。"雅克雅克，白西蒙！"（不是不是，5000元。）摊主回答。"拜客克依买提，不卖依都！"（不行，太贵了。）老刘说。先是摊主摇头，这回则轮到老刘摇头了。

　　后来意犹未尽，老刘还带我们来到玉龙喀什河下游，扔掉鞋子，走进水中，俨然一群淘玉客,像模像样体验了一把捡玉的乐趣。只是五光十色的石头捧了一大把,却没有一块通过老刘验收合格的。"刚从水中捡上来,看着个个都像玉,等风吹日晒再一瞧,一块块原形毕露,一毛不值!"老刘断言。

虽说最终没有捡到一块和田玉,但老刘拖着长腔的和田口音,他对当地风土人情的痴迷和钟爱,以及让我们感到宾至如归的那种亲和力,却一直影响和感染着我们,其价值远远超过和田玉,永远铭记在我们心里。

(选自《民族文学》2011 年第 6 期。收录时略有删改)

◎练习一 文中叙述描写了几个不同年龄、民族的人物,他们共有的特征是什么?

◎练习二 本文以"多彩的心桥"为题目,有什么寓意?请具体解释一下。

习作实践

练习一 课外查找一篇或数篇解说、阐释汉语汉字特点的文章,在通读理解的基础上,将其主要文意加以概括,形成一篇书面的文章梗概,260 字左右。

练习二 你在学习汉语的过程中,肯定发生过一些有趣的故事,或有过一些具体的感受,把这些"故事"或"感受"记录下来,写成一篇文章,题目自拟,500 字左右。

素养积淀

天净沙·秋思

〔元〕马致远

枯藤老树昏鸦,小桥流水人家,古道西风瘦马。夕阳西下,断肠人在天涯。

赏析 《天净沙·秋思》文字之精练,可以说达到了不能再增或减一字的程度。全篇仅5 句 28 字,既无夸张也不用典,纯用白描勾勒出这样一幅生动的图景:深秋黄昏,一个风尘仆仆的游子骑着一匹瘦马,迎着一阵阵冷飕飕的西风,在古道上踽踽独行。

汉字之美有三：意美以感心，一也；音美以感耳，二也；形美以感目，三也。

——鲁　迅

随着中国国际影响的扩大，中国文学也逐步向世界打开，这种情况会或多或少地影响到作家的写作，使他们在面临不同文化背景的读者写作时自然思考到当代汉语写作的世界性意义。

——铁　凝

第六课

把握特征　熟练运用

导论　汉字、汉语是具有独特优势的书写符号和语言体系。汉字完善的表意方法，使得每个汉字都仿佛是一首诗、一幅画、一个故事；汉语的非形态性特点，使其词序、虚词具有重要意义；汉语作品深厚的文化、美妙的意境、精巧的结构，也使汉语写作越来越具世界意义。

要点　具体认识和初步掌握汉字、汉语的基本特点，使汉语写作合乎汉语和汉字的规范；具体了解汉语写作的世界意义，提高运用汉语写作的积极性和主动性。

❧ 写作启迪 ❧

故事一　从前有个老进士，他的儿子也中了进士，于是他很得意，准备第二天大宴宾客，以示庆祝，并亲自撰写了一副对联："父进士，子进士，父子进士；婆夫人，媳夫人，婆媳夫人。"由于这老进士平时为富不仁，百姓无不恨之入骨。其中有个秀才见了这副对联顿时计上心来，决定捉弄一下老进士以解心中恶气。于是，他趁黑夜把这副对联的"士"字下面一横加长，把"夫"字添了一撇，"人"字加了两横。

第二天，老进士请的宾客都来了，大家一见这副对联，都交头接耳，偷偷暗笑。老进士闻讯，出来一看，只见对联变成："父进土，子进土，父子进土；婆失夫，媳失夫，婆媳失夫。"那老进士在众人面前出了丑，不由大叫一声，昏了过去，百姓则拍手称快。

故事二　于右任先生是民国时期的著名书法家，其草书豪放质朴，为人所爱。有次他看到住处的一些人不讲公德，常常在墙角处小便，于是便写下"不可随处小便"的条幅，以告诫那些随地便溺者。有个人非常喜欢于右任的字，但苦于难以求到。于是，这人便把"不可随处小便"的条幅小心揭下，重排装裱，变成了一则传世格言："小处不可随便。"

知识技能

汉字起源于何时,又是谁创造的,从仓颉造字的传说到 100 多年前甲骨文的发现,历代学者一直致力于揭开汉字起源之谜。对此,古代文献上有种种说法,如"结绳""八卦""图画""书契"等,但学者认为成系统的文字不可能完全由一个人创造出来,仓颉如确有其人,也应是文字整理者或颁布者。汉字形体经过了 6000 多年的发展变化,整体演变过程是由繁到简,具体过程是:甲骨文 → 金文 → 小篆 → 隶书 → 草书 → 楷书 → 行书。

"甲金篆隶草楷行"七种字体称为"汉字七体"。在印刷术发明后,为适应印刷,出现了横平竖直、方方正正的印刷字体——宋体。在当代,随着科技的发展和西方文字体的影响,又出现了黑体、美术字体等多种新的字体,如综艺体、少女体等,以及更多的宋体变形(如仿宋、扁宋等),并将各类汉字电脑化,可谓是"电脑字体"。

汉字的基本构造单位是笔画和偏旁部首。汉字绝大多数是合体字,即一个字是由两个或两个以上的基本单位构成的。汉字的这些基本单位叫"偏旁",如"明"是由"日"和"月"合成,"字"是由"宀"和"子"合成的,"日""月""宀""子"都是偏旁。部首则是适应编排字典的需要产生的,是指汉字在结构上有某些相同的部分。偏旁和部首既有联系又有区别:所有部首可做偏旁,但偏旁不一定是部首。

汉字构造方式为"六书":象形、指事、会意、形声、转注与假借。象形造字法是一种用线条来描摹实物形状的造字方法,如"日""月""水""火""山""木""田"等;指事造字法是在象形字基础上再加上个指事符号做标记,形成指事文,如"上""下""旦""刃""末""本"等;会意造字法是把和字义有关的两个(或几个)独体字或象形字用符号组合起来形成一个新意思,如"盲""劣""掰""即""泪"等;形声造字法是形符(表字义)和声符(表字音)并用的造字方法,如"枫","木"是形符,表示是树,而"风"是声符,表"枫"的读音。在汉字中,形声字是最多的一类字。

汉语的一个音节可分为声母和韵母两部分,普通话有 21 个声母和 35 个韵母。汉语有的音节可以没有声母,但不能没有韵母。汉语有四种声调来显示声音的高低升降,起辨别意义的作用。汉语语音富于系统性,不是每一个声母和任何一个韵母都能相配。

汉语词汇的特点是单音成义,就是每一个音节代表一个意义。即是说,汉语每一个字代表一个音节,每一个字代表一个意义(除联绵字外)。现代汉语以双音节词为主,但也有一些多音节词,如"自来水""无产阶级""布尔什维克"等。

汉语语法有三个特点:一是词序的变化,二是虚词的应用,三是量词的众多。词序指的是句子成分在句中的位置。如词序不同,意义就不同。如"我喜欢他""他喜欢我"与"不很好""很不好"就有很大差别。汉语词序之所以重要,是因为词本身没有一定形态变化,词的后面又不附有表示句子成分的记号。虚词在汉语中有着极其重要的地位,如叹词众多就是汉语一大特点。西方语言一般缺乏语气词,或有些"小品词",虽在作用上像汉语的语气词,但不像汉语语气词那样明确地表示语气,也没有丰富的内容。在汉语中,用不用虚词与用不同的虚词,意思也完全不同。如"看书""看的书","我把他摔倒了""我被他摔倒了",在表意上就完全不同。汉语量词众多,且量词除表示具体数量外还常蕴含一定的文化意义,也就是社会赋予它以引申义、比喻义、联想义、象征义、感情色彩等,如"一轮明月""一弯新月"

"一钩残月",其中"轮""弯""钩"虽都是修饰"月"的量词,但意义截然不同。

阅读借鉴

拆字说"贪"

慕毅飞

王安石释字,把"坡"字解释为"土之皮也";苏东坡如法相讥:照此说来,莫非"滑"即"水之骨也"?——如此的"拆字释义法",成为千古一笑。千年之后,出了一套叫《汉字启示录》的书,把王安石的"拆字释义法"演绎成一部巨著,叫人叹为观止。举"羞耻"为例,道是:可"羞"之事肯定"差",肯定"丑",所以"羞"就是"差"与"丑"的组合;既"差"又"丑"的事情,肯定有人评议,肯定能传到当事人的耳朵里,"耳"既闻矣,还不该停"止"吗?所以,不光彩不体面的感觉,就叫"羞耻"。这般高论,如苏王于九泉之下听闻,不知会怎样大跌眼镜。

借用此法,我想正好来说说"贪"字。

按许慎的说法,"贪"字从"贝","今"声,意取"欲物也"。"贪"为什么要以"今"为声旁?这本无说法,现在有《汉字启示录》垂范,不妨和"贝"字一起,来个拆而释之。不择手段地牟取眼前之利,是谓之"贪"——故从"今"从"贝"也。古代有则笑话,说有个人在大街上,公然抢别人的钱。人家逮着了问他:你怎么敢当着这么多人的面抢钱?他答道:抢钱的时候,我看到的只有钱,没有人。双眼盯住了眼前的钱,此外什么都不顾了,这就叫"贪"。此人堪为"贪"的活标本。如今,研究贪官成了热门学问,见仁见智,歧说纷出。有做"受贿成本"研究的,让贪官们比较一下:眼前的钱财与长远的薪俸,哪一个更划算?有做"贪官寿数考"的,提醒贪官们权衡一下:眼前的钱财与终生的寿数,哪一个更值得在乎?有做"五十九岁现象"分析的,揣摩出有些贪官的心理,是趁眼下权钱交易的资本尚在,为赋闲的日子着想。更有做"贪官庸官优劣辨"的,结论竟是:只要有利于眼前的发展,与其用庸官,不如用贪官,等等。如此这般,是耶非耶,尚待方家高论。然而,立足于眼前与长远的利益比较,则几乎是这所有"贪官研究"的逻辑起点。此外,有一个显而易见的事实,谁也没说,那就是,当今贪官攫取眼前之利的手段高超、隐秘,绝非上古那当众抢钱的贪汉可比。虽然,古今的"贪"字还是大致相同的写法——少了几道笔画,是否昭示着如今的"贪官"行起"贪"来也少了几道顾忌?

借用此法来说说"贪婪",似乎更为有趣。"贪"如上述,恕不赘叙。"婪"从"林",似可谓贪者的攫取之欲,如木成林,弥多不厌,有谁见哪个贪官在完成"受贿"指标后洗手不干的?"婪"从"女",似乎暗示人们,贪官的背后总隐隐约约地有着一些女人的影子。或者是原配的"贪内助",如宁波的许运鸿是也;或者是外室的"贪外助",如广西的成克杰是也;或者如王宝森、胡长清等等,也都与"女"有着这样那样的瓜葛。仓颉造字,莫非也超前地研究过后代的"贪官学"不成?

重典治贪,已成共识。最让贪官发怵的,其实也就是"法"。……首先,以法治贪,就要建立一套明查为官为政是否平正的机制,一旦查实不平不正之人之事,严加惩处,不可姑息。其次,治贪重在由上而下,一级抓一级,一级负责一级,既要查上行下效之源,也要究失察失教之责——如此这般,治贪庶几可望矣。

(选自《咬文嚼字》2001年第7期。收录时略有删改)

◎练习一 说说作者是怎样来解释"贪"与"婪"的,从中我们可看出汉字的什么特点?

◎练习二 选取一个较为典型的汉字,将其"拆开来"说明一种道理。

外国人趣谈汉语

[美]葛沛迪等

枕头不是针头

[美国]葛沛迪:记得有一次,我觉得枕头很硬,想去商店买个软一点的。我对售货员说:"您好,我要买个针头(枕头)。"她说,我们的商店不卖针头。这下可把我弄糊涂了。我明明看见货架上放着一堆枕头,她怎么说没有呢?于是我慢慢地重复说:"我要买一个针头(枕头)。"她也慢慢地回答:"我们这儿没有针头。"眼看自己是说不明白了,我连忙指着她的身后说:"那是什么?"她笑了:"哦,那是枕头,不是针头。"

我遇到的最尴尬的事情是理发。有一天,我去理发店,告诉理发师:"我要剪半寸。"理发师说,没问题。他让我坐下,开始理发。他剪头的时候,我睡着了。睡着睡着,有人在我肩上拍了一下,原来是理发师。他说:"成了,照照镜子吧。"我一看镜子吓了一跳。我想让他剪掉半寸,可是理发师给我剪了个板寸,头发只有半寸长。

中国来信改变生活

[哥伦比亚]卡洛斯:我10岁的时候,父亲就对我说:"你已经会说西班牙语,你的英语也还可以,你必须再学习一种语言。"我父亲的朋友都说:"学习法语或者德语吧。"可是我想,在哥伦比亚会说德语和法语的人不少,我得选择一种在世界上有很多人说,但绝大部分哥伦比亚人又不会说的语言。挑来挑去,我选中了汉语。

但是当我决定学汉语的时候,我对中国的历史文化等等一无所知,所以我只好四处搜罗有关中国的东西。我打开电脑,上了许多关于中国和汉语的网站,发了许多电子邮件,可是几天过去了,发出去的信都石沉大海。这让我特别失望,学习汉语的热乎劲儿一下子凉了不少。一个星期过去了,我渐渐忘了学习汉语的事。

一个月后,我收到了一封从中国寄来的信。我连忙打开,发现信是一个中国姑娘写的。她用英文写道:"你好!我和你还不相识,但我知道你打算学汉语。有一件事我告诉你,那就是汉语不仅是一门用嘴学习的语言,而且是一门用心学习的语言。当然,我相信你会很努力地学习。在信的下面,你可以看到两个汉字:'哭'字和'笑'字,如果你能区别出哪个表示难过,哪个表示愉快,你就一定可以学好汉语。信的背面有这个问题的答案。"

我猜了一下,觉得难过的字应该是"哭",因为它有眼睛和泪水。翻到背面,果然被我猜对了。这件事极大地激发了我学习汉语的兴趣,我从此把学好汉语当作目标。

从那时起,8年过去了,我已经来过中国两次。8年前,我给这个中国姑娘写了封信,可是却始终没有收到她的回信。如果我能跟她见面,一定要当面谢谢她给我的那封信。因为除了学习汉语外,她也让我认识了中国人、中国历史和中国文化。我希望,等我会说一口流利的汉语时,能和她成为好朋友,并且告诉她:"谢谢,是你改变了我的生活。"

把汉语的音和调说正确简直太难了

[瑞典]李琳:有时我想,中国人大概很难想象汉语对大多数的西方人来说有多么的困难。把汉语的音和调说正确简直太难了。

一次我们在课堂上做练习,老师让我们说出一个词,然后同学们得说出它的同义词。每当一个同学说完以后,老师就把那个词写在黑板上。有个词我的意思是想说"打算",可老师写在黑板上的是"大蒜"。然后她问我:"你喜欢吃大蒜吗?"同学们都笑了,因为当时我们说的内容与大蒜毫无关系,显然这个词的错误出在声调上了。用错误的声调发音,老师所听到的是一个与那个词声调接近的不同意思的词。对我来说,这种区别是非常小的,我很难感觉到它们的发音有多么的接近而意思又有多么的遥远。

除了声调以外,另外一个问题是大部分的西方语言和汉语没有一点儿相像之处。大量的汉语词的发音,在我们听来差不多都一样。

在中国的第二年年底,我们搬进了四合院。四合院的位置离北京鼓楼很近。我们刚搬到那儿的时候,有两个词我一直搞得很混乱。人们问我们的房子怎么取暖时,我就告诉他们说:"我们有一个鼓楼。"当他们问我住在哪儿时,我告诉他们:"我住得离锅炉很近。"当时,对我来说,"鼓楼""锅炉"这两个词听起来差不多吧。

(选自《对外大传播》2006年第3期。收录时略有修改)

◎练习一　葛沛迪理发时为什么会闹误会? 说说你的理解。

◎练习二　认真阅读每个小故事,从每个故事中具体提取汉语一个方面的特点。

习作实践

练习一　根据下面的两则笑话,说说汉语的特点。

1.据说某员工在年终工作总结报告时写道:"存在问题:好喝酒。寻找原因:酒好喝。改正措施:喝好酒。"

2.一老板出国到日本,日方让其题词。因不学无术,只有签字时"同意""不同意"写得还不错,老板非常为难。这时秘书灵机一动,决定要让老板题词大受喝彩。原来秘书以中日文字关系为题材,用"同意"两字组合搭配,临时编了一副对联,使老板轻松过关。题词是:"音同意不同,意同音不同;同音不同意,同意不同音。"日方看后大声称妙,掌声一片。

练习二　模仿文章《拆字说"贪"》的写法,选取一个(如"明")或几个汉字(如"众""森""淼"),通过"拆字法"生发开来,写篇500字左右的议论性文章。

素养积淀

石灰吟

〔明〕于　谦

千锤万凿出深山,烈火焚烧若等闲。
粉骨碎身浑不怕,要留清白在人间。

赏析　这是一首托物言志诗。作者以石灰作比喻,表达自己为国尽忠、不怕牺牲的意愿和坚守高洁情操的决心。作为咏物诗,若只是事物的机械实录而不寄寓作者深意,那就没有多大价值。这首诗的价值就在于处处以石灰自喻,咏石灰即是咏自己磊落的襟怀和崇高的人格。

古人不废炼字法,然以意胜而不以字胜,故能平字见奇,常字见险,陈字见新,朴字见色。

——沈德潜

无论你所要讲的是什么,真正能够表现它的句子只有一句,真正适用的动词和形容词也只有一个,就是那最准确的一句、最准确的一个动词和形容词。其他类似的却很多。而你必须把这唯一的句子、唯一的动词、唯一的形容词找出来。

——[法]福楼拜

第七课

锤词炼句　意味无穷

导论　语言是思想内容的载体,是使读者产生美感的契机。孔子"言之无文,行而不远",就强调了文章语言的文采对表达效果的重要性。在写作中,我们要使自己的文章语言准确生动,就要锤炼词句,字斟句酌,文采飞扬。

要点　认识锤炼语言的重要性,提高准确、生动使用语言的自觉性;学习和初步掌握提高语言表现力的一些基本方法,增强文章语言的准确性、生动性和感染力。

❧ 写作启迪 ❧

故事一　东晋书圣王羲之以书法闻名遐迩。一年除夕,他在自家大门口写了副春联,没想到糨糊未干便被人揭走,再写一副,依然无存。于是,他心生一计,写了第三副春联:"福无双至;祸不单行。"这对联太不吉利,也就无人来揭了。第二天凌晨,全家起来拜年,他让儿子王献之给对联添了个尾巴,使对联变为:"福无双至今朝至;祸不单行昨夜行。"拜年的人见到这副对联无不称好。

故事二　北宋词人张先,喜作慢词,其词以描写男女之情见长。他曾因有"云破月来花弄影""帘压卷花影""堕轻絮无影"这三个别致的句子,获得雅号"张三影"。他晚年退居乡间,有次苏东坡去拜访他,赠了一副对联,对张先进行戏嘲:"诗人老去莺莺在,公子归来燕燕忙。"联中引用了唐代元稹的《莺莺传》的故事,将张先比作拈花惹草的秀才张珙。张先得联,亦制一联写道:"愁似鳏鱼知夜永,懒同蝴蝶为春忙。"对自己做了表白,且韵词俱佳,深为东坡赞赏。

知识技能

高尔基在《家庭美言》中指出:"作为一种感人的力量,语言真正的美,产生于言辞准确、明晰和动听。"也有人说:"读有文采之作,如饮醇酒,令人陶醉;读无文采的篇章,味同嚼蜡,难于下咽。"朱自清先生说:"作文便是以文字作画。"因此,文章的语言要有文采。所谓文采,即指语言精彩有特色,例如善用譬喻、诙谐幽默、大气磅礴、委婉细腻、清新淡远都属于有文采。让语言有文采的方法很多,但最基本的还要从选词炼句做起。

首先,遣词要生动。精心运用叠音词能增强语言的意境美、音乐美,引起读者无限的遐思;而色彩词则能增强语言的意境美与绘画美。其次,修辞要新颖。在写作中恰当地使用修辞手法,能使文章语言形象鲜明,气势贯通,音韵和谐,显得文采飞扬,且读之令人荡气回肠,回味无穷。再次,对名言警句和诗文要善于引用。引用名言警句、古诗文,可使文章语言更添文采,富有意蕴,精美流畅。最后,要积淀深厚的文化功底。如自己平时阅读面比较宽,文化功底深厚,在作文中可以尽量展示出来,使人刮目相看。写作中,将古今中外著名文学家及经典名著融在一处,可充分表现自己深厚的文化修养,令人折服。

"石蕴玉则山朗,水含珠而川媚;运用之妙,存乎一心。"只有肯下苦功,平时多阅读,多积累,才可使自己的作文语言具有文采。自然,在强调炼词炼句之时,我们不能忘记意在辞先。如不以思想感情为基础,而单纯地锤炼语言,则是本末倒置的做法。

阅读借鉴

咬文嚼字

朱光潜

郭沫若先生的剧本《屈原》里婵娟骂宋玉说:"你是没有骨气的文人!"上演时他自己在台下听,嫌这话不够味,想在"没有骨气的"下面加"无耻的"三个字。一位演员提醒他把"是"改为"这","你这没有骨气的文人!"就够味了。他觉得这字改得很恰当。他研究这两种语法的强弱不同,以为"你是什么"只是单纯的叙述语,没有更多的意义,有时或许竟会"不是";"你这什么"便是坚决的判断,而且还必须有附带语省略去了。根据这种见解,他把另一文里"你有革命家的风度"一句话改为"你这革命家的风度"。

这是炼字的好例,我们不妨借此把炼字的道理研究一番。那位演员把"是"改为"这",确实改得好,不过郭先生如果记得《水浒》,就会明白一般民众骂人,都用"你这什么"式语法。石秀骂梁中书说:"你这与奴才做奴才的奴才!"杨雄醉骂潘巧云说:"你这贱人!你这淫妇!你这你这大虫口里倒涎!你这你这……"一口气就骂了六个"你这"。看看这些实例,"你这什么"倒不仅是"坚决的判断",而是带有极端憎恶的惊叹语,表现着强烈的情感。"你是什么"便只是不带情感的判断,纵有情感也不能在文字本身上见出。不过它也不一定就是"单纯的叙述语,没有更多的含义"。《红楼梦》里茗烟骂金荣说:"你是个好小子,出来动一动你茗大爷!"这里"你是"含有假定语气,也带"你不是"一点讥刺的意味。如果改成

"你这好小子!"神情就完全不对了。从此可知"你这"式语法并非在任何情形之下都比"你是"式语法都来得更有力。其次,郭先生援例把"你有革命家的风度"改为"你这革命家的风度",似乎改得并不很妥。一、"你这"式语法大半表示深恶痛绝,在赞美时便不适宜。二、"是"在逻辑上是连接词,相当于等号;"有"的性质全不同。在"你有革命家的风度"一句中"风度"是动词的宾词。在"你这革命家的风度"中"风度"便变成主词,和"你(的)"平行根本不成一句话。

这番话不免啰唆,但是我们原在咬文嚼字,非这样锱铢必较不可。咬文嚼字有时是一个坏习惯,所以这个成语的含义通常不很好。但是在文学,无论阅读或写作,我们必须有一字不肯放松的谨严。文学借文字表现思想情感,文字上面有含糊,就显得思想还没有透彻,情感还没有凝练。咬文嚼字,在表面上像只是斟酌文字的分量,在实际上就是调整思想和情感。从来没有一句话换一个说法而意味仍完全不变。例如《史记》李广射虎一段:"见草中石,以为虎而射之,中石没镞,视之,石也。因复更射之,终不能复入石矣。"这本是一段好文章,王若虚在《史记辨惑》里说它"凡多三石字",当改为:"以为虎而射之,没镞,既知其为石,因更复射,终不能入。"或改为:"尝见草中有虎,射之,没镞。视之,石也。"在表面上改得似乎简洁些,却实在远不如原文。"见草中石,以为虎"并非"见草中有虎"。原文"视之,石也"有发现错误而惊讶的意味,改为"既知其为石"便失去这意味。原文"终不能复入石矣"有失望而放弃得很斩截的意味,改为"终不能入"便觉索然无味。这种分别稍有文字敏感的人细心玩索一番,自会明白。

一般人根本不了解文字和情感的密切关系,以为更改一两个字不过是要文字顺畅些或是漂亮些。其实更动了文字就同时更动了思想情感,内容和形式是相随而变的。姑举一个人人皆知的实例。韩愈在月夜里听见贾岛吟诗,有"鸟宿池边树,僧推月下门"两句,劝他把"推"字改为"敲"字。这段文字因缘古今传为美谈,于今人要把咬文嚼字的意思说得好听一点,都说"推敲"。古今人也都赞赏"敲"字比"推"字下得好,其实这不仅是文字上的分别,同时也是意境上的分别。"推"固然显得鲁莽一点,但是它表示孤僧步月归寺,门原来是他自己掩的,于今他推。他须自掩自推,足见寺里只有他孤零零的一个和尚。在这冷寂的场合,他有兴致出来步月,兴尽而返,独往独来,自在无碍,他也自有一副胸襟气度。"敲"就显得他拘礼些,也就显得寺里有人应门。他仿佛是乘月夜访友,他自己不甘寂寞,那寺里假如不是热闹场合,至少也有一些温暖的人情。比较起来,"敲"的空气没有"推"的那么冷寂。就上句"鸟宿池边树"看来,"推"似乎比"敲"要调和些。"推"可以无声,"敲"就不免剥啄有声,惊起了宿鸟,打破了岑寂,也似乎平添了搅扰。所以我很怀疑韩愈的修改是否真如古今所称赏的那么妥当。究竟哪一种意境是贾岛当时在心里玩索而要表现的,只有他自己知道。如果他想到"推"而下"敲"字,或是想到"敲"而下"推"字,我认为那是不可能的事。所以问题不在"推"字和"敲"字哪一个比较恰当,而在哪一种境界是他当时所要说的而且与全诗调和的。在文字上推敲,骨子里实在是在思想情感上"推敲"。

无论是阅读或写作,字的难处在意义的确定与控制。字有直指的意义,有联想的意义。比如说"烟",它的直指的意义见过燃烧体冒烟的人都会明白。只是它的联想的意义迷离不易捉摸,它可联想到燃烧弹,鸦片烟榻,庙里焚香,"一川烟水","杨柳万条烟","烟光凝而暮山紫","蓝田日暖玉生烟"……种种境界。直指的意义载在字典,有如月轮,明显而确实;联想的意义是文字在历史过程上所累积的种种关系,有如轮外圆晕,晕外霞光,其浓淡大小随人随时随地而各各不同，变化莫测。科学的文字愈限于直指的意义就愈精确，文学的文字有时却必须顾到联想的意义，尤其是在诗方面。直指的意义易用，联想的意义却难用，因为前者是固定的，后者是游离的；前者偏于类型，后者偏于个性。既是游离的，个别的，它就不易控制，而且它可以使意蕴丰富，也可以使意思含糊甚至支离。比如说苏东坡的《惠山烹小龙团》诗里三四两句"独携天上小团月，来试人间第二泉"，"天上小团月"是由"小龙团"茶联想起来的，如果你不知道这个关联，原文就简直不通。如果你不了解明月照着泉水和清茶泡在泉水里那一点共同的清沁肺腑的意味，也就失去原文的妙处。这两句诗的妙处就在不即不离若隐若现之中。它比用"惠山泉水泡小龙团茶"一句话来得较丰富。也来得较含混有蕴藉。难处就在于含混中显得丰富。由"独携小龙团，来试惠山泉"变成"独携天上小团月，来试人间第二泉"，这是点铁成金。文学之所以为文学就在这一点生发上面。

这是一个善用联想意义的例子。联想意义也是最易误用而生流弊。联想起于习惯，习惯老是喜欢走熟路。熟路抵抗力最低，引诱性最大，一人走过，人人就都跟着走，愈走就愈平滑俗滥，没有一点新奇的意味。字被人用得太滥，也是如此。从前作诗文的人都依《文料触机》《幼学琼林》《事类统编》之类书籍。要找辞藻典故，都到那里去乞灵。美人都是"柳腰桃面"，"王嫱、西施"，才子都是"学富五车，才高八斗"；谈风景必是"春花秋月"，叙离别不离"柳岸灞桥"，做买卖都有"端木遗风"，到现在用铅字排印书籍还是"付梓""杀青"。像这种例子举不胜举，它们是从前人所谓"套语"，我们所谓"滥调"。一件事物发生时立即使你联想到一些套语滥调，而你也就安于套语滥调，毫不斟酌地使用它们，并且自鸣得意。这就是近代文艺心理学家们所说的"套板反应"（stock response）。一个人的心理习惯如果老是倾向"套板反应"，他就根本与文艺无缘。因为就作者说，"套板反应"和创造的动机是仇敌；就读者说，它引不起新鲜而真切的情趣。一个作者在用字用词上面离不掉"套板反应"，在运思布局上面，甚至在整个人生态度方面也就难免如此。不过习惯力量的深广常非我们的意料所及，沿着习惯去做，总比新创较省力，人生来有惰性，常使我们不知不觉地一滑就滑到"套板反应"里去。你如果随便在报章杂志或是尺牍宣言里面挑一段文章来分析，你就会发现那里面的思想情感和语言大半都由"套板反应"起来的。韩愈谈他自己做古文，"惟陈言之务去"。这是一句最紧要的教训。语言跟着思维情感走，你不肯用俗滥的语言，自然也就不肯用俗滥的思想情感，你遇事就会朝深一层去想，你的文章也就真正是"作"出来的，不致落入下乘。

以上只是随便举几个实例，说明咬文嚼字的道理。例子举不尽，道理也说不完。我希望读者从这粗枝大叶的讨论中，可以领略运用文字所应有的谨严精神。本着这个精神，他随处留心玩索，无论是阅读或写作，就会逐渐养成创作和欣赏都必需的好习惯。他不能懒，不能粗心，不能受一时兴会所生的幻觉迷惑而轻易自满。文学是艰苦的事，只有刻苦自励，推陈翻新，时时求思想情感和语文的精练与吻合，他才会逐渐达到艺术的完美。

（选自宗廷虎《20世纪中国修辞学》，中国人民大学出版社2008年版。收录时略有修改）

◎练习一 本文中说："在文字上推敲，骨子里实在是在思想情感上'推敲'。"试着根据自己写作的体会举一两个例子来证明这个论断。

◎练习二 这是一篇大学问家写的小文章，说说给我们学习写作方面的启发。

简笔与繁笔

周先慎

从来文章都提倡简练，而列繁冗拖沓为作文病忌。这诚然是不错的。然而，文章的繁简又不可单以文字的多寡论。言简意赅，是凝练、厚重；言简意少，却不过是平淡、单薄。"繁"呢，有时也自有它的好处：描摹物态，求其穷形尽相；刻画心理，能使细致入微。有时，真是非繁不足以达其妙处。这可称为以繁胜简。看文学大师们的创作，有时用简：惜墨如金，力求数字乃至一字传神。有时使繁：用墨如泼，汩汩滔滔，虽十、百、千字亦在所不惜。简笔与繁笔，各得其宜，各尽其妙。

一部《水浒传》，洋洋洒洒近百万言，作者却并不因为是写长篇就滥用笔墨。有时用笔极为简省，譬如"武松打虎"那一段，作者写景阳冈上的山神庙，着"破落"二字，便点染出大虫出没、人迹罕到景象。待武松走上冈子时，又这样写道："回头看这日色时，渐渐地坠下去了。"真是令人毛骨悚然。难怪金圣叹读到这里，不由得写了这么一句："我当此时，便没虎来也要大哭。"最出色的要数"林教头风雪山神庙"，写那纷纷扬扬的漫天大雪，只一句："那雪正下得紧。"一个"紧"字，境界全出，鲁迅先生赞扬它富有"神韵"，当之无愧。

以上是说用简笔用得好。同一部《水浒传》有时却又不避其繁。看作者写鲁智深三拳打死"镇关西"。鼻上一拳，"打得鲜血迸流，鼻子歪在半边，却便似开了个油酱铺：咸的、酸的、辣的，一发都滚出来"。眼眶际眉梢又一拳，"打得眼棱缝裂，乌珠迸出，也似开了个彩帛铺的：红的、黑的、绛的，都绽将出来"。第三拳，"太阳上正着，却似做了一个全堂水陆的道场：磬儿、钹儿、铙儿，一齐响"。从味觉写，从视觉写，从听觉写，做了一大串形容，若是单从字面上求简，这三拳只需说"打得鲜血迸流，乌珠迸出，两耳轰鸣"，便足够了。然而简则简矣，却走了"神韵"，失掉了原文强烈地感染读者的鲁智深伸张正义、惩罚恶人时那痛快淋漓劲儿。

字面上的简不等于精练，艺术表现上的繁笔，也有别于通常所说的啰唆。鲁迅是很讲究精练的，但他有时却有意采用繁笔，甚而至于借重"啰唆"。《社戏》里写"我"早年看戏，感到索然寡味，却又焦躁不安地等待那名角小叫天出场，"于是看小旦唱，看花旦唱，看老生唱，看不知什么角色唱，看一大班人乱打，看两三个人互打，从九点多到十点，从十点到十一点，从十一点到十一点半，从十一点半到十二点，——然而叫天竟还没有来"。在通常情况下，如果有谁像这样来说话、作文，那真是啰唆到了极点。然而在这特定的环境、条件、气氛之下，鲁迅用它来表现一种复杂微妙、难以言传的心理状态，却收到了强烈的艺术效果。

刘勰说得好："句有可削，足见其疏；字不得减，乃知其密。"无论繁简，要是拿"无可削""不得减"做标准，就都需要提炼。但是，这提炼的功夫，又并不全在下笔时的字斟句酌。像上列几个例子，我相信作者在写出的时候并没有大费什么苦思苦索的功夫。只要来自生活，发诸真情，做到繁简适当并不是一件太困难的事。顾炎武引刘器之的话说："文章岂有繁简耶？昔人之论，谓如风行水上，自然成文，若不出于自然，而有意于繁简，则失之矣。"

现今，创作上有一种长的趋向：短篇向中篇靠拢，中篇向长篇靠拢，长篇呢，一部、两部、三部……当然，也有长而优、非长不可的，但大多数不必那么长，确有"水分"可挤。作品写得过长，原因很多，首先是对生活的提炼亦即艺术概括的问题，但艺术手法和语言表达的欠洗练也是不容忽视的一条。简而淡，繁而冗，往往两病兼具。有的作品内容确实不错，因为写得拖沓累赘,读起来就像是背着一块石板在剧场里看戏,使人感到吃力、头疼。而读大师们的名著呢,却有如顺风行船,轻松畅快。

感此,提倡简练为文,重议文章繁简得失这个老题目,也许并不算得多余。

(选自《人民日报》,1981年2月18日。收录时略有修改)

◎练习一 本文中有一段话:"当然,也有长而优、非长不可的,但大多数不必那么长,确有'水分'可挤。"其中"水分"用的是什么修辞手法?

◎练习二 "艺术表现上的繁笔,也有别于通常所说的啰唆。""繁笔"和"啰唆"的区别是什么?

习作实践

练习一 相传北宋著名诗人苏轼、黄庭坚和苏轼的妹妹苏小妹在一起评文论诗。苏小妹说:"'轻风细柳,淡月梅花',如果当中各嵌一字,该填什么字才恰当呢?"苏轼经思索后提出了加"摇"和"映"两字,于是这两句便成了:"轻风摇细柳,淡月映梅花。"黄庭坚改用"舞"和"隐"两字:"轻风舞细柳,淡月隐梅花。"但两人填字都遭否定,就请苏小妹自己填字。苏小妹说:"前加'扶',后增'失',就成了'轻风扶细柳,淡月失梅花',淡雅,不俗。"苏、黄二人不觉抚掌叫好。你觉得哪一种添加更合适呢?写出一段分析文字。

练习二 在写作实践中,有老师强调写作文要锤炼语言,力求出新,不同于他人;而有老师则强调语言表达要平实,要遵循语言规范,不能随意标新立异。对此两种观点,你是怎样看待的?请就某一观点,谈谈你的看法,写篇500字左右的议论文。

素养积淀

题李凝幽居

〔唐〕贾 岛

闲居少邻并,草径入荒园。
鸟宿池边树,僧敲月下门。
过桥分野色,移石动云根。
暂去还来此,幽期不负言。

赏析 这首诗以"鸟宿池边树,僧敲月下门"一联著称。全诗只是抒写了作者走访友人李凝未遇这样一件寻常小事。诗中的草径、荒园、宿鸟、池树、野色、云根,无一不是寻常所见景物;闲居、敲门、过桥、暂去等等,无一不是寻常的行事。然而诗人偏于寻常处道出了人所未道之境界,语言质朴,冥契自然,而又韵味醇厚。

文章一篇之中,须有数行齐整处,须有数行不齐整处。

——吕祖谦

光有整齐,不免呆板;光有错综,又欠整齐。整齐和错综结合起来,才显得更美。

——王 力

第八课

多样句式 灵活选用

导论 句子是文章的基本构成单位。句式是指具有某种修辞效果的句子格式,是修辞的一种重要方式。同一内容,句式不同,就有不同的表达作用和表达效果。同样的词语,组成方式不同,表达的意思也会不同。因此,善于选择句式、调整句式,可增强语言的表现力。

要点 了解汉语句式的基本特点与类型,提高选择句式的主动性;认识不同句式的不同表达特点和效果,培养和提高选择、运用恰当句式来表达思想、抒发情感的能力。

❧ 写作启迪 ❧

故事一 1941 年 12 月 8 日,罗斯福发表"一个遗臭万年的日子"的演讲:

昨天,对夏威夷群岛的进攻,给美国海陆军部队造成了严重的损失,我遗憾地告诉诸位,很多美国人丧失了生命。此外,据报,美国船只在旧金山和火奴鲁鲁岛之间的公海上,也遭到了鱼雷的袭击。

昨天,日本政府已经发动了对马来西亚的进攻。

昨夜,日本军队进攻了中国的香港。

昨夜,日本军队进攻了菲律宾群岛。

昨夜,日本人进攻了威克岛。

今晨,日本人进攻了中途岛。

故事二 清朝的时候,扬州有一个富翁,开了一家酒肉店,他为富不仁,贪得无厌,常常在酒中加水,出售的肉缺斤少两,人们给他取了一个绰号——"刻薄鬼"。一天,"刻薄鬼"为招揽生意,请来大书画家郑板桥给他写一副对联。郑板桥当场一挥而就,写完后就念给"刻薄鬼"听,上联是:"肥猪长成象,老鼠头头死。"下联是:"美酒都称好,陈醋坛坛酸。"横额是:"人多,疾少,财富。""刻薄鬼"十分高兴。第二天,"刻薄鬼"叫家人把对联贴在大门口并当众大吹大擂。正当他得意忘形的时候,郑板桥也来了,他把对联念了一遍,一字也没改,但意思却完全相反。众人听后哄堂大笑,拍手叫好。"刻薄鬼"恼羞成怒,逃进屋去。原来,郑板桥第二次是这样念的:"肥猪长成像老鼠,头头死;美酒都称好陈醋,坛坛酸。"把横额读成:"人多疾,少财富。"。

知识技能

汉语不仅有极其丰富的意蕴,而且有着多种多样的句式。同样一个意思,可用不同的句式来表达,运用的句式不同,收到的表达效果也不一样。因此,在什么场合选用什么样句式,都要根据语言环境和表达的需要来决定。句式选得恰当,表意确切,文通句顺,能增强语言的表现力。句式选择不恰当,表意不明,文气不顺,则会影响表达效果。汉语句式主要有以下几种类别。

主动句和被动句。甲事物和乙事物联系时,有时甲事物处于主动地位,发出动作,支配乙事物;有时甲事物处于被动地位,受乙事物发出动作的支配。这种情况反映在语言上,就有主动句和被动句之分。在句子里,如主语是动作的发出者,这种句子就叫作主动句;如主语是动作的承受者,是动作支配或影响的对象,这种句子就叫作被动句。主动句和被动句的区别在于着重点不同,主动句着重在动作行为的施动者,被动句着重在动作行为的受动者。在汉语里,用主动句的时候多,用被动句的时候少。只有在引出动作的发出者、强调主体所处的地位,或者调整上下分句的语气时,才用被动句。

肯定句和否定句。人们对客观事物,总有一个基本的态度,或者赞成,或者反对。赞成,就持肯定态度;反对,就持否定态度。这种态度就是通过肯定句和否定句来表现的。但肯定态度不一定用肯定句,否定态度也不一定用否定句。因为同样一个意思,可以用肯定句式来表示,也可以用否定句式来表示。一般说,肯定句语气比较果断,否定句语气比较平和、委婉。从正面提出问题,一般用肯定句式,如"忽视法制教育是错误的";从反面提问,一般用否定句式,如"我们不能忽视法制教育"。我们在写作时,常把肯定句和否定句连在一起用,用肯定衬托否定,或用否定衬托肯定。肯定、否定连用,能使表达更显豁。

长句和短句。语言是思维的物质外壳,人们运用语言交流思想或表达思想,采用什么样的句子形式,是由思想内容决定的:内容复杂,一般要求句子长些;内容简单,则只需用短句。当然,有时较复杂的内容也可用许多短句来表达。因而有些短句也可能很长,有些长句也可能较短。一般来说,短句简洁有力,活泼明快;长句容量大,严密周详,细致精确。从表达效果看,只要选用妥帖,长句和短句各有各的作用。

整句和散句。"整"与"散",是就句子结构的整齐匀称和参差错落这两方面来说的。整句是指结构整齐、长短划一的句子;散句是指结构比较自由、长短不等的句子。整句由于形式整齐、声音和谐、气势贯通、意义鲜明,因此在诗歌、唱词、抒情散文等文体中应用较广,适合表达丰富感情、深刻感受。散句结构灵活,所表达内容虽不像整句那样集中,但因散而不乱、丰富多彩,故能收到活泼生动的效果。正因整句和散句各有各的修辞效果,因此在较多情况下是两种形式交错运用,这可使文字既整齐和谐,又富于变化。

❧ 阅读借鉴 ❧

书

朱 湘

拿起一本书来，先不必研究它的内容，只是它的外形，就已经很够我们赏鉴的了。

那眼睛看来最舒服的黄色毛边纸，单是纸色已经在我们的心目中引起一种幻觉，令我们以为这书是一个逃免了时间之摧残的遗民。他所以能幸免而来与我们相见的这段历史的本身，就已经是一本书，值得我们思索、感叹，更不需提起它的内含的真或美了。

还有那一个个正方的形状，美丽的单字，每个字的构成，都是一首诗；每个字的沿革，都是一部历史。飙是三条狗的风：在秋高草枯的旷野上，天上是一片青，地上是一片赭，中疾的猎犬风一般快地驰过，嗅着受伤之兽在草中滴下的血腥，顺了方向追去，听到枯草飒索地响，有如秋风卷过去一般。昏是婚的古字：在太阳下了山，对面不见人的时候，有一群人骑着马，擎着红光闪闪的火把，悄悄向一个人家走近。等到了竹篱柴门之旁的时候，在狗吠声中，趁着门还未闭，一声喊齐拥而入，让新郎从打麦场上挟起惊呼的新娘打马而回。同来的人则抵挡着新娘的父兄，作个不打不成交的亲家。

印书的字体有许多种：宋体挺秀有如柳字，麻沙体天矫有如欧字，书法体娟秀有如褚字，楷体端方有如颜字。楷体是最常见的了。这里面又分出许多不同的种类：一种是通行的正方体；还有一种是窄长的楷体，棱角最显；一种是扁短的楷体，浑厚颇有古风。还有写的书：或全体楷体，或半楷体，它们不单看来有一种密切的感觉，并且有时有古代的写本，很足以考证今本的印误，以及文字的假借。

如果在你面前的是一本旧书，则开章第一篇你便将看见许多朱色的印章，有的是雅号，有的是姓名。在这些姓名别号之中，你说不定可以发现古代的收藏家或是名倾一世的文人，那时候你便可以让幻想驰骋于这朱红的方场之中，构成许多缥缈的空中楼阁来。还有那些朱圈，有的圈得豪放，有的圈得森严，你可以就它们的姿态，以及它们的位置，悬想出读这本书的人是一个少年，还是老人；是一个放荡不羁的才子，还是老成持重的儒者。你也能借此揣摩出这主人公的命运：他的书何以流散到了人间？是子孙不肖，将他舍弃了？是遭兵逃反，被一班庸奴偷窃出了他的藏书楼？还是运气不好，家道中衰，自己将它售卖了，来填偿债务，或是支持家庭？书的旧主人是这样。我呢？我这书的今主人呢？他当时对着雕花的端砚，拿起新发的朱笔，在清淡的炉香气息中，圈点这本他心爱的书，那时候，他是决想不到这本书的未来命运。他自己的未来命运，是个怎样的结局；正如这现在读着这本书的我，不能知道我未来的命运将要如何一般。

更进一层，让我们来想象那作书人的命运：他的悲哀，他的失望，无一不自然地流露在这本书的字里行间。让我们读的时候，时而跟着他啼，时而为他扼腕叹息。要是不幸上再加上不幸，遇到秦始皇或是董卓，将他一生心血呕成的文章，一把火烧为乌有，或是像《金瓶梅》《红楼梦》《水浒》一般命运，被浅见者标作禁书，那更是多么可惜的事情呵！

天下事真是不如意的多。不讲别的，只说书这件东西，它是再与世无争也没有的了，也都要受这种厄运的摧残。至于那琉璃一般脆弱的美人，白鹤一般兀傲的文士，他们的遭忌更是不言可喻了。试想含意未伸的文人，他们在不得意时，有的采樵，有的放牛，不仅无异于庸人，并且备受家人或主子的轻蔑与凌辱；然而他们天生得性格倔强，世俗越对他白眼，他却越有精神。他们有的把柴挑在背后，拿书在手里读；有的骑在牛背上，将书挂在牛角上读；有的在蚊声如雷的夏夜，囊了萤照着书读；有的在寒风冻指的冬夜，拿了书映着雪读。然而时光是不等人的，等到他们学问已成的时候，眼睛是早已花了，头发是早已白了，只是在他们的头额上新添加了一些深而长的皱纹。

咳！不如趁着眼睛还清朗，鬓发尚未成霜，多读一读"人生"这本书罢！

（选自童庆炳等编：《中学生课外阅读与欣赏·中国现代散文卷》，四川人民出版社 2001 年版。收录时略有修改）

◎练习一　本文句式是以短句为主，但也恰当地使用了很多长句，请你找出几个长句，谈谈其在表意上所起的作用。

◎练习二　除了长句和短句的交替使用以外，本文还使用了主动句和被动句、肯定句和否定句、整句和散句等其他句式，请你分别找出一个，谈谈其使用效果。

我的空中楼阁

李乐薇

山如眉黛，小屋恰似眉梢的痣一点。

十分清新，十分自然，我的小屋玲珑地立于山脊一个柔和的角度上。

世界上有很多已经很美的东西，还需要一些点缀，山也是。小屋的出现，点破了山的寂寞，增加了风景的内容。山上有了小屋，好比一望无际的水面飘过一片风帆，辽阔无边的天空掠过一只飞雁，是单纯的底色上一点灵动的色彩，是山川美景中的一点生气，一点情调。

小屋点缀了山，什么来点缀小屋呢？那是树！

山上有一片纯绿色的无花树；花是美丽的，树的美丽也不逊于花。花好比人的面庞，树好比人的姿态。树的美在于姿势的清健或挺拔，苗条或婀娜，在于活力，在于精神！

有了这许多树，小屋就有了许多特点。树总是轻轻摇动着。树的动，显出小屋的静；树的高大，显出小屋的小巧；而小屋的别致出色，乃是由于满山皆树，为小屋布置了一个美妙的绿的背景。

小屋后面有一棵高过屋顶的大树，细而密的枝叶伸展在小屋的上面，美而浓的树荫把小屋笼罩起来。这棵树使小屋予人另一种印象，使小屋显得含蓄而有风度。

换个角度，近看改为远观，小屋却又变换位置，出现在另一些树的上面。这个角度是远远地站在山下看。首先看到的是小屋前面的树，那些树把小屋遮掩了，只在树与树之间露出一些建筑的线条，一角活泼翘起的屋檐，一排整齐的图案式的屋瓦。一片蓝，那是墙；一片白，那是窗。我的小屋在树与树之间若隐若现，凌空而起，姿态翩然。本质上，它是一幢房屋；形式上，却像鸟一样，蝶一样，憩于枝头，轻灵而自由！

小屋之小，是受了土地的限制。论"领土"，只有有限的一点。在有限的土地上，房屋比土地小，花园比房屋小，花园中的路又比花园小，这条小路是我袖珍型的花园的大道。和领土相对的是"领空"，论"领空"却又是无限的，足以举目千里，足以俯仰天地，左顾有山外青山,右盼有绿野阡陌。适于心灵散步,眼睛旅行,也就是古人说的游目骋怀。这个无限的"领空",是我开放性的院子。

有形的围墙围住一些花,有紫藤、月季、喇叭花、圣诞红之类。天地相连的那一道弧线,是另一重无形的围墙,也围住一些花,那些花有朵状有片状,有红,有白,有绚烂,也有飘落。也许那是上帝玩赏的牡丹或芍药,我们叫它云或霞。

空气在山上特别清新,清新的空气使我觉得呼吸的是香!

光线以明亮为好,小屋的光线是明亮的,因为屋虽小,窗很多。例外的只有破晓或入暮,那时山上只有一片微光,一片柔静,一片宁谧。小屋在山的怀抱中,犹如在花蕊中一般,慢慢地花蕊绽开了一些,好像群山后退了一些。山是不动的,那是光线加强了,是早晨来到了山中。当花瓣微微收拢,那就是夜晚来临了。小屋的光线既富于科学的时间性,也富于浪漫的文学性。

山上的环境是独立的,安静的。身在小屋享受着人间清福,享受着充足的睡眠,以及一天一个美梦。

出入的交通要道,是一条类似苏花公路的山路,一边傍山,一边面临稻浪起伏的绿海和那高高的山坡。山路和山坡不便于行车,然而便于我行走。我出外,小屋是我快乐的起点;我归来,小屋是我幸福的终点。往返于快乐与幸福之间,哪儿还有不好走的路呢? 我只觉得出外时身轻如飞,山路自动地后退;归来时带几分雀跃的心情,一跳一跳就跳过了那些山坡。我替山坡起了个名字,叫幸福的阶梯,山路被我唤作空中走廊!

我把一切应用的东西当做艺术,我在生活中的第一件艺术品——就是小屋。白天它是清晰的,夜晚它是朦胧的。每个夜幕深垂的晚上,山下亮起灿烂的万家灯火,山上闪出疏落的灯光。山下的灯把黑暗照亮了,山上的灯把黑暗照淡了,淡如烟,淡如雾,山也虚无,树也缥缈。小屋迷于雾失楼台的情景中,它不再是清晰的小屋,而是烟雾之中、星点之下、月影之侧的空中楼阁!

这座空中楼阁占了地利之便,可以省去许多室内设计和其他的装饰。

虽不养鸟,每天早晨有鸟语盈耳。

无须挂画,门外有幅巨画——名叫自然。

(选自高永年编:《名家散文精品精评》,四川文艺出版社 1995 年版。收录时略有修改)

◎练习一　从文中找出几个你喜欢的整句和散句,说说它们所体现出的情感。

◎练习二　就作者对句式的恰当灵活运用,谈谈本文在写作上给你的启示。

习作实践

练习一　下面是一个散句,请仿照例句的形式,另选话题再写两则。

所谓乐观,打个比方,就像炉灶上的响壶。屁股烧得红红的,却有心情吹口哨。

参考话题:悲观、勇敢、怯懦、苦笑、遗憾等。

练习二　人的心情是一种很奇怪的东西,有时高兴愉快,有时难过烦躁。此时的你,是不是也想通过文字来宣泄你的心情?请用你喜欢的写作方式写一篇表现你或喜或悲情感的文章,根据表达情感的需要,恰当使用各种句式。题目自拟,500 字左右。

素养积淀

饮 酒

〔晋〕陶渊明

结庐在人境,而无车马喧。

问君何能尔?心远地自偏。

采菊东篱下,悠然见南山。

山气日夕佳,飞鸟相与还。

此中有真意,欲辨已忘言。

赏析 全诗以平易朴素的语言表现了作者自得其乐的隐居生活和悠然、恬静的心情。无论是描写南山傍晚的美景,还是抒发归隐的悠然自得之情,或叙述田居的怡然之乐,或流露人生之真意,都既富于情趣又饶有理趣。

生活如泉涌，文章如溪水，泉源丰富而不枯竭，溪水自然活泼地流个不歇。

——叶圣陶

从生活中汲取营养，作品才真诚，才有感染力和吸引力。

——（藏族）平措扎西

第九课

感知生活 注重体验

导论 立足生活实践，注重观察体验，是提高写作能力的基本途径和必然要求。在生活与学习中，学会观察，学会联想，学会想象，学会写作，学会生活，才能体验生活与写作的快乐，才是作文能力提高之关键，也是健康成长之需要。

要点 认识现实生活与写作的关系；提高观察社会、感知生活、分析问题的自觉性；掌握观察社会和感知生活的具体途径与方法。

❧ 写作启迪 ❧

故事一 平措扎西是西藏为数不多的能用藏、汉两种语言创作的著名作家，1995 年获西藏 10 年文学成就奖，著有《斯曲和她的五个孩子的父亲们》《平措扎西小品相声选》等。他的成功主要来源于对生活的观察和平时的积累。1992 年平措扎西到阿里从事教育，在 6 个月的时间里他深入群众，听了很多，看了很多。一次，措勤县曲强乡的一位干部讲了一个关于酒鬼的笑话。一个醉汉把脸碰伤了，到医院去看病，医生也是个醉汉，手术就出了问题：该缝针的地方没有缝，不该缝的却被缝住了。笑后，平措扎西把故事记在了心里。回到拉萨，他根据这个笑话创作出小品《酒鬼拉巴啦》，通过夸张手法和讽刺语言描绘出现实生活中的酒鬼形象。作品经西藏话剧团演员扎西顿珠和洛旦的精彩表演，轰动了西藏，重播率、收视率都创下新高。

故事二 柳青是当代著名作家，为深入生活，他于 1952 年赴长安县乡村务农，后任县委副书记。刚下乡时，他穿了件黑呢大衣，戴个墨镜，见人围成一堆就凑上前去听。但农民一看他的样子，就不敢跟他搭言。第二天他就学农民的样剃了个光头，又弄来一件黑粗布对襟褂子和一双老棉鱼头布鞋穿上。这下他成了一个地道的农民，人们再也分不清哪个是农民哪个是柳书记了。平时，他对什么事情都极有兴趣：互助组评工、分配活路、开会发言，他用心记；村里人打架骂街、婚丧嫁娶、说长道短，他听得津津有味；逢三、六、九，他就戴个草帽挎上篮子去王曲镇赶集,一转就是半天。这些经历,为其代表作《创业史》的完成奠定了坚实的生活基础。

知识技能

要学会写作,就必须学会体验生活。写作是对生活独特感受和真切体验的表述;优秀的作品无不是现实生活的真实反映和准确描摹,也无不是作者对自己生活体验的独特表述。因此,写作一定要在认真感受生活的基础上表达出自己对自然、社会、人生的独特感受和真切体验。正如歌德所说:"不要说现实生活没有诗意,诗人的本领,正在于他有足够的智慧,能从惯见的平凡事物中,见出引人人胜的一个侧面。"

要学会体验生活,就必须学会观察生活。我们生活在丰富多彩的社会里,只要睁大眼睛去关注它、观察它,就会有许多发现和感受。譬如我们在学校生活中,常常可发现许多勤奋学习、发愤图强的学生。他们的言行既有共性,也有个性,却都是我们观察的对象。在生活中,我们时时处处可遇到让我们或感动或气愤的人或事,用心观察,就会有许多的收获和丰富的感受。

要学会观察生活,就必须走进生活。在一些人眼中,生活是那么的单一,但实际上这与其视而不见、充耳不闻相关,许多有意义的事物都与其擦肩而过。因此,我们要以热爱生活、感恩生活的态度来对待、回想我们的生活。如此,我们就会感到生活中存在许许多多值得一写的人物、事物。譬如著名作家魏巍在写《谁是最可爱的人》时,深入朝鲜战场近距离地了解志愿军战士的英勇事迹,从而写出了"最可爱的人"。

只有走进生活,才能观察生活;只有观察生活,才能体验生活;只有体验生活,才能写出富有真情实感的好作文。

阅读借鉴

没有过不去的坎

张笑恒

人的承受能力,其实远远超过我们的想象,就像不到关键时刻,我们很少能认识到自己的潜力有多大。同样,在我们没有遭遇痛苦的时候,我们根本不知道自己能够承受住多大的打击。

人总是在遭遇一次重创之后,才会幡然醒悟,重新认识自己的坚强和坚韧。所以,无论你正在遭遇什么磨难,都不要一味抱怨上苍是多么不公平,甚至从此一蹶不振。人生没有过不去的坎,只有过不去的人。

曾经有这样一位农村妇女,18 岁的时候结婚,26 岁赶上日本鬼子侵略中国,在农村进行大扫荡,她不得不带着两个女儿一个儿子东躲西藏。村里很多人受不了这种暗无天日的折磨,想到了自尽,她得知后就会去劝:"别这样啊,没有过不去的坎,日本鬼子不会总这么猖狂的。"

她终于熬到了把日本鬼子赶出中国的那一天,可是她的儿子却在那炮火连天的岁月里,由于缺医少药,又极度缺乏营养,因病夭折了。她的丈夫不吃不喝在床上躺了两天两夜,她流着泪对丈夫说:"咱们的命苦啊,不过再苦咱也得过啊,儿子没了,咱再生一个,人生没有过不去的坎。"

刚刚生了儿子,她的丈夫患水肿病离开了人世。在这个巨大的打击下,她很长时间都没回过神来,但最后还是挺过来了,她把三个未成年的孩子揽到自己怀里,对他们说:"爹死了,娘还在呢。有娘在,你们就别怕,没有过不去的坎。"

她含辛茹苦地把孩子一个个拉扯大,生活也慢慢好转了。两个女儿嫁了人,儿子也结了婚。她逢人便乐呵呵地说:"我说吧,没有过不去的坎,现在生活多好啊。"她年纪大了,不能下地干活,就在家纳鞋底,做衣服,缝缝补补。

可是,上苍似乎并不眷顾这位一生坎坷的妇女,她在照看自己的孙子时不小心摔断了双腿,由于年纪太大做手术危险,因此一直没有手术,她只能躺在床上了。她的儿女们都哭了,她却说:"哭什么,我还活着呢。"

即便下不了床,她也没有怨天尤人,而是坐在炕上做做针线活。她会织围巾,会绣花,会编手工艺品,左邻右舍的人都夸她手艺好,前来跟她学艺。

她活到86岁,临终前,她对她的儿女们说:"都要好好过啊,没有过不去的坎……"

是的,人生中,没有过不去的坎,只要我们有良好的心态,咬咬牙,任何困难都会过去的。

(选自《读者》2010年第2期。收录时略有删改)

◎练习一　本文中"人生没有过不去的坎,只有过不去的人"一句,是怎样得出的?

◎练习二　回想自己周边的人,讲述一个能战胜挫折的人,用他的经历来再次印证一下"没有过不去的坎"这句格言。

你错过了早晨,你辜负了什么

(蒙古族)鲍吉尔·原野

国家开放、假日黄金游,给人带来的变化之一是人们的见识多了。

虽然人们并不清楚自己为什么要去九寨沟、张家界,不清楚为什么要看广东广西与新疆,但能去就去。一般说,去过哪里成为人的身份尊荣的一部分,比如去过欧洲,去过巴厘岛、济州岛、普吉岛。尊荣在哪里呢? 只是——我去过你没去过。去了之后,通过血液检测——比如高密度脂蛋白胆固醇是否增加了,人是否比以往漂亮了? 没有,旅行增加了见识。

有见识的人越来越多,以致人不敢轻易开口说话。

地铁上,一人说他最近去某地吃了狍子肉,另一人粗暴打断:狍子肉根本不算啥,他在某地吃了老鼠肝,做熟了上面洒鸡蛋羹,羹里的蛆虫是专门用冬虫夏草喂养的。

有人在报上专栏说,他攀岩的时候裤衩带子断了(庆幸不是安全绳),仍然裸而登顶。有人说自己一年换了三位岳母,不是他厉害,是他岳父厉害。

说他们有见识已经不够了,应该说他们在为别人创造见识。人人都不甘心平庸,人人想当新闻的主角,最不愿意干的事就是消停。

如果,向这些新锐达人提一个小问题,恐怕会把他们问住:你们见过早晨吗?

早晨？是的，早晨。

对这个问题，新锐达人第一个反应恐怕是——早晨在哪个省？或者打电话问旅行社，去早晨要花多少钱？

这不是耸人听闻，许许多多的城市白领，"80 后""90 后"的自由职业者，以及艺术家们已经多年没见过早晨了。

早晨离他们非常遥远，比青藏高原更难到达。对他们而言，早晨早被浪费了。如果把早晨定义为夏季时间的五点至七点，这段时间里，无数人沉沦于浑浑噩噩的被窝里面。

我觉得，见过早晨的人比去过巴黎更幸福，比佩戴百达翡丽表更知道时间的珍贵。当然，像我这样没去过什么岛、没吃过什么肝的人，只好把上帝的东西拿出来炫耀了。是的，早晨是上帝创造的。出于公平，上帝为每一个地方都创造了早晨。依我观察，每一个地方的早晨以及每一天的早晨都是好东西，都值得享受。

假设说，九寨沟与张家界是旅行社创造的（姑且这么说，虽然咱们都知道这些地方也是上帝创造的，由旅行社协调），早晨就是上帝原装创造的。如果让我比较哪一个更好，我深思之，熟虑之，觉得还是早晨好。不光全世界的人见面都称颂——早晨好，早晨真是挺好，它是一天当中的青春时光。

拿最破的一个地方来说，假设它叫枣高市，破烂不堪之极，它的早晨也会很美好。下面列出枣高市早晨的八大美好：

一、安静。众所周知，除音乐会外，美好大多安静。好多地方让 GDP 闹得安静不下来，嘈杂喧哗，连瑞士也如此。人们以为——推想、揣摩、核计——大兴安岭深处也许安静，非也。各地的早晨都安静，能把身心安顿下来。

二、主人翁的感受。早晨人少，除了保洁的、跑步的，还有你。你突然感觉你竟是这个城市的主人，马路宽阔，车辆稀少。你一边走路一边唱歌也没人向你翻白眼。白天，你敢吗？街上的单位、店铺全都静悄悄的，像被你吓得不敢开张。你就是主人翁，往东看、往北看，怎么看都没有人拦你。人在早晨觉得自己特高大。

三、治安好。坏蛋跟白领一样，早晨也不起床。况且，早晨偷东西好像不太吉利。总之，早晨小偷少。那些脾气坏的人，早晨也不怎么发脾气。人在一天当中总有一些时候是谦谦君子，早晨就是人充当君子的时候。睡一宿觉，不可能起床就找人打架。手拎两根油条走五里地，也遇不上劫道的。

四、鸟鸣。鸟之发声器官和光相连，天一亮，它们就唱歌。有人说在城里多年没听到过鸟唱歌。不对，是你没早起。多大的城市都有鸟，有些地方还在评选市鸟。是鸟，早晨就歌唱。听吧，啼哩喽、阿哩喽，小鸟在树叶密隙、在屋顶、在红绿灯上唱歌。你看到这个城市竟有这么多小鸟跟自己生活在一起，飞翔、歌唱，心里会一动。

五、清风习习。大凡狂风骤雨，大都不在早晨发作，早晨是属于上帝的。上帝经过一夜的加工擦拭，造出一个全新的早晨来，怎么会用狂风骤雨破坏掉呢？清风习习是说有风，但不大，拂面不寒不暑，其风牵人衣袂，回头却看不到风在哪里，此谓清风。这样的风和人在早晨的心情两相近之，如席慕蓉的书名——《宁静中的巨大》。

六、胳膊腿儿及人之一切器官均灵活善动。人在早晨处于最佳竞技状态。你看拎筐买菜的人，年已不轻，目光明亮，腰肢尚灵，这是早晨赋予他们的特异功能，到中午就没了。因此说，国际大赛不在早晨比是不人道的，是有人破坏的结果。人在早晨把一切器官都休息好了,干什么都行。

七、关于露水、朝阳及其他的好。枣高市虽然糟糕透了,但早晨的草地也挂着露水。露水这个水是最神奇的,不是下雨下的,不是滴灌滴的,只好说是上帝单独送给小草的恩赐。草叶上银珠闪闪,比珍珠还漂亮。太阳一出,露水干了,古语称为"晞"。一般人看到的都是晞了的草地,相当于四五十岁的草地,没有早晨的少女草地好看。再说太阳。"太"在汉语里为第一、初、始之意,"阳"乃热之极,因而它是庄严的。可是,没怎么见过早晨的人忘记了,早晨的朝阳活泼美丽,富于人间气息。日出东山,节节依恋,彤光瞬间罩满大地,如金蛇疾行。这一刻,每每令人感动,是上天做的一件非常大、非其他事物可比的了不起的事,而且每天都进行一遍,不看真有点儿可惜。早晨的云彩薄而多彩,绯红、橘红、粉红,像儿童在天庭奔跑,这一些美景都在早晨,尽管是枣高市的早晨。过了这个时辰之后,上天吝啬了,朝阳变成了白日,绯云积成云团,庄重得像进入中年。

八、思虑清明。人在早晨想事,脑袋相当于安装了宽带,速度快。柴刀砍竹,迎刃而开。这些问题到了中午、晚上再考虑,一般都会搞糊糊了,粘锅了。

这里说早晨的好处,不光在枣高市,在任何地方均一样。林间、海岸、山区会更好。早晨具有很强的普惠性——人人、地地都得到其好处而不必给什么人送礼,也不论其人胖瘦、其地 G 不 GDP,只可惜这美景让许多人辜负了。

(选自《啄木鸟》2012 年第 4 期。这是鲍吉尔·原野的《你错过了早晨,你辜负了什么》的第一部分。收录时略有修改)

◎练习一　根据本文内容,说说作者是怎样观察和表述现阶段一些人的日常生活的。

◎练习二　阅读本文后,具体说说今天的人们辜负了早晨的什么,作者是怎样得出的。

习作实践

练习一　根据下列材料,完成作文。

背后夸奖你的人,知道了要珍藏在心里,这里面很少有水分。当面夸奖你那叫奉承,说难听些叫献媚,你可一笑而过,就当什么也没发生,也许不久就有求于你。对那些当众夸奖你的人,就疏忽不得,也许你转过身去,他就会用指头戳你。

根据材料,以自己经历或他人的一则真实故事来具体印证一下材料中所说的道理。注意:要写成记叙文,可适当虚构。

练习二　阅读下面的文字,根据要求写一篇不少于 600 字的文章。

法国化学家别涅迪克做实验时,有一个烧瓶掉在地上裂而不碎,他很好奇又一时找不到答案,就将烧瓶贴上标签,注明问题。一天,他偶然看见报道说,有两辆客车相撞,司机和乘客都被挡风玻璃碎片划伤了。他联想到那个烧瓶,经化验发现烧瓶曾经盛过硝酸纤维素溶液,这种溶液蒸发后留下一层无色透明的薄膜,牢牢地黏附在瓶壁上起到了保护作用。"如果将这种溶液用到汽车玻璃上,车里的人不是更安全吗?"因这个发现,别涅迪克获得 20 世纪法国科学突出贡献奖。

对此,有人说创造需要机遇,更需执着追求;也有人说,创造并不像我们想象的那么困难,那么遥远。选择角度构思,自定立意,确定文体。

素养积淀

江　雪

〔唐〕柳宗元

千山鸟飞绝,万径人踪灭。

孤舟蓑笠翁,独钓寒江雪。

赏析　前两句写雪景,诗人用飞鸟远遁、行人绝迹的景象渲染出一种荒寒寂寞的境界,虽未直接用"雪"字,但读者似已见到铺天盖地的大雪,已感觉到了凛冽逼人的寒气。后两句刻画了一个寒江独钓的渔翁,在漫天大雪中有一条孤船,船上有位身披蓑衣的渔翁独自垂钓。全诗以环境与渔翁的形象描写,曲折表达出诗人在改革失败后孤独的感受。

没有感情这个品质,任何笔调也不可能打动人心。

——[法]狄德罗

他乡和故乡,是在有限的空间里安放无限大的心灵。

——张抗抗

第十课

热爱家乡　赞美时代

导论　家乡,是最能唤起人们浓烈之情又让人无限向往的地方。不管身在何方,那深嵌在生命里的情结是对家乡的依恋。无论走多远,也无论离多久,只要乡音在耳畔响起,一切都显得那么美好和亲切,这就是根植于我们内心深处的对家乡的爱。

要点　关注家乡历史文化传统与现实发展,激发热爱家乡的美好情感;提高对周围环境的认识分析水平,培养观察生活、热爱家乡、赞美时代的写作意识;初步认识赋体的特点,提高表达能力。

❧ 写作启迪 ❧

故事一　清代嘉庆年间状元陈沆,是湖北省浠水县人。一年中秋夜,黄州府文人荟萃在东坡赤壁吟诗作对,共赏"玉兔"。一个文友向陈沆深施一礼,当众提议道:"人称黄州圣地,八县瑰宝,状元公赐诗为证,愿洗耳恭听。"陈沆见众学友百般拥赞,略思片刻,脱口吟出:"蕲州龙眼嵌江边,遥望黄梅色更鲜。黄冈源源迎仙客,蕲水悠悠出大贤。广济有财称盛世,罗田得道庆丰年。麻城堪称歌舞地,黄安风月乐尧天。"陈沆刚一住口,便掌声不绝。陈状元巧妙地将蕲春、黄梅、黄冈、蕲水(今浠水)、广济、罗田、麻城和黄安(今红安)八县名有机嵌入诗中,且一县一句,把八县的风土人情和经济、文化概括起来,赞美家乡之情深切而真挚。

故事二　著名科学家彭加木,原名彭家睦。1956 年,他自愿放弃出国深造的良机,到边疆工作。后来,他改名为"加木",他说:"加木,合起来就是'架'字,我要为上海和边疆之间架设桥梁,我要跳出小家到边疆去,为边疆'添草加木'。"几十年来,他矢志不渝,先后十多次带病到新疆进行科学考察,并三次进入环境险恶的罗布泊地区,直至以身殉职。

知识技能

"家乡"是一个亲切而温馨的字眼。家乡的地名常常反映出家乡独有的历史风貌、文化背景,家乡的风景名胜则充分体现出家乡的自然美,家乡的特色产品可为人民群众带来巨大的经济收益,家乡的传统文化更体现着家乡的民风民俗并具有深刻的人文内涵。因此,家乡的历史渊源、文化传统、经济发展、文化特色、人文底蕴,都值得我们深入了解和纵情歌颂。

在当代,无论是生活在家乡的人,还是生活在他乡的人,甚至旅居海外的华人,都对家乡怀有深厚的感情。因为家乡是我们生长的地方,那里有我们的父母兄弟,有我们的亲戚朋友,那里是我们生命的摇篮,记载着我们的人生轨迹。家乡,除了她固有的可爱以外,已被注入了情感的内涵,这种情愫已融进了我们的生命。古往今来,家乡一直是文人骚客赞颂的话题,树高千尺,落叶归根,故乡之思永远都是游子的至诚抒怀。人们常常借诗言志,表达对家乡的思恋,由此便衍生出无数动人的诗章,在汩汩流淌的华夏文化长河中卷起层层波浪。

在当代,能表达家乡之情的方式虽更加多样,但许多人依然喜欢用古代的一种文体表达他们的家乡情,这种文体便是——赋。赋介于诗和散文之间,讲求文采与韵律,兼具诗歌和散文的性质。赋的特点是"铺采摛文,体物写志",重在写景,借景抒情。赋最早出现于诸子散文中,叫"短赋";以屈原为代表的"骚体"是诗向赋的过渡,叫"骚赋";汉代确立了赋的体例,称为"辞赋";魏晋以后,赋向骈文方向发展,叫"骈赋";唐代又由骈体转入律体,叫"律赋";宋代以散文形式写赋,称为"文赋"。历代著名的赋有杜牧的《阿房宫赋》、欧阳修《秋声赋》、苏轼的《前赤壁赋》等。

阅读借鉴

唐徕① 赋

(回族)王正伟

浩浩兮,挟清风而飘逸,润草木以茂长;荡荡兮,布万物以恩泽,施百卉而流芳。两岸田畴锦绣,稻菽溢香;渔歌唱晚,千村望同;春华秋实,五谷归生;谷稼殷积,百鸟飞春;八方清晏,四序和平,遂成华夏之一名语:黄河百害,唯富一套②。

水光天接,一碧万顷;杂花生树,垂柳蒙蒙;晨辉夕照,一抹嫣红。衍生"河带晴光""长渠流润""西桥柳色""连湖渔歌"之风韵,自明清始,声誉盛隆。临其境也,江南之柔媚、塞北之豪放,回族之风情、西夏之遗韵尽收眼底,塞上凤城堪与江南名城相提而并论!

古城银川,楼宇参差,三季有花,四季常青,老少互携,情侣相偎,闲闲其态,楚楚其容,人居环境,无可拟比。遂囊"中国人居环境范例奖"③于怀内,揽"最适宜居住之城市"于一身。居渠畔而尽享田园之风光,临其境也,风香兮水媚,气畅兮心怡。

盖千万功绩,赖于一渠。是为何渠?唐徕也!

宁夏平原,天地形胜,沃野千里,山水共盛。唐徕一渠,大汉开凿,盛唐修浚,自青铜峡百塔寺下引天河之水,出青铜峡,经永宁,穿银川,过贺兰,越平罗,达于惠农,全长六百四十余华里,成主支渠五百余支条,泽数百万之苍生。无坝引水,开华夏水利之先河;建闸筑坝,为控水灌溉之先例。大师郭守敬,名显塞上。先人之功,百世感念。夫唐徕渠,银川流淌之历史,文化之见证。

寒暑轮转,春秋章回,其后数百年间,虽有修浚,却经年战乱频生,天灾人患,虽有医头医脚之功,却无建章立制之效,渠岸闸道,千疮百孔,因地成形,渠走龙蛇,灾患时生,民生多艰。唐徕一渠,垂垂老矣,水利之不利,百姓多怨言。

新中国成立,大典水利,以科学之发展观,求人水之和谐,生态文明。宁夏水利人畅言举荐,积专家之慧,纳学者之智。破旧体制之弊,倡新水利之风,成节水之绩效,建高产之农田。自上世纪六十年代中叶始,裁弯取直以畅其脉;增扩旧制,增支干渠而扩规模。闸、桥、槽、涵统一设计,渠、沟、田、村综合布局,开跃进、西干、东干三条干渠,兴提灌、排水、蓄水之功能,整治大水淹滩、小水塌岸、无水干渴之痼疾,校正大水漫灌、纵水入沟、昼灌夜息之陋习,挑流丁坝,防冲防塌,改曲弯高低老灌区之旧貌,展社会主义新水利之新颜。河渠浩浩,沟道潺潺,有灌溉之利,无灾害之虞。灌溉近百万亩之农田,泽惠数百万之民众,塞北江南,遂实至名归。

宁夏水利人,怀爱民之心,存高远之志,与时俱进,荣辱与共,数十年裁弯取直之艰辛,几代人劳心砺志之执着,可歌可泣,可敬可美。年头岁尾,千村万户动员;寒来暑往,机关单位响应,全民治水,盛况空前。以数十年之功,唐徕一渠,集农田水利、防洪设施、文化生态、游览休闲功能为一体,安澜于千载,防洪于百年,风起大漠,云生贺兰,凤城忧患除焉。嗟乎!宁夏农业之文明,由此渠而传承发扬。

风萧萧兮云生,水苍苍兮景盛,盖唐徕,宁夏平原之血脉也,通西湖、东湖、沙湖、星海湖,串镇朔湖、流芳湖、宁大湖、鸣翠湖、鹤泉湖,造阔海气概,成爱依风光,调银川气象,现湖城壮美,舟楫穿梭,丛苇弄影,鸟和鸣以翔集,鱼跃群而迷津。游人慕盛名而纷至,因感怀而吟诵。

观夫唐徕,太平诗画,盛世文章。临唐徕聆天籁之和声,观自然之胜景,仰以察古,思古人之丰功,俯以观今,常怀效绩之心;心有北斗,浩气长存。为政一任,当求政通而人和,业兴而事成,心系于民,功必垂成。

注释:
①唐徕:指唐徕渠,又名唐梁渠,习呼唐渠,相传始凿于汉,因复浚于唐而得名。
②黄河百害,唯富一套:汉代后黄河下游河患日甚,但河套地区却很少受到黄河灾害。
③中国人居环境范例奖:2006年4月15日,建设部授予银川市唐徕渠治理工程项目2005年"中国人居环境范例奖"。

(选自《人民日报》,2009年6月30日。收录时略有修改)
◎练习一 反复品味本文,谈谈你对唐徕渠历史的认识和了解。
◎练习二 "盖千万功绩,赖于一渠。是为何渠? 唐徕也!"谈谈你对这句话的理解。

拉 萨 赋

谢 英

圣城拉萨,西藏首府。踞守世界屋脊,拱卫中华神州。念青唐古拉、喜马拉雅、冈底斯山,山山相抱;雅鲁藏布江、纳木错湖、羊卓雍湖,水水环绕。三百六十日骄阳当空,是日光之城;三千七百米海拔绝顶,乃天上人间;一千三百年历史兴衰,真殊胜之地。

拉萨之名，名在史。曲贡遗址①，存先古人迹。盛唐气象，逢吐蕃崛起。白山羊驮土填泽湖，大昭寺法镇罗刹女②，甥舅碑镌刻一家亲，千年古城始奠基。值五代十国，宋金分治，吐蕃解体，圣城凋敝。然中华大势，终归元大统。朝廷设万户、委官吏、驻军队、理徭赋。明清以降，立甘丹颇章③政权，开驻藏大臣衙门，圣城重披盛装。鸦片战争，国门洞开；西南边城，覆巢卵危。侵略刺刀破清晓，城下之盟耻于心。政教合一，农奴制度，奴其精神，役其人身。悲兮叹兮！上世纪中叶，雄鸡一唱天下白，订和平协议，迎金珠玛米，民主改革，自治区立，百万农奴做主人。嗟夫，偶有阴云浮现，欲遮丽日蓝天。孰不知，是非史鉴，公道人心。噫吁兮！拉萨之史，犹如百川归海、十指连心。

拉萨之名，名在文。壁画唐卡，宛若流动历史。雕梁画栋，疑为天外巧手。格萨尔王，人间最长史诗。藏戏歌舞，引人如痴如醉。藏医藏药，取天地精华调阴阳和谐。大小五明，聚人间灵智育文化奇葩。上千年文明可称道，半世纪发展堪称奇。青藏川藏，玉带条条；神鹰展翅，竞天自由；青藏铁路，银练轻舞。火车新站，跨河路桥；两桥一隧，安居工程；建开发园，辟柳梧区。广播电视，进村入户；网络手机，比比皆是。更有现代工业、生态农业、特色产业、绿色旅游。噫吁兮！拉萨之文明，山高不及人高，路远不及志远。正所谓地球村里无孤岛，中华园内尽良田。

拉萨之名，名在景。一水穿城过，三山镇市内。春风似少女，鹅黄嫩绿现又遮；夏雨似绣娘，远铺茵绿近织锦；秋意似醉翁，层林尽染青稞香；冬雪似老者，苍芜之下显童真。藏历新年齐家庆，萨嘎达瓦香烟升，年中雪顿酸奶宴，秋收望果舞锅庄，年年节节乐融融。布达拉宫，层叠错落，山美宫美天人合一；大小昭寺，香火鼎盛，游者拜者络绎不绝；八廓小巷，商贾林立，人流物流目不暇接；罗布林卡，金色颇章，人在画中画如人；龙王潭边，左旋柳下，庭宽园趣静怡心；拉鲁湿地，城市之肺，水丰草美群鸟飞。广场多宽阔，古城新颜美。噫吁兮！人曰拉萨天地造化，然天时不如地利，地利不如人和，天地造化与人之和谐，呈梦中香格里拉，现今日人间瑶池。

拉萨之名，名在人。松赞干布雄才大略，文成公主兰心慧眼。萨迦班智达携天意凉州同心，贤侄八思巴领圣命受封"帝师"。④宗喀巴立格鲁派，建三大寺，史有"师徒三尊"⑤。福康安领兵入藏，驱入侵者，乃定"二十九条"⑥。爱国军民抗英，血染河谷，不屈不挠。张荫棠试新政，如大人花怒放。⑦刘曼卿重使命，凭女儿身征诏。⑧忠信履职主持坐床，热振摄政正气长存。⑨新中国，征战英旅，筑路大军，一里一丰碑⑩。二张众将军⑪，智勇青史垂。还有几代建藏人，边疆为家，雪染双鬓，魂梦相随。更有藏家好儿女，爱家爱国，勤劳智慧，开拓创新。中央关怀如阳光普照，全国支援聚万众一心。噫吁兮！大家庭、拉萨人，高尚比高天，厚德载厚土，是以艰苦不怕吃苦，缺氧不缺精神，海拔高境界更高，乃知苦中之乐为真乐，创业之美为大美。

忆往昔，岁月峥嵘可酬唱；逢盛世，前路漫漫仍修远。盛世需华章彰之，需明史鉴之，更需奋行进之。且以壮歌伴壮行，不教光阴负光景。是以赋。

注释：

①曲贡遗址：位于拉萨北郊曲贡村，出土遗迹证明4000年前拉萨地区已有人类居住。

②罗刹女：史载，文成公主推算五行方位，算出西藏地形如同罗刹女（即魔女）仰卧，于是在魔女心脏部位由白山羊驮土填湖修建大昭寺。

③甘丹颇章：位于拉萨市哲蚌寺内，意为"天神官殿"。1642年，蒙古首领支持达赖五世于此地建立了

格鲁派统治政权,因其政权机构设于此,史称"甘丹颇章政权"。

④萨迦班智达与八思巴:萨迦班智达,后藏萨迦派首领,1246年携侄八思巴于凉州(今武威)觐见蒙古王子阔端,议定西藏归顺事宜。忽必烈于1253年召见八思巴,后封其为"帝师"。

⑤师徒三尊:即藏传佛教格鲁派创始人宗喀巴大师及其两大弟子克珠杰(后被追认为一世班禅大师)、根敦珠巴(后被追认为一世达赖喇嘛)。

⑥二十九条:1793年,清政府颁布《钦定藏内善后章程》,即二十九条,改革和规范了西藏地方事务,其中有规定活佛转世的"金瓶掣签"制度。

⑦张荫棠:清光绪举人,内阁中书,1906年至1907年奉清政府之命在藏查办藏事,实施新政。西藏百姓为纪念他,把据说是他入藏时带来的一种菊科八瓣花称为"张大人花"。

⑧刘曼卿:女,藏名雍金,1929年代表国民政府赴藏联络沟通,与十三世达赖喇嘛会面,解说政局,宣扬"五族共和"。

⑨忠信、热振:1940年,国民政府派蒙藏委员会委员长吴忠信入藏主持十四世达赖喇嘛坐床典礼,时十四世达赖年幼,热振活佛为摄政。

⑩一里一丰碑:进藏人民解放军一边进军一边修路。川藏公路全长2146公里,青藏公路全长2100公里,在修路过程中共牺牲3000多名部队官兵、工人和当地民工。

⑪二张众将军:指中央政府代表张经武,进藏中国人民解放军第十八军军长张国华、政委谭冠三等。

(选自《光明日报》,2010年3月29日。收录时略有删改)

◎练习一 反复诵读后,说说拉萨之名"名"在何处,为何而"名"。

◎练习二 根据最后一自然段文意,说说作者创作此赋的原因。

乌鲁木齐赋

张立斌

既悠且昌,优美牧场①。瑶池潋滟,昆山苍苍。穆天子②具躅牲,西朝帝之下都;西王母奉玉英,东祝天地同光。玉虚清而凤凰栖,神女引呴羌笛漾;揽余辔而终未至,屈子行吟黯神伤。人猿相揖别,石器更锵锵。斯民质朴,其性阳刚。汉通三十六国,赖张骞凿破混沌;唐盛西域都会,有岑参歌诗飞扬③。高僧法显,誓游四方,写佛国冰释众疑;宗师玄奘,西风瘦马,得真传以译经黄。明清将相,或抬棺西行④,收桑梓于既失;或诗书往返,传文化至弘汤。及至则徐来此,遍历十城,屯田引水,五谷丰而仓廪实;更有晓岚流连,身居巩宁,心系幽冥,杂诗出并传《草堂》⑤。迨及现代,青砖压檐砌腰,中苏合璧处潭秋蕴韧涵勇宏播大道;老城商埠银庄,弹雨嘶鸣中泽民唯实厚道理财兴疆⑥。弹指一挥间,风雨已千年;慨然中多少豪杰边关写沧桑。

既秀且香,优美牧场。一城安宁,万家灯光。博格达迎晓日,柔曼无限遐思;额河水映晚月,轻拂一地荫凉。天至高日苍,野至阔日茫。天外天有山外山,天山高悬云海巅。斯风干爽,斯雨如浆。山色润而松柏翠,桃李芳而瓜果香。河潴七十二沟水,成鉴湖放歌把酒。夕照镇龙宝塔山,兴边关万方客商。长桥饮马,古道侠肠,种千年不死胡杨;香妃出浴,匹练横空,笑涛亭汤温情长。时仅二季,或夏令彩虹垂钓,远眺重山群峦;或冬时抱冰把雪,围火炉浑炙嫩羊。及今国际商厦林立,英华所钟,丝路新景,外环路丝带凌空;中亚友人接踵,阳光步行,携资引颈,开百年商埠隆昌。登高览胜,云港西域荷兰,离海最远处一桥贯通欧亚两洋大风;神奇柔美粗犷,传奇秘境中十二古韵唱出远古幽香。千年看跨越,生机又益然;慨然中说不完山色湖光。

既恒且长，优美牧场。民风古朴，民仁若汤。十三族共繁荣，情满混血之都；老人老幼人幼，大爱生息无疆。多元者称文，厚积者曰化。塞上道观，佛寺清音，太极瑜伽，真主天堂。五星出东方利中国⑦，彰显昨日灿烂；彩裙舞楼兰歌万邦，见证今日辉煌。九碗三行，奶酒醇香，品维吾尔俄罗斯佳酿；做客毡房，茶热情浓，看哈萨克赛马叼羊。歌者画者，或写羊羔写月亮，绚多彩民族风情；或绘明眸润红唇，美浓郁西部风光。及见刀郎乐器，达斡尔狍靴，和阗玉雕，民族工艺光彩夺目；锡伯香袋，塔吉克鹰笛，蒙古长袍，民俗文化源远流长。教育兴邦，重素质抓双语，人文厚积才可得牧业传人农耕英才；务实效讲示范，尚德博学方育出济世经邦熠熠儿郎。千年逢盛世，文化谱新章；慨然中歌不尽西部人文景象。

既富且强，优美牧场。平畴沃野，物产堂皇。稻粱尽神州之秀，瓜菜极造化之长。喀喇雪松劲，阿山冷杉旺。玛河棉白，焉吉茄红，库车杏甜，伊州麦香。灵畜食草药饮矿泉，踏碎黄金小道；野马归故乡嘶声亲，声声沁人心房。塔河鱼肥，博湖虾壮，品柴窝堡小海子蟹黄；大漠禽鸣，戈壁雁翔，赏喀纳斯瑞士风光。天地藏宝，或瓢舀油风点灯，人称飘浮油海煤都；或垂碧玺挂玛瑙，只缘身在宝玉之乡。及见尉犁蛭石，罗布钾盐，雅山油页矿床，特色产业厚积待发；拜城红柱石，富蕴蓝晶，精河磷岩，新型工业根基苗壮。做大做强，出国门闯海外，实业兴邦正引来世界注目百强云集；新材料新能源，产业聚集又重现四方客商来往奔忙。千年等一回，资源是脊梁；慨然中多少宝藏笔墨难流淌。

噫嘘兮！既赞且祝，优美牧场。俯仰千秋，今复吉祥。倚三山之巍峨，钟灵毓秀，聚两盆之福祉，前景无量。气冲霄汉，各民族出封闭心向寰宇；势吞牛斗，丑小鸭换新颜一展富强。乘东海之风，驾瀚海之浪，壮志踌躇西出欧罗巴；定富民大计，制远景宏图，气宇轩昂南下印度洋。看今日政通人和，实力蕴积，待明朝龙骧鹏举，卓异辉煌。

注释：
①优美牧场：据蒙古文史籍，蒙古语中乌鲁木齐意为"优美的牧场"。
②穆天子：指周穆王。穆天子西登昆仑在先秦许多文献中都有记载。
③岑参歌诗飞扬：边塞诗人岑参曾在乌鲁木齐生活过三年，写下不少诗句。
④抬棺西行：清末湘军将领左宗棠以花甲之身抬棺西征，收复新疆，立下殊勋。
⑤则徐：林则徐，他谪居新疆期间，跋涉于天山南北，从事屯田及兴修水利事业。晓岚：纪晓岚，在被发配新疆后遍走天山南北，收集整理了大量民间故事并写有乌鲁木齐杂诗160余首。
⑥潭秋：陈潭秋，中共中央驻新疆代表和八路军驻新疆办事处负责人，1943年9月被军阀盛世才杀害。泽民：毛泽民，1938年任新疆省财政厅、民政厅厅长等职，与陈潭秋一起被杀害。
⑦五星出东方利中国：1995年10月，在尼雅遗址发掘出土了大量汉朝丝绸，其中一块织锦护膊织有八个汉隶文字："五星出东方利中国"，令世人震惊，被定为国宝级文物。

（选自《光明日报》，2008年10月22日。收录时略有修改）
◎练习一 反复品味这首赋作，具体说说赋中"优美牧场"指什么，有何特点。
◎练习二 结合赋中内容，说说乌鲁木齐"既富且强"具体表现在什么地方。

习作实践

练习一 本课以赋的形式介绍赞美了拉萨等城市，请你通过书籍或网络寻找关于自己家乡的赋，并和描写家乡的其他文体的文章相比较，说说不同文体的不同表达效果。

练习二 请就你家乡的某处自然风光、某个名胜古迹或某种土特产品写一篇文章，让大家具体了解你的家乡,文体不限,题目自拟,500 字左右。

素养积淀

望 岳

〔唐〕杜 甫

岱宗夫如何? 齐鲁青未了。

造化钟神秀,阴阳割昏晓。

荡胸生层云,决眦入归鸟。

会当凌绝顶,一览众山小。

赏析 这是杜甫青年时的作品,充满了浪漫豪情。全诗无一"望"字,但紧紧围绕诗题"望岳"着笔,由远望到近望,再到凝望,描绘了泰山雄伟壮观的气势,抒发了作者的豪情。

　　　　不论一个作家所要描写的东西是什么，只有一个名词可供他使用，用一个动词要使对象生动，一个形容词要使对象的性质鲜明。因此就得用心去寻找，直至找到那一个名词，那一个动词和那一个形容词。

——[法]福楼拜

　　　　我曾经感到很疑惑，就是李白写下了让每个中国人都会想起故乡的那首诗，可他自己为什么老不回故乡？我想两条路在他眼前，一条是通向故乡的，一条是通向异乡的，他选择了异乡的路。一位日本研究者说，李白的魅力就在于一生把自己置于异乡感之中。

——余秋雨

第十一课

知晓历史　熟悉习俗

　　导论　"十里不同风，百里不同俗"，强调的是不同地域多彩多姿的民族文化传统习俗。这些不同的民族文化习俗有着不同的特色，是在长期的历史发展进程中逐渐形成的，众多作品都或多或少地反映了这些历史文化习俗，这是我们理解作品的重要基础；写作，也自然需要了解源远流长的历史与多彩多姿的民间习俗。

　　要点　提高对民族历史文化传统和民间习俗的认识水平，尊重不同文化和不同民族传统习俗；养成在写作中关注历史、关注文化、关注民俗的习惯，正确理解和准确表达不同历史文化传统。

❦❦ 写作启迪 ❦❦

　　故事一　金庸是享誉海内外的大文豪，其作品影响之大，很少有人能与之比肩。据说东南亚有的国家国会吵架都用金庸笔下的人物。一个骂：你是岳不群，伪君子！另一个回骂：你是左冷禅，野心家！但金庸小说中也有一些科技史方面的"硬伤"，如《神雕侠侣》第六回："他自幼闯荡江湖，找东西吃的本事着实了得，四下张望，见西边山坡上长着一大片玉米，于是过去摘了五根棒子。玉米尚未成熟，但已可食得。"有人考证：玉米是舶来品，原产美洲，1494年哥伦布从美洲回来后才传入欧洲，辗转传入中国的时间最早估计也在16世纪中期。现在对玉米最早的记载是明嘉靖三十九年（1560年）甘肃《平凉府志》，当时叫"番麦"。而南宋末年的杨过想要在陕西的山坡上找到一片玉米地,至少要等上三四百年才有可能。

故事二 农历二月初二是汉族的传统节日。这天人们要给小孩理发,叫"剃龙头",妇女不许动针线,恐伤"龙睛",人们也不能从水井里挑水,要在头一天就将自家的水缸挑得满满当当,否则就触动了"龙头"。这些习俗与一个美丽的民间传说有关:据说,人间皇帝是真龙天子,只有男人才能当皇帝,而唐朝皇后武则天居然当了皇帝。这成何体统,于是玉皇大帝大怒,传谕四海龙王,三年之内不得向人间降雨,致使中原大地饿殍遍野。司管天河的龙王不忍看到百姓无辜遭难,便违抗玉帝旨意,向人间降了一场倾盆大雨。玉皇大帝得知后,便把司水龙王打下凡间,压在一座大山下受罪,还在山上立碑云:"龙王降雨犯天规,当受人间千秋罪;要想重登灵霄阁,除非金豆开花时。"人们为了感谢龙王的救命之恩,千方百计寻找开花的金豆。到第二年的二月初二,人们在翻晒玉米种子之时突然想到:"这玉米就像金豆,炒一炒开了花,不就是金豆开花吗?"于是家家户户爆玉米花,并在院子里设案焚香,供上开了花的"金豆"。这时龙王抬头一看,原来是百姓在设法救它,于是便向玉皇大帝呼喊:"金豆开花了,您快把我放出去吧!"玉皇大帝一看人间家家户户院子里金豆开花,只好传谕,诏龙王回到天庭,继续给人间兴云布雨。从此,民间每到二月初二,家家户户爆玉米花,并称"二月二龙抬头",久而久之便约定俗成。

✤ 知识技能 ✤

　　我国是多民族国家,不同民族在历史发展进程中形成了各具特色的历史文化传统,如民族习俗、民族服饰和民族饮食都呈现出多样性。同时,即使是同一民族,由于不同的地域,也有着地域文化的差异,如风格迥异的民居建筑、丰富多彩的风俗习惯、绚丽多姿的传统节日、异彩纷呈的文学艺术等。

　　在学习与生活实践中,我们要通过阅读来具体认识、深入了解不同民族、不同地域所独有的历史文化传统,既要认同本民族、本地域的历史文化传统,又要尊重其他民族、其他地域的历史文化传统。在写作实践中,我们也要正确理解、客观描写不同民族、不同地域的历史文化传统,在宣传、发展本民族文化的同时,相互理解、相互尊重,共同维护和促进世界文化的多样性。同时,在写作实践中,我们还要全面了解民族的历史,积极汲取传统文化的养分,有效弘扬传统习俗固有的精神价值,以形成新的文化传统。因此,尊重民族发展历史,传承民族优秀文化,保持民族良好习俗,加强民族传统教育和保护历史文化遗产,都是促进写作能力、提高自身全面发展的应有之义。

　　中华民族在几千年的历史长河中创造了灿烂的中华文明,形成了悠久的历史、优良的文化传统和多彩的民间习俗,不仅成为凝聚中华民族的精神纽带,也对世界文明做出了重大贡献。中华民族的优秀历史文化传统,凝聚着中华民族自强不息的精神追求和历久弥新的精神财富,是建设中华民族共有精神家园的重要支撑。因此,我们要以自豪的态度看待优秀传统文化,要以积极的写作弘扬优秀传统文化,并在这一过程中提高自己的写作能力。

阅读借鉴

南 宁 赋

周绍麟

　　翠滴红凝,美哉南宁!壮乡首府,历史名城。发祥于青秀山下,耸立于邕江水滨。古称要塞,地处边庭。西南出海大通道,中外经商大本营。楼宇摩空,人怀高远。桄榔拔地,势欲飞腾。城曰凤凰,以表风华之美;徽标五象,寓其勇往之情;花开朱槿,以应繁荣之世;果结扁桃,证其大业有成![①]

　　罗秀春山,云蒸霞蔚;南湖夜月,影湛波平。大明山之雄奇,壮人曰圣;伊岭岩之瑰丽,国际知名。况复群芳如壮锦,逢三春而更盛;嘉木接彤云,足四季以长青。关关嘤嘤,百鸟和鸣。蒸蒸腾腾,百业俱兴!铜鼓敲来,笑溢苗瑶古寨;歌圩开处,喜闻骆越新声。个个如痴如醉,村村载舞载欣。下里与阳春并在,新潮与古朴同行。岂不谓城虽古老,貌却年轻者哉!

　　遥思远古,本属遐荒。赖我先民,辟土开疆。瘴雨蛮烟,难磨坚韧;冲炎冒暑,锻就刚强。志比愚公,挖山不止;心同精卫,填海何妨?于是锄月耕云,遍垦不毛之地;春华秋实,终成鱼米之乡。赫赫煌煌,日富月昌。融和百越,造福一方。漫言兵发嬴秦,象齿横招战祸;光昭骆越,马头曾铸辉煌![②]若夫依马伏波故事,南疆属汉;受李御史感召,叛酋归唐。铜柱之勋名显赫[③],邕江之吟咏昂扬!文彩衣冠,早被文身之地;汉唐法典,再申率土之邦。当时狄公之策马南来[④],邕人之提壶北向。此情牵本土,心系中央之故也。

　　昆仑关乃邕之门户。民国己卯,序属深秋。不期南国雄关,窃据东邻小丑。是役惨酷,前所未有:阵屡陷而再攻,关复收仍失守;枪鸣即兔跳兔惊,炮轰即沙飞石走。遍地烟硝,无非混血混腥;漫山尸体,何辨是仇是友?或云天助义师,终致日酋殒首。噫嘻!日寇生则与禽兽同流,死则与腐草同臭。唯我英雄精神不死,如松柏之常青;毅魄长存,如山河之永寿!

　　是以情缘景生,才为世显。海棠暮雨,少游备感沧桑;夜色孤城,陶弼原多忧患。董传策青山放歌,风骨清奇;王阳明书院讲学,精神深远。故刘翰林主掌杏坛,雷院长扬名学界,渊源有自,绝非偶然!而情萦龙象塔,云举原为阁老;魂绕翠云廊,白夫无愧乡贤。此皆名光桑梓,气若芝兰者也。

　　至若孙中山扬美运筹,终致南关起义;洋关泊舰,来作北伐动员。一任时局变幻,何惊处境艰难?南宁兵变,此乃小平光辉起点;百色政权,实由"珍发"暗中启端。八桂点点星火,渐成燎原趋势;右江滚滚洪流,推动革命向前。乃至春生南国,红豆多情;泽被壮乡,绿城有幸。邓大姐自称壮女,永铭血肉情缘;周总理谦言半子,足见伟人品性!岂止佳话流传,至今令人起敬。当年邕江冬泳,主席信步闲庭。热血一腔,何惧三九严寒?胸怀博大,任尔浪高风劲!

　　物华天宝,并非虚饰之言;人杰地灵,莫作自夸之柄!百年开埠,早得商机;六秩回眸,渐臻佳境。壮汉苗瑶,含英吐华。各行各业,可喜可嘉!厂多明星企业,人多俊彦专家。铝有"绿洲""奔月",机有手扶拖拉。竹编劲售,质载环球美誉;腊味风行,香飘港澳人家。绣球为友情信物,壮锦乃民族奇葩。稻熟鱼肥,四野金波拍岸;黄蕉丹荔,漫山硕果为霞。龙眼香即桂圆美,甘蔗甜即白糖佳。人爱"明山"之米,众夸茉莉之茶!天天桃李,灼灼其华,壮乡美景,如诗如画,可谓人间仙境,不必桃源泛槎。

然而今日之通都大邑,已非往日之边陲小城。尤须开门接物,岂可固步自封?缘结东盟十国,志在双赢;胸存世界五洲,方能全胜!首首原生古曲,艺苑推崇;年年《大地飞歌》⑤,全球和应。让南宁走向世界,使世界认识南宁!

泛北部湾,大湄公河,两翼齐飞;交通枢纽,物流基地,一应俱备。打造优势产业,启建五象新区;投资门路诸多,合作平台优惠。商务投资峰会⑥,各国元首咸来;中国东盟博览,四方客商鼎沸。壮乎哉!扬北部湾之洪波,商海顿涌新潮;占南中国之区位,宏猷定当兴桂。凸现时代精神,致令世人钦佩。

呜呼!喜和谐之有象,移陋俗于无形。扬中华之美德,建当代之文明。更新观念,净化心灵。坚持开放,永远创新。歌曰:

邕江春水兮,浩浩汤汤。青山嘉木兮,为栋为梁。指前路之璀璨兮,祝幸福之无疆。

注释:

①凤凰、五象、朱槿、扁桃:凤凰岭、五象岭在南宁市内,故南宁又叫凤凰城、五象城。朱槿是南宁市花,扁桃是南宁市树。

②骆越、马头:秦始皇为夺象牙珠宝,派大军打败骆越人,马头镇是骆越古都(武鸣县)。

③铜柱:汉伏波将军马援南征平定征则之乱后,在今越南北部竖起两根巨大铜柱纪功。

④狄公之策马南来:宋皇祐年间,狄青南下平定侬志高之乱。

⑤《大地飞歌》:南宁国际民歌艺术节主题歌。每年秋天,中国—东盟博览会、中国—东盟商务投资峰会和南宁国际民歌艺术节,都在南宁召开。

⑥商务投资峰会:指中国—东盟商务投资峰会。

(选自《光明日报》,2007年6月11日。收录时略有修改)

◎练习一 "物华天宝,并非虚饰之言"一段,主要状写南宁的著名物产,试对其一一进行列举并体会作者的情感。

◎练习二 赋中"是以情缘景生,才为世显"之后两段,主要是抒写南宁悠久历史和杰出人物的,试对其一一进行列举并体会作者的情感。

呼和浩特赋

郑福田

天堂草原,有明珠焉,厥维青城。倚阴山之巍峨,聆黄河之铿訇。抱长川入衣襟,风格峻茂;怀芳草当胸臆,品类清荣。牧歌响亮,尝停白云于林表;良骥风驰,每引壮志于青冥。况有拔地楼高,林林总总;富民市近,沸沸盈盈。马龙车水,渐繁华以盛大;花海人潮,献异彩而含宏。

自昔灵鸟徘徊,神龙隐显,名大郡以云中,筑长城于天际。今夫托克托境,八公里之赵壁犹存;史迹尘乘,两千年其载籍未替。至于农牧通,茶马易,诸族融,百姓齐。盛乐都兴,敕勒歌音声递延;丰州塔耸,名王业步武相继。风雨沧桑,积草原精神以涓流;日月居诸,融中华文明之合力。乃知此地化育生息,年淹代久,积渐自雄,良有以也。

洎乎土默特部,阿勒坦汗,始驻牧于丰域,终一统于漠南。携三娘子为内助,砌四围城以青砖。是以城郭表里,苍苍共水天一色;门户高低,隐隐偕黎庶同欢。蒙语径呼为库库和屯,汉译青城,像其色也;明朝循例以扬其政教,赐名归化,有私意焉。城方竣事,汗即宾天。诸族亲睦,三娘承夫遗志;百姓安堵,九边息其烽烟。方其时也,诚风和而日丽,洵草美而花妍。惜乎清人一炬,几焚归化为焦土;幸哉康熙三复,新增绥远作镇藩。降及满清末造,城联新旧,因曰归绥,归化绥远之省称也;至我人民中国,义尚和平,乃谓青城,呼和浩特其正名焉。

稽其茫茫古今,览乎卓卓英杰。大窑遗址,早别人猿;花岗燧岩,难分石铁。呼韩邪三觐长安,亲结汉匈;王昭君一出塞北,乐融冰雪。报国红颜,及今佳话相传;拂云青冢,从古芳华未歇。乃有仁爱通和,长原者我之气象;庄严雄伟,高山者我之心魄。若夫于近史标英名,于祖国献忠节,荣耀先肇其端,多松年扬其烈。①复有李生裕智②,大义深明,为振兴国货而疾呼;荣君塞翁③,高才独运,期发展故园以殷切。至于云泽出④,时雨彻,身投革命,心系民瘼。首创内蒙古自治政府,祈祝草原万里之吉祥;践行共产党民族政策,倡导吾华一体之团结。诚亮节而高风,洵雄才其伟略。

人民共和国成,鹏翔万里;民族自治策定,鹤骞九天。改革开放,起春雷惊大地;西部开发,来时雨润良田。新世纪万马奋蹄,我青城着其先鞭。其社会也,稳定和谐,律吕调而风俗美;繁华兴隆,品物阜而万民安。达小康固基础,降福祉佑草原。其经济也,腾龙跃虎,追风掣电,历块过都,烁古空前。打造中国乳都,成阵势以互补;建设经济园区,形犄角而相环。连续六年,GDP 增速居省会城市之首位;方历五载,地区生产总值已然接近翻两番。创上流之佳绩,成一代之伟观。其地域也,有四辖区,分其城而辐凑;有五旗县,为其郊而联翩。西接大陆桥通欧亚洲,东邻京津唐达渤海湾。开放带、开发带于此交汇,蒙古国、俄罗斯与之毗连。与包鄂合而为金三角⑤,追沿海平而临新拐点。其交通也,陆上空中,凭君遨游;天涯海角,任尔往还。

况复首府总自治区之枢要,名城为共和国之屏藩。携三盟其比翼,联七市而并肩。于是东西边境线,八千里雍雍整肃;三北防护林,数十年穆穆森严。其气候也,春季风和日丽,夏季暑而不炎;秋则天高气爽,冬则雪而不寒。偶有风来,姿态万千:方其盛也,日月因之失色;及其微也,细沙与之周旋。喻其刚也,卷一川碎石而弗顾;言其柔也,抚几茎嫩草而留连。有智者曰:斯亦造化生成,丰富生活者矣。

原夫青城民风,首重包容。虽博大以罕及,岂曲高而难同。言民族,则有蒙汉回满等卅六族焉,而以蒙古族为主体,各民族互敬互让,载亲载近;言宗教,则有佛道清真等六门类焉,而推喇嘛教为最盛,诸宗派共存共济,无斗无争。他如故乡或南或北,均接纳以呵护;方言有西有东,任诉说而倾听。容有异风殊俗,尽心力而共欢娱;何况同德一意,经风浪而结友盟。纵使错乱菜谱,易酱油为老醋;无妨混沌味蕾,认醋爽作盐浓。临大事不糊涂,学人长去己短;成伟业唯笃重,存小异求大同。譬如草原,积寸草以成其大;亦犹青山,因众土而崇其峰。

放眼乎今之青城,巍巍然现代都市。商业街伟厦流光,居民区闾阎扑地。写字楼头,上班族依序而繁忙;护城河畔,休闲者纵心而嬉戏。体育场赛马场,阅神骏以谁先;博物馆展览馆,留风华而奕替。国际会展,接四方宾客以从容;现代物流,输天下财货之迢递。大学园区,学子莘莘;文化场所,莺歌呖呖。蒙元文化街,养来今往古之雄心;成吉思汗路,展友月交风之魅力。若夫访大窑村,登五塔寺,听召庙之梵音,寻玉泉之旧迹。仰昭君墓之青青,临华严塔于寂寂。至于祭敖包以三匝,乘骏马而千里,习骑射则长天如盖,燃篝火则繁星似洗。待嘉宾以全羊,气势如虹;献胜友以哈达,云天像义。方其时也,身置草原之中,心系弘扬之旨,嘉遗产之犹存,喜流风之未已。歌长调之悠悠,岂必丝簧;吟呼麦以恢恢,一空傍倚。听马头琴,感浑厚与苍茫;赏民族舞,觉潺湲而流丽。始知草原文化,博大精深,非虚语也。

今当自治区六十华诞,佳期将至,吾赋初成,记伟绩于万一,美盛业以无穷。至若接高朋之殷勤,载歌载舞;开庆典之隆重,乃升乃登。斯亦青城之风格,出于自然者矣。君其待之。

注释:

①荣耀先、多松年:荣耀先、多松年是第一批参加革命并加入中国共产党的蒙古族人。

②李生裕智:李裕智,蒙古族,共产党员,革命烈士。

③荣君塞翁:荣祥,笔名塞翁,20世纪蒙古族贤达名士。

④云泽:乌兰夫之学名。

⑤与包鄂合而为金三角:呼和浩特与包头、鄂尔多斯称内蒙古金三角。

(选自《光明日报》,2007年7月29日。收录时略有修改)

◎练习一 赋中"原夫青城民风,首重包容"一段,主要抒写呼和浩特的居住民族与不同习俗,看看赋中都列举了哪些民族和民族习俗。

◎练习二 赋中说对呼和浩特"稽其茫茫古今,览乎卓卓英杰",请找出赋中所提到的英杰。

习作实践

练习一 每个民族都有自己的节日,而且这个节日常常与民族传说有关。比如汉族的端午节(农历五月初五)就和诗人屈原有关:端午节又可以叫端阳节,传说那天是中国古代伟大诗人屈原抱石投江的日子。那天爱国诗人屈原听到自己的国家快要灭亡的消息后,悲愤交加,心如刀割,抱起一块石头纵身跳入江里。后来人们为纪念屈原,每到端午节时大家就划着船把饭投进江里,可是后来他们发现投入江里的米饭全被鱼吃了。于是人们想了一个办法,就是把米放在一种长长的叶子里包成四个角的形状,鱼见了以为是菱角,因为菱角有尖尖的刺,鱼就不敢再吃了。回想一个关于自己民族节日的传说,讲给同学们听,并记录下来。

练习二 用多种形式、途径来了解本民族的传统文化,搜集文字、图片、实物等资料(如民间传说、手工艺品、民族艺术、民间体育、民间绘画和剪纸等),把自己最想告诉大家的,理一理,写成一篇习作。题目自拟,文体自定,不少于500字。

素养积淀

浣溪沙

〔宋〕晏 殊

一曲新词酒一杯,去年天气旧亭台。夕阳西下几时回?

无可奈何花落去,似曾相识燕归来。小园香径独徘徊。

赏析 这是晏殊词中最为脍炙人口的篇章。上片通过对眼前景物的咏叹,将怀旧之感、伤今之情与惜时之意交织、融合在一起。但在作者的记忆中,最难忘怀的却是去年的那次歌宴。下片仍以融情于景的笔法申发前意,表达出对春光流逝的惋惜之情和对巢燕归来的怀旧之感。渗透在句中的是一种混杂着眷恋和怅惘,既似冲淡又似深婉的人生怅触。

自然从不背离它热爱的人。

——[英]华兹华斯

我们往往只欣赏自然，很少考虑与自然共生存。

——[英]王尔德

第十二课

热爱自然　保护生态

导论　亲近自然,是我们的享受;保护自然,是我们的责任;赞美自然,是我们的使命。

要点　了解自然环境保护知识,树立保护生态的意识;学习描摹神奇自然、美好家乡的方法。

写作启迪

故事一　古印第安人有这样一个传统:他们在砍树或锯树枝之前会做上一段祷告,以此来请求树木原谅。一些科学家认为,美洲土著居民的习俗,可成为科学家研究植物也有语言的一种依据。德国波恩大学应用物理研究所对植物进行最新声学研究发现:人采花时,花朵会"哭泣";人摘黄瓜时,黄瓜会尖叫。不要以为植物会"说话"是一个古怪可笑的问题,法国物理学家施特恩海默说:20年前没有人相信鲸鱼会唱歌,现在鲸鱼歌唱已被破译。

故事二　唐元和十二年(817年)春末,白居易与朋友结伴游江西庐山,写了首《大林寺桃花》:"人间四月芳菲尽,山寺桃花始盛开。长恨春归无觅处,不知转入此中来。"后来宋代著名科学家、文学家沈括读了后,非常惊讶,讥讽道:"既然'四月芳菲尽'了,怎么会'桃花始盛开'呢? 大诗人也写出这样自相矛盾的句子,可谓'智者千虑,必有一失'呀!"说完,他也就把这事忘掉了。但一年春夏之交他到一座山上考察,见到了诗中的奇景:四月天气,山下众花凋谢,山顶上却桃花红艳,这才领悟到自己错怪了大诗人。后来,他又找来白居易的诗读,发现有序写道:"大林穷远……山高地深,时节绝晚,于时孟夏月,如正二月天,梨桃始华,涧草犹短。人物风候,与平地聚落不同。"沈括读后,极为感慨。

知识技能

我们生于祖国,长于祖国,因此应热爱祖国、保卫祖国、敬畏祖国,这是人人应知的道理。

但人们往往忽视的是:我们生于自然,存在于自然,取用于自然,故理应热爱自然、保护自然、敬畏自然。人类生活在自然之中,是自然界有机整体的一部分。天人合一,我们的祖先在很久以前就告诉后人要与自然和谐相处。因此,环境保护对于我们这样一个文明古国来说并不是一个新鲜的话题。

曾有学者在一次学术会上很动情地提出一个问题:"人类是变得越来越聪明,还是越来越愚蠢?"回答是:"人类是变得越来越愚蠢。"何以见得?请问如今能饮用的水资源还有多少?森林砍伐得还剩有多少?臭氧层如何被破坏?沙漠化、沙尘暴、酸雨、洪水……为什么人类总以牺牲自己赖以生存的环境为代价而进行所谓的科学发展?这些摆在我们面前的铁的事实,正威胁着我们的生存空间。所以人人都要关心,人人都要尽力来保护大自然,保护我们赖以生存的家园。

阅读借鉴

天山脚下的奇观

吴家凡

在遥远的新疆天山,生活着无数种叫不出名字的小动物,更令人称奇的是,此处竟然还存在着先人们在史书上记载的"鸟鼠同穴"那样的稀奇事。

那种鸟叫山灵,是一种类似于百灵或云雀之类的鸟儿。其体形有家雀两倍大,身上长着麻花羽毛。与它同住一穴的鼠叫黄鼠,体形大约比鼬要小,可比田鼠要大。

在那个地方的草丛里到处可以看见一座座拱起的小小鼠山。这些看起来一点儿都不起眼的鼠山,就是这些山灵与黄鼠共有的"家"。别看这些鼠洞从外表看起来都不咋样,可在地下却犹如迷宫一般,洞洞相连,四通八达。

天上飞的山灵为什么要入住地下黄鼠的洞穴呢?因为这里没有树木,山灵找不到安全的地方做窝。没有办法,它们就只能与那些在地下做窝的黄鼠争地盘,抢占它们的洞穴为巢。

起初,那些黄鼠并不甘心自己的地盘被占,双方也展开了一些争斗。可斗来斗去,山灵最终还是入住了黄鼠的地下洞穴。而争斗无果的黄鼠也只好忍气退让。

不过,在黄鼠万分不情愿地容忍这个霸道的房客入住时,它们却有了一个意外的收获:山灵与它们同住在一起,竟然可以有效地帮助它们预防某些天敌的入侵。比如有一种菜花蛇,它是黄鼠的头号天敌。当黄鼠单独遭遇它时,因为黄鼠的视力不济,而菜花蛇的保护色又实在难以识别,因此,黄鼠常常会遭到毒手。但山灵就不同了:它们的眼力相当不错,再加上它们的反应又快又敏捷,所以能及时发现菜花蛇。当山灵与黄鼠共处一穴时,每逢一些天敌来犯,山灵总是凭借着它出色的眼力,事先像一架预警机一样飞起来喳喳乱叫,以示有变。那些眼力不济的黄鼠闻讯后,就赶紧招呼伙伴入洞。那些天敌常常是欢喜而来,空手而归。

因为山灵的入住,黄鼠再也不用害怕一些天敌会在自己家门口搞一些突然袭击的小动作。它们惊奇地发现一个秘密:容忍别人的存在,也可以于己有利。

大概也是从那一刻起,天山脚下形成了一道耐人寻味的奇观:鸟鼠同穴。

（选自《故事家（微型经典故事）》2009年第9期。收录时略有修改）

◎练习一 根据本文内容,说说天山脚下为什么会出现"鸟鼠同穴"现象。

◎练习二 说说你对"容忍别人的存在,也可以于己有利"一句所揭示道理的理解。

走 访

（藏族）吉米平阶

叶巴村有四个自然村,果果和玉洛在村子的下游,濒临怒江的东边,森果居中,是村委会的所在地,西边上游的村子叫党然,最小也最远,离我们所在的村委会步行大约1小时的路程。叶巴全村78户489人,算是比较大的行政村,具备藏东河谷所有的特点,山高、谷深、居住分散、人多地少、干旱少雨、交通不便,目前,乡村公路修到了村口,但村里没有电,没有通信信号,没有学校,没有医务室,没有安全饮水,从溜索过怒江沿江而下约10公里,是左贡县的东坝乡军拥村,从东坝到左贡也要翻越一座险峻的大山,从叶巴村山上看去,公路像一根丝线悬挂在云间。过去村民常从怒江对岸的可克拉山翻到山后左贡县的田妥镇,望着那条羊肠小道,我们都禁不住腿肚子发软,但村里的乡亲们不在乎,不但去买卖东西,有时还当天往返。

走访是从党然自然村开始的。既然最远,那就先难后易。党然村来了几匹马和骡子,这是我们从县里买来给群众的见面礼,每户一桶红蛐蛐牌食用油,再驮上我们,顺着水渠和布满碎石的山道上行走,马还老实,骡子尽往道边的荆棘丛里钻,搞得两位初次骑马的女队员大呼小叫,直往骡子屁股后面溜。路旁有几户村民,次第相连的梯田一直延到党然村。到达后,我们气喘吁吁下马,然后在村支书群觉金巴的引领下,挨家挨户走访,程序如下:群觉金巴打开院门（院门有一种自助开关装置,可以自己拉开门闩进去,出来也有一根引绳把门闩上,防止牲畜进去或者跑出来,真是一个智慧的发明）,支书进院子大叫:"括热!"或有人应声,出迎,说:"嘎啊特（辛苦了）!"我们齐声回应:"嘎麻特（不辛苦）。"然后鱼贯进屋,上楼,多是笔直的独木梯,上下得有杂技艺术家的功夫,不然,洋相百出。落座,座位多是主人抱出来铺上的新卡垫。布茶碗,倒酥油茶。队员们纷纷拿出自己的杯子,倒开水。酥油茶是这里难得的奢侈品,大家不好意思喝,后来大家也习惯了,知道工作队不会喝酥油茶。支书介绍工作队来的目的,特别强调要住3年,队员里藏语流利的就做简单的政策宣传和背景介绍,然后掏出纸笔,了解基本信息,比如家庭人口构成、田亩、牲畜果木、有无在外打工等,然后告辞,行礼如仪,主人说:"亚莫松（好好走）。"大家回答:"亚莫都（好好在）。"如此走访下来,四个自然村,早出晚归,用了七天。七天分别由四个自然村的干部领着。走访完了,村干部们说这还是头一次有工作队这么一家不落地走访。听见这句话,我们心里美滋滋的。

一圈走下来,对于叶巴,我有了初步的印象。

叶巴的四个自然村都坐落在这个叫果果隆巴的山谷里,四个自然村像一个倒"丫"字分布,果果和玉洛在果果隆巴下游江边,隔山谷相望,森果在中间的部位,党然高高在上,位于山谷的上游,全村由于分家现在已增至80户518人,中老年多是文盲,只懂藏语,几乎没有在外打工更没有在外工作的,全村有近60个适龄儿童在林卡乡、八宿县和江对岸左贡县的东坝乡上小学,全村仅有一名在校大学生,过去有一个村小学,由于师资问题停办,现在的教室已坍塌废弃。群众的现金收入依靠销售当地的土特产核桃、苹果、辣椒等,由于运输困难,不成规模,收入有限。许多家庭有村村通电视接收设备,他们同样在电视里感受着外面世界的巨大变化。有一个佐证,我们队员所说的拉萨话,他们都能听懂,而他们所说的当地话,工作队里可以称为专家的两位藏文人才,常常面面相觑,得依靠手势、表情等诸多辅助手段才能搞明白大家的意思。

应该是乡亲们的情绪感染着我们,使我们的沉重心情多少有一些释放,只是觉得要做的事情实在是太多了,那种亢奋劲头是多少年来没有过的。

(选自《西藏日报》,2012 年 10 月 21 日。收录时略有修改)

◎练习一　根据本文内容,用草图画出叶巴村的组成。

◎练习二　根据本文内容,具体说说叶巴村的人文环境特点。作者表现出了怎样的情感?

习作实践

练习一　学会亲近自然,你才能发现自然的美,享受自然的美;学会保护自然,你才能保持自然的美,拥有自然的美。请搜集几条保护自然的标语,并为家乡某处风景写几条标语。

练习二　2010 年 4 月 24 日晚 7 时,甘肃民勤遭遇 10～11 级大风和特强沙尘暴袭击,持续时间 3 个小时,瞬间极大风速达 28 米/秒,最低能见度 0 米。气象专家表示,这次强沙尘暴可以用"黑风暴"来形容,这是民勤有气象记录以来最强的一次沙尘暴。请根据这则材料写一篇文章,题目自拟,文体不限,500 字左右。

素养积淀

山居秋暝

〔唐〕王　维

空山新雨后,天气晚来秋。
明月松间照,清泉石上流。
竹喧归浣女,莲动下渔舟。
随意春芳歇,王孙自可留。

赏析　松间明月、石上清泉、晚归浣女、泛舟渔人等,都把人带入诗一般的境界,在诗情画意中寄托着诗人高洁的情怀和对理想境界的追求,青松、泉水、翠竹、青莲,可以说都是诗人高尚情操的写照。全诗语言清丽,诗人把秋天写得清新迷人,一反悲秋的格调。

没有感情这个品质,任何笔调都不能打动人心。

——[法]狄德罗

只有在学生情绪高涨,不断要求向上,想把自己独有的想法表达出来的气氛下,才能产生出丰富多彩的思想、情感和词语。

——[苏联]赞可夫

第十三课

浓郁情感 艺术语言

导论 文章只有富有真实情感,才能久而弥香;缺乏真实情感的文章,读来味同嚼蜡。因此,写作一定要感情真挚,力求表达自己对自然、社会、人生的独特感受和真切体验,正如刘勰所说:"夫缀文者情动而辞发,观文者披文以入情。"

要点 提高对写作中真情实感重要性的认识水平,注重作文时抒发自己真实的情感;初步认识诗歌语言的表达特征,提高诗歌语言的鉴赏能力,培养学写诗歌的兴趣。

❀❀ 写作启迪 ❀❀

故事一 郑板桥一生为官清廉。他辞官回乡后,除了两袖清风,心爱的家当只有兰花一盆,黄狗一只。一个风高月黑之夜,郑板桥忽听房外传来撬门声,接着又见一黑影窜进屋来。郑板桥心想:小偷光顾了。如若高声呼喊,万一小偷起了杀机岂不白白送了性命,要是佯装不理任他盗去破旧,又不甘心。他一沉思就低声吟道:"细雨蒙蒙夜深深,梁上君子进我门。"小偷闻听暗惊,不敢再迈进一步。郑板桥吟罢细听,感到小偷还是无意离去,便又吟道:"腹内诗书存万卷,床头金银无半文。"小偷一听,原来是个穷书生,正待慢慢退出门外,又听床上吟道:"出门休惊黄尾犬,越墙莫损兰花盆。"小偷一听说前门有狗,墙上有兰花,急忙绕过兰花,越墙而去。脚刚一落地,又听屋内吟道:"天寒不及披衣送,趁着月黑赶豪门。"

故事二 柳青在创作《创业史》时,居住在陕西省长安县黄甫村。《创业史》中有一节涉及农村泼妇骂街的场面,柳青试着写了几次,但一直没有真实感,每次都不能令他满意。后来他听说村子里有个妇女是有名的泼妇,骂人"很有特色",于是就想从她身上取点"素材"。他想直接去拜访这个妇女,但又觉得这样刻意地让她提供一点骂人的词汇会让人感觉不太真实,达不到自己想要的效果。所以他决定去惹这个妇女生气,然后让她大骂自己。一天傍晚,这个妇女收工后从柳青门前经过,柳青端起一盆早已准备好的水装作没有看见,泼到了她的身上。这下可惹恼了这个妇女，她浑身湿淋淋地站在柳青门口，一手叉腰，一手指着站在门内的柳青破口大骂，污言秽语把柳青骂了个狗血淋头，而且她双脚用力地跺，跺得场院咚咚作响。柳青却一声不吭，暗暗地记下了她的神情、动作和语言。最后，邻居好言相劝，才拉走了这个妇女，邻居回过头来抱怨柳青不该去招惹她。柳青若无其事地笑着对大家说："我是故意找骂的。"于是告诉了邻居事情的原委。有了这次切身的体会，他笔下的泼妇形象生动多了。

知识技能

人们常说"感人心者，莫先乎情"，文章要想打动人、感染人，就要在作品中表达真情实感，我手写我心，用自己的心灵之火去点燃别人的心灵之火。要使写作饱含感情，就要有深切的情感体验，同时也要善于想象和运用多种表达方式与技巧。

首先，要本色用词。语言并不是有文采才是最美的，最适合表达作者思想和情感的语言才是最美的。朴实无华的真挚情感不加任何的雕琢，就达到了语言表达的高境界，让人读来回肠荡气，韵味悠长。其次，要善用修辞。恰当地使用修辞手法，可以使感情的表达鲜明和生动，带给人非同一般的感受，达到化抽象为具体、以情动人的表达效果。再次，要注重细节。生活中的细节往往稍纵即逝，如果抓住了这些生动细节并加以合理表达，往往会起到以小见大、以少胜多的作用，产生震撼人心的艺术效果。最后，要寄情于景。文似看山不喜平，有时可把情感寄托在具体的形象或事物上，使文章变得含蓄蕴藉而意味深长。

感情真挚是文章的生命和血肉。只有从生活的浪花中寻找感动，并用生花妙笔加以表达，才能让思绪在笔下肆意流淌，才能让真情在纸上纵情歌唱。在各类作品中，诗歌在情感表达上最为突出。这是由于诗歌是反映生活精华最简洁的文学样式，具有强烈的抒情性、丰富的想象力、高度的概括性、凝练的语言与和谐的韵律和节奏等特点。同时，情感是诗的生命。诗人写诗都是有感而发的，只有发自肺腑的真情才能打动读者。自然，在一些诗中，诗人不直接说出其内心的感受，而是用"托物寓意"的手法来表现。这就需要读者通过自己的努力，动用自己的知识储备和生活阅历来揭开这层面纱，以呈现出诗的形象。此外，由于诗歌是语言的艺术，学会欣赏和写作诗词，对正在成长的学生来说不仅仅是一种性情的陶冶，更是对民族文化的继承和发扬。因此，就让我们带着自己最丰富的感情在各民族诗歌的海洋中尽情扬帆鼓浪，在中华民族的传统文化殿堂中尽情游荡，在寻找文化真谛的征途中勇往直前。

阅读借鉴

象山情迹
——写在参加象山石浦港"开渔节"开船仪式后

（维吾尔族）艾沙木丁·艾则孜

富饶古乡丽象山，　　　　　　　　　一望顿生忘返情，
石浦景色动心弦。　　　　　　　　　天赐神工美画卷。

连天渔洋看不尽，
没有石浦何有岩？
世上美境从侬始，
善心美意从你传。

果甜鱼香花儿艳，
奇丽满月赏不完。
慕名来此更亲历，
胜似天堂在人间。

远在大地诞生时，
你的美胎已天然。
地母为你勤养育，
太阳为你送暑寒。

如今你已成仙女，
天地给你挂光环。
你我情爱多相似，
我们福运都双全。

你是岸畔我是浪，
浪花永远亲岸畔。
祈愿你我常相守，
不论月缺与月圆。

醉人美景忘时序，
真怕向侬说再见。
你我心灵已相通，
愿赴理想达彼岸。

盛世新政启智慧，
渔民勤劳更勇敢。
你有一百零八岛，
我向岛岛去扬帆。

愿与乡亲赶渔汛，
携手同行心相连。
你我已不分彼此，
人生都会不一般。

我愿化作清雨滴，
落在可爱金沙滩。
能为象山添颜色，
是我真情的祝愿。

谢谢盛情开渔节，
难忘吉祥08年。
真情美意永在心，
更多幸福在明天！

（选自《民族文学》2009年第1期）

◎练习 富有情感地诵读全诗，并具体分析出诗人寄予象山这一意象上的情感。

繁星（外一首）

（哈萨克族）夏木西巴努·哈木扎耶娃 作

（哈萨克族）哈那提古丽 译

繁星，是夜空的眼睛，
用遥远衡量与你的距离。
于是，灿烂往往是一份悠远，
人，总喜欢从星星中摘取一份美丽。
傲慢者把自己比作星辰，
热闹啊，藏蓝的夜空。

启明星、牵牛星，忙着嫁娶接生，
哈萨克人的名字从天堂下凡。
我们从来都是接受天赠，
天，属于谁，
我们只拥有它的美丽。

浩瀚是宇宙的笔名，　　　　　　　　　人类看不懂却要赞美的诗篇，
星星是它的文字，书写　　　　　　　　一行行，一首首……从此有了永恒。

（选自《民族文学》2009 年第 1 期）

◎ 练习　富有情感地诵读全诗，并把全诗改写成一篇 300 字左右的抒情文。

春　愿

（藏族）丹真贡布

我那祖国积雪的屋脊　　　　　　　　米芳的如椽之笔一旦挥运
三部四茹古老的土地啊　　　　　　　终竟宣泄了诗学的天机
你的久远，你的功绩　　　　　　　　《央金欢歌》一雷惊天
迫我千百次地扩展胸臆　　　　　　　卷帙中凛冽着雪域的气息
我像中秋沉重的紫色草穗　　　　　　于是，喜马拉雅檀林吹送的香风
深深地、深深地一躬到地　　　　　　异国孔雀贵族气的尾羽
我要拓一条心谷更为深邃　　　　　　陌生的乌菠萝花的幻影
去盛放你今日新的光辉　　　　　　　天界妓女纤细的腰肢
春天的风吹拂着我听闻的枝叶　　　　渐次失去他们的宝座
为我递送嫩芽的欣喜　　　　　　　　只在偏好者那里据守一隅
说是从拉萨到四边
那六色春鸟正在奋飞　　　　　　　　然而，那一切又算得了什么
曾遭禁止出生的青稞　　　　　　　　——比起你今天壮阔的行旅
禁止响亮的歌曲　　　　　　　　　　雄浑的进行曲
还有那禁止奔跑的骏马　　　　　　　古老而又新生的大地啊
被挟制的三十个字母兄弟　　　　　　在新的季节里吹你的薰风
一齐随着春鸟的呼唤　　　　　　　　向着同类放你自己的鸣唤
从泥土里猛长　　　　　　　　　　　向着世界响你自己的雷声
向晴空中展翼　　　　　　　　　　　撒你自己的虹
在新的征途上迅跑　　　　　　　　　是的，祖国曾经这样嘱咐你
在新的篇页上　　　　　　　　　　　六色春鸟这样祝愿你
分娩出现代的崭新的词汇……
你呀你，幸运的土地　　　　　　　　"拉萨净土界
迎接着时代的大转机　　　　　　　　只是蒺藜多"
　　　　　　　　　　　　　　　　　这远祖以来不寂的警训
雪山为冕，盛饰湖泊明珠的疆域　　　即使走在坦途也需时时诵习
勉你的精进，奋发你的意气　　　　　新途上的捷足者啊
去胜过那经传中的往昔　　　　　　　但愿我这是无谓的多虑

（选自才旺瑙乳、旺秀才丹主编：《藏族当代诗人诗选》（汉文卷），青海人民出版社 1997 年版）

◎练习　在反复诵读基础上,具体说说作者在"积雪的屋脊""幸运的土地""喜马拉雅檀林吹送的香风"等意象上所寄托的情感。

大瑶山行吟·电动索道似彩虹

（仫佬族）包玉堂

轰隆隆,轰隆隆!
一根根原木腾空起,
顺着峡谷,向山下俯冲。
像一股股山泉飞瀑,
在山中挂起一道道彩虹!

轰隆隆,轰隆隆!
一位银饰叮当的瑶妹,
微笑着,坐在操纵棚中,
眼望着一根根原木凌空飞舞,
她上下操作,多么从容!

轰隆隆,轰隆隆!
美丽富饶的大瑶山呵,
披一身灿烂阳光,沐着春风,
您给祖国献出了多少栋梁材,
这是您的骄傲呵,您的光荣!

轰隆隆,轰隆隆!
看,又是一批巨木飞泻落地,
在路边列队待运,前挤后拥。
操纵室里的瑶妹又笑了,
那笑脸呵,就像一朵出水的芙蓉!

（选自《中国民族》1980年第8期）

◎练习　在反复诵读基础上,具体分析全诗的四个部分是怎样组合而成的。

玛瑙湖

（蒙古族）席慕蓉

没有理由　除非是
为了引诱你回头
才以这最后的荒旱枯竭的结局
向你显露出　那一直深藏在
我胸怀间的美丽记忆

当温柔与壮烈同是一个女子的性格

从此　就别无抉择
这是湖泊最后的愿望
是我整个一生的孤注一掷

请尽情捡拾吧
现在也不能说是太迟　毕竟
你终于知道了我的心事

题注:蒙古高原上一处人迹罕至的湖泊"琪格诺尔"近日突然干涸,才发现湖底铺满了玛瑙宝石。

（选自席慕蓉:《席慕蓉文集典藏版》,南海出版公司2003年版）

◎练习　根据题注,具体分析一下"胸怀间的美丽记忆""我的心事"是指什么。作者是如何抒发自己对玛瑙湖由衷的赞美之情的?

在城市里流浪

（彝族）普光泉

脱下察尔瓦
身穿西装

发自内心的声音仍然很土
血液流淌的方式
与我的祖先一样
从心脏出来，又回到心脏
渐弱，再渐强
一脉相承
占据每一条血管

老鼠过街时
我在后面
密密麻麻的人群

没有谁惊慌

都在忙
一会儿　人们都
随意消失在四面八方

在大街上行走
没有人知道我是彝人

从夜晚到白天
又从白天到晚上
没有谁关心我是谁
来自哪道栅栏

（节选自《客居城市的彝人（组诗）》，载《民族文学》2009 年第 1 期）

◎练习　在诵读基础上，根据诗意，以"一个彝人的自述"为话题，具体说说这个"彝人"
的感受。注意：要以第一人称来述说。

四顾无岸

导　夫

紫丁香的守望

经年累月的面孔
密集成一坛
陈年老酒的怀想
一场生与死的凄风苦雨
在布满相思的无奈中
打湿情人的太阳

微笑与晨愁

一颗苦灵魂　因为你的涛声
记忆　都不可企望地
转过冷雨滋润的脸去

你的微笑　是旗帜
宣告了一切晨愁的凋谢
诠释着一个永不坠落的自己

红蜻蜓

出奇之孤独　叩问
天与地的暧昧
草与叶的无声
从不同的流程远足
过无花之树　探看
穿透哀伤而乡音不改的老弓

树的图腾

把手指折断　把腰身折断

为风雨苍茫的宇宙写生

吹不干的四季血　卷不绝的落叶情

在生的渴求里　在死的期待中

以风雨雷电的打杀

冶炼世界永不倒下的风景

（节选自《朔方》1998年第2期）

◎练习　反复朗读这首诗，自由说说自己对"紫丁香""微笑与晨愁""红蜻蜓""树的图腾"等意象的理解。

习作实践

练习一　请根据《小草》一诗进行仿写。仿写要符合该物特征并寄寓一定的感情。

　　　　小草
　　没有花朵的艳丽，　　　　　　　　＿＿＿＿＿＿＿＿＿＿，
　　没有身躯的伟岸，　　　　　　　　＿＿＿＿＿＿＿＿＿＿，
　　却以破土的力量昭示，　　　　　　＿＿＿＿＿＿＿＿＿＿，
　　——什么是顽强。　　　　　　　　＿＿＿＿＿＿＿＿＿＿。

练习二　请抓住自己家乡的任一个季节的特点，练习短诗创作，不少于二节。

素养积淀

满　江　红

〔宋〕岳　飞

怒发冲冠，凭栏处、潇潇雨歇。抬望眼、仰天长啸，壮怀激烈。三十功名尘与土，八千里路云和月。莫等闲、白了少年头，空悲切。

靖康耻，犹未雪；臣子恨，何时灭。驾长车，踏破贺兰山缺。壮志饥餐胡虏肉，笑谈渴饮匈奴血。待从头、收拾旧山河，朝天阙。

赏析　上片抒发作者为国立功满腔忠义奋发的豪气。以义愤填膺肖像描写起笔，凭栏眺望，指顾山河，是英雄本色。"长啸"状感慨激愤，情绪已升温至高潮。"三十""八千"二句，反思以往，包罗时空，既反映转战之艰苦，又谦称建树之微薄。"莫等"期许未来，情怀急切，激越中微含悲凉。下片抒写重整山河的决心和报效君王的耿耿忠心。"驾长车"一句豪气直冲云霄。"饥餐""渴饮"虽是夸张，却表现了诗人的英雄主义气概。最后两句语调陡转平和，表达了作者报效朝廷的赤诚之心。全词如江河直泻，曲折回荡，感人至深。

> 任何神话都是用想象和借助想象以征服自然力,支配自然力,把自然力加以形象化;因而,随着这些自然力之实际上被支配,神话也就消失了。
>
> ——[德]马克思
>
> 民间文学是山野文化的精灵,更是作家们的一座语言富矿,值得那些勤奋而独具慧眼的作家开采利用,并受用终身。
>
> ——冯骥才

第十四课

奇异独特　神奇瑰丽

导论　民间神话传说是通过人民的幻想,用一种不自觉的艺术方式加工过的自然和社会形式本身。因此,神话传说可以说是人类早期的不自觉的艺术创作,其特点是常常借助想象和幻想把自然力和客观世界拟人化。在中华各民族中都存在着古老而神奇的神话传说,成为我们认识客观世界和人类自身的最早史料。

要点　理解民间神话传说的本质与特点;了解民间神话传说的基本类型;提高对民间神话传说的认识水平,重视搜集和研究民间神话传说。

☙ 写作启迪 ☙

故事一　冯骥才是我国当代著名的作家和画家,作品《雕花烟斗》《高女人和她的矮丈夫》《神鞭》《三寸金莲》《珍珠鸟》等均获全国文学奖。近年来,冯骥才致力于城市保护和民间文化遗产抢救工作。这是由于他发现在大规模的旧城改造中,许多传统文化遭到了破坏,工业文明正在逐渐代替农耕文明。于是,冯骥才开始致力于对民间文化的抢救工作,他对包括汉族在内的56个民族遗存的所有民间文化,大到古村落小到荷包,包括民俗和民间文学,做地毯式的考察,一做就是10年。冯骥才还在天津大学建立了国内第一个非物质文化遗产保护数据中心,存录了中国民间文化遗产抢救工程田野普查中所获得的数百万字的文字资料、几十万张图片资料、几千小时的录音资料和上千小时的影像资料。

故事二　刘绍棠是我国当代著名作家,出生在北京通县古运河边。由于家贫,根本谈不上早期教育,但刘绍棠从小就爱听母亲讲故事。他的母亲出身于清末秀才之家,是个讲民间故事的高手。刘绍棠四五岁的时候听说书着了迷,父亲很生气,但母亲却大力支持,这在他幼小的心灵里埋下了热爱文学的种子。其中评书和民间故事留下的印记,对刘绍棠走上文学之路有着重要的意义。13 岁时,刘绍棠写出了一部 10 余万字的长篇小说《大运河的儿女》。到 1957 年,21 岁的刘绍棠已发表了 10 多万字的作品,共出了 6 本书。可以说,刘绍棠的文学之路就是从听故事、听说书开始的。

꧁ 知识技能 ꧂

　　民间神话传说是一个民族和国家的宝贵精神财富,其题材内容和各种神话人物对历代文学创作及各民族史诗的形成都具有多方面的影响,特别是它丰富奔放、瑰奇多彩的想象和自然事物形象化的创作方法,与后代作家的艺术虚构及浪漫主义创作方法的形成都有着直接的渊源关系。同时,民间神话传说还具有丰富的美学价值与历史价值,与远古的生活和历史有密切关系,是研究人类早期社会婚姻家庭制度、原始宗教、风俗习惯等很重要的文献资料。在汉族民间传说中,盘古开天辟地、女娲炼石补天、精卫衔草填海、嫦娥奔月等都是千年来流传最广、家喻户晓、人人皆知的经典故事。在藏族、彝族、壮族、蒙古族、维吾尔族等少数民族,也有着许许多多奇异瑰丽的不朽的神话传说。

　　人类最早的故事往往是从神话传说开始的。因为当一个民族渐渐发展,开始对世界和自己的来源问题感到疑惑并作出各种不同的解答时,这正标志着文明的产生。这些形形色色的答案在现代人看来,可能是些荒诞不经的神话传说。但对初民来说,却是合理的解释。他们对这些"神话"不断进行着不自觉的阐释和发挥,一代传一代,反映了原始人对宇宙、人类本身的思考及解释。

　　神话一般可分开辟神话、自然神话和英雄神话。开辟神话反映的是原始人的宇宙观,用来解释天地是如何形成的,人类万物是如何产生的;自然神话是对自然界各种现象的解释;英雄神话则表达了人类反抗自然的愿望,以及对人类某种劳动经验的概括总结。

　　西方国家的神话也是丰富的,如古希腊神话、古罗马神话、古希伯来神话。由于基督教的广泛传播,神话故事在西方家喻户晓,对西方文化有着巨大的影响力。

꧁ 阅读借鉴 ꧂

麦德尔娘娘开天辟地

　　这是一则流传于新疆卫拉特蒙古族人中的洪水神话。

　　相传很早很早以前,天将要形成,地将要生长,人将要投胎,马将要生驹,万物将要繁殖的时候,一场滔滔洪水,淹没了宇宙间的一切生命。

　　不知过了多少年,神女麦德尔骑白色的神马视察三千色世界时,只看到蓝色的天水中微露着一座须弥宝山的山尖。须弥宝山是原来大地的最高的山,登天的梯子。麦德尔发现须弥山山顶旁边有一个山洞,洞中住着一些人,这些人不足半尺高,马也只有兔子那么大。早晨生下来的孩子,晚上就骑着马接火送火,在须弥山洞中来回奔驰着。

　　麦德尔神女骑着神马往来奔驰在蓝色的水面上,神马的四蹄踏动水面,放射出耀眼的火星。经过燃烧的尘土变成了灰,撒落在水面上。灰越积越厚,渐渐形成了一块无边无际的大地。大地压着水面往下沉落,天与地慢慢地被分开了。

大地形成后,是一块大大的平板,浮在水面上,不稳定。神女麦德尔就派一只大神龟下水去用龟背顶着大地,不能离开。有时候,神龟太累了,舒展腰腿的时候,就会发生地动。

麦德尔神女的马蹄燃起大火,烧得蓝色的大水不停地蒸发,水气成了云彩。马蹄踏水溅起的火星,飞上高空成了星星。

麦德尔神女怜惜须弥宝山上那些又小又矮的人,就派了神男、神女每天给他们照明。神男就是太阳,神女成为月亮。他们两个每天按着麦德尔神女指定的路线环绕须弥宝山转一圈。神男转到山后,就成了黑夜,由神女来替他发光;神女转到山后,神男就来替她发光,就是白天。他们两个从来也见不到面。

麦德尔神女的化身每年三次视察大地,形成卫拉特蒙古族的三个节日,即正月十五、四月十五、七月十五。

(本文是中国社会科学院王宪昭博士根据《中国阿尔泰语系诸民族神话故事》相关文本缩写而成。满都呼主编:《中国阿尔泰语系诸民族神话故事》,民族出版社1997年版。收录时略有修改)

◎练习 在新疆卫拉特蒙古族人的《麦德尔娘娘开天辟地》传说中,隐含着地震发生的原因,从文中找出来并具体说一说。

开天辟地的故事

从前,天是黑的,地是黑的,七天不黑,七天不亮。这时候,出现了天才的八哥、点尼、支格阿鲁和结直嘎鲁。他们四人在宇宙间商量开天辟地的大事。

八哥说:"开天辟地这件事,好不好开呢?怎么开呢?"聪明的点尼说:"必须开天辟地。宇宙里必须有动物和植物。"又说:"开天辟地必须用四根铜柱把东南西北四方顶上天;另外还需要四把铜扫把。谁来造铜柱和铜扫把呢?"八哥说:"让结直嘎鲁来造铜柱和铜扫把。谁来开天辟地呢?"点尼说:"我来!"

结直嘎鲁承担起造铜柱和铜扫把的任务,他喊来老天做风箱,又喊来天上的雷来戳铜,自己打铜柱和铜扫把,一天打一件,八天就打完了。

点尼来接桐柱。第一天,他用铜柱撬开了天,把东方的天顶了上去,太阳一闪亮就照到地上来了。第二天,他用第二根铜柱把西方的天和地撬开,太阳从这里落了下去,天就黑了。第三天,他用一根铜柱撬开了北方,顶住了北方的天和地,造成了白天。第四天,他又用第四根铜柱顶上南边的天和地,造成了黑夜。这样,就造成了天、地、白天和黑夜。接着,点尼就用了第一把铜扫把往东方天上扫,东方的天飘然而上;他又用第二把铜扫把往西方天上扫,西方的天也飘然上升;他再用第三、第四把铜扫把各扫南北两方,地和天就两下分远了。从此,天变成了蓝湛湛的天,地变成了黄澄澄的地。

(这是流传于彝族广大群众中的关于宇宙起源的一则神话传说。选自陶立璠、李耀宗:《中国少数民族神话传说选》,四川民族出版社1985年版。收录时略有删改)

◎练习 八哥、点尼和结直嘎鲁在开天辟地中发挥了各自的力量,根据文义,写段歌颂他们的文字,要切合他们各自的行为。

盘古开天辟地

很久很久以前,世界无所谓天,也无所谓地;无所谓白天,也无所谓黑夜;无所谓东西,也无所谓南北;无所谓左右,也无所谓上下;无所谓寒暑,也无所谓秋冬。到处一片混沌,没有任何生物,甚至连水和土壤都没有。世界就像是一个硕大无比的鸡蛋,静静地躺在浩瀚的宇宙中。盘古就在这样的一个"大鸡蛋"中,像春天的小草一样萌发着自己强壮的生命。

盘古的生长速度非常快,第一天长出了头,第二天长出了手,第三天长出了脚。他的生命力异常旺盛,不停地手抓脚踢,终于破壳而出。盘古像刚出壳的小鸡一样对周围的一切感到陌生而又新鲜。他试着呼吸,一股巨大的气流呼啸而起;他试着开口说话,声音振聋发聩;他试着走路,一步能迈出十万八千里;他挥动双臂,天地随之摇晃。他是主宰一切的万物之王,神于天,圣于地! 他一出生就有呼风唤雨、驾驭天地的气势,不需要吃饭,也不需要喝水,身上有取之不尽、用之不竭的能量。他一天能长高九次,每睡醒一次就长高一次。他的力量也非常巨大,"大鸡蛋"最终被他撑开了,分为两块,轻的一块飘动起来,冉冉上升,较重的一块则渐渐下沉。每当他歇息的时候,上边的那块便往下压,下边的那块则往上涌,盘古就高高地挺起身体,用手撑上,用脚踩下,努力不让两块重合。就这样,两块蛋壳逐渐分离,一个崭新的世界形成了:往上的那一块成为天,往下的那一块成为地。

开天辟地耗尽了盘古所有的精力,他重重地倒下了,再也没有醒来。

盘古死后,世界发生了巨大的变化。

他的呼吸变成了空中流动的风和天上飘移的云。因为他的呼吸有缓有急,所以风也有大有小,有时是和风轻拂,沁人心脾,有时是暴风肆虐,摧枯拉朽。云也就随之有轻有重,有时是棉絮一样轻柔的白云,有时是墨汁一样黑压压的乌云。

他的声音变成了雷霆。因为他的嗓门总是很大,所以雷霆的声音震耳欲聋。

他的一双眼睛变成了太阳和月亮。因为两只眼睛深深地眷恋他的躯体,所以太阳和月亮总是环绕在地球的周围,白天和黑夜交替笼罩着世界。

他的骨骼变成了山丘。因为骨头有大有小,所以山也有高有低,小骨头变成了低矮的丘陵,大骨头变成了高耸入云的大山。

他的血液变成了江河。因为血管遍布全身,所以天下的河流纵横交错,分布密集。他的心脏变成了汇聚河流的海洋。因为他的心脏有节奏地跳动,所以大海总是跌宕起伏。

(这是在汉族群众中流传极早、极为广泛的关于天地来源的神话。选自邵童欣:《让孩子受益一生的神话故事》,青岛出版社2008年版。收录时略有删改)

◎练习　根据文义,具体说说云彩、雷霆、太阳和月亮、山丘、江河都是怎样形成的。

习作实践

练习一　利用假期到农村采访,通过网络或图书馆查询,分别找出在藏族、维吾尔族和壮族群众中流传广泛的神话传说各一则,并打印出来,与同学们分享。

练习二　阅读下面这则材料,写篇读后感,不少于500字,题目自拟。

古代有一位算命先生,号称赛神仙。一日有同窗好友四人要进京赶考,于是相约来算一卦,只问一个问题:"四人中有几人考上?"赛神仙听完了四人的生辰八字,慢悠悠伸出一个手指。四人想要再问,赛神仙把手指摇了又摇,说:"天机不可泄漏。"于是,四人满腹狐疑地走了。不久,只听到赛神仙的门前鞭炮齐鸣,原来是四人来感谢赛神仙了。待四人走后,徒弟悄悄问:"你怎么算得那么准啊?"赛神仙笑道:"我怎么会错呢,我是赛神仙啊!"

素养积淀

嫦　娥

〔唐〕李商隐

云母屏风烛影深，长河渐落晓星沉。

嫦娥应悔偷灵药，碧海青天夜夜心。

赏析　就内容而论，这是一首咏嫦娥的诗，但各家看法不一：有人以为是歌咏意中人的私奔，有人以为是直接歌咏主人公处境孤寂，有人以为是借咏嫦娥另外有所寄托，有人以为是歌咏女子学道求仙，有人以为应当作"无题"来看……但全诗贴情贴理、语言含蕴、情调感伤，却是客观的。

> 民间文学(文艺)是和普通的文艺(文人的文艺、书本的文艺)有着很不相同之处的。
>
> ——钟敬文
>
> 在非洲中部的村庄里,在太平洋装有舷外铁架的小船上,在澳大利亚灌木林中,以及在夏威夷火山的阴影里,现时的和神秘过去的故事,动物、神和英雄的故事,以及男人和女人自身生活的故事,总是以它们的魅力俘虏听众或丰富着日常生活的谈吐。这样的故事还在爱斯基摩雪屋的海豹油油灯下,在巴西的热带丛林中,在英属哥伦比亚海岸的图腾柱旁拥有听众。另外,在日本、中国和印度,僧人和学者、农民和手艺人全都加入了喜欢好的故事和崇敬故事讲得好的人的行列。
>
> ——[美]斯蒂·汤普森

第十五课

生动有趣　扬善惩恶

导论　民间文学既是一种和人类生存发展攸关的文化娱乐活动,又是一种重要的口头语言艺术创造活动,并通过口耳相传来影响着一代又一代人。在各民族丰富多彩的民间文学中,民间故事是重要的一种文学形式:就其内容之广博而言,它是民众生活的百科全书;就其思想感情的深厚程度而言,它常常又是一个国家或民族乃至人类共同体心灵世界的窗口。

要点　认识和了解民间故事的主要特点;重视和勤于收集整理本民族的优秀民间故事;学习和借鉴"说故事"的方法与技巧。

❧❧ 写作启迪 ❧❧

故事一　普希金是俄罗斯伟大的作家,被称为"俄国文学之父",他的抒情诗、小说及其剧作、论文,无一不是为后人所珍重的杰作,被人们称为当时俄国社会生活的"百科全书"。普希金出生于莫斯科一个贵族家庭,父亲曾是禁卫军军官,叔父是卡拉姆辛派诗人,卡拉姆辛、茹科夫斯基等当时有名的诗人都是他家的常客,这对普希金文学趣味的形成有着直接的作用。有着农奴身份的奶娘经常给他讲述民间故事、神话传说,他从丰富的民间文学中吸取了不少营养,这对他日后的创作有着很大的影响。诗人们的聚会、丰富的书籍、神奇的民间故事,成了普希金成长的良好条件。

故事二 高尔基是苏联无产阶级伟大作家,社会主义现实主义文学的奠基人。他出身贫苦,4岁丧父,和母亲一起被接到外祖母家。高尔基11岁时即为生计在社会上奔波,当装卸工、面包房工人,贫民窟和码头成了他的"社会"大学的课堂。最令人不能忘记的是外祖母讲述的民间故事,给高尔基的童年抹上了绚丽的色彩。月光透过窗户上的霜花,清清楚楚地照着外祖母的面孔,高尔基一动不动,专心致志地听那永远讲不完的故事。外祖母的故事仿佛是高尔基童年时代的一块珍宝:可爱的天使、调皮的小鬼、神奇的上帝……神话中的人物无不美丽动人,情节处处引人入胜。这些,都记述在其自传体小说《童年》中。

知识技能

民间故事属于民间文学,就是由群众创造出来,并通过口耳相传的形式广泛流传于广大乡间的故事,是从远古时代起就在人们口头流传的一种题材广泛而又充满幻想的叙事体故事,其常以奇异的语言和象征的形式来讲述人与人之间的种种关系,往往包含着超自然的、异想天开的成分,一般包括幻想故事、动物故事、生活故事、民间寓言、民间笑话等类型。

民间故事的主要特点有:第一,口头传承性。民间故事的最大特征是口头传承,就是在口头流传的基础上发展形成的。第二,集体创作性。民间故事在长期的流传过程中,经过了很多人的参与和再创造,是广大群众集体智慧和艺术才能的结晶与体现,这也是民间故事为广大群众所喜闻乐见的重要因素。第三,变异性。民间故事的人物、情节、语言在不同地区时有变异。

在汉族群众中有许多优美的民间故事,如广为流传的四大民间故事"孟姜女""牛郎织女""白蛇传""梁山伯与祝英台"都先后被改编为电影和电视剧。在维吾尔族群众中,也流传着许多脍炙人口的民间故事,如"阿凡提""毛拉·则丁"等故事,人们百听不厌,百讲不烦,不仅传诵了千年以上,而且传诵到全国许多地区。在藏族群众中,"三兄弟的故事""益西央珠""牧童索巴""兔子为什么是三瓣嘴""桑嘎学艺"等,也是深受群众喜欢且流传极广的民间故事。蒙古族、哈萨克族、鄂温克族等各族群众也都有着自己生动有趣的民间故事。

阅读借鉴

老驴识途

一个热天,伊玛目趁午后的凉风,带着衙丁张千、李万二人,来到县府所辖的粮库观察。在吵吵嚷嚷的人群中,有一个十六七岁的小青年,两手捂着眼睛,喊天跺脚地呜呜号哭,嗓子都哭哑了。伊玛目停住脚步,询问他哭的原因。

"我叫丁尔里,家住河水堡,今儿进城探亲,顺便替乡亲们代交河滩公地税金。这里人多挤不进去,正巧来了一个四十多岁的汉子,假装好心,说他自己也去交税金,让我替他拉着驴,他一并替我去交。这样,我从上午时辰等到现在,不见他的人影。"伊玛目问明了代交税金的钱数,又掰开驴嘴看了口齿,自言自语地说:噢,骗走了三条驴的钱。随即让衙役把丁尔里和驴一起带到县衙,又吩咐今儿不准给驴喂草料。

第二天,伊玛目吩咐三个衙役,如此这般交代了公务,让他们随着驴快步出了城。这头驴走了七里多路,就走进了一个庄户院子。这时,屋里正在说话,老婆问老头:"驴卖了?价钱卖得不错吧。"老头笑嘻嘻地说:"我这人谁不知道是个生意精,价钱如果少了还能卖?"话没落点,儿子大喊:"爹呀!咱家的灰叫驴回来啦!"他爹的脸色沉下来,舌头都直了,咕哝着说:"哪,哪里?"说话间,三个衙役进了门,把老头捆了法绳,押解归案。

原来骗钱的马穆子是个远近皆知的赌徒,输了钱还不了账,把自己的驴子拉到集市上去卖,只因驴子口齿不好,卖不出去,他只好拉着驴去粮库找熟人想借点盘缠。正好见到丁尔里手拿着一叠票子,他就心生一计,骗了钱就从人群中溜走了。

刚开审时,马穆子还不肯承认。伊玛目说:"老驴识途是牲畜的本性,你不知道吗?你要花招骗人,丁尔里不认识你,这条老驴可认识你呀!"马穆子听了这话,只好低头认罪。

(这是流传于宁夏地区的一则回族民间故事,主人公伊玛目是朔方府的知县,传说是从新疆哈密到宁夏的回族人。选自李树江、王正伟主编:《回族机智人物故事》,宁夏人民出版社2009年版。原文总标题为《伊玛目断案》,收录时略有修改)

◎练习一　在我国历史上,有"老马识途"的故事,课后将其搜集整理出来。

◎练习二　故事中写道:"第二天,伊玛目吩咐三个衙役,如此这般交代了公务,让他们随着驴快步出了城。"根据上下文,展开想象,写段300字左右的文字,描写伊玛目与三个衙役的语言及其神情。

阿凡提和国王

在严寒的冬天,一日,京城内敲锣打鼓,宫廷里的传令官向人们吆喝道:"大家听着!国王陛下的圣旨传下来了:谁如果在今天晚上,能赤着身子在城墙上坐一夜的话,那他就将得到国王的公主和一半江山……"

阿凡提听到这个消息,心想:我不妨试一下,捉弄捉弄这个要捉弄百姓的国王。于是,阿凡提走到宫里,对国王说:"最尊贵的人,我愿意在城墙上过夜。"

国王听了阿凡提的话,感到惊奇,便对手下人说:"你们把他的衣服脱光,让他上去,他一定会冻死的。哼,愚蠢的家伙!"

阿凡提说:"陛下,请你的仆人在城墙上放一块石头吧!"

国王说:"傻瓜,你要石头干什么呢?"

阿凡提说:"这是我的秘密,没有石头的话,我是不上去的。"国王答应了他的要求。

仆人们遵照国王的意思,脱去了阿凡提的衣服,让他上到城墙顶上,同时给上边送了一块很大的石头。做完了,仆人们便拿掉梯子,都这样想:"天气这么冷,他一定会冻死的!"

这一夜,天气特别寒冷,可阿凡提却有办法防寒。他并不在一个地方蹲着,而是把那块石头,一会儿推过去,一会儿滚过来。就这样,他度过了一个严寒的夜晚。

第二天早晨,当国王和他的大臣们来到城下的时候,只听阿凡提不停地喊道:"哎呀,好热,真是热极了呀!"仆人们把衣服递给他,阿凡提便走下城墙,对国王说:"尊贵的陛下,我赤着身子度过了一个严寒的夜晚。你现在应该遵守诺言,把你的女儿和一半江山给我了。"

国王哪有这份真心呢,他不过想开开心,才想出了这个把戏。谁知,阿凡提当真没有冻死。国王被问得无话可答,半晌,才又狡猾地问道:"喂!阿凡提,你晚上看见月亮了没有?"

阿凡提说:"是的,我看见了月亮。"

国王把脸一变,厉声吼道:"唔,原来你违背了我的条件,是借着月亮的光暖和你的。来人呀,给我把这个骗子赶出去!"就这样,阿凡提被赶走了。

阿凡提满腔怒火,觉得在城里再也待不下去了,便搬到荒野,在一口井的旁边住了下来。

在一个炎热的夏天,国王和他的大臣们,整整在荒野打了一天猎,只觉口渴得要命。为了找到一口水,便在荒野里乱跑着。这时,国王忽然发现了一户人家,便跑上前去,厉声喊道:"喂,房主人在哪儿? 快出来接待客人!"

阿凡提走出来说:"公正的陛下,在我的家里,你需要什么,就尽管说吧。"

国王怒喝道:"水! 快要把我渴死了。"

阿凡提说:"唔,要水啊,那我就去提来。"

阿凡提向井边走去,他没有打水,却把水桶上绳子解下来,埋在沙土里,自己坐在井边。

半晌,国王等得着急了,就命他的随从找阿凡提。很快,那人就回来了,对国王说:"国王陛下,阿凡提说:'让你们这群傻瓜,自己到井边来。'你听这算什么话呀!"

国王怒骂了一句:"浑蛋!"只好带着随从一起奔井边而来。国王一见阿凡提,便怒气冲冲地说:"蠢材,你给我打的水在哪儿?"

这时,阿凡提不慌不忙地用手指着井口道:"聪明的陛下,你往井里看。"国王不解地看了看井里的水,大吼道:"傻瓜,水的闪光怎么能为我解渴呢?"

阿凡提看着他那副凶狠、愚蠢的样儿,不觉失笑道:"唉,陛下,在寒冷的晚上,月亮的光既然能给我暖和,那为什么水的闪光,就不能使你解渴呢?"国王被问得目瞪口呆,一句话也说不出来。

(这是一则广泛流传于新疆的维吾尔族民间故事,主人公阿凡提是新疆妇孺皆知的民间机智人物。选自葛世钦主编:《民间笑话集锦》,中原农民出版社2007年版。收录时略有修改)

◎练习 阅读故事,具体说说阿凡提是用什么方法来对付凶横的国王,并使其哑口无言的。

国王和傻子

过去,有一个非常残暴昏庸的国王,他整天待在王宫里想各种离奇古怪的点子,欺压老百姓。因此,这个国家的老百姓都非常痛恨他。

一天,他又想出一个怪点子,硬叫他的两个大臣找一个傻子来。两个大臣只好按照他的命令,出去找傻子。

路上,一个大臣说:"我们到哪儿去找傻子呢? 如果找不到,回去要受惩罚的呀!"另一个大臣说:"你真糊涂,我们还怕找不到傻子吗? 只要在路上碰见了人,我们就说国王叫他,他敢不去吗? 只要他肯去,我们就说他是傻子,不就可以交差了吗?"

他俩边说边走着,很想能早点找到个人抓去交差。正在这时,迎面走来了一个背着柴火的樵夫,这两个大臣急忙抢上前去,拦住樵夫大声吼道:"把你砍的柴放下,国王叫你,现在就得去!"樵夫说:"国王找我去干什么! 我就是去,也得把柴送回家去啊!"两个大臣不满地说:"你管国王叫你去干什么! 叫你去你就得去! 国王叫我们出来找傻子。"樵夫听了气愤地说:"我刚从山上打柴回来,我是靠劳动维持生活的人,不是傻子,我不去!"

这两个大臣被樵夫说得无言可答,只好把他放走了。他俩又继续往前走,想赶快抓到一个人送到国王那儿去交差。当他们走近河边时,看到一个女人正在洗衣裳,便走上前去说:"老太婆,国王叫你去,快点走!"那个女人说:"大臣们啊,国王要我这个老太婆去干什么?"

大臣们说:"怎么,国王叫你去,你敢不去吗? 国王命令我们出来找傻子。"那女人讥讽地说:"哼! 出来白白浪费时光的人不是傻子,谁是傻子呢? 我天天辛勤地劳动,我不是傻子,还是从你们中间去找吧!"两个大臣被这个女人挖苦了一顿,一句话也说不出来,只好垂头丧气地走了。

这两个大臣又走呀,走呀,一直走了很长时间,连一个人也没遇到。他们又饿又累,便商量了一下,决定这次不管碰到什么人,一定要拉去。走着,走着,他们发现田里有一个农民正在耕地,他俩就急忙跑上前去说:"农夫,国王叫你去!"农民听了很奇怪,便问道:"我正耕地,叫我去做什么?"大臣们说:"不准多说! 国王叫我们出来找傻子。这么炎热的天气,你不在家里休息,却在这儿干活,不是傻子又是什么呢?"这位农民听了,非常气愤地说:"特为你们准备好了的傻子是没有的,如果你们要我去见国王也可以,但是要等我把地耕好,浇完水再去。"大臣们不耐烦地说:"不行! 如果你不愿去,你就得为我们找到一个傻子!"农民听后不慌不忙地说:"国王叫你们出来找傻子,那就说明国王自己就是个大傻子。你们出来替国王找傻子,你们也是傻子。除你们而外,世界上再没有傻子了!"大臣们听见这个农民在痛骂他们和国王,便愤怒地喊道:"好大胆,你敢骂国王和我们,我们回去报告国王。"这位农民得意地笑着说:"好吧! 你回去说上它一千遍吧!"

两个大臣回到王宫,便把这一切情况都告诉了国王。国王听后大怒,命令卫士们快把那个农民抓来。

那个农民被抓来了。国王让大臣们都退出王宫,一个人留在王宫里,气急败坏地对农民说:"就算我是傻子吧! 我问你一个问题。如果你能答上,我就不杀你,不然我就砍掉你的头! 你知道真主在哪儿吗?"这位农民机智地说:"国王,我是平民,穿着平民的衣服是不能回答这个问题的。因为那是有罪的啊! 如果您肯让我穿上您的衣裳,坐在您的宝座上,我一定可以说出真主在哪儿。"国王同意了。于是,农民就和国王换了衣服,坐到国王的宝座上去了。农民坐到国王的宝座上后,就大声喊道:"来人!"所有的大臣都战战兢兢地低着头进来了。坐在国王宝座上的农民,对那两个去找傻子的大臣说道:"你们说找不到傻子,下面这个人不就是傻子吗? 赶快把他拉出去,砍掉他的头!"

国王的头被砍掉了,后来,这两个大臣也被关进监牢里去了。从此以后,这里的人民再也不受这个残暴昏庸的国王的欺压了。

（这是一则广泛流传于新疆的柯尔克孜族民间故事。选自《新疆兄弟民族民间故事选》,新疆人民出版社 1979 年版。收录时略有修改）

◎练习 阅读故事,对文中主要人物的言行加以评述,说说谁是真正的"傻子"。

习作实践

练习一 利用假期,走访自己周边通晓古今的群众,特别是老年人,请他们讲述本民族的民间故事,并加以记录整理,每人不少于 3 篇。

练习二 班级专人负责整理同学们搜集到的民间故事,并汇集成一本多民族民间故事集。

素养积淀

乞 巧

〔唐〕林 杰

七夕今宵看碧霄,牵牛织女渡河桥。
家家乞巧望秋月,穿尽红丝几万条。

赏析 开头两句叙述的是牛郎织女的民间故事;后两句将乞巧的事交代得一清二楚,简明扼要,形象生动。诗人在诗中并没有具体写出各种不同的心愿,而是留下想象的空间。

古人作文作诗,多是模仿前人而作之,盖学之既久,自然纯熟。

——朱　熹

阅读是吸收,写作是倾吐,倾吐能否合乎法度,显然与吸收有密切的关系。

——叶圣陶

第十六课

勤于读书　重视积累

导论　除了亲身体验社会生活外,写作者对客观世界的认识和感受以及写作能力的形成和提高,也得益于广泛的阅读:阅读材料内容的多样性,可增长我们的知识;阅读材料形式的新颖性,可帮助我们掌握写作的技巧;阅读材料观点的深刻性,可提高我们对事物本质的认识;阅读材料语言的精妙性,可提高我们的语言表达能力。

要点　正确认识和把握阅读与写作的关系;提高从阅读中汲取写作素材、学习写作技巧、学习运用语言的主动性与积极性。

写作启迪

故事一　全世界读书最多的民族是犹太民族,平均每人每年读书 64 本。以色列的人文发展指数居全世界第 21 位,是中东地区最高的国家。酷爱读书使犹太人成为一个优秀的民族。现在一些发达国家对国民阅读的重视程度明显提高,据报道,美、英、法、日、俄等许多国家都设立了全国性"读书节"。

故事二　英国有一个小镇叫海伊,位于英格兰和威尔士交界处的瓦伊河畔,被称为"世界旧书之都"。海伊小镇用脚丈量一周,也就半小时,居民不足 1500 人。但这个小地方,书铺却有近 40 家,迄今已举办了 17 届文学节,其规模、影响一届比一届大。海伊文学节以可观的经济、社会和文化效益,成为全英金牌文化旅游项目。

知识技能

在实际作文中,阅读对提高个体的写作水平有着极为重要的作用。首先,阅读可帮我们积累写作素材。广泛阅读,我们的知识积累就丰富了,不会有"茶壶装饺子倒不出"和"巧妇难为无米之炊"的现象出现。其次,阅读可提高我们的语言表达能力。坚持多读一些古今中外名著,那些名家精彩、生动的语句,对我们的语言表达、语感培养是大有益处的。再次,阅读可培养我们的想象能力。作品特别是文学作品既是生活的真实再现,又是对生活集中的、概括的反映。文学作品中鲜活、生动的艺术形象具有强大的感染力,能刺激我们的感官,引发再造想象。最后,阅读可提高我们布局谋篇的能力。优秀的作品在篇章结构上往往都是一件精美的"艺术品",学习、揣摩与模仿这些作品,就会提高我们布局谋篇的能力。

阅读不仅可以提高个体的写作能力、改变个人的命运,也对一个民族具有重要作用:作为全体国民的阅读,能够改变一个民族、一个国家的命运——读书能使国家富强,民族进步,人民幸福,社会安康。周恩来总理提出的"为中华之崛起而读书"的誓言,至今仍然振聋发聩;苏霍姆林斯基的"无限相信书籍的力量"的名言,至今仍然让人们刻骨铭心。

阅读借鉴

永恒的和声

周 晓

我从三尺"书斋"的小窗里望外面的天空,打着简单的淡蓝底色,浮着几抹轻纱般的云朵,间或有青鸟啁啾而过。每天都是如此的平和与宁静,如此的日复一日,而这特有的小窗风景,却是定格于我心智的至美画面。

喜欢在露轻雾薄时读一首唐诗,在光风霁月里吟一首元曲,在午后清风中赏一篇宋词。为鲁迅的凝重沉郁而思索,为朱自清的清丽婉约而莫名伤感,而托尔斯泰的博大精深,聂鲁达的深邃哲理,都让我愉悦和清醒。感知古人今贤的情韵和胸臆,不求"黄金屋",不求"颜如玉",不要红袖添香,不要加官晋爵,但求一份寸心熨帖的舒畅和拍案叫绝的豁然。

读书的最高境界莫过于"书人"合一,与书中人物同呼吸共命运。明代学者李贽自有他的体会:"读书伊何? 会我者多。一与心会,自笑自歌。歌吟不已,继以呼呵。恸哭呼呵,涕泗滂沱。歌匪无因,书中有人。我观其人,实获我心。"读书至此,真是乐哉快哉,不亦可心! 和倚窗凭栏的思妇远客骚人一起伤春悲秋吧,吟"子规月啼小楼西"的诗篇,品味一份凄然的美丽;跨上骏马,踏破山缺,金戈铁马,气吞万里如虎;在伟人闪光的意志里重新演绎自我;在凡人简单的生活中寻找执着纯粹的生命意识。总之,任思绪信马由缰,或浅唱低吟,或击节高歌,在翻动的纸页和排列的字里行间流泻、膨胀,穿越时光的隧道,在宇宙的虚空和灵性的大地间畅通无阻地行走或疾飞。随意洒脱,好像没有根底的浮萍,又仿佛是追根溯源,回到心爱的事物中体味动心的感受,复原自己,锤炼自己,最后忘却自己。那时,你的柔情易感的心将接触到一片更为博大的天地。

如果说文学是一种深刻复杂的艺术形式,那么美术则更为丰富与坦率。这位缪斯的宠儿以独特的魅力被赋予了独特的生命情致。几乎每个人都能对美术作品阐述自己的理解,这正是美术的奇妙空灵所在。它以不变的姿态烛照不同人的不同心智与气质,这却是旧文人临深履薄的牢骚幽愤,新诗人艰难晦涩的稀薄情绪所无法观照与企及的。如果你认为拉斐尔的画过于唯美过于宗教性,你可以看塞尚摆的一桌桌鲜花和红苹果,看莫奈曚眬睡眼里的夕霞里的睡莲;如果你不能理解凡·高的奔突嫉俗,讳莫如深,请到米勒描绘的如诗的田园风景中来，或看看雷诺阿笔下挂泪的少女贵妇。小画中的大世界，静物的灵性，都通过画家敏感的笔触和独到的运色与鉴赏者达到某种沟通或共识。一次，我走进上海的一座高耸的哥特式大教堂，直插云霄的尖顶，宏伟的拱门，仰天而视的钟楼，幽深漫长的走廊，排排红木座椅，镂刻精美的天窗在阳光的投射下显得神秘诱人。在圣洁幽远的圣咏声中，我虽不是宗教信徒，也不禁因此庄严肃穆而肃然起敬，顿生敬仰崇高之感。我想，这就是艺术的幻妙之处，在于不知不觉中，与你建立了默契。

然而，懂得艺术感觉的学养高深者，在博阅广览的同时，在凝心品画的一刻，往往是有音乐相陪伴的。读徐志摩、郁达夫，最好有一首舒伯特的小夜曲或肖邦的钢琴协奏曲佐餐；高唱《渭城曲》，远闻《阳关三叠》，在《春江花月夜》的清丽琵琶音中，畅吟"江畔何人初见月？江月何年初照人"，别有一番滋味与清韵。

所以说，艺术是共通的。它在各种形式的补充与完善中不断进步发展。无论是文学、美术、音乐，艺术生成一种指引，一种明喻，经过信仰的投射，专注的凝视，因此获得激越与鼓舞。正如一位艺术家所说的："人类因为有了对美和艺术的信仰与追求而得到灵魂的净化和思想的升华，从而在平凡的人生中等待更大的牺牲与获得，期待着审美的人生，也期待着心灵深处与宇宙自然永恒的和声。"

（选自《新作文》2002 年第 17 期。收录时略有删改）

◎练习一　课文所说的"读"一词，是否与我们平常所说的"读文章（作品）"的"读"含义完全相同？说说你的看法。

◎练习二　说说课文题目"永恒的和声"的含义，从哪些地方可以看出。

读书四怕

朱铁志

如今各类出版物汗牛充栋，而不才乃性情中人，读书虽有选择，但更多情况下是性之所至，逮哪看哪。如此这般久了，便悟出了一些道理：读书不仅有乐，也有苦、有惑、有恨、有怕，有说不清道不白的复杂感受。

一怕大而无当、套话连篇。此类著作多为政治理论读物。其特征，是大话泛滥、套话不断，什么"是机遇，也是挑战，要抓住机遇，迎接挑战"了，什么"形势喜人又逼人，工作好做又难做"了，什么"有好说好，有坏说坏，不能因为有好否定坏，也不能因为有坏否定好"了，等等等等，不一而足。听起来都是些冠冕堂皇的大话，尽人皆知的道理，可以应用于任何场合、任何对象，而且无一字无出处，无一句无来历，似乎还很有学问，很有根底，其实只要不是太笨，人人可为之。这种正确的废话无用的真理，除了可以使个别官员、无能"学者"以不变应万变之外，实在不解决任何具体问题。说出来"无异于谋财害命"，听起来是忍受折磨。此乃一怕。

二怕浅入深出、故弄玄虚。这类毛病多存在于个别学术著作中。其特征是装腔作势，拉旗作皮，形式大于内容。生搬硬造的名词概念、食洋不化的理论体系，充斥字里行间。甭管研究什么问题、针对什么对象，都要"解构""消解"一番。哪怕是写文学评论，也非要写出不知所云的艺术效果，巴黎某个小圈子未必正确的新理论，可以成为一些留洋博士的贩卖资本；纽约某沙龙的偶然争论，可以变作归国"学术报告"的"有聊"谈资。说起来都是云山雾罩、玄之又玄，别人固然"听不懂"，他们自己也未必懂。而据说气氛总是"热烈"的，讲的和听的，谁也不愿承认自己是不学无术的傻瓜。于是，大家集体上演一出新时代的"皇帝的新装"，共同成为有学有术的傻瓜。只可惜，热闹倒是热闹，就是对繁荣学术毫无益处。

三怕言语乏味、面目可憎。这类著作的作者大抵没有文体意识，只是按照自己的习惯和标准自说自话而已。他们关心的是"说什么"，而不在意"怎样说"。读这类著作，如果不是出于极特殊的需要，大概很难终卷，往往读不到一半儿，就不免哈欠连天，连多年失眠症都治好了。这类著作与不学无术、浅入深出的信息垃圾不同，它们常常是言之有物的，就是表达不讲究，既没有理性逻辑之美，也没有文采斐然的词章之美，读来味同嚼蜡，真是可惜。

四怕趣味低级、把肉麻当有趣。这类毛病多存在于某些传记之中。其特征是有意"忽略"传主的事业轨迹，而专注于其事业以外的所谓"生活细节"，比如不同年代的"三围系数"呀，某男某女的情感纠葛呀，使用某种化妆品的细腻感受呀。一本描写某著名舞蹈家的传记，全书差不多都是对生活琐事喋喋不休的唠叨，有一处居然用了几个页码的篇幅写舞蹈家对着镜子自我欣赏，感叹自己如何"性感"。而我实在看不出这段描写与舞蹈家艺术发展的内在联系。全书看完了，对舞蹈家的奋斗历程所知依然不多，而对舞蹈家的私生活、个人习惯倒知之甚详。我认为，传记总该给人一点儿比女性"三围"更重要的知识才对头。

（选自《光明日报》，2001 年 10 月 11 日。收录时略有修改）

◎练习一　你同意文中所说的"读书四怕"吗？请针对其中的一点发表一下你的意见。
◎练习二　现阶段学生读书最应该注意的问题是什么？谈谈你的看法。

❧ 习作实践 ❧

练习一　诵读下面有关读书的名言警句。

"读书破万卷，下笔如有神。"（杜甫）

"读书有三到，谓心到，眼到，口到。心不在此，则眼看不仔细，心眼既不专一，却只漫浪诵读，决不能记，记亦不能久也。三到之中，心到最急，心既到矣，眼口岂不到乎？"（朱熹）

"读书如吃饭，善吃者长精神，不善吃者长痰瘤。"（袁枚）

"经验丰富的人读书用两只眼睛，一只眼睛看到纸面上的话，另一只眼睛看到纸的背面。"（歌德）

"读一本好书，就是和许多高尚的人谈话。"（歌德）

"书籍是人类知识的总结。书籍是全世界的营养品。"（莎士比亚）

练习二　阅读下面几则有关名人阅读的逸闻趣事，完成两篇作文练习。

华罗庚猜书：著名数学家华罗庚拿到一本书不是翻开从头至尾地读，而是对着书思考一会，然后闭目静思。他猜想书的谋篇布局，斟酌完毕再打开书，如作者思路与自己猜想一致，他就不再读了。这种猜读法不仅节省了时间，也培养了自己的思维力和想象力。

张广厚吃书：数学家张广厚有次看到了一篇关于亏值的论文，觉得对自己有用处，就一遍又一遍反复阅读。这篇论文共 20 多页，他反复读了半年多。因为经常翻摸，洁白的书页上留下一条明显的黑印。妻子对他开玩笑说，这哪叫念书啊，简直是吃书。

高尔基救书：高尔基爱书如命。有次房间失火了，他为抢救书籍，险些被烧死。他说："书籍一面启示着我的智慧和心灵，一面帮助我在一片烂泥塘里站起来，如果不是书籍的话，我就沉没在这片泥塘里,我就要被愚蠢和下流淹死。"

1.你在读书时,肯定有过一些有趣或难忘的经历,请以"我的读书故事"为题,写篇500字左右的记叙文。

2."华罗庚猜书"等名人逸事,肯定会带给你许多启迪,写篇议论文。

素养积淀

劝　学

〔唐〕颜真卿

三更灯火五更鸡,正是男儿读书时。

黑发不知勤学早,白首方悔读书迟。

赏析　全诗深入浅出,自然流畅,富含哲理,"黑发早勤学,白首读书迟":作为有志气的人,要注意抓紧时间读书学习,修身养性。只有如此,才能学到报国兴家的真实本领。

当我们第一遍读一本好书的时候,我们仿佛觉得找到了一个朋友;当我们再一次读这本书的时候,仿佛又和老朋友重逢。

——[法]伏尔泰

真正的经典作者丰富了人类的心灵,扩充了心灵的宝藏,令心灵更往前迈进了一步,发现了一些无可置疑的道德真理。

——[法]圣·佩甫

第十七课

诵读经典　涵养素质

导论　汉代学者刘向曾经说:"书犹药也,善读之可以医愚。"有选择地多读好书,多读经典,不仅可丰富知识,医救愚昧,陶冶情操,提高修养,更可为写作提供必要素材、语言运用样本和文章思路范例。

要点　认识诵读经典的必要性,提高学习经典的自觉性;学习经典文章的思想内容和表达方式,提高写作能力。

❧❧ 写作启迪 ❧❧

故事一　顾炎武六岁启蒙,十岁开始读史书、文学名著。十一岁,祖父要求他读完《资治通鉴》,并说:"现在的人图省事,只浏览一下《纲目》之类的书便以为万事皆了了,我认为这是不足取的。"这使顾炎武领悟到,读书做学问是件老老实实的事。从此,顾炎武勤奋治学,他采取了"自督读书":每天给自己规定必须读完的卷数,限定自己每天读完后把所读的书抄写一遍。他读完《资治通鉴》后,一部书就变成了两部书。他还要求自己每读一本书都要做笔记,写下心得体会。他的一部分读书笔记,后来汇成了《日知录》一书。

故事二　司徒牛是孟轲的老师,他定期开列一些经典书目,让孟轲去城里借来阅读,再由他稍加点拨。孟轲有读不懂的地方便提出来,师生一起探讨研究。这种教学方法,让孟轲更深刻地体会到儒家学说的精妙之处。他在草棚茅舍整整攻读了三年。有一天,司徒牛对孟轲说:"你到这里学习已经三年了。这些日子里,我看到你读书勤奋刻苦,觉得非常欣慰。如今该读的经典你已经读完了,我也就没什么可以教给你了。"司徒牛拍着孟轲的肩膀,仿佛一个朋友那样说:"读书的目的在于齐家、治国、平天下,该出去一展雄才了。"

❧ 知识技能 ❧

经典是经历史长期选择并被众多人士认可的具有普世价值的典范作品,它凝结了人类对宇宙、人生、社会的思考,具有垂范后世、历久弥新的特点和无穷的张力与持久的震撼力。一篇作品之所以被我们称为名篇,就是因为它被庞大的阅读群体所认同:人们年复一年地阅读,又年复一年地筛选与过滤,但它没有因时过境迁而衰化,它一如从前那样饱满,那样富有人情,那样闪烁光泽,甚至随着时间的流逝而更具生命力。

哲学家叔本华有句话:"不读坏书,是读好书的一个条件。"对于成长中的学生而言,如果没有选择地随意滥读或是受宣传的蛊惑而进行媚俗性阅读,将会养成一种低下的阅读趣味和习惯。同时,古人说:"取法乎上,仅得其中;取法乎中,仅得其下。"只有读上乘佳作,我们才有可能接触最高的精神境界,也才有可能抵达最佳的审美境界。

从提高写作能力而言,读名篇也是必需的:一个人如长久在网络文学、快餐文化、娱乐文化等作品中濡来染去,其模式化情节就极易造成视野的狭隘和思路的封闭,影响自己写作能力的提高。具体看,阅读经典对写作的价值有以下四点:第一,研读经典可积累丰富素材。素材是写作的第一要素,没有或缺少素材,即使具备写作能力也不会写出好文章。因此,要写好文章必须通过阅读经典来积累素材——经典中所蕴含的深沉思想、宽广胸怀、婉约情致、挺拔风骨都永远放射着璀璨的魅力,经常品读可储存于我们的大脑之中,并成为我们的终身营养,写作时一旦被激活,就会妙笔生花,语出惊人。第二,研读经典可丰富写作内涵。经典蕴含丰富的知识内涵,涉及人文、历史、天文、地理等方方面面。多读经典,体会其丰富的内涵,就能达到熏陶感染、潜移默化的目的。古语"操千曲而后晓声,观千剑而后识器"讲的就是这一道理。第三,研读经典可提高审美能力。经典尤其是文学经典,其内涵是作家独特的艺术创造和审美体验,闪耀着思想的光芒,并能实现超越时代、民族的交流。第四,研读经典可提高语言的感受力和表现力。"胸藏万汇凭吞吐,笔有千钧任翕张",就道出了积累对语言表达的重要意义,也说明丰富的个性化的语言靠的是后天的积累。因此,在阅读中品味和感悟语言,能够培养我们的语言敏感力,激起我们的情感体验。

经典阅读,是与智者的交流和对话,是受先进文化的熏陶和感染。多读经典,可开阔我们的视野,丰富我们的思想,并在潜移默化中提高我们的审美情趣和写作水平。

❧ 阅读借鉴 ❧

谈 读 书

[英]弗兰西斯·培根

读书能给人乐趣、文雅和能力。人们独居或退隐的时候,最能体会到读书的乐趣;谈话的时候,最能表现出读书的文雅;判断和处理事务的时候,最能发挥由读书而获得的能力。那些有实际经验而没有学识的人,也许能够一一实行或判断某些事物的细枝末节,但对于事业的一般指导、筹划与处理,还是真正有学问的人才能胜任。

耗费过多的时间去读书便是迟滞，过分用学问自炫便是矫揉造作，而全凭学理判断一切，则是书呆子的癖好。学问能美化人性，经验又能充实学问。天生的植物需要人工修剪，人类的本性也需要学问诱导，而学问本身又必须以经验来规范，否则便太迂阔了。

机巧的人轻视学问，浅薄的人惊服学问，聪明的人却能利用学问。因为学问本身并不曾把它的用途交给人，至于如何去应用它，那是在学问之外，超越学问之上，由观察而获得的一种聪明呢！

读书不是为着要辩驳，也不是要盲目信从，更不是去寻谈话的资料，而是要去权衡和思考。有些书只需浅尝，有些书可以狼吞，有些书要细嚼慢咽，慢慢消化。也就是说，有的书只需选读，有的书只需浏览，有的书却必须全部精读。有些书不必去读原本，读读它们的节本就够了，但这仅限于内容不大重要的二流书籍；否则，删节过的书，往往就像蒸馏水一样，淡而无味。

读书使人渊博，辩论使人机敏，写作使人精细。如果一个人很少写作，他就需要有很强的记忆力；如果他很少辩论，就需要有急智；如果他很少读书，就需要很狡猾，对于自己不懂的事情，假装知道。

历史使人聪明，诗歌使人富于想象，数学使人精确，自然科学使人深刻，伦理学使人庄重，逻辑学和修辞学使人善辩。总之读书能陶冶个性。不仅如此，读书还可以铲除一些心理上的障碍，正如适当的运动能够矫治身体上某些疾病一般。例如滚球戏有益于肾脏，射箭有益于胸部，散步有益于肠胃，骑马有益于头部，等等。因此，假若一个人心神散乱，最好让他学习数学，因为在演算数学题目的时候，一定得全神贯注，如果注意力稍一分散，就必得再从头做起。假若一个人拙于辨别差异，就让他去请教那些演绎派的大师们，因为他们正是剖析毫发的人。假若一个人的心灵迟钝，不能举一反三，最好让他去研究律师的案件。所以，每一种心理缺陷，都有一种特殊的补救良方。

（选自培根：《培根随笔》，张春阳编译，北京科学技术出版社 2008 年版。收录时略有修改）

◎练习一　结合文章内容，具体谈谈读书的好处。

◎练习二　我们也读了多年的书，对读书的目的、方法和作用已有一些初步认识。读了这篇文章后，在关于读书的问题上你还有什么进一步的认识？具体说一说。

多读经典　细读经典

叶　朗

多读经典著作和大师的著作。每个学科都有若干经典著作，这些经典著作都是每个时代人类最高智慧的结晶。每个学科都有一批大师，这些大师的著作也充满了智慧。我们读这些经典著作和大师的著作，就是为了吸收他们的智慧，使自己更快地成长和成熟起来。俄国 19 世纪哲学家、美学家车尔尼雪夫斯基有一本小说《怎么办》，在当时影响很大，因为小说中写了几位那个时代的新人物，其中最杰出的一位名叫拉赫美托夫。这位拉赫美托夫读书有一个习惯，就是只读经典著作，例如文学就读果戈理，物理学就读牛顿。他说，其他一些著作，我只要翻一下，就知道它们是果戈理的模仿，或是牛顿的模仿，有的还是很拙劣的模仿。正因为他读的是经典著作，所以在同样的时间里，他的收获比别人大，进步比别人快。

多读经典著作，多读大师的著作，经常接触经典，经常聆听大师的教导，可以把自己的品位提上去。一个人如果老读三四流的著作，就会被那些著作把自己框住，自己的情趣、格调、眼光、追求等等也会慢慢降低。这也是一种熏陶，一种潜移默化。家庭环境、学校环境、社会文化环境，对于一个人的影响都极大。一个人读的书也构成一种精神、一种文化环境，它也会很深地影响一个人的文化气质和文化品格。

细读经典著作和大师的著作。精读，换一种说法，就是细读。多年来我一直感到，我们对于一些前辈大师的著作往往读得很粗心。例如对朱光潜先生的著作，很多人只注意其中关于美的本质问题的论述，其他的都忽略了。其实朱光潜先生的著作内容极为丰富，有许多有价值的东西，我们都忽略了。细读这些前辈大师的著作，可以读出许多新的东西，可以读出许多对我们今天仍然很有启发的内容。

当然，要精读一本经典著作或一本前辈大师的著作，并不是一件轻而易举的事，有时要花很大的力气。我曾读过日本哲学家柳田谦十郎的自传。他在自传中说，他花了整整一年时间才读完康德的《纯粹理性批判》。为庆贺这件事，他的夫人还专门为他举办了一次家宴。这个故事使我领悟到，一个人写出一本书固然不容易，固然值得庆贺，一个人读完一本书（当然是《纯粹理性批判》这样的经典著作）也同样不容易，同样值得庆贺。

读经典著作不能太性急，不能贪多求快。相反，要静下心来读，要放慢速度，要充分消化，把书中有价值的东西充分地吸收到你自己的头脑中来。像康德、黑格尔这样一些经典作家的著作，如果你一年能读两本，我想就是很大的成绩了。如果坚持下去，10 年你就可以精读 20 本，20 年你就可以精读 40 本，那就了不起了，人人都要对你刮目相看了。

要善于抓住最有启发性、最有包蕴性的东西。读经典著作和大师的著作，要善于抓住书中最精彩的东西，抓住最有启发性、最有包蕴性的东西。所谓最有启发性，就是能够启发你的智慧，推动你去思考更深一层的问题。所谓最有包蕴性，就是作者提出了某些很有价值的思想和命题，这些思想和命题有着极为丰富的内蕴，可以生发许多新的思想。这就是精华和灵魂，我们要善于发现、抓住和挖掘它们。

但是，有人读书的时候不善于抓住这些东西。他们抓住的往往是一些很一般的东西，而对书中真正的精华、活的灵魂似乎视而不见。我想这就是理论思维能力的问题，也就是我常说的理论感的问题。一个人缺乏理论的直觉，就抓不住别人著作中真正有价值的东西。那样他虽然也读了很多，但真正的收效并不大。就像一个人进了一座钻石矿山，发现不了真正的钻石，却费了好大的劲儿抱了一大堆普通的石头回来，那会有什么意义呢？

（选自《刊授党校》2006 年第 10 期。收录时略有删改）

◎练习一　结合文义，具体说说我们为什么要多读经典。

◎练习二　仔细阅读本文并结合自己的阅读与写作实践，具体谈谈应该怎样读经典。

习作实践

练习一　阅读下面材料，根据要求作文。

牛顿把书比作"巨人的肩膀"，并说他的许多成就就是站在"巨人的肩膀"上才得到的。高尔基也把他知道的一切都归于书，称赞"书籍是人类进步的阶梯"。赫尔岑说："书是这一代对另一代的精神上的遗训，是行将就木的老人对刚刚开始生活的青年人的忠告，是将去休息的站岗人对接替他的站岗人的命令……"

在与书相伴的日子里,你走过了十几载的风雨,可曾有过一些感动?以"开卷有益"为题,写写对书的理解或与书的故事,500字左右。

练习二 阅读下面材料,根据要求作文。

有一老一小两个人同时在沙漠里种胡杨树。年轻人待树苗成活以后,每隔三天就要来给它们浇水,而老人一等到树苗成活后就来得很少,即使来了也只是把被风刮倒的树苗扶一扶,不浇一点儿水。转眼几年过去了,胡杨树都长得很粗了。有一天刮起了沙尘暴,第二天风停后,两人惊讶地发现:年轻人种的胡杨几乎全被风刮倒了,有的甚至连根拔起;而老人种的树,只是被风吹折了一些树枝。年轻人很诧异,老人解释说:"你经常给树浇水施肥,它们的根就不往泥土深处扎。如把树栽活以后就不去理睬它们,逼得它们不得不把自己的根一直扎到地底下的泉源中去。有这么深的根,这些树怎能轻易被风刮倒?"

理解材料,选择一个角度构思作文。自定立意,自拟标题,不少于500字。

素养积淀

观书有感(其一)

〔宋〕朱 熹

半亩方塘一鉴开,天光云影共徘徊。
问渠那得清如许?为有源头活水来。

赏析 全诗以源头活水来形象比喻丰富的艺术灵感才是创作真正不竭的源泉。这一哲理既揭示出艺术创作的特征,也反映出艺术创作的本质。

古人意在笔先,故举止闲暇;后人意在笔后,故手忙脚乱。

——刘熙载

主题是孕育在作家的体验中的一种思想,这种思想是生活暗示给作家的,它潜伏在作家的印象仓库里还未形成;当它需要用形象来体现时,它会唤起作家心中要形成这种思想的欲望。

——[苏]高尔基

第十八课

意在笔先　凝练升华

导论　立意就是作品的中心思想或主题。主题是文学作品的"灵魂",并贯穿始终,是作者力图告诉读者的全部意图之所在。在文学作品中,无论是选材、剪裁、结构还是语言、表达、手法都要以立意为依据,受立意的约束。因此古人常说写文章要"以意为主"、"意在笔先"。

要点　正确理解立意的含义,认识立意在写作中的重要性;培养根据感性或理性材料来提炼主题的能力,实现文章内容与形式的统一。

✵✵✵ 写作启迪 ✵✵✵

故事一　据说宋徽宗喜爱书画,为了选拔优秀的画家,有一次以一句诗"万绿丛中一点红"作为画题,请应试的画家作画。当时,有的画家画的是绿草地上开一朵红花;有的画的是绿树丛中露一段红墙……这些画虽然都符合题目要求,但宋徽宗看了都不满意。他最终选中了这样一幅画:画的是翠楼上立着一位少女,倚栏沉思,她那鲜红的唇脂与大片绿树交相辉映,画面生气蓬勃,给人留下深刻的印象。这幅画立意新颖,不落俗套,真正画出了"万绿丛中一点红"的诗意。

故事二　在一段时期内,作家老舍常常以古诗句为题,出给齐白石,让他以诗意作画。后来老舍的题目越出越难,一句"蛙声十里出山泉"难住了老画家。齐白石思考了3天3夜,最终在"泉"上找到了突破口:虽说"蛙声十里",但没有画一只蛙,而是在峡谷间的流泉中点缀了几只小蝌蚪顺流而下,几座远山,蝌蚪仿佛由水的源头游来,那么它们的母亲就一定在那里了。绝妙的构思使得这件作品成为他晚年的杰作。

知识技能

主题就是作者在文章中通过各种材料所表达的中心意思，古人简称为"意"，也就是贯穿于全文的"基本内容"。主题体现着作者写作的最主要意图，包含着作者对文章中所反映的客观事物的基本认识、理解和评价。主题的表达方式因文体而异，在不同文体的文章中对主题有着不同的称法：在文学作品中，主题一般称为"主题思想"，有时也称"主旨"，指的是作者通过全部题材的叙述和描写所表现出来的主要思想或所透露的情感和意向；在一般记叙文中，主题称为"中心思想"或"中心意思"；在说明文中，主题也可称作"中心思想"或"中心意思"；而在议论文中，一般称作"中心论点"或"基本观点"。

主题是文章的核心与灵魂。清代刘熙载说过："主脑既得，则制动以静，治烦以简，一线到底，万变不离其宗，如兵非将不御，射非鹄不志也。"这句话形象地点出了立意的重要性。明代的学者、诗人王夫之也说："无论诗歌与长行文字，俱以意为主。意犹帅也，无率之兵，谓之乌合。"立意，好比"统帅"，没有"统帅"的军队，不过是一群"乌合"之众。没有立意的文章，就是杂乱无章的文字拼凑。

主题是文章的基本意图与主要情感。"文以意为主"，写文章总是为了向人们传情达意。因此，文章写作中必然要通过大量感性或理性材料来提炼、表达一个新颖独到的思想。有了这个思想（主题），才便于文章的整体构思，才能围绕着主题去选择恰当的材料，安排合理的结构，选用表现手法以及确定标题，确立基调，选择开头方式，等等。

主题是从写作者实际生活、工作或感悟中提炼出的"情与理"，是主观与客观的统一。在日常生活中，我们对眼前景、身边物、平常事、人理情等往往有所触动，并结合自己的身心体验、生活阅历、能力水平，通过联想想象、观察分析、比较归纳、深化认识，才能把其中蕴含的"情与理"提炼概括出来，这就形成了主题。主题是从自然界或社会生活中概括出来的有意义的重要事件或基本问题，这是主题的客观性。但同时主题是客观事物作用于写作者头脑的产物，它不可避免地要反映作者的主观认识，这是主题的主观性。主题的主观性和客观性是相互依托、紧密相连、密不可分的，是观点和材料的统一。文章的基本观点里渗透着作者的思想感情，包含着作者的评价和认识。作者的思想观点，是借助其所塑造的艺术形象和对生活图景的描绘而表现出来的。同时，写作者又总是根据表达主题的需要，决定内容的取舍，进行艺术的调度，考虑表达的方式，以实现文章内容和形式的完美统一。

阅读借鉴

我 的 老 师

贾平凹

我的老师孙涵泊，是朋友的孩子，今年三岁半。他不漂亮，也少言语，平时不准父母杀鸡剖鱼，很有些良善，但对家里的所有来客却不瞅不睬，表情木然，显得傲慢。开始我见他只逗着取乐，到后来便不敢放肆，认了他是老师。许多人都笑我认三岁半的小儿为师，是我疯了，或耍娇情。我说这就是你们的错误了,谁规定老师只能是以小认大?孙涵泊! 孙老师,他是该做我的老师的。

幼儿园的阿姨领了孩子们去郊游,他也在其中,阿姨摘了一抱花分给大家,轮到他,他不接,小眼睛翻着白,鼻翼一扇一扇的。阿姨问:你不要? 他说:"花疼不疼?"对于美好的东西,因为美好,我也常常就不觉得了它的美好,不爱惜,不保卫,有时是觉出了它的美好,因为自己没有,生嫉恨,多诽谤,甚至参与加害和摧残。孙涵泊却慈悲,视一切都有生命,都应尊重和和平相处,他真该做我的老师。

晚上看电视,七点钟中央电视台开始播放国歌,他就要站在椅子上,不管在座的是大人还是小孩,是惊讶还是嗤笑,目不旁视,双手打起节拍。我是没有这种大气派的,为了自己的身家平安和一点事业,时时小心,事事怯场,挑了鸡蛋挑子过闹市,不敢挤人,唯恐人挤,应忍的忍了,不应忍的也忍了,最多只写"转毁为缘,默雷止谤"自慰,结果失了许多志气,误了许多正事。孙涵泊却无所畏惧,竟敢指挥国歌,他真该做我的老师。

我在他家书写条幅,许多人围着看,一片叫好,他也挤了过来,头歪着,一手掏耳屎。他爹问:你来看什么? 他说:"看写。"再问:写的什么? 说:"字。"又问:什么字? 说:"黑字。"我的文章和书法本不高明,却向来有人恭维,我也是恭维过别人的,比如听别人说过某某的文章好,拿来看了,怎么也看不出好在哪里,但我要在文坛上混,又要证明我的鉴赏水平,或者某某是权威,是著名的,我得表示谦虚和尊敬,我得需要提拔和获奖,我也就说:"好呀,当然是好呀,你瞧,他写的这副联'××××××,×××××春',多好!"孙涵泊不管形势,不瞧脸色,不斟句酌字,拐弯抹角,直奔事物根本,他真该做我的老师。

街上两人争执,先是对骂,再是拳脚,一个脸上就流下血来,遂抓起了旁边肉店案上的砍刀,围观的人轰然走散,他爹牵他正好经过,便跑过去立于两人之间,大喊:"不许打架! 打架不是好孩子,不许打仗!"现在的人很烦,似乎吃了炸药,鸡毛蒜皮的事也要闹出个流血事件,但街头上的斗殴发生了,却没有几个前去制止的。我也是,怕偏护了弱者挨强者的刀子,怕去制伏强者,弱者悄然遁去,警察来了脱离不了干系,多一事不如少一事,还是一走了之,事后连个证明也不肯做。孙涵泊安危度外,大义凛然,有徐洪刚的英勇精神,他真该做我的老师。

春节里,朋友带了他去一个同事家拜年,墙上新挂了印有西方诸神油画的年历,神是裸着或半裸着,来客没人时都注目偷看,一有旁人就脸色严肃。那同事也觉得年历不好,用红纸剪了小袄儿贴在那裸体上,大家才嗤嗤发笑起来,故意指着裸着的胸脯问他:这是什么?他玩变形金刚,玩得正起劲,看了一下,说:"妈妈的奶!"说罢又忙他的操作。男人看待女人,要么视为神,要么视神是裸肉,身上会痒的,却绝口不当众说破,不说破而再不会忘记,独处里作了非非之想。我看这年历是这样的感觉,去庙里拜菩萨也觉得菩萨美丽,有过单相思,也有过那个——我还是不敢说——不敢说,只想可以是完人,是君子圣人,说了就是低级趣味,是流氓,千刀万剐。孙涵泊没有世俗,他不认作是神就敬畏,烧香磕头,他也不认作是裸体就产生邪念,他看了就看作是人的某一部位,是妈妈的某一部位,他说了也就完了,不虚伪不究竟,不自欺不欺人,平平常常,坦坦然然,他真该做我的老师。

我的老师话少,对我没有悬河般的教导,不布置作业,他从未以有我这么个学生而得意过,却始终表情木然,样子傲慢。我琢磨,或许他这样正是要我明白"口锐者天钝之,目空者鬼障之"的道理。我是诚惶诚恐地待我的老师的,他使我不断地发现着我的卑劣,知道了羞耻，我相信有许许多多的人接触了我的老师都要羞耻的。所以，我没有理由不称他是老师！我的老师也将不会只有我一个学生吧？

（选自《当代护士》1995年第2期。收录时略有修改）

◎练习一　通过阅读本文，具体说说作者为什么认为孙涵泊这个小孩"真该做我的老师"。

◎练习二　概括本文主题，并具体说说作者是怎样巧妙地来表达这一主题的。

习作实践

练习一　郑板桥曾写道："江馆清秋，晨起看竹，烟光日影露气，皆浮动于疏枝密叶之间。胸中勃勃遂有画意。其实胸中之竹，并不是眼中之竹也。因而磨墨展纸落笔倏作变相，手中之竹又不是胸中之竹也。总之，意在笔先者，定则也；趣在法外者，化机也。独画云乎哉！"借鉴这段论画的经典文字，写篇200字左右的文章，论述一下写文章应该怎样"立意"。

练习二　根据下面材料，提炼主题，写篇600字左右的议论文。

一场风暴袭击了森林，到处是枯枝败叶。一棵长在河边的高大的橡树，与风暴抗争了整整一夜，巍然屹立。他发现岸边柔弱的芦苇也充满生机，觉得很奇怪。"你们是怎么对抗风暴度过困境的？"橡树问。芦苇细声细气地说："暴风来临时，你和它搏斗，获得了成功。我们顺着风势起伏，也赢得了未来。"自然如此，面对社会和人生，你又有怎样的感触与思考？

素养积淀

夜宴左氏庄

〔唐〕杜　甫

风林纤月落，衣露静琴张。
暗水流花径，春星带草堂。
检书烧烛短，看剑引杯长。
诗罢闻吴咏，扁舟意不忘。

赏析　全诗取象自然而脱俗，林风、纤月、湛露、静琴、暗水、花径、春星、草堂，使诗篇透着隐隐的生气和散着丝丝的野趣；而叙事如检书、看剑、引杯、咏诗，又不辜负风月，可谓良辰美景、赏心乐事，四美毕具。全诗如《杜诗详注》所说："时地景物，重叠铺叙，却浑然不见痕迹。而其逐联递接，八句总如一句，俱从'夜宴'二字摹写尽情。"

文章必须从真实生活里产生出来。把真实生活里所不曾经验过的事勉强拉到笔底下来，那是必然失败的勾当。人固然不必为着写文章而留心自己的生活，但是做了人就得担负人的责任，就得留心自己的生活。有了充实的生活才有好文章。

——叶圣陶

词以境界为最上，有境界则自成高格。

——王国维

第十九课

体验感受　多维思考

导论　学会构思立意，是提高作文水平的重要基础。立意要求和方法很多，但感知生活、小中见大、见微知著、选好角度、平中寓奇等等，都是构思立意时需要注意的问题。

要点　了解构思立意的基本要求，初步掌握写作时构思立意的一些常见思维方法；学习借鉴构思立意的注意方法，学会巧妙构思和高远立意。

❧ 写作启迪 ❧

故事一　宋代有一个李秀才，他的女儿能读会写，远近闻名。一次，有人在路上拾到一枚破铜钱，铜钱上依稀刻着"开元"二字。开元是唐玄宗的年号，这枚铜钱当然就是唐代的了。恰巧这时，李秀才的女儿经过这里，拾钱人对她说："请用破钱为题作一首诗吧。"女孩儿接过铜钱，沉思了一会儿，吟诵道："半轮残月掩尘埃，依稀犹有开元字。想得清光未破时，买尽人间不平事。"围观的人先是一愣，随即齐声喝彩，连连夸赞小女孩儿才思敏捷。

故事二　北宋文人柳开年轻时，尚气自任，贪图虚名。某年去参加科举考试，为引起主考官的注意，他穿着象征士人身份的华丽衣服，还把自己撰写的数千轴文章用独轮车推着，直奔主考官面前。可主考官读了他的文章后，觉得意境一般，文采平平，远不如他那衣服漂亮。而另一位应试举子张景却沉着稳重，不事张扬，仅从衣袖内拿出一篇极短的文章交给主考官。谁知，主考官读后却拍案叫绝，连连称赞，立刻把张景的文章评为优等。于是，"柳开千轴，不如张景一书"，一时被文人士子传为趣谈。

❧ 知识技能 ❧

立意构思是决定文章高下的关键，但初学者却易犯"下笔千言，离题万里""洋洋千言，其旨平庸""众说纷纭，多旨无主"等毛病。怎样才能使文章立意精湛深刻、新颖独到呢？

选准角度，别出心裁。文贵出新，清代著名戏剧理论家李渔说："人惟求旧，物惟求新；新也者，天下事物之美称也。而文章一道，较之他物，尤加倍焉。"然而怎样才能出新呢？主要看写作的角度是否新颖独到。"横看成岭侧成峰，远近高低各不同。"同一写作对象，不同的作者，角度绝不雷同。"第一个把姑娘比作鲜花的是天才，第二个则是蠢材。"文章最忌随人后，人云亦云，鹦鹉学舌。新颖的角度是创新作文的内核，犹如一轮朝阳，光芒四射，使全文顿时熠熠生辉。

多个角度，选取最佳。同一写作对象，对同一作者而言，最佳的角度只有一个，即最能表达自己情感的那个角度。"山之精神写不出，以烟霞写之；春之精神写不出，以草树写之。"对一个写作对象我们应多选几个角度去构思，然后通过比较辨别出最佳角度。寻找角度是一个艰苦的过程，要展开想象和联想的翅膀，在自己那五颜六色的天空里，构筑属于自己的最美彩虹。

见微知著，一斑窥豹。作文时，我们常常无法找到一个很好的切入点。这往往是由于贪大求全，惜于忍痛割爱，致使切入点过大，发掘过于浅显。因此，就要一粒沙里看世界，从生活中的一斑一点、一枝一叶去再现生活的全貌。优秀的文章都善于从生活的海洋里撷取一朵浪花，创造出一个比现实生活更为广阔的生活层面。

感知生活，平中寓奇。客观事物所具有的多种多样的感性状貌，如多种状态、多种声音、多种味道、多种温度和硬度等等，时刻都与我们有着某种联系，而我们的感觉器官像桥梁一样与之进行沟通。因此，客观现实的个别属性常常就是作文的源泉，生活中的凡人凡事，也常常蕴藏着不同凡响的生活内涵，代表着一种时代精神，一种前进方向。面对这些"平静"的浪花，要提升立意，才能写出优秀作文。

❧ 阅读借鉴 ❧

白　杨

袁　鹰

车窗外是茫茫的大戈壁，没有山，没有水，也没有人烟。天和地的界限并不那么清晰，都是浑黄一体。

从哪儿看得出列车在前进呢？

那就是沿着铁路线的一行白杨树。每隔几秒钟，窗外就飞快地闪过一个高大挺秀的身影。

一位旅客正望着这些戈壁滩上的卫士出神。

"爸爸，"他的大孩子摇着他的腿，"你看那树多高！"

爸爸并没有从沉思中回过头来，倒是旁边的妹妹插嘴了：

"不,那不是树,那是大伞。"

"哪有这么大的伞?"

"你看它多直!"妹妹分辨着。

"它是树,不是伞!"哥哥肯定地说。

小小的争论,才把爸爸的思路引过来,他慢慢地抚摸孩子们的头:

"这不是伞,这是白杨树。"

哥哥还不满足:"为什么它这么直,长得这么大?"

爸爸的微笑消失了,换上了严肃的神色。他想了一会,就告诉儿子和小女儿说:这白杨树从来就这么直,这么高大。哪儿需要它,它很快就在那儿生根发芽,长出结壮的枝干。不管遇到风沙还是雨雪,不管遭到干旱还是洪水,它总是那么直,那么坚强,不软弱,也不动摇。

爸爸只是向孩子们介绍白杨树么? 不是的,他也在表白着自己的心。而这,孩子们现在还不能理解。

他们只晓得爸爸在新疆工作,是下放到那儿去的;妈妈也在新疆工作,也是下放到那儿去的。他们只晓得爸爸这回到奶奶这里来接他们,到新疆去念小学,将来再念中学。他们只晓得新疆是个很远很远的地方,要坐几天火车,还要坐几天汽车。

现在呢,孩子们多了一点知识:在通向新疆的路上,有许许多多白杨树。这儿需要它们,它们就在这儿生根了。而它们不管到哪里,总是那么直,那么高大。

爸爸一手搂着一个孩子,望着窗外闪过去的白杨树,又陷入沉思。突然,他的嘴角又浮起一丝微笑,那是因为他看见火车前进方向的右方,在一株高大的白杨树身边,几棵小树正迎着风沙成长起来。

(选自袁鹰:《风帆》,作家出版社 1963 年版。收录时略有修改)

白杨礼赞

茅 盾

白杨树实在不是平凡的,我赞美白杨树!

当汽车在望不到边际的高原上奔驰,扑入你视野的,是黄绿错综的一条大毯子;黄的,那是土,未开垦的处女土,几百万年前由伟大的自然力所堆积成功的黄土高原的外壳;绿的呢,是人类劳力战胜自然的成果,是麦田,和风吹送,翻起了一轮一轮的绿波——这时你会真心佩服昔人所造的两个字"麦浪",若不是妙手偶得,便确是经过锤炼的语言精华。黄与绿主宰着,无边无垠,坦荡如砥,这时如果不是宛若并肩的远山的连峰提醒了你,你会忘记了汽车是在高原上行驶,这时你涌起来的感想也许是"雄壮",也许是"伟大",诸如此类的形容词,然而同时你的眼睛也许觉得有点倦怠,你对当前的"雄壮"或"伟大"闭了眼,而另一种味儿在你心头潜滋暗长了——"单调"! 可不是,单调,有一点儿罢?

然而刹那间,要是你猛抬眼看见了前面远远地有一排,——不,或者甚至只是三五株,一二株,傲然地耸立,像哨兵似的树木的话,那你的恹恹欲睡的情绪又将如何? 我那时是惊奇地叫了一声的!

那就是白杨树,西北极普通的一种树,然而实在不是平凡的一种树!

那是力争上游的一种树,笔直的干,笔直的枝。它的干呢,通常是丈把高,像是加以人工似的,一丈以内,绝无旁枝;它所有的丫枝呢,一律向上,而且紧紧靠拢,也像是加以人工似的,成为一束,绝无横斜逸出;它的宽大的叶子也是片片向上,几乎没有斜生的,更不用说倒垂了;它的皮,光滑而有银色的晕圈,微微泛出淡青色。这是虽在北方风雪的压迫下却保持着倔强挺立的一种树。哪怕只有碗来粗细罢,它却努力向上发展,高到丈许,二丈,参天耸立,不折不挠,对抗着西北风。

这就是白杨树,西北极普通的一种树,然而决不是平凡的树!

它没有婆娑的姿态,没有屈曲盘旋的虬枝,也许你要说它不美丽,——如果美是专指"婆娑"或"横斜逸出"而言,那么白杨树算不得树中的好女子;但是它却是伟岸,正直,朴质,严肃,也不乏温和,更不用提它的坚强不屈与挺拔,它是树中的伟丈夫!当你在积雪初融的高原上走过,看见平坦的大地上傲然挺立这么一株或一排白杨树,难道你觉得树只是树,难道你就不想到它的朴质,严肃,坚强不屈,至少也象征了北方的农民;难道你竟一点也不联想到,在敌后的广大土地上,到处有坚强不屈,就像这白杨树一样傲然挺立的守卫他们家乡的哨兵!难道你又不更远一点想到这样枝枝叶叶靠紧团结,力求上进的白杨树,宛然象征了今天在华北平原纵横决荡用血写出新中国历史的那种精神和意志。

白杨不是平凡的树。它在西北极普遍,不被人重视,就跟北方农民相似;它有极强的生命力,磨折不了,压迫不倒,也跟北方的农民相似。我赞美白杨树,就因为它不但象征了北方的农民,尤其象征了今天我们民族解放斗争中所不可缺的朴质,坚强,以及力求上进的精神。

让那些看不起民众,贱视民众,顽固的倒退的人们去赞美那贵族化的楠木(那也是直干秀颀的),去鄙视这极常见,极易生长的白杨罢,但是我要高声赞美白杨树!

(选自《文艺阵地》1941 年第 3 期。收录时略有删改)

◎练习一　《白杨》的主题是什么?《白杨礼赞》的主题又是什么? 分别概括出来。

◎练习二　对比阅读上面两篇文章,找出两篇文章在"立意"上的共同点,并具体阐述一下在写作立意方面对我们有何启示。

意在笔先
——谈文章立意

石 勇

古人论文,非常注重立意。所谓立意,即立定题旨,也即确立文章所要集中表现的思想、观点,也就是我们现在所说的文章主题。

立意,在文章写作中有着举足轻重的意义和作用。如果说材料是文章的"血肉",结构是文章的"骨骼"的话,那么,立意便是文章的"灵魂"了。一个人要只有骨肉、四肢发达,但没有思想、没有灵魂,那岂不成了一个毫无智能的"躯壳"! 一篇文章质量的高低、价值的大小、作用的强弱、效果的好坏,其决定因素和衡量的关键,主要取决于立意。

"立意"既然如此重要,所以古人一向主张"意在笔先",这样写起来才能心有"主心骨"。倘若操笔作文时连文章主题都不明确,那就很难下笔,即使边想边写,勉强写来,也会不是信口开河,便是漫无边际。

立意要正确。不论何种体裁的文章,都首先要求立意必须正确。如果议论文的主要观点不正确,同党的现行路线、方针、政策不合拍,记叙文所表达的思想、感情带有明显的错误倾向或有不健康情趣,那么这种文章是站不住脚的。

立意正确,就是文章确立的思想、观点,要符合生活真实和历史真实,符合人民根本利益和党的路线、方针、政策,能正确反映现实生活的本质,深刻揭示客观事物的规律,经得起时间和实践的检验。同时,文章所表达的情感、志趣要健康,能起到积极的宣传、教育、鼓舞、引导、审美的作用,这是非常重要的。在改革开放的今天,凡是以马列主义、毛泽东思想、邓小平理论来指导写作,歌颂改革、光明、进步的主流,鞭挞腐朽、落后的现象,正确回答人们所关心的问题,焕发人民斗志和建设热情的主题,都是正确的主题。就是说,凡是符合"以科学的理论武装人、以正确的舆论引导人、以高尚的精神塑造人、以优秀的作品鼓舞人"的主题,都是正确的主题。

立意要新颖。立意新,就是在提炼、确立文章主题时,力求从所写的事物中挖掘出别人没发现,或尚未发表过的新思想、新观点、新见解、新感受、新经验,标新立异,给人以耳目一新、不同凡响之感。文有新意,方可反映客观事物的发展变化,揭示客观事物的本质差别,表现时代的特征,突出人物形象的个性。这就要求作者具有敏锐的眼力,具有真知灼见,善于"见他人之所未见,发他人之所未发";深入事物的内部,找出矛盾的特殊性,找出事物相互区别的个性特征;同时,还要善于选择新的表现角度,从不同的侧面提出新的见解、新的观点,敢于另辟蹊径,独创新意。

立意要集中。古人说得好,撰文要"立主脑""减头绪",使文章所表现的思想高度"凝聚"。否则,"意杂文必乱"。这就明白地告诉我们,主题必须单一,即一篇文章只能有一个中心或解决一个问题,不能搞多中心、多主题。主题集中,要求作者在立意时,要善于抓住事物的主要矛盾,击中问题的要害;要求作者在动笔前务必想清楚,写这篇文章究竟要解决一个什么问题,达到一个什么目的。问题越明确,目的越单纯越好。在行文中要始终围绕中心,扣紧主题,组织、安排材料,并一以贯之。对次要的问题、枝节问题,要舍得"割爱",防止过多地在枝节问题上花费笔墨,以免枝杈横生,淹没主干,致使主题分散。

立意要鲜明。这就是说,文章的基本思想,作者的基本态度十分明确,爱什么、恨什么、赞成什么、反对什么,是非清楚,旗帜鲜明,不吞吞吐吐,不似是而非。主题的鲜明性,是文章的社会作用、战斗风格和马克思主义优良文风的具体表现。要鲜明地表现主题,作者必须对文章的立意、立论具有清晰的认识和坚定的信念。主题鲜明,取决于作者认识客观事物的透彻性、文章立意的针对性和准确性。针对性强,立意准确,抑扬适度,褒贬得当,文章的主题就会鲜明。

立意要深刻。所谓深刻,是指文章的主旨能透彻地揭示生活本质,准确反映事物规律,善于击中要害问题,具有深刻的思想意义和丰富的内在意蕴。写出"人人心中皆有,个个笔下俱无"的意思来,使读者从中受到深刻的教育和强烈的感染。不论是重大题材还是一般题材,能否揭示出深刻的主题,关键取决于作者是否观察得细、研究得深、琢磨得透。如生活中或采写中没有深切的感受,对事物没有透辟的认识,没有独到而富有创造性的见地,那就很难谈得上深刻。

当然,上面讲的立意的正确、新颖、集中、鲜明、深刻这五个要素或者说五个方面,是一个不可分割的整体。其中"正确"是基础,是起码的标准。如揭示的主题虽然正确,但不大新鲜,尽是陈年老话,恐怕文章也不会有人看。倘若立意既正确又新颖,但写得不集中,散乱无序,同样不可取。即使前四个条件都具备了,但写得一般化,主题揭示不深刻,也不会收到好的效果。在一篇文章中,这五个方面同时具备,就称得上范文、佳作了。

(选自《新闻前哨》2001年第1期。收录时略有修改)

◎练习　根据本文内容,具体概括出立意的具体要求,并加以简要阐述。

习作实践

练习一　根据下面所提供的材料,多角度思考,写出材料所包含的意义。

1. 动物园里来了一位哲学教授,向动物们传授哲学。哲学教授讲了好多空洞的理论,接着说:"任何事物都必须从基础做起,就如任何建筑都必须从底层做起。"有一只青蛙听得不耐烦了,就向教授发问:"请问教授,真的所有建筑都必须从底层做起吗?"哲学教授瞟了青蛙一眼:"当然!井底之蛙!"青蛙反击说:"正因为是井底之蛙,我才问你——难道打井也从底层做起吗?"哲学教授哑口无言。动物们纷纷说:"是啊,即使是井底之蛙,他也有自己独特的见解,更何况不是呢!"

2. 有一个生长在孤儿院的男孩,悲观地问院长:"像我这样没人要的孩子,活着究竟有什么意思呢?"院长交给他一块石头,说:"明天,你拿这块石头去卖,但不是真卖,不论别人出多少钱,绝对不能卖。"第二天,男孩蹲在市场的角落,真有好多人要买那块石头,而且价钱越出越高。晚上,院长要他明天拿到黄金市场去叫卖。在黄金市场,竟有人出比昨天高十倍的价钱要买那块石头。最后,院长叫男孩到宝石市场去卖这块石头,结果,石头的身价较前一天又涨了十倍,甚至被传扬成"稀世之宝"。

练习二　阅读下则材料,根据要求完成作文。

一位老师走进了教室。他先拿出一张画有一个黑点的白纸,问学生:"孩子们,你们看到了什么?"学生盯住黑点,齐声喊道:"一个黑点。"老师非常沮丧。"难道你们谁也没有看到这张白纸吗? 眼光集中在黑点上,黑点会越来越大。生活中你们可不要这样啊!"老师教导着学生。教室里鸦雀无声。老师又拿出一张黑纸,中间有一个白点。他问学生:"孩子们,你们又看到了什么?"学生齐声回答:"一个白点。"老师高兴地笑了:"孩子们,太好了,无限美好的未来在等着你们。"

请以"黑点·白点"为话题,写一篇不少于600字的作文。

素养积淀

咏　柳

〔唐〕贺知章

碧玉妆成一树高,万条垂下绿丝绦。
不知细叶谁裁出?二月春风似剪刀。

赏析　"碧玉妆成一树高"写整体,描写柳树像碧玉装饰成,用"碧玉"形容柳树翠绿晶莹。"万条垂下绿丝绦"描写柳枝犹如丝带万千条,突出其轻柔美。"不知细叶谁裁出"突出柳叶精巧细致的形态。"不知细叶谁裁出"——自问;"二月春风似剪刀"——自答。这样就由柳树巧妙过渡到春风。全诗通过赞美柳树,进而赞美春天,讴歌春的无限创造力。

　　　　写文章把自己的见闻告诉人家,倘若能够捉住当时的感觉,顺次写下来,就使人家如临其境……至于文艺,注重在教人家感动、欣赏,适宜用后一种方法。……有修养的作者,能够像写出自己当时的感觉那样写出来,使读者随时有如临其境的乐趣。

　　　　　　　　　　　　　　　　　　　　　　　　　　　　——叶圣陶

　　　　新思想造成新的技巧,犹如流水造成河道一般。

　　　　　　　　　　　　　　　　　　　　　　　　　——[英]萧伯纳

第二十课

思路明晰　行文连贯

　　导论　一篇好的文章,必须思路明晰,行文连贯,也就是要有精心的构思、完整的结构、巧妙的衔接、分明的层次、合理的开头、有力的结尾。要做到这些,就要在写作实践中注重不断提高语言表达能力,不断提高构思文章的思维能力。

　　要点　掌握构思的方法,能在写作中构思新颖。

❧ 写作启迪 ❧

　　故事一　宋朝时,有次画院考试,画题是一句诗:"踏花归去马蹄香。"这句诗的意思很明白,但不好画。游人、落花、马蹄都是有形的,好画;但马蹄香却不好画,而且香是气息,只能闻,看不见,摸不着。但这句诗的诗眼就在于一个"香"字,非画出不可。有的画家虽画出来了,却无非画出满地落花,游人骑在马上,马蹄踩着花瓣,把那个"香"字丢了。但有个聪明的画家还是画出来了:画面上繁花压枝,落花遍地,游人骑在马上,马儿轻快地扬起一只后蹄,两只蝴蝶追逐马蹄翩跹起舞。蝴蝶是采花的昆虫,哪儿有花香,它们就去哪儿。蝴蝶追逐着马蹄,这不正说明马蹄香吗?

　　故事二　宋徽宗赵佶喜爱书画,在一次考试时出的题目便是"深山藏古寺"。有的在山腰间画座古庙,有的把古庙画在丛林深处。庙,有的画得完整,有的只画出庙的一角或庙的一段残墙断壁……他看了许多幅,都不满意。就在他感到失望的时候,有一幅画深深地吸引了他,他端详了一番,便连连点头称赞:"好,好,这才是'魁选'之作呀!"原来这位画家画的是崇山峻岭之中,一股清泉飞流直下,跳珠溅玉,泉边有个老态龙钟的和尚,一瓢一瓢地舀了泉水倒进桶里。就这么一个挑水和尚,就把"深山藏古寺"这个题目表现得含蓄深邃。和尚挑水,当然是用来烧茶煮饭,洗衣浆衫,这就叫人想到附近一定有庙;和尚年迈,还得自己挑水,可以想象到那庙是座破败古庙。庙一定在深山中,画面上看不见,这就把"藏"字表现出了。

知识技能

一篇文章成功与否,思路是否清晰,结构是否完整,衔接是否巧妙,过渡是否及时,开头、结尾是否合理等都是一些极其重要的因素。

思路要明晰。古人说写文章要"袖手于前,始能疾书于后",这里说的在动手之前的"袖手"过程,就是在头脑里从战略上对文章进行谋划,对文章整体雏形进行勾勒、假设。如怎样开头,如何承接、过渡,怎样围绕中心把选择的材料组织起来,哪些地方需要为文章下一步发展做好铺垫,哪些地方要与文章的前一部分有所照应,怎样结尾等予以梳理,使之条理化。这一系列的思索谋划,就是思路。那么,怎样才能打开思路呢? 打开思路的途径主要是通过联想来实现。联想的方式主要有五种。时间上的联想:由眼前想到过去、未来,彼此牵连,相机拓展。空间上的联想:远近、高低、内外、水陆等彼此关联,联系迁移。感观上的联想:视觉(形、色、物、象、行、神),听觉(谈、笑、哭、泣、声、势、动、静),嗅觉(各种气味),味觉(百味品尝),触觉(把玩抚摸),感觉(内心觉察体验),由此及彼,相映生辉。层面上的联想:正面、反面、侧面,主面(主流)、次面(支流),表面(现象或形式)、里面(本质、内容),单面(个体、局部)、众面(集体或整体),相对面、绝对面,困难面、发展面,物质面、精神面,等等。逻辑上的联想:总分、并列、递进、因果、转折、假设、推导、证明、概括、演绎,因需而用,必要时可以若干个连动互迁。

结构要完整。结构是思路的归宿,有好的思路自然就会有好的文章结构,即行文合理、清晰。文章结构确立必须受两个条件的制约:一是生活本身固有规律的制约,如人物、事件的发展变化总有一个过程,环境、景物的构成总有一定的层次,阐发道理也总会有一定的顺序步骤;二是文章主旨的制约,主旨是文章的"统帅",文章结构形式当然也必须为表现主旨服务。常见的文章结构模式有"纵式""横式"和"纵横结合式"。纵向结构即按照时间顺序或事物发展的过程结构文章,这种结构主要用在叙事类文章中。横向结构即按照事物的空间关系或事物的性质和不同方面来结构文章,这种结构多用在议论文和散文中,并有许多具体结构样式,如并列式、递进式、对照式、总分式等等。较复杂文章往往还采用纵横结合式的结构:在总体上采用纵向式(或横向式)结构,而局部又运用横向式(或纵向式)结构。

开头结尾要合理。古人强调写作要"凤头、猪肚、豹尾",元代陶宗仪曾提出为文"起要美丽,中要浩荡,结要响亮"。他所说的"美丽"即"凤头","响亮"即"豹尾","浩荡"即"猪肚"。怎样写好开头呢? 第一,开门见山:开头不加任何修饰,直接进入正题。第二,反向切题:开头可以先"反向"肯定某个观点,再回头提出自己的见解。第三,引言切入:开头可引用一段或一句切合题意的名言、警句、俗语等,给人留下深刻印象。第四,倒叙设悬:开头以特写镜头或倒叙之法写出事件某个最富有吸引力的片段或事情的结果,以设置悬念,吊人胃口。第五,题记入题:开头采用议论或散文化的语言作题记,为全文内容规定范围。怎样设计好结尾? 第一,画龙点睛:用一句或一段简洁的话明确点出文章的观点。第二,照应开头:用简洁的文字与题目照应,与开头照应。第三,自然收束:全文自然收束,使之有一个朴素无华的结尾,干脆利落,不要拖泥带水。第四,含蓄结尾:结尾可以留下"空白",给读者回味的余地。

前后衔接要紧密。衔接就是指段与段之间的过渡。一篇文章由多个段落组成,段与段之间的连接应该紧密自然,这就要作者为它们铺路搭桥。如文章缺少必要的过渡照应,就会给人一种不完整或一盘散沙的感觉。

❧ 阅读借鉴 ❧

我的叔叔于勒

[法]莫泊桑

我小时候,家在哈佛尔,并不是有钱的人家,也就是刚刚够生活罢了。我父亲做着事,很晚才从办公室回来,挣的钱不多。我有两个姐姐。

我母亲对我们的拮据生活感到非常痛苦。那时家里样样都要节省,有人请吃饭是从来不敢答应的,以免回请;买日用品也是常常买减价的,买拍卖的底货;姐姐的长袍是自己做的,买15个铜子一米的花边,常常要在价钱上计较半天。

可是每星期日,我们都要衣冠整齐地到海边栈桥上去散步。那时候,只要一看见从远方回来的大海船进口来,父亲总要说他那句永不变更的话:

"唉!如果于勒竟在这只船上,那会叫人多么惊喜呀!"

父亲的弟弟于勒叔叔,那时候是全家唯一的希望,在这以前则是全家的恐怖。

据说他当初行为不正,糟蹋钱。在穷人家,这是最大的罪恶。在有钱的人家,一个人好玩乐无非算作糊涂荒唐,大家笑嘻嘻地称他一声"花花公子"。在生活困难的人家,一个人要是逼得父母动老本,那就是坏蛋,就是流氓,就是无赖了。于勒叔叔把自己应得的部分遗产吃得一干二净之后,还大大占用了我父亲应得的那一部分。

人们按照当时的惯例,把他送上从哈佛尔到纽约的商船,打发他到美洲去。

我这位于勒叔叔一到那里就做上了不知什么买卖,不久就写信来说,他赚了点钱,并且希望能够赔偿我父亲的损失。这封信使我们家里人深切感动。于勒,大家都认为分文不值的于勒,一下子成了正直的人,有良心的人。

有一位船长又告诉我们,说于勒已经租了一所大店铺,做着一桩很大的买卖。

两年后又接到第二封信,信上说:"亲爱的菲利普,我给你写这封信,免得你担心我的健康。我身体很好。买卖也好。明天我就动身到南美去作长期旅行。也许要好几年不给你写信。如果真不给你写信,你也不必担心。我发了财就会回哈佛尔的。我希望为期不远,那时我们就可以一起快活地过日子了。"

这封信成了我们家里的福音书,有机会就要拿出来念,见人就拿出来给他看。

果然,10年之久,于勒叔叔没再来信。可是父亲的希望却与日俱增。母亲也常常说:"只要这个好心的于勒一回来,我们的境况就不同了。他可真算得一个有办法的人。"

于是每星期日,一看见大轮船喷着黑烟从天边驶过来,父亲总是重复他那句永不变更的话:

"唉！如果于勒竟在这只船上，那会叫人多么惊喜呀！"

那时候大家简直好像马上就会看见他挥着手帕喊着："喂！菲利普！"

对于叔叔回国这桩十拿九稳的事，大家还拟订了上千种计划，甚至计划到要用这位叔叔的钱置一所别墅。我不敢肯定父亲对于这个计划是不是进行了商谈。

我大姐那时28岁，二姐26岁。她们老找不着对象，这是全家都十分发愁的事。

终于有一个看中二姐的人上门来了。他是公务员，没有什么钱，但是诚实可靠。我总认为这个青年之所以不再迟疑而下决心求婚，是因为有一天晚上我们给他看了于勒叔叔的信。

我们家赶忙答应了他的请求，并且决定在举行婚礼之后全家到哲尔赛岛去游玩一次。哲尔赛岛是穷人们最理想的游玩的地方。这个小岛是属英国管的。路并不远，乘小轮船渡过海，便到了。因此，一个法国人只要航行两个小时，就可以到一个邻国，看看这个国家的民族，并且研究一下这个不列颠国旗覆盖着的岛上的风俗习惯。

哲尔赛的旅行成了我们的心事，成了我们时时刻刻的渴望和梦想。后来我们终于动身了。我们上了轮船，离开栈桥，在一片平静的好似绿色大理石桌面的海上驶向远处。正如那些不常旅行的人们一样，我们感到快活而骄傲。

父亲忽然看见两位先生在请两位打扮得漂亮的太太吃牡蛎。一个衣服褴褛的年老水手拿小刀一下撬开牡蛎，递给两位先生，再由他们递给两位太太。她们的吃法很文雅，用一方小巧的手帕托着牡蛎，头稍向前伸，免得弄脏长袍；然后嘴很快地微微一动，就把汁水吸进去，蛎壳扔到海里。

毫无疑义，父亲是被这种高贵的吃法打动了，走到我母亲和两个姐姐身边问："你们要不要我请你们吃牡蛎？"

母亲有点迟疑不决，她怕花钱；但是两个姐姐赞成。母亲于是很不痛快地说："我怕伤胃，你只给孩子们买几个好了，可别太多，吃多了要生病的。"然后转过身对着我，又说："至于若瑟夫，他用不着吃这种东西，别把男孩子惯坏了。"

我只好留在母亲身边，觉得这种不同的待遇十分不公道。我一直盯着父亲，看他郑重其事地带着两个女儿和女婿向那个衣服褴褛的年老水手走去。

我父亲突然好像不安起来，他向旁边走了几步，瞪着眼看了看挤在卖牡蛎的身边的女儿女婿，就赶紧向我们走来，他的脸色十分苍白，两只眼也跟寻常不一样。他低声对我母亲说："真奇怪！这个卖牡蛎的怎么这样像于勒？"

母亲有点莫名其妙，就问："哪个于勒？"

父亲说："就……就是我的弟弟呀。……如果我不知道他现在是在美洲，有很好的地位，我真会以为就是他哩。"

我母亲也怕起来了，吞吞吐吐地说："你疯了！既然你知道不是他，为什么这样胡说八道？"

可是父亲还是放不下心，他说："克拉丽丝，你去看看吧！最好还是你去把事情弄个清楚，你亲眼去看看。"

母亲站起来去找她两个女儿。我也端详了一下那个人。他又老又脏，满脸皱纹，眼光始终不离开他手里干的活儿。

母亲回来了。我看出她在哆嗦。她很快地说："我想就是他。去跟船长打听一下吧。可要多加小心，别叫这个小子又回来吃咱们！"

父亲赶紧走去。我这次可跟着他走了，心里异常紧张。父亲客客气气地和船长搭上话，一面恭维，一面打听有关他职业上的事情，例如哲尔赛是否重要，有何出产，人口多少，风俗习惯怎样，土地性质怎样，等等。后来谈到我们搭乘的这只"特快号"，随即谈到全船的船员。最后我父亲终于说："您船上有一个卖牡蛎的，那个人倒很有趣。您知道点儿这个家伙的底细吗？"

船长本已不耐烦我父亲那番谈话，就冷冷地回答说："他是个法国老流氓，去年我在美洲碰到他，就把他带回祖国。据说他在哈佛尔还有亲属，不过他不愿回到他们身边，因为他欠了他们的钱。他叫于勒……姓达尔芒司，也不知还是达尔汪司，总之是跟这差不多的那么一个姓。听说他在那边阔绰过一个时期，可是您看他今天已经落到什么田地！"

我父亲脸色早已煞白，两眼呆直，哑着嗓子说："啊！啊！原来如此……如此……我早就看出来了！……谢谢您，船长。"

他回到我母亲身旁，是那么神色张皇。母亲赶紧对他说："你先坐下吧！别叫他们看出来。"

他坐在长凳上，结结巴巴地说："是他，真是他！"然后他就问："咱们怎么办呢？"母亲马上回答道："应该把孩子们领开。若瑟夫既然已经知道，就让他去把他们找回来。最要留心的是别叫咱们女婿起疑心。"

父亲突然很狼狈，低声嘟哝着："出大乱子了！"

母亲突然很暴怒起来，说："我就知道这个贼是不会有出息的，早晚会回来重新拖累我们的。现在把钱交给若瑟夫，叫他去把牡蛎钱付清。已经够倒霉的了，要是被那个讨饭的认出来，这船上可就热闹了。咱们到那头去，注意别叫那人挨近我们！"她说完就站起来，给了我一个5法郎的银币，就走开了。我问那个卖牡蛎的人："应该付您多少钱，先生？"

他答道："2法郎50生丁。"

我把5法郎的银币给了他，他找了钱。

我看了看他的手，那是一只满是皱痕的水手的手。我又看了看他的脸，那是一张又老又穷苦的脸，满脸愁容，狼狈不堪。我心里默念道："这是我的叔叔，父亲的弟弟，我的亲叔叔。"

我给了他10个铜子的小费。他赶紧谢我："上帝保佑您，我的年轻的先生！"

等我把2法郎交给父亲，母亲诧异起来，就问："吃了3个法郎？这是不可能的。"

我说："我给了他10个铜子的小费。"我母亲吓了一跳，直望着我说："你简直是疯了！拿10个铜子给这个人，给这个流氓！"她没再往下说，因为父亲指着女婿对她使了个眼色。

后来大家都不再说话。在我们面前，天边远处仿佛有一片紫色的阴影从海里钻出来。那就是哲尔赛岛了。

我们回来的时候改乘圣玛洛船，以免再遇见他。

（选自莫泊桑：《羊脂球》，赵少侯等译，北京燕山出版社1999年版。收录时略有修改）

◎练习一 菲利普夫妇对于勒的态度前后有什么变化？为什么会有这样的变化？

◎练习二 本文的开端、发展、高潮、结局分别是什么？

习作实践

练习一 走上街头，不时与光头相遇，有人说是做作，有人说是时尚；打开电视，常与长发男人"邂逅",有人说是招摇,有人说是时髦;走进网吧,所见的是形形色色,有人说是无聊,有人说是时兴。生活中,总会有许多新鲜的东西,突然出现在你面前,其中有过许多令人意想不到的事,也曾引发你深入思索和无限感慨……对此,你有着自己的看法,请说一说。要求:200 字左右,要言之成理,言之有序。

练习二 请以下面一段文字作为开头,写一篇记叙文。要求:题目自拟,文体符合要求,500 字左右。

教室里,同学们正在专心听课,忽然一声闷响……

素养积淀

风

〔唐〕李　峤

解落三秋叶,能开二月花。

过江千尺浪,入竹万竿斜。

赏析 诗的主题是咏风,每句也都在写风,并通过写不同场合风的力量来描述风:它吹过江面时,掀起千尺高的巨浪;吹入竹林时,千竿万竿的竹子纷纷倾斜。全诗没有出现一个"风"字,但写出了风之形、风之韵、风之情,读后仿佛可以听到满纸都是飒飒风声,为历代写"风"的名篇。全诗像谜语,清新活泼,别有情趣。

作曲,犹造宫室然。……作曲者,亦必先分段数,以何意起,何意接,何意作中段敷衍,何意作后段收煞,整整在目,而后可施结撰。

——王骥德

只要持之以恒,知识丰富了,终能发现其奥秘。

——杨振宁

第二十一课

掌握方法　合理结构

导论　结构是表现作品内容、显示作品主题、展现人物性格的重要手段,无论是鸿篇巨制还是区区小令都得讲究结构艺术。严谨巧妙的布局和通体匀称的结构,合理的先后顺序和井然的内部层次,都可使情或理恰如其分地表达出来,这就是布局谋篇的功能。

要点　认识开头和结尾、层次和段落、过渡和照应的特点,在写作时重视文章结构安排;学习使文章层次分明、段落清楚、结构完整的基本方法,提高写作时谋篇布局的能力。

❦ 写作启迪 ❦

故事一　相传唐代文学家王勃在每次写文章前,总要饮几杯酒,磨几升墨,然后钻进被子睡大觉。睡醒起来,提起笔,洋洋洒洒,甚至文不加点,便成一篇绝妙文章。旁观者常常赞叹不已,一致称赞他是天才。王勃的文采诚然过人,可人们殊不知他在饮酒磨墨时,已在孕育写作灵感,理顺文章思路。而他睡在被里,更是在酝酿文章的起承转合,甚至对一些关键的字句已经斟酌妥当。所以起来时,才能一挥而就,文不加点。有个成语为"成竹在胸",王勃动笔前实际上已"成文在胸"了。

故事二　美国著名社会心理学家巴尔肯在一次宴会上提议,每人用最简捷的语言写出一篇"自传",行文用句要短,甚至短到可以作为死后刻在墓碑上的墓志铭。于是在场的人冥思苦想,提笔作文。不久,一位年轻人交给巴尔肯一篇只有三个标点符号的自传:一个破折号"——",一个感叹号"!"和一个句号"。"。

巴尔肯问他这三个标点符号表示什么意思,年轻人回答道:"一阵横冲直撞;落了个伤心自叹;到头来只好完蛋。"

巴尔肯望着这位年轻人凄然的神色,沉思了片刻,提笔在这篇"自传"的下边有力地又写了三个标点符号:一个顿号"、",一个省略号"……"和一个大问号"?"。

巴尔肯用鼓励的口吻对这位自暴自弃的青年说:"青年时期是人生一小站;道路漫长,希望无边;岂不闻'浪子回头金不换'?"

知识技能

一篇文质兼美的文章除言之有物、以情感人、以理服人外,结构也极其重要。"结构"本是建筑学术语,指屋宇构造样式,引入写作中用来比喻文章内容的组织与排列形式。我们有感受,就是写文章要孕育,就是酝酿"写什么"(确立主题与选定材料)、"怎样写"(如何开头、哪些先写、哪些后写),这实际上就是在安排文章结构。因此,结构是指对文章内部组织的谋划,其目的是使文章内容言而有序并成为一个和谐整体。结构是文章部分与部分、部分与整体之间的内在联系和外部形式的统一,包括开头和结尾、层次和段落、过渡和照应。把有关的材料合理组织成一有机整体,要注意以下问题。

开头和结尾。古人有"凤头、猪肚、豹尾"之说,这既是对文章整体的要求,也表明开头和结尾的重要性。好的开头(起笔),能起引领作用,既可使文章顺利展开,又能吸引读者阅读下文。常见的开头方式有开篇点题式和形象导入式。开篇点题式,就是常说的"开门见山",即起句或首段就表达文章主题或主要问题。形象导入式,就是有一段引子,然后逐步接触所要叙述描写的人物、事件、景物或问题。结尾(收笔),是文章内容发展的自然收束和必然结果。好的结尾,能帮助读者理解题旨,体会作者的情感。结尾方式是多种多样的,有的总结全文、篇末点题,有的抒发情怀、感人肺腑,有的含蓄深沉、留有余地,有的戛然而止、干脆利落。开头和结尾文字虽不长,却是文章的重要组成部分。因此要精拟首尾,前后呼应:开卷之初,当以奇句夺目,使人过目不忘;结尾之际,要精心设计,让人回味无穷。

层次和段落。段落,主要指自然段;层次,指文章内容安排的先后次序,也就是"部分"或"意义段"。安排层次,常用的方法有以下几种。并列式:各层之间意思是并列关系,不存在主次之分。递进式:各层之间意思一层进一层,层层深入。连贯式:按事情发展的经过或时间先后次序安排层次,各层意思相互连贯。总分式:先总说,后分说;先分说,后总说;先总说,后分说,再总说等。段落,是文章内容、层次的外在表现,是文章的基本单位,有明显的换行标志(即另起一行写,开头空两格)。分段应注意"单一性"和"完整性",即每段只能有一个中心,一个意思在一个段落里写完。同时各段落间要有内在的联系,使每段成为全篇的一个有机组成部分。

过渡和照应。俗话说:"过河要架桥。"过渡就是文章段落之间的桥梁。在文章中,过渡常用在从一层意思转入另一层意思的转折处;或由总到分,由分到总的衔接处;或由议入叙、由叙入议的变换处;或倒叙、分叙、插叙的起讫处。过渡的基本任务就是把前后的段落、层次连接起来,使人有一种浑然一体、一气呵成之感。过渡方式主要有三种:一是用词语表示过渡,如"因此""由此可见"等关联词语或"但是""相反"等转折词语,常常在一个段落的开头。二是用句子表示过渡,这称为过渡句,其位置一般在后段的开头或前段的结尾。三是用段落表示过渡,就是在层次或段落之间,用一个较短的、独立的段落作为过渡(称之为过渡段)。照应,就是文章前后内容的关照呼应:前文提出了问题,后面要有着落;后面要说明的重要问题或事情,前面也应有交代。这样,文章才结构严谨、脉络连贯。照应的方法常见的有：一是结尾与开头照应，也就是"首尾呼应"；二是上下文照应，也就是"前有伏笔，后有照应"。

主次和详略。详略得当是文章布局的基本要求。确定材料的主次和详略是结构的重要问题，它对表现中心思想起保证作用。详写，就是把与中心思想关系大的材料写得具体些、详尽些；略写，就是把与中心思想关系不太大的材料写得概括些、简略些。处理详写和略写，首先要根据表现中心思想的需要；其次要根据文体性质决定详略，如说理文章，重在阐明主要论点的论证部分要详写，而引证事例则略写。

文章过渡自然，才能完整连贯、结构严谨。根据材料、主题的需要安排恰当的结构，能使文章更好地表达。要使文章结构合理，做到动笔之前"成文在胸"，还必须认真编写作文提纲，开头写什么，先写什么，后写什么，分几个主要部分，安排好开头和结尾、层次和段落、详略和衔接。磨刀不误砍柴工，写作提纲编好了，就不会"下笔千言，离题万里"了。

如何安排文章结构呢？第一，纵式结构法。这是记叙文最常用的一种方法，其特点就是按照事情发生、发展、高潮、结局的进程和材料之间在时间上的先后关系来安排写作的先后顺序。第二，横式结构法。此法可以运用于各种文体当中，它的特点是文章所选用的材料之间有一种并列关系。第三，总分结构法。顾名思义，就是先总说后分说以安排文章结构的方法。"总"，是对"分"或者文章内容的总体概括，往往出现在文章开头或者结尾；而"分"，则是对"总"的扩展，是文章内容的具体展开。总分结构法在具体的运用中，既可以先分后总，也可以先总后分，根据表达的需要来灵活选择。第四，小标题结构法。巧妙分节，脉络清晰。根据故事情节的开端、发展、高潮、结局，或者根据所选片段的不同内容，给文章分节或加上小标题，是结构出新的一种好方法。以上几种方法都是常用的安排结构的方法，在一篇文章中，既可单独运用也可几种方法综合运用。

阅读借鉴

谈《水浒》的人物和结构

茅　盾

《水浒》的人物描写，向来就受到最高的评价。所谓一百单八人个个面目不同，固然不免言之过甚，但全书重要人物中至少有一打以上各有各的面目，却是事实。记得有一本笔记，杜撰了一则施耐庵如何写《水浒》的故事，大意是这样的：施耐庵先请高手画师把宋江等三十六人画了图像，挂在一间房内，朝夕揣摩，久而久之，此三十六人的声音笑貌在施耐庵的想象中都成熟了，然后下笔，故能栩栩如生。这一则杜撰的施耐庵的创作方法，有它的显然附会的地方，如说图像是宋江等三十六人，就是从《宣和遗事》的记述联想起来的，但是它所强调的朝夕揣摩，却有部分的真理，虽然它这说法基本上是不科学的。因为，如果写定《水浒》的，果真是施耐庵其人，那么，他在下笔之前，相对朝夕揣摩的，便该是民间流传已久的歌颂梁山泊好汉的口头文学，而不是施耐庵自己请什么高手画师所作的三十六人的图像。

个个面目不同，这是一句笼统的评语；仅仅这一句话，还不足以说明《水浒》的人物描写的特点。试举林冲、杨志、鲁达这三个人物为例。这三个人在落草以前，都是军官，都有一身好武艺,这是他们相同之处;他们三个本来都是做梦也不会想到有朝一日要落草的,然而终于落草了,可是各人落草的原因又颇不相同。为了高衙内想把林冲的老婆弄到手,于是林冲吃了冤枉官司,刺配沧州,而对这样的压迫陷害,林冲只是逆来顺受,所以在野猪林内,鲁达要杀那两个该死的解差,反被林冲劝止;到了沧州以后,林冲是安心做囚犯的了,直到高衙内又派人来害他性命,这他才杀人报仇,走上了落草的路。杨志呢,为了失陷花石纲而丢官,复职不成,落魄卖刀,无意中杀了个泼皮,因此充军,不料因祸得福,又在梁中书门下做了军官,终于又因失陷了生辰纲,只得亡命江湖,落草了事。只有鲁达,他的遭遇却是"主动"的。最初为了仗义救人,军官做不成了,做了和尚;后来又为了仗义救人,连和尚也做不成了,只好落草。《水浒》从这三个人的不同遭遇中刻画了三个人的性格。不但如此,《水浒》又从这三个人的不同的思想意识上表示出三个人之不同遭遇的必然性。杨志一心想做官,"博个封妻荫子",结果是赔尽小心,依然落得一场空。林冲安分守己,逆来顺受,结果被逼得无处容身。只有鲁达,一无顾虑,敢作敢为,也就不曾吃过亏。对于杨志,我们虽可怜其遭遇,却鄙薄其为人;对于林冲,我们既寄以满腔的同情,却又深惜其认识不够;对于鲁达,我们却除了赞叹,别无可言。《水浒》就是这样通过了绚烂的形象使我们对于这三个人发生了不同的感情。不但如此,《水浒》又从这三个人的思想意识上说明了这三个人出身于不同的阶层。杨志是"三代将门之后,五侯杨令公之孙",所以一心不忘做官,"封妻荫子",只要有官做,梁中书也是他的好上司。林冲出自枪棒教师的家庭,是属于小资产阶级的技术人员,他有正义感,但苟安于现状,非被逼到走投无路,下不来决心。至于鲁达,无亲无故,一条光棍,也没有产业,光景是贫农或手艺匠出身而由行伍提升的军官。《水浒》并没叙述这三人的出身(只在杨志口中自己表白是将门之后),但是在描写这三个人的性格时,处处都扣紧了他们的阶级成分。

因此,我们可以说,善于从阶级意识去描写人物的立身行事,是《水浒》的人物描写的最大一个特点。

其次,《水浒》人物描写的又一特点便是关于人物的一切都由人物本身的行动去说明,作者绝不下一按语。仍以林冲等三人为例,这三个人物出场的当儿,都是在别人事件的中间骤然出现的。鲁达的出场在史进寻找王教头的事件中,林冲的出场在鲁达演习武艺的时候,而杨志的出场则在林冲觅取投名状的当儿。这三个人物出场之时,除了简短的容貌描写而外,别无一言介绍他们的身世,自然更无一言叙述他们的品性了;所有他们的身世和品性都是在他们的后来的行动中逐渐点明,直到他们的主要故事完了的时候,这才使我们全部认清了他们的身世和性格。这就好比一人远远而来,最初我们只看到他穿的是长衣或短褂,然后又看清了他是肥是瘦,然后又看清了他是方脸或圆脸,最后,这才看清了他的眉目乃至声音笑貌:这时候,我们算把他全部看清了。《水浒》写人物,用的就是这样的由远渐近的方法,故能引人入胜,非常生动。

《水浒》的人物描写就说到这里为止罢。下面再略谈《水浒》的结构。

从全书看来,《水浒》的结构不是有机的结构。我们可以把若干主要人物的故事分别编为各自独立的短篇或中篇而无割裂之感。但是,从一个人物的故事看来,《水浒》的结构是严密的,甚至也是有机的。在这一点上,足可证明《水浒》当其尚为口头文学的时候是同一母题而各自独立的许多故事。

这些各自独立、自成整体的故事,在结构上有一些共同的特点。大概而言,第一,故事的发展,前后勾连,一步紧一步,但又疏密相间,摇曳多姿。第二,善于运用变化错综的手法,避免平铺直叙。试以林冲的故事为例。林冲故事，从岳庙烧香到水泊落草，一共有五回书，故事一开始就提出那个决定了林冲命运的问题，从此步步向顶点发展，但这根发展的线不是垂直的一味紧下去的，而是曲折的，一松一紧的；判决充军沧州，是整个故事中间的一个大段落，可不是顶点，顶点是上梁山，但林冲故事也就于此结束。在这五回书中，行文方面，竭尽腾挪跌宕的能事，使读者忽而愤怒，忽而破涕为笑，刚刚代林冲高兴过，又马上为他担忧。甚至故事中的小插曲（如林冲路遇柴进及与洪教头比武）也不是平铺直叙的。这一段文字，先写林冲到柴进庄上，柴进不在，林冲失望而去，却于路上又碰到了柴进（柴进出场这一段文字写得有声有色），后来与洪教头比武。林冲比武这小段的插写，首尾不过千余字，可是，写得多么错综而富于变化。说要比武了，却又不比，先吃酒，当真开始比武了，却又半真（洪教头方面）半假（林冲方面），于是柴进使银子叫解差开枷，又用大锭银作注，最后是真比，只百余字就结束了；但这百余字真是简洁遒劲，十分形象地写出了林冲武艺的高强。这一小段千余字，还把柴进和洪教头两人的面目也刻画出来了，笔墨之经济，达到了极点。再看杨志的故事。杨志的故事一共只有三回书，一万五六千字，首尾三大段落：卖刀，得官，失陷生辰纲。在结构上，杨志的故事和林冲的故事是不同的。林冲故事先提出全篇主眼，然后一步紧一步向顶点发展，杨志故事却是把失意、得志、幻灭这三部曲概括了杨志的求官之梦，从结构上看，高潮在中段。在权贵高俅那里，杨志触了霉头，但在另一权贵梁中书那里，杨志却一开始就受到提拔，似乎可以一帆风顺了，但在权贵门下做奴才也并不容易。奴才中间有派别，经常互相倾轧。梁中书用人不专，注定了杨志的幻灭，同时也就注定了黄泥岗上杨志一定要失败。故事发展的逻辑是这样的，但小说结构发展的逻辑却从一连串的一正一反螺旋式的到达顶点。杨志一行人还没出发，吴用他们已经布好了圈套，这在书中是明写的；与之对照的，便是杨志的精明的对策。读者此时急要知道的，是吴用等对于此十万贯金珠究竟是"软取"呢还是"硬取"？如果"软取"，又怎样瞒过杨志那精明的眼光？这谜底，直到故事终了时揭晓，结构上的纵横开合，便是这样造成的。

以上是对于《水浒》的人物和结构的一点粗浅的意见。如果要从《水浒》学习，这些是值得学习的地方。自然，《水浒》也还有许多优点值得我们学习。例如人物的对白中常用当时民间的口头语，因而使得我们如闻其声；又如动作的描写，只用很少几个字，就做到了形象鲜明，活跃在纸上……这些都应该学习，但是从大处看，应当作为学习的主要对象的，还是它的人物描写和结构。在这上头，我的偏见，以为《水浒》比《红楼梦》强些。虽然在全书整个结构上看来，《红楼梦》比《水浒》更近于有机的结构，但以某一人物的故事作为独立短篇而言，如上所述，《水浒》结构也是有机的。

（选自茅盾《茅盾评论文集》（上），人民文学出版社1978年版。收录时略有修改）

◎练习一　作者认为《水浒》的结构有哪些特点？这两个特点的认识，有主次之分吗？从何处可见？对你写作文章时如何安排结构有何启示？

◎练习二　读了本文对《水浒》结构的论述，你对文章结构有何认识，请写150字左右的感受。

习作实践

练习一　阅读下面故事，你有什么感悟，写一篇600字左右的文章。

古希腊哲学家苏格拉底的三个弟子曾求教老师,怎样才能找到理想的伴侣。苏格拉底没有直接回答,却让他们走麦田埂,只许前进且仅给一次机会选摘一支最大的麦穗。第一个弟子走几步看见一支又大又漂亮的麦穗,高兴地摘下了。但是他继续前进,发现前面有许多比他摘的那支更大时,遗憾地走完了全程。第二个弟子吸取了教训。每当要摘时,他总是提醒自己,后面还有更好的。当快到终点时他才发现,机会全错过了。第三个弟子吸取了前两位的教训。当走到三分之一时,他即分出大、中、小三类,再走三分之一时验证是否正确,等到最后三分之一时,他选择了属于大类中的一支美丽的麦穗。虽说,这不一定是最大最美的那一支,但他满意地走完了全程。

练习二 信心 + _____ = 成功的启示

先将题目补充完整,然后写一篇500字左右的议论文。要求:所填的要素同所列的事项应具有内在的联系。

素养积淀

题都城南庄

〔唐〕崔 护

去年今日此门中,人面桃花相映红。
人面不知何处去,桃花依旧笑春风。

赏析 该诗以"人面桃花,物是人非"这样一个看似简单的人生经历,道出了千万人都似曾有过的共同生活体验,为诗人赢得了不朽的诗名。全诗其实就是用"人面"和"桃花"为线索,通过"去年"和"今日"人不同对比,把诗人因这两次不同的遇合而产生的感慨淋漓尽致地表达了出来。于是,就有"人面不知何处去,桃花依旧笑春风"的感慨。

编戏有如缝衣,其初则以完全者剪碎,其后又以剪碎者凑成。剪碎易,凑成难。

——李　渔

写文章不是什么神秘的事儿,艰难的事儿。文章的材料是经验和意思,文章的依据是语言。只要有经验和意思,只要会说话,再加上能识字会书写,这就能够写文章了。

——叶圣陶

第二十二课

善于取舍　精于剪裁

导论　选材,是指写作时对材料的选择;剪裁,是指写作中对材料的取舍。材料的选择与取舍决定着文章的质量,只有从丰富材料中精选出的最恰当的材料来表现中心,文章才能写得好。

要点　理解选材和剪裁的内涵与要求,提高对写作中选材和剪裁重要性的认识;能够根据文章中心恰当选材和剪裁,做到有主有次,详略分明。

❦❦ 写作启迪 ❦❦

故事一　明朝嘉靖年间,北京城中有位名气很响的裁缝,他裁制的衣服,长短肥瘦,无不合体。一次,御史大夫请他去裁制一件朝服。裁缝量好了他的身腰尺寸就问:"老爷,您当官当了多少年了?"御史大夫很奇怪:"你量体裁衣就够了,还要问这些干什么?"裁缝回答说:"年轻相公初任高职,意高气盛,走路时挺胸凸肚,裁衣要后短前长;做官有了一定年资,意气微平,衣服应前后一般长短;当官年久而将迁退,则内心悒郁不振,走路时低头弯腰,做的衣服就应前短后长。所以,我如果不问您当官当了多少年,怎么能裁出称心合体的衣服来呢?"

故事二　在法国巴黎艺术馆里,陈列着伟大文学家巴尔扎克的雕像——没有手的雕像。雕像的手是被艺术家罗丹用斧头给砍去了!原来,在一个深夜,罗丹完成了此雕像后,连夜叫醒他的徒弟们来欣赏。徒弟们反复看像,后来就把目光都集中在雕像的手上:巴尔扎克的那双手叠合起来,放在胸前,十分逼真。徒弟们连声说:"好极了,老师,我们可从来也没见过这样一双奇妙的手啊!"罗丹的笑容消失了,他突然走到工作室的一角,提起一把大斧,直奔雕像,一下子就砍掉了那双"完美的手"。

❧ 知识技能 ❧

前人常用"天高任鸟飞，海阔凭鱼跃"来形容作文选材范围之广泛。选材，可以说是想选什么就选什么，有极大的自由度。无论什么样的材料，只要立意好，都可以写成好文章。材料是文章的血肉，选用什么样的材料，对文章境界的高低至关重要。文章要有高的境界，材料也必须要有高尚的生活情趣和审美趣味。

选材，就是对众多原始材料进行选择和加工，使真实而又典型的材料成为能表现或说明中心思想的材料。剪裁，是比喻说法，主要指写作中对材料的取舍。通常情况下，经过审题立意，明确任务和确立方向后，就要考虑写什么与不写什么，先写什么与后写什么，详写什么与略写什么……这就是选材与剪裁。

怎样选材与剪裁呢？一是要围绕中心选择取舍。中心是选材与剪裁的依据，只有选取最能表现中心的材料，舍弃与中心无关的材料，才能有力地突出中心。二是要选用最有代表性和最能反映事物本质的材料，也就是人们常说的典型材料。三是要选用新颖和有特点的材料，选准新颖恰当素材是作文成功的关键。概括地讲，选材与剪裁要做到"四写"与"四不写"：写有用的，不写没用的；写典型的，不写一般的；写新颖生动的，不写陈腐呆板的；写具体的，不写空洞的。

对作文材料的选材与剪裁，主要包含取舍、详略、组织等几个基本环节。取舍，是指根据文章中心思想表达的具体需要精心选择那些合适的材料。精心选择，应以求真、求新、求精为准。详略，是指表述材料、说明观点时用笔的轻重与繁简。确定材料详略，要根据文章主题的需要，与文章主题密切关联的当详，联系不紧的可略，毫不相干的则删。同时，要顾及读者的需要：在议论性文章中，读者有所了解或容易接受的材料可从略，读者感到生疏或难于把握的材料则须从详；在抒情性文章中，易于激发读者感情、引发共鸣的材料从详，一般材料要从略。组织，是指材料的组合，就是根据材料的性质及其相互关系将材料合理归类、合理使用。组织材料应注意两点：一是用来说明同一问题的材料要互相支持与扶助，而不可互相矛盾与排斥；二是根据材料性质和分量决定其在结构中的位置和排列顺序。

❧ 阅读借鉴 ❧

谁是最可爱的人

魏 巍

在朝鲜的每一天，我都被一些东西感动着，我的思想感情的潮水，在放纵奔流着。它使我想把一切东西，都告诉给我祖国的朋友们。但我最急于告诉你们的，是我思想感情的一段重要经历，这就是，我越来越深刻地感觉到谁是我们最可爱的人！

谁是我们最可爱的人呢？我们的部队、我们的战士，我感觉他们是最可爱的人。

也许有的人在心里隐隐约约地说：你说的就是那些"兵"吗？他们看来是很平凡，很简单的哩。既看不出他们有什么高明的知识，又看不出他们有丰盛细致的感情。可是，我要说，这是由于你跟我们的战士接触太少,因此,你没有能够了解到:他们的品质是那样的纯洁和高尚,他们的意志是那样的坚韧和刚强,他们的气质是那样的淳朴和谦逊,他们的胸怀是那样的美丽和宽广!

让我还是来说一段故事吧。

还是在二次战役的时候,有一支志愿军的部队向敌后猛插,去切断军隅里敌人的逃路。当他们赶到书堂站时,逃敌也恰恰赶到那里,眼看就要从汽车路上开过去。这支部队的先头连(三连)就匆匆占领了汽车路边一个很低的光光的小山冈,阻住敌人,一场壮烈的搏斗就开始了。敌人为了逃命,用三十二架飞机,十多辆坦克和集团冲锋向这个连的阵地汹涌卷来。整个山顶都被打翻了。汽油弹的火焰把这个阵地烧红了。但勇士们在这烟与火的山冈上,高喊着口号,一次又一次把敌人打死在阵地前面。敌人的死尸像谷个子似的在山前堆满了,血也把这山冈流红了。可是敌人还是要拼死争夺,好使自己的主力不致覆灭。这激战整整持续了八个小时,最后,勇士们的子弹打光了。蜂拥上来的敌人,占领了山头,把他们压到山脚。飞机掷下的汽油弹,把他们的身上烧着了火。这时候,勇士们是仍然不会后退的呀,他们把枪一摔,身上、帽子上冒着呜呜的火苗向敌人扑去,把敌人抱住,让身上的火,把要占领阵地的敌人烧死。……据这个营的营长告诉我,战后,这个连的阵地上,枪支完全摔碎了,机枪零件扔得满山都是。烈士的尸体,做着各种各样的姿势,有抱住敌人腰的,有抱住敌人头的,有卡住敌人脖子,把敌人捺倒在地上的,和敌人倒在一起,烧在一起。还有一个战士,他手里还紧握着一个手榴弹,弹体上沾满脑浆,和他死在一起的美国鬼子,脑浆崩裂,涂了一地。另有一个战士,他的嘴里还衔着敌人的半块耳朵。在掩埋烈士们遗体的时候,由于他们两手扣着,把敌人抱得那样紧,分都分不开,以致把有的手指都折断了。……这个连虽然伤亡很大,但他们却打死了三百多敌人,特别是,使我们部队的主力赶上,聚歼了敌人。

这就是朝鲜战场上一次最壮烈的战斗——松鼓峰战斗,或者叫书堂站战斗。假若需要立纪念碑的话,让我把带火扑敌及用刺刀和敌拼死在一起的烈士们的名字记下吧。他们的名字是:王金传、邢玉堂、胡传九、井玉琢、王文英、熊官全、王金侯、赵锡杰、隋金山、李玉安、丁振岱、张贵生、崔玉亮、李树国。还有一个战士已经不可能知道他的名字了。让我们的烈士们千载万世永垂不朽吧!

这个营长向我说了以上的情形,他的声音是缓慢的,他的感情是沉重的。他说他在阵地上掩埋烈士的时候,他掉了眼泪。但他接着说:"你不要以为我是为他们而伤心,我是为他们而骄傲! 我感觉我们的战士是太伟大了,太可爱了,我不能不被他们感动得掉下泪来。"

朋友们,当你听到这段英雄事迹的时候,你的感想如何呢? 你不觉得我们的战士是可爱的吗? 你不觉得我们的祖国有着这样的英雄而值得自豪吗?

我们的战士,对敌人这样狠,而对朝鲜人民却是那样的仁义,充满国际主义的深厚热情。

在汉江北岸,我遇到一个青年战士,他今年才二十一岁,名叫马玉祥,是黑龙江青冈县人。他长着一副微黑透红的脸膛,稍高的个儿,站在那儿,像秋天田野里一株红高粱那样的淳朴可爱。不过因为他才从阵地上下来,显得稍为疲劳些,眼里的红丝还没有退净。他原来是炮兵连的,在有一天夜里,他被一阵哭声惊醒了,出去一看,是一个朝鲜老妈妈,坐在山冈上哭。原来她的房子被炸毁了,又在山里搭了个窝棚,但窝棚又被炸毁了。……回来,他马上到连部要求到步兵连去,因为步兵连的需要,就批准了他。我说:"在炮兵连不是一样打敌人吗?""那,不同!"他说,"离敌人越近,越觉着打得过瘾,越觉着打得解恨!"

在汉江南岸的日日夜夜里,有一天他从阵地上下来做饭。刚一进村,有几架敌机袭过来,打了一阵机关炮,接着就扔下了两个大燃烧弹。有几间房子着火了,火又盛,烟又大,不敢到跟前去。这时,他听见烟火里有一个小孩子哇哇哭叫的声音。他马上穿过浓烟到近处一看,一个朝鲜的中年男人在院子里倒着,小孩子的哭声还在屋里。他走到屋门口,可是屋门口的火苗呼呼地已经进不去人,门窗的纸边已经烧着。小孩子的哭声随着那浓烟滚滚地传出来,听得真真切切。当他叙述到这里的时候,他说:"我能够不进去吗? 我不能! 我想,要在祖国遇见这种情形我能够进去,那么在朝鲜我就可以不进去吗? 朝鲜人和我们祖国的人民不是一样的吗? 我就用脚端开门,扑了进去。呀! 满屋子灰洞洞的烟,只能听见小孩哭,看不见人。我的眼也睁不开,脸烫得像刀割一般。我也不知道自己的身上着了火没有,我也不管它了,只是在地上乱摸。先一摸摸着一个大人,拉了拉没拉动,又向大人的身后摸,才摸着一个小孩腿,我就一把抓着抱起来跳出门去。我一看小孩子,是挺好的一个小孩子呀! 他穿着个小短裤儿,光着两条小腿儿,小腿乱跳着,哇哇地哭。我心想:'不管你哭不哭,不救活你家大人,谁养活你哩!'这时候,火更大了,墙上的纸也完全烧着了。我就把他往地上一放,就又从那火门里钻进去了。一拉那个大人,她哼了一声,再拉又不动了。凑近一看,见她脸上的血,已经把她胸前的白衣流红了,眼睛已经闭上。我知道她不行了,才赶忙跑出门外,扑灭身上的火苗,抱起这个无父无母的孩子。……"

朋友,当你听到这段事迹的时候,你的感觉又是如何呢? 你不觉得我们的战士是最可爱的人吗?

谁都知道,朝鲜战场是艰苦些。但他们是怎样的呢? 有一次,我见到一个战士,在防空洞里吃一口炒面,就一口雪。我问他:"你不觉得苦吗?"他把正送往嘴里的一勺雪收回来,笑了笑,说:"怎么能不觉得! 咱们革命军队又不是个怪物! 不过我们的光荣也就在这里。"他把小勺儿干脆放下,兴奋地说:"拿吃雪来说吧。我在这里吃雪,正是为了我们祖国的人民不吃雪。他们可以坐在挺豁亮的屋子里,泡上一壶茶,守住个小火炉子,想吃点什么,就做点什么。"他又指了指狭小潮湿的防空洞说:"你再比如蹲防空洞吧。多憋闷得慌哩。眼看着外面好好的太阳,光光的马路不能走! 可是我在那里蹲防空洞,祖国的人民就可以不蹲防空洞呀。他们就可以在马路上不慌不忙地走呀。他们想骑车子也行,想走路也行,边溜达边说话也行。那是多么幸福的呢! 所以,"他又把雪放到嘴里,像总结似的说,"我在这里流点血不算什么,吃点苦又算什么哩!"我又问:"你想不想祖国呀?"他笑起来:"谁不想哩,说不想那是假话。可是我不愿意回去。如果回去,祖国的老百姓问:'我们托付给你们的任务完成得怎么样啦?'我怎么答对呢? 我说'朝鲜半边红,半边黑',这算什么话呢?"我接着问:"你们经历了这么多危险,吃了这么多辛苦,你们对祖国,对朝鲜有什么要求吗?"他想了一下,才回答我:"我们什么也不要。可是说心里话,我这话可不定恰当呀。我们是想要这么大的一个东西,"他笑着,用手指比个铜子儿大小,怕我不明白,又说:"一块'朝鲜解放纪念章',我们愿意戴在胸脯上,回到咱们的祖国去。"

朋友们,用不着繁琐地举例,你已经可以了解到我们的战士,是怎样的一种人。这种人是什么一种品质,他们的灵魂是多么的美丽和宽广。他们是历史上、世界上第一流的战士,第一流的人! 他们是世界上一切善良爱好和平人民的优秀之花! 是我们值得骄傲的祖国之花! 我们以我们的祖国有这样的英雄而骄傲,我们以生在这个英雄的国度而自豪!

亲爱的朋友们,当你坐上早晨第一列电车走向工厂的时候,当你扛上犁耙走向田野的时候,当你喝完一杯豆浆,提着书包走向学校的时候,当你安安静静坐到办公桌前计划这一天工作的时候,当你向孩子嘴里塞着苹果的时候,当你和爱人悠闲散步的时候,朋友,你是否意识到你是在幸福之中呢?你也许很惊讶地看我:"这是很平常的呀!"可是,从朝鲜归来的人,会知道你正生活在幸福中。请你们意识到这是一种幸福吧,因为只有你意识到这一点,你才能更深刻了解我们的战士在朝鲜奋不顾身的原因。朋友!你已经知道了爱我们的祖国,爱我们的领袖,请再深深地爱我们的战士吧,他们确实是我们最可爱的人!

(选自《人民日报》,1951 年 4 月 11 日。收录时略有修改)

◎练习一　魏巍后来在回忆这篇报告文学写作时说:"在朝鲜时,我曾写了一篇《自豪吧,祖国》的通讯,里边写了二十多个我认为最生动的例子。带回来给同志们看了看,感到不好,就没有拿出去发表。因例子堆得太多了,好像记账,哪一个也说得不清楚,不充分。以后写《谁是最可爱的人》,就只选择了几个例子,在写完后又删掉了两个。"概括本文中所列举的几个事例,并说说对你写文章的启示。

◎练习二　作者为什么说战士对敌人的恨之入骨却是对朝鲜人民深切的关爱?这样剪裁有何好处,试做具体分析。

习作实践

练习一　有人说,作文开头要像"二锅头",入口即辣出泪来;有人说,写文章要"凤头豹尾",也是说开头要写得有姿有彩,结尾要铿锵有力。说说你对文章开头与结尾应怎样安排才好的看法,论述时要有理有据。

练习二　爸爸和妈妈是和你朝夕相处的世界上最亲的人。爸爸、妈妈,是中小学生作文永不枯竭的主题。但不少同学写出来的爸爸和妈妈却是千人一面,立意不新,内容不感人。观察一下爸爸和妈妈是如何相爱相处的,写一篇作文,注意选材,500 字左右。

素养积淀

咏　柳

〔宋〕曾　巩

乱条犹未变初黄,倚得东风势便狂。
解把飞花蒙日月,不知天地有清霜。

赏析　全诗把柳絮飞花的景色写得十分生动:柳絮在东风相助之下,狂飘乱舞,铺天盖地,似乎整个世界都是它的了,仿佛使人看到了一个得志便猖狂的小人形象。

《史记》长篇之妙,千百言如一句,由来线索在手,举重若轻也。

——惠 栋

生活五花八门,色彩斑斓,可是你要从中理不出个清晰的线索,得不出个明确的概念,也就无法概括,无法结构,也就不能用具体的形象把生活中真正深刻的东西表现出来。

——刘白羽

第二十三课

巧设线索　串连全文

导论　古人有"一线串珍珠"的说法,"珍珠"是指文章内容,而"线"则是指线索。线索像链条一样,串联起文章中的全部人、事、景、物。写作时,线索要与内容紧密相关,要有利于情节的展开,有助于表达文章的中心思想,有助于文章上下连贯。

要点　了解文章线索的内涵与特点,提高写作中对线索重要性的认识;提高写作中实际安排线索的能力,善于用线索来串联文章。

❦ 写作启迪 ❦

故事一　阿来,是藏族著名作家,代表作为《格萨尔王》。在《格萨尔王》中,阿来采用了两条线索交叉推进:一条线索以史诗《格萨尔王传》的故事为底本,侧重讲述格萨尔王一生降妖除魔、开拓疆土的伟业;另一线索围绕一位当代说唱艺人晋美的成长经历。阿来将他所接触的众多格萨尔说唱艺人的经历、性格和情感浓缩到晋美身上:作为神授的格萨尔艺人,晋美具有梦中通神的本领,并在梦中与格萨尔王相会。对双线结构,阿来解释说,由于《格萨尔王》故事量庞大,在重述中必然有所剪裁,如自己出面剪裁,则会显得突兀。有一说唱艺人,让他出现在舞台上,剪裁就自然。阿来说这是部让人读懂西藏人眼神的小说。

故事二　著名作家老舍先生40岁时曾写了个质朴自谦、妙趣横生的自传:舒舍予,字老舍,现年四十岁,面黄无须。生于北平。三岁失怙,可谓无父;志学之年,帝王不存,可谓无君。无父无君,特别孝爱老母,布尔乔亚之仁未能一扫空地。幼读三百篇,不求甚解。继学师范,遂奠教书匠之基,及壮,糊口四方,教书为业,甚难发财,每购奖券,以得末彩为荣,亦甘于寒贱也。二十七岁发愤著书,科学哲学无所懂,故写小说,博大家一笑,没什么了不得。三十四岁结婚,已有一男一女,均狡猾可喜。闲时喜养花,不得其法,每每有叶无花,亦不忍弃。

书无所不读,全无所获并不着急。教书做事均甚认真,往往吃亏,亦不后悔。如此而已,再活四十年,也许有点出息。

知识技能

　　线索,指事情可寻的端绪与路径,或贯穿于整篇文章的思路与脉络等。在写作中,要用一根线把事件按一定顺序连起来。因此,线索在文章中是起连贯作用的,如有好的材料,再加上有能使之连贯的线索,那么文章就成为一串美丽的珍珠。在一篇文章里,事物发展的过程或作者所表述的思路,常常成为贯串始终的一条线索。读课文,抓住了线索,就容易掌握段落结构,领会中心思想;写作文时,抓住了线索,就容易做到围绕中心组织材料,使文章中心明确,条理井然,显得内容集中,脉络清晰。

　　一般叙事线索有以下几种:第一,以事情发展顺序为线索,就是按照事情的发生、发展、经过和结果的顺序来组织材料。第二,以时间顺序为线索,就是把事情发展过程中比较明显的时间写出来,并叙述在此时间内发生的内容。第三,以地点变换的顺序做线索。以写景、参观访问过程为内容的文章一般用地点变化顺序为线索,叙述时要写清每个地点上的事情。第四,以具体的事物为线索,就是以某一事物(如具体的物件、具体的自然物、具体的象征物等)来作为勾连文章材料的内在"联系点"。第五,以中心事件为线索。中心事件在文章中起主干作用,围绕它来写一些相关的事。第六,以事物特点的几个方面为线索,也就是文章要以事物为中心,发现事物的一些特点并以之来展开文章。

　　自然,并不是所有的文章都只有一条线索,有的是双线并行甚至是三条线索展开的,且几条线索常互为因果,相辅相成。一般来说,由几条线索组成的文章,有一条是主线,也就是明线,其他线索则是暗线。写作者在写作时要巧妙安排,阅读者在阅读时要注意分辨。

阅读借鉴

麦琪①的礼物

[美]欧·亨利

　　一美元八十七美分,一共就这么多,其中还有六毛是一分一分的硬币。这些钱,都是德拉厚着脸皮,从杂货店老板、菜贩子还有肉店老板那儿软磨硬泡,一个子儿一个子儿硬抠下来的。她自己也知道,这样斤斤计较,人家嘴上不说,但免不了背地里笑话,以至于有时自己脸上也暗暗发烧。德拉反复数了三遍,数来数去还是一美元八十七美分,而明天,就是圣诞节了。

　　除了扑倒在家里那张破旧的小床上号啕大哭一场之外,还有什么办法呢?

　　德拉也只得如此,这不由得让人感慨万千:生活不过是哭泣、抽噎和微笑三者而已,其中抽噎的时刻占据了生活的一大部分。

　　这位家庭主妇的悲伤正从第一阶段缓缓步入第二阶段,还是让我们先来看看这个家吧。一套带家具出租的公寓,每周房租八美元。尽管没有破烂到难以用言语形容的地步,可和贫民窟真是毫无二致。

楼下的过道里有个信箱，可从来没有信件被投递进去；还有一个电铃按钮，也从没有谁能按响电铃。此外，旁边还有一张名片，上写着"詹姆斯·迪林厄姆·杨先生"。

"迪林厄姆"这几个字是名片主人当年春风得意之际，一时心血来潮加上去的，那时他每周能挣三十美元。现在，他每周的收入缩减到二十美元，"迪林厄姆"这个名字的几个字母也显得模糊起来，似乎它们正在认真考虑，是否应该缩写成谦逊而又低调的字母 D。不过，每当詹姆斯·迪林厄姆·杨先生回到家，走进自己楼上的房间时，詹姆斯·迪林厄姆·杨太太——刚刚提到的德拉，总是亲切地叫他"吉姆"，还送上一个热烈的拥抱。这一切，自然非常美好。

德拉痛哭之后，往脸上抹了点儿粉。她站在窗前，呆呆地望着灰蒙蒙的后院，一只毛色灰白的猫正在灰白色的篱笆上漫步。明天就是圣诞节，而她，给吉姆买礼物的钱只有那一美元八十七美分。这几个月以来，她尽了最大的努力节省每一分钱，积攒下来，最终也只有这么多。一周二十美元的收入实在不经花，支出总是比她计划的多，周周如此。给吉姆买礼物的钱只有一美元八十七美分，她的吉姆啊！她曾花了多少幸福的时光，筹划着要送他一件像样的礼物，一件精致、珍奇、贵重的礼物，至少应该能差不多配得上吉姆才成啊。

房间的两扇窗子之间有一面镜子——也许你见过每周房租八美元的公寓里的那种镜子。一个非常瘦小灵巧的人，通过观察自己一连串的纵向影像，可能会对自己的容貌得到一个大致准确的概念。德拉身材苗条，早已精通了这门艺术。

突然，她旋风般地从窗口转过身，站到了镜子前面，双眸晶莹闪亮。但不到二十秒钟，她的脸上就黯然失色了。她飞快地拆开头发，让它完全披散开来。

现在，詹姆斯·迪林厄姆·杨夫妇俩各有一件引以为自豪的宝贝。一件是吉姆的金表，是他祖父传给父亲，父亲又传给他的；另一件就是德拉的一头秀发。即使天井对面的公寓里住着希巴女王，德拉只要哪天把头发披散下来，伸到窗外晾干，就足以使女王的珍宝贡品黯然失色；即使所罗门王在地下室里堆满了金银珠宝，国王又亲自充当守门人，只要吉姆从门前路过，掏出他的金表，就足以让所罗门王嫉妒得吹胡子瞪眼睛。

此时此刻，德拉那一头美丽的秀发披散在她的周围，微波起伏，光芒闪耀，恰似一道棕色的瀑布。她的长发垂及膝下，又仿佛是一件华衣加身。接着，她又神经质地飞快梳理好头发。有那么一会儿，她恍惚踌躇，一动不动地站着，任一两颗眼泪滴落在破旧的红地毯上。

她穿上那件破旧的棕色外衣，戴上破旧的棕色帽子，裙摆飘扬地走出房门，下楼来到街上，眼睛里晶莹的泪花还在闪烁。

她在一家店前停了下来，只见招牌上写着"索弗罗妮夫人——专营各式头发制品"。德拉一口气冲上楼梯，累得气喘吁吁，接着定了定神。那位夫人身材庞大，面色苍白，冷若冰霜，同"索弗罗妮"的雅号一点儿都不匹配。

"你愿意买我的头发吗？"德拉问。

"我买头发，"夫人说。"把帽子摘下来，让我看看你头发的成色。"

棕色的长发如瀑布般倾泻了下来。

"二十美元。"夫人一边用手老练地抓起头发，一边说。

"快点儿把钱给我。"德拉说。

啊！接下来的两个小时犹如插上了玫瑰色的翅膀，愉快地一掠而过。别管我这个词不达意的比喻了,反正德拉正在一家家店铺里四处搜寻,为吉姆挑选礼物。

终于找到了! 毫无疑问,那就是为吉姆量身打造的。她找遍了每一家商铺,哪儿也没有这么合适的东西了。那是一条白金表链,款式简洁大方。它质地上乘,品质优良,单凭这点就足以彰显非凡价值,而无需庸俗花哨的装饰——一切好东西都是如此。而且它刚好配那只金表。她一看见这条表链,就知道它非吉姆莫属。这条表链就像吉姆本人,稳重沉静,而且身价非凡——这样的形容对两者都恰如其分。买表链花了她二十一美元,揣着仅剩的八十七美分,她匆匆忙忙地赶回来。配上这条链子,无论在任何场合,吉姆都可以大大方方地看时间了。原来,虽然这只表华丽珍贵,但因为用的是旧皮带凑合充当的表链,吉姆只敢偶尔偷偷瞥上一眼。

回家之后,德拉的狂喜渐渐消退下去,变得审慎而理智起来。她找出烫发铁钳,点燃煤气,开始动手修补因为爱情和慷慨所造成的损坏。亲爱的朋友们,这永远都是一件极其艰巨的任务,而且是相当了不起的任务啊。

不到四十分钟,她的头上密密麻麻地布满了细小的卷发,紧贴着头皮,使她看起来活像一个逃学的小男孩。她看着镜子里的自己,左看右看,挑剔地照了又照。

"吉姆要是看我一眼,不把我宰掉才怪呢,"她自言自语,"他肯定会说我像个科尼岛上歌剧合唱队里的卖唱姑娘。但我又有什么办法呢……唉,只有一美元八十七美分,能买什么呢?"

七点钟,她煮好了咖啡,煎锅也放在了炉子上加热,随时准备煎牛排。

吉姆一向准时回家。德拉手心里攥着对折好的白金表链,坐在离他进门最近的桌子角上。然后,她听见下面楼梯远远地传来了他上楼的脚步声,顿时紧张得面色苍白。她有个习惯,就是经常为了日常生活中最微不足道的琐事默默祈祷。此刻,她轻声祷告:"上帝保佑,让他觉得我还和往常一样漂亮吧。"

门开了,吉姆走进来,随手又把门关上。他显得瘦削,神情严肃。可怜的人儿,他才二十二岁,就肩负起了家庭的重担! 他需要一件新大衣,而且连手套也没有呢。

吉姆进屋后就站在门口,一动不动,好像猎犬嗅到了鹌鹑的气味。他的双眼紧紧盯在德拉身上,流露出她琢磨不透的神情,让她感到恐惧。既不是愤怒,也不是惊讶,既不是反对,也不是厌恶,总之完全不是她所能预料的任何一种神情。他仅仅是目不转睛地死死盯住德拉,神情诡异。

德拉扭身从桌上跳了下来,向他走去。

"吉姆! 亲爱的,"她喊道,"别这样盯着我。我把头发剪掉卖了,因为不给你买件礼物,我根本没法过圣诞节。头发会再长起来的——你不会介意吧,是吗? 我只能如此,没有别的办法。我的头发长得快极了。说'圣诞快乐'吧! 吉姆,让我们高高兴兴的。你肯定猜不到我给你买了一件多么好的——多么美丽精致的礼物!"

"你已经把头发剪掉了?"吉姆吃力地问道,似乎绞尽脑汁也没弄明白这显而易见的事实。

吉姆神情古怪地四下望望这个房间。

"你是说你的头发已经没有了吗?"他傻乎乎地问。

"你不用找啦,"德拉说,"我都告诉你了,头发已经卖了——卖掉了,没有啦。这是圣诞平安夜,亲爱的,你要好好对我,为了你,我才卖的。也许我的头发能数得清楚,"突然,她的语气变得格外温柔,"可是,我对你的恩爱没人能数清。我把牛排煎上好吧,吉姆?"

吉姆好像一下从恍惚中清醒过来,一把就把德拉紧紧地抱在了怀里。现在,别着急,让我们先花十秒钟从另一角度谨慎地考虑一下某个与他俩并不相关的问题。每周八美元和一年一百万美元的房租,有什么差别呢?数学家和智者都会给你错误的答案。圣贤带来了宝贵的礼物,但那件东西却不在其中。这句晦涩难懂的话,看这下文自会明白。

吉姆从大衣口袋里掏出一个小包,放在了桌上。

"千万别误会,德尔,"他说道,"无论是剪发也好,修发也罢,都没有关系,都不会降低一丝我对你的感情。不过,只要你打开那包东西,你就会明白我刚才为什么有那样的表情。"

德拉的纤纤素手灵巧地解开了包装带,打开包装纸。顿时传来一声欣喜若狂的尖叫,紧接着,哎!又突然变成了女性神经质的泪水和哭泣。这间公寓的男主人只得使尽浑身解数,千方百计地劝慰他的妻子。

原来,摆在桌上的是梳子——一整套梳子,包括梳两鬓用的,梳后面用的,样样俱全。那正是德拉很久以前在百老汇一个橱窗里见过后,艳美不已渴望拥有的。美丽的发梳,纯玳瑁制成,边上镶嵌着珠宝——颜色正好同她失去的美发相匹配。她知道,这套梳子价格昂贵,所以对此,她仅仅是美慕、渴望而已,从未想到能真正拥有。而现在,这一切居然属于她了。可惜,能与这梦寐以求的装饰品相得益彰的美丽长发已经无影无踪了。

不过,德拉像只被烫着的小猫一样跳了起来,叫道:"哦!对了!"

吉姆还没有瞧见他的美丽礼物呢。她迫不及待地摊开手掌,把礼物递到他面前,那没有知觉的贵重金属闪亮着,好像是她的欢快与热忱的闪动。

"漂亮吗,吉姆?我搜遍了全城才找到了它。现在,你一天看一百次时间都可以了。把表给我,我要看看它配上表链有多漂亮。"

吉姆没有照德拉说的做,反而倒在了小床上,两手枕在脑后,微笑着。

"德尔,"他说,"让我们把圣诞礼物暂且保存,收起来吧。它们实在太好了,目前还用不着。为了给你买梳子,我把金表卖了。现在,你去煎牛排吧。"

正如诸位所知,三圣贤都是智者,是聪明绝顶的人,他们带来礼物,送给出生在马槽里的耶稣。他们发明出互赠圣诞礼物的习俗。由于他们智慧过人,毫无疑问,他们的礼物也是聪明的礼物,如果碰上互赠的东西完全一样,可能还有调换的权利。而我在这里笨拙地给大家讲了住在公寓里的两个傻孩子平淡无奇的故事,他们极不明智地为了对方献出了自己最宝贵的东西。不过,最后让我们对当今的聪明人说一句话:在一切馈赠礼物的人当中,他们两个是最聪明的;在一切馈赠又接受礼物的人当中,像他们两个这样的人才是最聪明的。无论在任何地方,他们是最聪明的。

他们就是圣贤。

(选自欧·亨利:《欧·亨利短篇小说集》,牛振华译,上海三联书店2010年版。收录时略有修改)

注释:
①麦琪:Magi,是"Magus"的复数形式,源自《圣经·马太福音》第二章耶稣诞生后,东方三博士(又称三贤人)"在东方看见他的星,特来拜他"。"看见小孩子和他母亲玛利亚,就伏拜那小孩子,揭开宝盒,拿黄金、乳香、没药为礼物献给他。"Magi意为送人礼物的"贤人"。作者在此处用这个典故表明,他认为夫妻俩都是"贤人"。本篇也译作《圣贤的礼物》。

◎练习一　阅读本文并找出文章的线索。

◎练习二　作者在情节安排上,一开始就给读者以阅读期待,说说这篇小说的悬念在哪里。

～❀ 习作实践 ❀～

练习一　说说你对下面这则材料所揭示的生活哲理的理解,注意说话的逻辑层次。

生容易,活容易,生活不容易;事艰辛,业艰辛,事业多艰辛。

练习二　每个人都有自己的好朋友,你回想一下你和你的好朋友是怎样认识的,又是怎样熟悉,最后是怎样变成好朋友的,请写一篇文章,要求线索清晰明确,500 字左右。

～❀ 素养积淀 ❀～

登　高

〔唐〕杜　甫

风急天高猿啸哀,渚清沙白鸟飞回。

无边落木萧萧下,不尽长江滚滚来。

万里悲秋常作客,百年多病独登台。

艰难苦恨繁霜鬓,潦倒新停浊酒杯。

赏析　这是诗人面对如大海汹涌的江水,抒发内心感受的叙怀之作。诗人站在江边,看到波涛滚滚的气势,引发了他无限的感慨:无边落木,不尽江水;万里悲秋,百年多病;艰难苦恨,潦倒新停。

没有结构任何东西都不存在,都不可设想。

——[美]兰德尔

正如"结构"二字的字面含义是盖房子一样,不管你的目的多么高尚,材料多么优良,如果盖得不好,结果是毫无用场。

——[日]小林多喜二

第二十四课

精妙布局　完整结构

导论　作文时,如何表达对生活的感悟,如何安排文章的结构,达到最佳的表达效果,是一个十分重要的问题。打个比方,作文犹如盖房子、做饭,同样的材料,由于建筑师、厨师的阅历、水平、风格有别,建造房子的格局,制作的菜肴的色、香、味,也就有高下之分。

要点　提高对文章的布局结构重要性的认识水平,注重写作时的精妙布局;学习和掌握文章布局结构的基本方法,提高写作文章时布局结构的能力。

❦❧ 写作启迪 ❦❧

故事一　清代画家许碧山,擅长画山水人物。一天,慈禧太后让他给自己画像,要求既画得真,又画得美。许碧山见慈禧本人长得清秀,可脸上有一颗黑痣。如实地画出黑痣,把她画丑了,后果不堪设想;不画黑痣又怕慈禧责备他画得不真。并且之前有两位画家因所作画像慈禧不满意,被逐出了宫门。于是,许碧山吸取教训,在谋篇上狠下工夫。他在头几天中并不动笔,聚精会神地思索怎样布局。有一天,突然灵感顿生,挥笔疾书,很快就画好了。慈禧看了很满意,原来许碧山画的是慈禧据案理事,以手支颊,做沉思之状——恰好掩住了黑痣。所见之人无不赞叹这幅画匠心独运,巧夺天工。

故事二　张僧繇是梁朝著名的画师。有一次,皇帝命令他在金陵安乐寺的墙壁上画龙。不一会儿,两条栩栩如生的龙就出现在墙壁上了。这时皇帝发现这两条龙都没有眼睛,就问张僧繇这是为什么。张僧繇回答说:"画上眼睛的话,它们就会飞走的。"大家不信,皇帝一定要他画上眼睛,张僧繇只好给其中的一条龙点上眼睛。霎时电闪雷鸣,那条龙真的飞走了。

❧ 知识技能 ❧

　　文章的布局结构主要指各部分内容的组织、配合,包括开头和结尾、层次和段落、过渡和照应等。文章的结构因体裁的不同而形式不同,记叙文以写人记事为主,常用事物发展的时间顺序、空间顺序和事物的逻辑顺序来布局结构文章。说明文一般要求把事物的形状、构造、特点和功用等方面说清楚,常按事物的结构顺序、说明对象的逻辑顺序、事物发展进程来布局结构文章。议论文通常按照提出问题、分析问题、解决问题的顺序来布局结构文章,也就是以"引论—本论—结论"三段论式来布局结构文章。但不管什么文体,也不管采用哪种方式来布局和结构,都必须符合以下要求:布局要合理,结构要完整,行文要自然。

　　文章的布局和结构是写作中谋篇布局的重要手段,是运用材料反映中心思想的方法。常见的布局结构方式有四种。第一,并列式:文章各部分的内容没有主次轻重之分,就是采用并列结构来布局。第二,总分式:先总述,再分说,还可演变为"分—总"或"总—分—总"的布局方式。第三,对照式:对文中的两部分内容或进行对比来布局,或用这部分内容烘托另一部分内容来布局。第四,递进式:按照文章的几部分内容逐层深入来布局。第五,因果式:由果索因或由因导果,或先叙述故事的结局然后才去寻找故事或者问题的原因,或从原因写起直到结果。第六,叙议相承式:在文章中夹叙夹议,用叙来作为议的基础,用议来升华文章的叙,二者相互结合,相得益彰。

❧ 阅读借鉴 ❧

最艰难的那一刻

王　石　汪宗禧

　　靠着一种状态、一种境界绝处逢生,这绝对是一种巅峰体验。有了这种体验,面对再强的敌手,再大的难关,你都能以一种沉甸甸的镇定来应对。

一

　　1995 年,我正当壮年,万科地产也登上中国地产龙头之位,医生却告诉我:"你的腰椎长了血管瘤。若再如此忙碌好动,血管一破,你的下半身就得瘫痪了。"我问:"那我该如何应对呢?"医生说:"多静少动,最好坐轮椅。"我说:"那可不成,还没瘫痪就坐轮椅,怕是不瘫痪也吓瘫痪了。我不怕瘫痪,等真瘫痪了再坐轮椅也不迟。"

　　其实,还有个想法我没说:在坐上轮椅之前,我得把今生最想做的事做了,那就是登上绝世独立的珠穆朗玛峰。

　　我毕竟是搞房地产出身,知道梦想如同盖楼,必须从脚下根基处一层层垒起,方能稳稳达到摩天撩云的高度。我开始给自己的梦想"盖楼"。两年时间,广东 17 座千米以上的山我都踏遍了。两年后,自觉身体攒足了本钱,我开始去登西藏高原。

　　沿着青藏线刚刚靠近梦中的西藏,豪情满怀的我立刻就被强烈的高原反应折腾得举步维艰。刚到海拔 4000 多米,我和同伴、司机就受不了了,要么发高烧,要么上吐下泻,吃不下饭,睡不好觉。我表面强硬,却难受得要死。司机说:"咱们回格尔木再说吧。"我说:"格尔木不也是高原吗?既然往前往后都有高原反应,我们还是往前走吧。"

越往前走越难受,越难受越往前走,走到难受的极限,跨过生命的极限,也许就好受了。我果真越来越适应那种难受,一适应,也就不难了。在西藏折腾了一个月,我就觉得跟当地人没什么两样了。

都说人生苦短,生命有限,可生命是可以从有限到达极限的。医生劝我坐轮椅时,我的运动体检心脏是 0 分,而满分是 5 分。从西藏回来再检测,我的运动体检心脏蹿升到 3 分,一下子就是一个及格的运动员水平了。

二

2000 年,我再进一步,去西藏登上了一个 7000 米的山峰。回来一测,我的运动心脏达到 5 分! 直到现在,我一直都保持着 5 分。都说心有多高,人就能走多高。在我这里,是脚步一步步拉升着心,挑战着生命的极限。命运这东西很有意思,它本想按照它的命数来安排你,可你不服,拼了命跟它斗,它就服了,听你安排了。

山在我脚下越来越高,天在我眼前越来越近,登山慢慢成了我人生的一部分,或者说成了我的生活方式。那感觉就像中了什么魔,上了什么瘾,生活中几天没山,心里头就渴,脚底下就痒,叫人欲罢不能。那种把山踩在脚下的成就感,是荡漾在血脉里的一种享受。熬过艰难就是享受,跨过艰险,剩下的都是享受。

不过,我还是相信科学的。医生说我可能会瘫痪,直到现在我也没有排除这种可能。我想在瘫痪之前,登更高,走更远。下一步,我还要航海,还要滑翔。将来有一天,我若真的瘫在轮椅上,会笑着说:"我走过了。我可以不走了。"

登山运动是在生死线上走钢丝,惟其如此险绝,我才得让自己有充足的储备、充足的把握和信心。轻易犯险不是登山家,不是英雄。尽管准备周全,登到 8800 米高度时,还是出了一个面临生死考验的意外:我的氧气瓶快要空了。

此时离珠峰极顶只有不到 50 米,登上去勉强可以支撑,可下来就没气可喘了。队长说,趁着还有口气,你赶快下撤。从顶峰附近到输送氧气的地方很远,我掂量掂量那口气,根本到不了有气的地方。我面临着今生最艰难的一次抉择:上也没气,下也没气,到底上还是不上? 最后,我屏着气低声告诉同伴,也告诉自己:既然上下都没气,我当然选择上。

登珠峰是极限运动,到了峰顶也就到了极限,那里根本没有一览天下小、放纵诗情画意的时间和空间,那会挥霍掉你最后的氧气,挥霍掉你最后的生机。路到极限,生命的耐力、张力也到了极限,你得逃命似的赶快下撤。如果说绝境,世上没有比连口气都不给你喘的境地更绝的了。

可我还是在下撤的路上发现了生机,那就是几十年来那些先行者丢下的废氧气瓶。那些废弃的氧气瓶是不是还残留着一口半口的气呢? 我赶紧去捡,掂掂哪个重一些,就马上接上呼吸,果真还有一口气。

就这样一路捡下去,一口气一口气地续着,真是连口气都不舍得喘。撤到 8500 米高度时,我居然捡到一个特别重的氧气瓶,里面的氧气还有小半瓶! 生还的希望大增,可我还是不敢放开喘气,不到有气的地方就得憋着、坚持着。撤到 8400 米高度,救援队上来,送来满瓶的氧气。我抱着氧气瓶放开了喘,那种痛快淋漓,是尘世间多高的成就、多大的收获都难以企及的。

从山上下来,回到尘世生活,我精力充沛,灵感四溢,似乎这世上再高的坎儿都能跨越,再难的问题都能破解,再混沌的局面都能看明白。从生死线上走一遭回来,世间一切都显得那么新鲜,那么可亲可爱,心胸也更宽阔了,对这个世界满心都是感激与慈爱。一个登过山的人,跟平平坦坦走着的人,确实大不一样。

有信念,坚持住,不放弃,生机就来了。身临绝境,了无生机,人就很容易放弃。等你坚持一下就到顶了,坚持一下就生还了,可能连你自己都不相信自己还有这么大的潜力,还能跨过这么大的一个坎儿。这时,你该多庆幸自己的坚持,自己的不放弃!

(选自《跨世纪(时文博览)》2013年第3期。收录时略有删改)

◎练习一　文章的开头和结尾部分与主体部分是怎样结合在一起的? 主体部分是按照怎样的结构来布局的?

◎练习二　全文是怎样布局的? 并说说对自己写作时布局结构的几点启示。

诗意的人生

马　德

一

草坪上,几个小孩在玩水。

开始的时候,他们还挽着裤管。后来,裤脚湿了,裤子湿了,上衣湿了。再后来,鼻翼上是水,耳垂上是水,发梢上是水,浑身上下都是水。

这是初秋的下午,天已经凉了。玩过水后,几个孩子又在玩"骑马打仗"的游戏。一两个回合,三五个趔趄,七八声嬉笑,个个便摔翻在地上。再起来,身上泥一片,水一片,伤一块,痛一块,然后,闹一声,嚷一声,继续玩。

一个人,若没有从这样的童年走过来,一定不是在诗意中长大的。

二

有一年,大雪,到山上去追野兔子。

四野尽白。深可没膝的雪,覆盖了远山近水。四下里,好多野兔的足印,仿佛它们的挣扎和喘息还在。我们说,赶紧追!

追了半天,又冷又累又饿,我们四处找柴火。树上的枯枝,沟洞里的树叶,崖缝间的鸟窝,田鼠洞里的豆荚,统统搜罗了来,扒开一片雪,然后,点起了火。雪,以及寒冷,纷纷从火堆四周撤退。而我们在温暖里,一边烤着火,一边烤着干粮,一边大声说笑,一边高声放歌。空旷的四野里,鸟都不敢飞过来,哪还有野兔子的踪影。

那一次,我们一只兔子也没逮着,心底却捡拾回无穷的快乐。

三

我有一个朋友,是位画家。

有一天,他邀我到郊外。干什么? 看蚂蚁。他在一只肥硕的蚂蚁屁股上,轻点一丝朱红。整个上午,我们盯着这只红屁股的家伙,一会儿拖回一粒空壳的麦芒,一会儿在巴掌大的地方逡巡一阵子,一会儿对着一根高挑的草疑神疑鬼,一会儿优雅地为另一只蚂蚁让路,一会儿又急匆匆地去打上一架。

我们两个人,仿佛被它牵着,一会儿驻足在这一处,一会儿又蹲伏在那一处,一会儿手舞足蹈,一会儿又凝神屏息。我们看它,它一定也好奇地打量着我们这两个傻傻的家伙。

被盯梢终究是郁闷的。那只蚂蚁突然钻进窝里,半天没出来。我们的心在等待中,竟好像也被困在了幽深的地底,半天没上来。

赏玩一只蚂蚁,与被一只蚂蚁捉弄,都是一种欢喜。

四

大冬天,街上冷得难见一个人。

到水果摊前买水果,不见摊主。只见旁边一个女人,上身是红红的羽绒服,下身是过膝的皮裙,高筒的靴子,背对着我,一边哼唱着,一边和着旋律翩翩独舞。

这么冷的天,真是好兴致!

"大姐,这儿的摊主呢?"我问。

她一转身,我便有些羞赧。看起来,人家岁数好像比我都小。她朝我走过来,说:"你买水果啊? 我就是。"

"啊,你是摊主……"我没有掩饰住自己的惊讶。"嗯,我就是。"然后,她熟练地为我称水果。这时候,我注意到她水果车上的牌照。天哪,她竟然出生在 1961 年。不是大姐,是大姨!

一个人的年轻,其实,应该是心境里不灭的诗意,以及内在生命不尽的激情吧。

五

与人对酌,喝着喝着,人走了。

开始还茶烟缭绕,后来,烟萎了,水凉了,气氛没了,心绪乱了。

此时,一朵白白的云飘过来,投在不知哪里的玻璃幕墙上,又反射落到杯子里。一刹那,杯里也有了大乾坤,一朵云,在杯中荡呢。

赶紧再续一杯开水,云在水里,水在云里,云水升腾在茶烟里。轻啜一口,然后,小心翼翼放下,喜对一朵云,相看两不厌。

酌,与一朵云相对,多美多好的意境啊。

(选自《读者》2012 年第 10 期。收录时略有修改)

◎练习一 文章的五个部分,表面看是互不关联的,但实际上却是密切联系的,具体说说文章的五个部分是如何联系在一起的。

◎练习二 全文是如何布局的? 并说说对自己写作时布局结构的几点启示。

习作实践

练习一 我们在学习中遇到难题,在生活中也同样可能遇到各种各样、大大小小的难题。难题可能在人与人之间的隔阂与误会中,也可能在成长的磨砺与探索中……难题会带给我们困扰,难题会引发我们思考,难题也会激励我们奋进……请以"难题"为话题,自拟题目,自定立意,写一篇不少于 500 字的文章。

练习二 根据下述材料,按要求作文。

牵挂是思念,有如高飘的风筝挣不脱细长的绳线。牵挂是多方面的,比如:(1)牵挂是对亲人的思念;(2)牵挂是对友人的情怀;(3)牵挂能催人奋发向上。请以"牵挂"为题,选择上述材料某一方面的内容,写一篇不少于500字的文章。

❦ 素养积淀 ❦

望湖楼晚景

〔宋〕苏　轼

横风吹雨入楼斜,壮观应须好句夸。

雨过潮平江海碧,电光时掣紫金蛇。

赏析　这首词开头时气势很猛,好像很热闹,转眼间却是雨阑云散,海阔天青,变幻得使人目瞪口呆。其实不只自然界是这样,人世间的事情,往往也是如此的。

> "文以气为主,气之清浊有体",斯言尽之矣。然气不可不贯;不贯则虽有英词丽藻,如编珠缀玉,不得为全璞之宝矣。
>
> ——曹 丕
>
> 若行文之伏笔,则备后来之必应也。故用伏笔,须在人不着意处,又当知不是赘笔才佳。
>
> ——林 纾

第二十五课

紧密衔接　巧妙照应

导论 一篇文章段与段之间需要衔接过渡和必要照应,这可使文章思路更加顺畅,结构更加完整。如果文章缺少衔接过渡和照应,常会给人不完整或不完善的感觉。

要点 学习和掌握衔接过渡与照应的基本方法,重视写作时的衔接过渡和照应;学会使用过渡词和过渡句、过渡段以及照应来衔接文章,提高巧妙勾连文章的能力。

❧ 写作启迪 ❧

故事一 很多年前,有一位学大提琴的年轻人向伟大的大提琴家卡萨尔斯讨教:怎样才能成为一名优秀的大提琴家? 卡萨尔斯意味深长地说:"先成为优秀而大写的人,然后成为一名优秀大写的音乐人,再后就会成为一名优秀的大提琴家。"

故事二 标点符号刚被使用时,不受重视。一次,鲁迅应约为某出版社撰写书稿,由于事先探知该出版社不支付标点符号的稿费,因此他的书稿通篇没有一个标点符号。编辑看了书稿后,以"难以断句"为由,回信要求鲁迅加上标点符号。鲁迅回复:"既要作者加标点符号分出段落、章节,可见标点还是必不可少的。既然如此,标点也得算字数。"那家出版社没办法,只好采纳鲁迅的意见,标点符号也折算字数支付稿费了。

❧ 知识技能 ❧

一篇文章是由众多部分(段落)组成的,这些部分(层次与段落)之间需要运用一些句段把它们自然、紧密地连接起来或前后有所照应,不然文章就会显得支离破碎。这种在文章的层次或段落之间衔接、转换的方式,就是衔接过渡和照应。

　　衔接过渡就是事物由一阶段转入另一阶段，并使文章的层次与层次、段落与段落相互承接的结构方法。过渡恰当自然，可使文章结构更显紧密，浑然一体。过渡形式灵活多样，要视文章内容需要而定。第一，开头与正文之间要用过渡。比如记叙文开头使用的是倒叙，或者是由景物触发引出对事情的叙述，为使文章开头与正文紧密衔接，这时要使用过渡。第二，人物转换、表达方式改变时要用过渡。如在记叙文中，有时人称需转换，或是表达方式需转换，就常常要用过渡。第三，文章内容意思转入时要用过渡。在记事类的记叙文中，为了从不同的角度表现主题，常常选择几件事情，而事与事之间缺乏必然的逻辑联系，为使结构严谨，这时要使用过渡。第四，记叙和议论之间要用过渡。叙议结合的记叙文，通常在叙述和议论之间加一个过渡段，有时议论本身就是过渡。

　　"照应"就是指在一篇文章写作中，要充分体现其完整性——文中涉及的人或事件应有始有终，不能半路消失或突然出现。前面提到的有关情况和问题，后面应有个着落；后面出现的情节等，在前面应该有个交代或有个暗示或伏笔。前后文之间的互相呼应，就是照应。照应主要有：第一，首尾照应。文章开头交代的原因与结尾点明的结果呼应起来，或者文章开头表达的感情同结尾抒发的感情呼应起来。第二，题文照应。作文题目与内容之间的关系十分密切。这种照应方法常常是内容安排多处和题目照应，或在恰当的地方直接或间接地点明题意，以突出文章的中心思想。第三，前后照应。文章的内容前后能够互相支撑，显示出结构的严谨和精致、行文的流畅和通达。第四，伏笔照应。伏笔，就是悬念。制造悬念不能悬而不决，须在适当的时候把悬念解除。由形成悬念到解除悬念，就是伏笔照应。巧设伏笔，就是常说的前有交代，后有照应。

阅读借鉴

大年是一出中国文化的全本戏

郭文斌

　　腊八一过，心里就乱起来，做事不能专注，思绪总是往老家跑，就像着魔一样。再看新闻，整个中华大地上都在涌动着回家潮。这，到底是怎么回事呢？站在大年的门槛，我重新打量，蓦然发现：大年是一出演义。

　　大年是孝的演义。孝的本质是感恩。祭祖也好，祭天祭地也好，给老人大拜年、走亲串戚也好，都是教孩子不要忘本。《说文》释"年"为五谷成熟。而五谷成熟之后呢？感恩啊。于是便有了"腊"，《说文》释"腊"为十二月合祭百神。把一年的收获奉献于祖先灵前或诸神的祭坛，对大自然和祖先来一次集中答谢，知恩思感，这便是中国人的逻辑。在享受五谷丰登的喜悦的时候，在享受佳肴美味的时候，在享受阖家团圆天伦之乐的时候，感念天地化育，感念风调雨顺，这便是年了。于是有人说春节是中国人的感恩节，不无道理。

　　大年是敬的演义。"志在春秋功在汉，心同日月义同天"，这是关帝庙门的对联；左秦琼，右敬德，这是门神。借助大年，中国人让一代又一代的后生一年一度地接受对忠义的怀想和敬仰，潜移默化地让孩子们知道，只有忠义才配享香火，才配在如此庄严和神圣的时刻享受礼敬。回忆起来，父亲一直反对用洋蜡祭神，坚持亲手做蜂蜡；洋纸马出现有些年份了，父亲还是坚持用印模印;父亲反对买机印对联,坚持手写……他正是想保持一个"恭",坚守一个"敬"。

大年是"和"的演义,也是"合"的演义。和是和谐,合是团圆。一年的奋斗和汗水,只有回到团圆,落实到和谐上才有意义。这,也许就是势不可挡的回家潮的缘由吧?在古代,人们干脆把"和""合"尊为"和合"二大仙。无论是万里之遥朝发夕返的"万回"之说,还是亲如兄弟爱如夫妻的"寒山拾得"之说,都不离"和合"二字的本义。一年是如此,一生也同样。把一生落实在"和合"二字上,才不虚度,不错过。正是基于这样的理解,才有"和气生财""和气致祥"这些成语。

大年是"天人合一"的演义。在中国古老的哲学体系中,无论是儒,还是释,抑或是道,"天人合一"都是它们的核心意旨。所以我们需要腊八的"难得糊涂",需要小年开始的除尘。"难得糊涂"是让我们从功利和世俗中解脱出来,除尘是让我们从尘垢中解脱出来。人们只有扫净心灵的灰尘,才能和天地合一。

大年是祈福的演义。《连年有余》《五福临门》《出门见喜》《天官赐福》,这是公认的中华民族符号,也是中华民族文化的核心意象。又如中国人妇孺皆知的《刘海撒钱》:"一撒风调雨顺,二撒国泰民安,三撒三阳开泰,四撒四季平安,五撒五谷丰登,六撒六畜兴旺,七撒北斗七星,八撒八大金刚,九撒九天吉祥,十撒十方如意。"比如《状元郎》:"大门楼子高院墙,凤凰落在房顶上,凤凰展翅人发旺,辈辈儿孙状元郎。"而作为祭祀主体的祭祖,更不必说。儿孙福自祖德来,是中华民族最为广泛的因果认同。

大年是喜庆的演义。大年的喜庆如汪洋大海,它在香喷喷的饭菜和茶饮里,在红彤彤的"天增岁月人增寿,春满乾坤福满门""门迎春夏秋冬福,户纳东西南北财"里;它在排山倒海的爆竹声中,也在喧天动地的锣鼓声中,还在满山遍野的秦腔中;它在一家人团圆的天伦之乐中,也在孩子们的新衣服和压岁钱中;它在窗花,在灯方,在墙围,在年画,在门神,在对联,在社火,更在老百姓的把酒相邀共话桑麻里;它在瑞雪兆丰年的期盼里,也在普天同庆的氛围里;甚至在《猫吃献饭》中,在《老鼠娶亲》里。想想看,雪打花灯,喜鹊啄梅;想想看,热炕在暖,子孙在绕;想想看,抬头迎春春满院,出门见喜喜盈门;想想看,一元复始,普天同庆。

大年终是教育和传承的演义。无论是对联、年画、社火,还是祭祖、拜年、守岁,无不是为了唤醒人们的正知见,让人们回到真善美。《朱子家训》《弟子规》这样的条幅和"第一等好事只是读书,几百年人家无非积善"这样的对联自不必说;"欲高门第须为善,要好儿孙必读书"这样的议程词自不必说;《连中三元》《关公神像》《和气生财》《和气致祥》这些年画自不必说。它们都是中国人特有的智慧和情感。这种教育还渗透在细节中,比如门神秦琼敬德一定要面对面,因为面对面是合相,脸背脸是分相。再比如,大年期间是不能行"三恶"的,不"恶口",不"恶行",不"恶念"。

现在,我才发现,大年是一出中国文化的全本戏,是一出真善美教育和传承的全本戏,是中华民族基因性的精神活动总集,它带有巨大的迷狂性和神秘性。这种迷狂和神秘,可能来源于中华民族的精神源头——巫传统,其核心是"天人合一"。而要达到"天人合一","格物致知""诚意正心""修身齐家"是必要条件,"治国平天下"同样是必要条件。回到大年本身,祈福也好,祝福也罢,"天人合一"既是目的又是方法论,为此,我们需要不打折扣的诚信和敬畏,需要不打折扣的神圣感,所谓"与天地合其德,与日月合其明,与四时合其序,与鬼神合其吉凶"。

正是这种迷狂性，才造成了海潮一样的回家潮，造成了季节一样的春运。

我们甚至可以说，大年是中华民族的一个无比美好的"阴谋"，它把华夏文明的骨和髓，通过连绵不绝的仪式，神圣化、民间化、亲切化、轻松化、出神入化……

从腊八开始，到正月二十三结束，整整四十五天，大年像一个循循善诱的导师又像一个天才的导演，演义着中国文化的无尽奥义。

懂了大年，就懂得了中华民族，也就懂得了生命本身。

（选自《光明日报》，2009 年 1 月 30 日。收录时略有修改）

◎练习一　围绕"大年是一出演义"这一话题，作者说了几方面的"演义"，这几个方面的"演义"是怎样衔接过渡的，试具体分析。

◎练习二　文章最后说："懂了大年，就懂得了中华民族，也就懂得了生命本身。"这一结论与题目、正文中的内容是怎样照应的？对我们写作有什么启示？

习作实践

练习一　《大年是一出中国文化的全本戏》在《光明日报》发表后，便迅速被国内 60 余家媒体转载。宁夏回族自治区党委办公厅还根据自治区党委主要领导同志的意见，将该文制作成贺卡，赠发给全区领导干部。仅就全文的衔接与过渡看，就能给我们许多启迪，写篇 300 余字的短文，具体分析一下其特点。

练习二　请以"节俭是一种美德"为题，写一篇文章，请注意运用照应的方法，500 字左右。

素养积淀

钱塘湖春行

〔唐〕白居易

孤山寺北贾亭西，水面初平云脚低。
几处早莺争暖树，谁家新燕啄春泥。
乱花渐欲迷人眼，浅草才能没马蹄。
最爱湖东行不足，绿杨阴里白沙堤。

赏析　湖面春水新生，树上春莺争鸣，空中春燕衔泥，堤岸春花渐开、春草刚绿，诗人敏锐细腻的笔触，让人们从中体会到西湖正在舒展地着上春装。诗人赞美西湖的春色，并指出他最爱在白沙堤上行走，这是由于：白堤的两边是水，堤两旁种满了柳树、桃树，白堤下是澹澹的湖水。走在白堤上，初春的柳枝如烟如雾，如丝如缕，飘拂在脸上，使人心中涌生无限温柔无限爱，像在梦境，像在仙境。

文章究竟有多少种类,中外古今说法不一。最基本的分类法把文章分为两种。一种是作者自己不说话的文章;一种是作者自己说话的文章。前者普通叫作记叙文;后者普通叫作论说文。

——夏丏尊

故事好比一根树干,它的详情细节就在那上面越长越多,好像菌类在一个树桩上繁殖一样。

——[俄]屠格涅夫

第二十六课

完整要素 清晰顺序

导论 时间、地点、人物、事件、原因、结果是记叙描写类文章的基本要素。不论是写人还是写事,都要求写作时交代清楚这六个要素,以准确表达思想感情。自然,这些写作要素还与一定的叙述、描写顺序相联系。完整的要素、清晰的叙述,可使脉络清晰,层次分明。

要点 掌握记叙描写类文体写作的六要素,提高写人和叙事的能力;掌握记叙与描写的基本顺序,提高清晰叙事、有序描写的写作能力。

❧ 写作启迪 ❧

故事一 一个星期六的下午,妻子外出买东西,从未管过孩子的统计学家,勉强答应妻子来照管一下四个年幼的孩子。当妻子回家时,统计学家交给妻子一张字条,上边写着:"擦眼泪 8 次;系鞋带 15 次;给每个孩子吹玩具气球各 5 次;每个气球平均寿命 10 秒钟;警告孩子不要横穿马路 26 次;孩子坚持要穿马路 26 次;我还想过这样的星期六 0 次。"

故事二 有一次,欧阳修跟几位朋友闲游郊野,他们看见有一匹马把一只躺在路上的黄狗踩死了。这些文章家,从几个不同的方面记叙了这件事。甲说:"马逸,有黄犬遇蹄而毙。"乙说:"有犬死奔马之下。"丙说:"适有奔马践死一犬。"丁说:"有犬卧通衢,逸马蹄而死之。"

几位朋友都问欧阳修应怎样记叙这件事。欧阳修只用了六个字便说清楚了这件事:"逸马杀犬于道。"于是,大家都非常佩服欧阳修的记叙能力。

知识技能

一篇记叙描写类的文章总要问这几个问题:什么人? 发生了什么事? 是在什么时间和地点发生的? 事情的起因、经过和结果怎么样? 所以,时间、地点、人物,事情的起因、经过、结果,就构成了记叙的六要素。

在现实生活中,人在事物的发生、发展中起着重要作用。因此,记叙描写类文章中当然要写人:一篇记叙文,既没有直接、明显地写到人,也没有间接、暗示地涉及人,几乎是不可能的。只是,写人的方式与重点有所不同:有直接或间接的,有明显或有暗示的,有突出某一个人的或提出群体形象的,等等。记叙文中虽要写到人,但这些人不是一幅幅静止的肖像,而总是从事着或曾经从事过这样或那样的活动,人的活动就构成了一定的事件。因此,"事"也是记叙文中又一个重要的因素。时间和地点,也是记叙文的两个重要因素。我们要把所记人物的情况、事件的经过介绍清楚,常需要说明这个人是何人,这件事是在何时何地发生的。记叙文的另两个要素是原因和结果:一些记叙文讲的是某一事件的全过程,当然要从开头谈起,说明经过,一直谈到它的结果;也有一些文章,写的是整个事件的一个阶段或一个侧面,为把事表达得有头有尾,也应把所写的这一阶段或侧面的起因和结果交代清楚。人物、事件、时间、地点、原因、结果这些要素,并不是说每篇记叙文都不能缺少其中任何一点,有时根据文章的内容和要求,可对某一要素不写或略写。

记叙文中除必备的要素外,还要有清晰叙述顺序,一般有顺叙、倒叙、插叙等等。其中顺叙是指按照事件发生、发展的过程,即按照事件发生、发展的时间顺序来进行叙述,这是最基本的叙述方法。采用顺叙,能使文章层次与事件发展的过程基本一致,读后给人脉络清楚、印象鲜明之感。倒叙即先写出事件的结果,然后再按时间顺序叙述事件的发生、发展。倒叙能增加文章的生动性和吸引力。插叙是指在叙述中心事件的过程中,暂时中断叙述的线索,插入一段与中心事件相关的情况。插叙与倒叙的区别在于:插叙内容往往是片段性的,不是文章的主要部分,而倒叙内容则是构成文章的主要部分。此外,文中如叙述两件(或更多件)同时发生的事,称为平叙。这一叙述方法,可先叙一件再叙一件,也可并行交叉进行。如对事件做些补充,并不影响原来情节,只是补充原叙述的不足和丰富叙述的内容,这叫作补叙。

阅读借鉴

幸福的开关

林清玄

我小时候对汽水有一种特别奇妙的向往,原因不在汽水有什么好喝,而是由于喝不到汽水。我们家是有几十口人的大家庭,小孩依次排行就有十八个之多,记忆里东西仿佛永远不够吃,更别说是喝汽水了。

有一回,我走在街上的时候,看到一个孩子喝饱了汽水,站在屋檐下呃气,呃——长长的一声,我站在旁边简直看呆了,羡慕得要死掉,忍不住忧伤地自问道:什么时候我才能喝汽水喝到饱? 什么时候才能喝汽水喝到呕气? 因为在读小学的时候,我还没有尝过喝汽水到呕气的滋味,心想,能喝汽水喝到把气呕出来,不知道是何等幸福的事。

在小学三年级的时候,有一位堂兄快结婚了,我在他结婚的前一晚竟辗转反侧地失眠了,我躺在床上暗暗地发愿:明天一定要喝汽水喝到饱,至少喝到呕气。

第二天我一直在庭院前窥探,看汽水送来了没有,到上午9点多,看到杂货店的人送来几大箱的汽水,堆叠在一处。我飞也似的跑过去,提了两大瓶的黑松汽水,就往茅房跑去。彼时农村的厕所都盖在远离住屋的几十米之外,有一个大粪坑,几星期才清理一次,我们小孩子平时很恨进茅房的,卫生问题通常是就地解决,因为里面实在太臭了。但是那一天我早计划好要在里面喝汽水,那是家里唯一隐秘的地方。

我把茅房的门反锁,接着打开两瓶汽水,然后以一种虔诚的心情,把汽水咕嘟咕嘟地往嘴里灌,一瓶汽水一会儿就喝光了。几乎一刻也不停的,接着,我把第二瓶汽水也灌进腹中。

我的肚子整个胀起来,我安静地坐在茅房地板上,等待着呕气。慢慢地,肚子有了动静,一股沛然莫之能御的气翻涌出来,呕——汽水的气从口鼻冒了出来,冒得我满眼都是泪水,我长长地叹了一口气:"这个世界上再也没有比喝汽水喝到呕气更幸福的事了吧!"然后朝圣一般打开茅房的门闩,走出来,发现阳光是那么温暖明亮,好像从天上回到了人间。

在茅房喝汽水的时候,我忘记了茅房的臭味,忘记了人间的烦恼,觉得自己是世上最幸福的人,一直到今天我还记得那年叹息的情景,当我重复地说:"这个世界上再也没有比喝汽水喝到呕气更幸福的事了吧!"我百感交集,眼泪忍不住就要落下来。

有时这种幸福不是来自食物,而来自自由自在地在田园中徘徉的一个下午。

有时幸福来自看到萝卜田里留下来作种的萝卜开出一片宝蓝色的花。

有时幸福来自家里的大狗突然生出一窝颜色不同的、毛茸茸的小狗。

生命的幸福原来不在于人的环境、人的地位、人所能享受的物质,而在于人的心灵如何与生活对应。因此,幸福不是由外在事物决定的,贫困者有其幸福,富有者有其幸福,位尊权贵者有其幸福,身份卑微者也自有其幸福。在生命里,人人都是有笑有泪;在生活中,人人都有幸福与忧恼。这是人间世界真实的相貌。

(选自文瑾:《心灵鸡汤全集》,北方文艺出版社2007年版。收录时略有删改)

◎练习一　具体分析出本文所记叙的"六要素"。

◎练习二　本文是写人还是叙事? 说说你的理由。

差一分钱

葛取兵

父亲一定有心事。

父亲的脸上隐约悬着一个结,即使父亲开心的时候,那个结也躲在父亲的笑容背后,冷不丁探一下头。

父亲是在寻一个人。同学? 朋友? 亲戚? 也许是父亲最初的恋人。我曾经问过母亲,母亲摇了摇头,脸上也挤满了问号。

父亲才五十岁,身体却有些不妙。咳嗽好像奔跑的火车,一咳好像要吐出五脏六腑来,吐出的痰丝中竟有点点猩红,宛如暮春开败了的桃花。

医生说,是肺癌,晚期。

我们惊呆了!母亲哭得像个泪人。恍若从淫淫秋雨中穿过,一身的水汽,有雾,沉沉的。

父亲的脸却静如止水。

父亲依旧在寻寻觅觅。打电话,写信,一向不喜欢上网的父亲竟然叫我帮他弄个QQ号,父亲说,网名就叫差一分钱吧。

我扑哧一笑,这个网名也太别扭了吧。我想,父亲的网名应该土得掉渣。

入秋,我陪父亲来到老家的一个小镇。青石小街,漏墙花窗,石桥石阶,让我怦然心动。走在长长的巷子,我总忍不住探头聆听,是否有馄饨担的敲梆声。

父亲更是有了知根知底的亲切。

学校应该就在巷子的尽头了。父亲说。

果然,当我们深一脚浅一脚地走完小巷,抬头一望,镇中学就在我们的对面。

父亲的咳嗽中,我隐约看到三十年前,确切地说是恢复高考的第一年,就在这个中学,一个十九岁,身体很瘦弱的孩子,正坐在教室里梦想着跳越"龙门"。这可是农家伢子唯一的独木桥。

孩子很聪明,学习成绩不错,可就是有些粗心。孩子嘛,难免。

那天,阳光灿烂,风和日丽,数学老师给了孩子一把1分、2分的硬币,说,这是两毛钱,去帮我买包烟吧。

孩子一脸青春地冲出教室,来到供销社,营业员接过钱,一数,说,少一分钱。

孩子急了,老师明明在教室说是两毛钱,自己也粗略地数了一下,怎么差一分钱呢?难道是路上丢了?不可能,自己用手紧紧捏着,生怕掉一分钱,短短的几百米,钱都捏出了一层浅浅的汗水。眼泪不知不觉地爬满了整个脸颊。

这时,一个卖鸡蛋的中年妇女掏出一分钱,帮助孩子买下了一包烟。

孩子兴冲冲地把烟交给了老师,长长地吁了一口气。

正在讲解数学试卷的老师愣了一下,说,你还蛮有本事,少一分钱都能买到烟。

孩子呆了,一脸迷惑地望着老师。教室很寂静。

老师对全班同学说,你买烟时有人帮你出一分钱,是你运气好,碰到了好心人。高考呢,少一分,哪个好心人送你一分哟。

孩子终于明白了老师的良苦用心,大哭一场!

这件事后,那孩子宛若变了一个人似的——读书非常用功。那年高考,录取分数线是302分,孩子考了303分,被师范学校录取。

当年那个孩子就是父亲。

父亲说,我后悔呀,当时连一句感谢的话语都未说。一分钱,虽然只是小小的一分钱,但当时一个鸡蛋才三分钱呀!

父亲一直想当面感谢那位好心人。可每次都是无功而返。三十年了,时光如过眼烟云,但那位卖鸡蛋的好心人,一直驻守在父亲的心中,让父亲无数次膜拜。

从古镇回来。秋天一个劲往里走,细雨连绵,寒风四起,冬日悄然逼近。

父亲的身体一天不如一天,看来父亲的心结是解不开了。

一天,父亲的气色突然好了许多,父亲贴着我的耳朵说,我还有1000元钱,你给那个古镇汇去,帮助那里需要帮助的老人。

解铃还得系铃人。父亲终于找到了自我解脱的办法。或许,其中有一个老人就是那个卖鸡蛋的中年妇女,如今应该已是满头华发的老人了吧。

我忙赶到邮局把钱汇了过去,当我把汇款回单交给父亲时,父亲的脸上绽出一丝笑容。我清晰地看到,那个悬着的心结也悄然溜走了,远远的,未留一点痕迹。

(选自《时代文学》2007年第5期。收录时略有删改)

◎练习一　具体分析文章中记叙的"六要素"。

◎练习二　本文运用了插叙手法,请具体找出。

习作实践

练习一　按倒叙方法来安排以下材料。

A.李老师原是市三中的教师,深受学生爱戴。B.这学期她调到了我们学校,教毕业班的语文课。她早起晚睡,不辞劳苦,指导中考复习。C.因为过于劳累,她上午在课堂上昏倒了。D.我们把她送到了医院,才知道这是心脏病发作,需要卧床休息。E.下午,大家为没有老师指导而焦急,也为李老师的病情而担忧。有同学提出:"李老师是为大家累坏的,我们应该到医院去看她!"有同学说:"大家去看,影响学习,会使李老师心里更不安!"双方发生了争执。F.正在这时,李老师带着病容出现在教室门口。

练习二　正在一天天长大的你,回首走过的路,沉淀在记忆深处的是那些往事:妈妈的一句叮咛,老师的一个微笑;生活中的一次挫折,学习上的一个感悟;天边的一片云彩,黎明的一道曙光……回忆往事,会让生命感动,让生活精彩…… 请以"往事"为话题写一篇文章,自拟题目,500字左右。

素养积淀

清平乐·村居

〔宋〕辛弃疾

茅檐低小,溪上青青草。醉里吴音相媚好,白发谁家翁媪?

大儿锄豆溪东,中儿正织鸡笼;最喜小儿无赖,溪头卧剥莲蓬。

赏析　全词初看平淡无奇,实却把那种亲密无间、和谐、温暖、惬意的老年夫妻的幸福生活形象地再现了出来:后两句通过白描手法写大儿锄草,中儿编鸡笼,小儿卧剥莲蓬。通过这样简单的情节安排,就把和谐宁静、朴素安适的农村生活真实地反映出来了。

我觉得一个人物的性格不仅表现在他做什么,而且表现在他怎样做。

——[德]恩格斯

所选择的那些情节,都是为了表现人物性格,改变很大,发展很大,提炼了再提炼的情节。

——杜鹏程

第二十七课

以人写事 以事系人

导论 在以写人为主的记叙文中,人是主,事是宾,事为人服务,事是为表现人而存在;在以叙事为主的记叙文中,事为主,人为宾,人为事服务,人为表明怎么会发生这样的事而存在。人必为事,所以写人记叙文要以写人为主,但又必然叙事;事是人为,所以叙事记叙文要以叙事为主,但又必然写到人。二者的关系是:事清,人才活;人清,事就明。

要点 具体了解记叙文中人与事的关系,掌握写人记叙文与写事记叙文的区别;学习根据写人或写事目的不同而突出记叙描写方法,提高写人叙事的能力。

❦ 写作启迪 ❧

故事一 当年曾国藩曾把他的幕僚门客分为四类:第一种人,是有本事而没脾气;第二种人,是有本事而又有脾气;第三种人,是没本事也没脾气;第四种人,则是没本事而又有脾气。曾国藩把手下幕僚门客分为如此四类,表现了他独特的知人之识。无独有偶,当代台湾著名作家余光中也曾把朋友分为四种类型:第一种是高级而有趣,这种朋友使人敬而不畏,亲而不狎,结交愈久,芳香愈醇;第二种高级而无趣,因为这类朋友品学固然优秀,但缺少幽默感,活泼不起来,与他交往觉得很累;第三种低级而有趣,这种人活泼乐人,能侃能闹,走到哪里,哪里一片笑声;第四种低级而无趣,既无品位又无趣味,人皆避之。

故事二 在厦门大学教书时,鲁迅先生曾到一家理发店理发。理发师不认识鲁迅,见他衣着简朴,心想他肯定没几个钱,理发时就一点也不认真。对此,鲁迅先生不仅不生气,反而在理发后极随意地掏出一大把钱给理发师——远远超出了应付的钱。理发师大喜,脸上立刻堆满了笑。过了一段日子,鲁迅又去理发,理发师见状大喜,立即拿出全部看家本领,满脸写着谦恭,"慢工出细活"地理发。不料理毕,鲁迅并没有再显豪爽,而是掏出钱来一个一个地数给理发师,一个子儿也没多给。理发师大惑:"先生,您上回那样给,今天怎么这样给?"

鲁迅笑笑："您上回马马虎虎地理,我就马马虎虎地给;这回您认认真真地理,我就认认真真地给。"理发师听了大窘。

知识技能

在记叙文中,写人与记事是密不可分的:写人离不开写事,因为人的思想个性不是架空的,一定要通过人物的具体事情来表现,即"以事摹人";写事也离不开写人,因为事情的发生、发展都是和人紧密联系在一起的,写事就不能不写到与事相关的人,即"以人写事"。

但就一篇文章来说,是属于写事为主的记叙文还是属于写人为主的记叙文,若从写作对象和写作目的的角度来衡量还是可区别开来的。写事文章以事件为记叙描写的对象,以揭示事件的实质及其对人、对社会所具有的意义为目的;写人文章则以人为写作对象,以表现人物的品质特点为目的。简单地说,如果文章的中心思想着重表现事件的思想意义,可以说它是以写事为主的作品。如果文章的中心思想着重表现主人公的思想品德,则可以说它是以写人为主的作品。同时,从叙述中对"人"和"事"的关注点也能看出写人为主的记叙文与记事为主的记叙文的区别。写人记叙文着眼于"人",是通过对人物的行为活动、语言心理等的描写来表现人物的性格特征,写事是为表现人物而服务,并不关注事件的完整性、曲折性;记事为主的记叙文,则要着眼于"事",文章中的写人、描景与状物都是为"事"服务,文章注重对事件的叙述和事件叙述的完整性。

阅读借鉴

耳　光

杜卫东

我永远也忘不了那一记耳光。

我实在没有料到,一向反对棍棒教育、文弱且极少发怒的父亲,会以迅雷不及掩耳之势,突然在我的脸颊上落下重重的一掌。

起因十分简单。

我去游泳,回来时饥肠辘辘,便用准备坐车的五分钱买了两碗小豆粥。车仍然坐了——下车时我藏在大人的身后,躲过了售票员的眼睛。到家后,当我眉飞色舞地把逃票的经历讲给父亲听时,我本来期待一两句褒奖,不想却挨了一记耳光。而且,猝不及防,没有任何铺垫。

父亲本不该这样。

这以前,我和几个小伙伴曾瞒着大人到护城河游泳,因为走散了,我不认得路,回家很晚。父亲还以为我遭到不测,见我回来,连喜带气,将手臂高高扬起,众人皆惊,做劝阻状。然而父亲高扬的手臂只是缓缓落下,在我的脸上轻轻一拍,让劝阻者哑然失笑,道:"您这是打他呢,还是给他搔痒痒呢?"

可是这一次父亲仿佛用尽了平生的力气,以致过了半天,我的耳畔还嗡嗡作响。

我很委屈，那一晚我没有吃饭。

睡觉的时候，父亲用手摸着我的脸颊，问："还疼吗?"我没有说话，只是默默地流泪。在那一刻，我甚至在内心发誓，一旦有能力自立，便离家出走，即便父亲病了，也不再回来看他一眼。我要让他为自己的这一记耳光付出十倍乃至一百倍的代价。

父亲似乎看透了我的心事，沉默良久，他靠在床边，点燃了一支香烟。

就是在那个月色如水的夜晚，我第一次听到了一个流传久远、震撼人心的故事：在很久很久以前，有一对母子相依为命。母亲很疼爱自己的儿子，以至对他百般呵护、纵容。有一次，儿子偷了邻居的东西拿回家，母亲不仅不责备，还夸奖他聪明能干。于是儿子一发不可收拾，最后发展到成了一名江洋大盗。后来他被逮捕归案，判了斩刑。临刑前，儿子提出再吃一口母亲的奶水。痛不欲生的母亲答应了，没想到儿子一口咬掉了她的奶头，并指责她说："你生养了我，却不教育我。如果当初我偷了邻居的东西你不是夸奖我，而是责备我，让我明辨是非，我怎么会有今天的下场呢！我好恨你啊！"

讲完这个故事，父亲拿一块湿毛巾擦去我脸上的泪痕，说："我当财会科长十几年，从我手上走过的钱财成千上万，我虽清贫，但聊以自慰的是，从没有拿过公家一根草棍儿！我今天所以打你，就是想让你牢牢记住：蚁穴虽小可溃千里长堤，那个江洋大盗最初也是从偷一些小东西开始的。当然，你没有去偷人家东西，但是上车不打票，和偷拿人家东西在本质上没有什么两样，都是一个贪字！"说着，父亲站起身，从衣架上的衬衫里取出钱包，掏出两毛钱放在桌子上，严肃地叮嘱我："你再去游泳，要多打一张票，要向售票员说明情况，能做到吗?"

我点点头，泪水再一次溢出眼眶。

那一年我九岁。当时我虽然还不能完全懂得这故事中蕴含的深奥道理，但是凭直觉我感受到了父亲的舐犊之情。从那以后，每逢在生活中遇到金钱的诱惑，我总会想起那记耳光，想起那个月色如水的夜晚……

一晃儿，三十多年过去了。

昨天，我携妻儿去为父亲祝寿。全家人都去了，足有二十多口。在饭店工作的大哥花了二百多元特意为父亲定做了一个大号的蛋糕，孙辈们则忙着在蛋糕上插满了七十五根红蜡烛。蜡烛点燃了，在《祝你生日快乐》的乐曲声中，父亲鼓足气去吹熄蜡烛。借着幽幽的烛光，我的心头突然一阵酸楚：哦，当年那个风流倜傥的父亲已经不复存在，眼前分明是一个已近迟暮的老人——双颊深陷，银发稀疏，脸上布满深深的皱纹。时间原是一个无形的杀手，于不知不觉中竟将人的生命之树渐渐蛀空。

吹完蜡烛，大姐代表全家向父亲祝酒。

父亲端起酒杯，仰头喝了一口，然后，望望家人略带歉疚地喃喃道："难得你们有如此孝心。我这一生……唉，只有一把算盘，两袖清风，没有什么财产可以留给你们。想起来，实在有些惭愧啊！"

人老了，便容易伤感。

大哥见父亲的眼圈有些发红，忙劝阻道："咳，您何必自责呢？儿子们都已自立，可以凭借自己的双手吃饭，一个个不都挺好吗?"

我也说："您没给我们留下多少食物，却给我们留下了猎枪，这是可以终生受用的。"

父亲闻言先是一愣，继而欣慰地笑了。在烛光的映照下，我看见他脸上的每一条皱纹都舒展开来……

回来的路上,十岁的儿子问我:"爸爸,你说爷爷给你留下了猎枪,放在什么地方?我怎么从来没有见过呢?"

于是,我向他讲述了耳光的故事……

(选自林非、李晓虹、王兆胜:《百年中国经典散文(挚爱卷)》,内蒙古文化出版社 2006 年版。收录时略有修改)

◎练习一　本文的叙述顺序是什么?作者为什么采取这一顺序?

◎练习二　本文作者说自己的父亲"给我们留下了猎枪,这是可以终生受用的",这里"猎枪"指的是什么?具体说说看。

放 烟 花

李 娟

村里只有我们一家汉族人,所以汉族的农历年似乎很多年都不曾正经地过过。但今年却决定认认真真过个年。于是我从城里买了几个大大的烟花,决定大年三十也热闹一下。五百多公里的路,倒了三回车。

回想一下,长到这么大,还从来不曾放过炮仗烟花这些玩意儿。小的时候看邻居家孩子玩,并不特别向往。长大后,更没啥感觉了,反正我们家又从来不过年的。再说了,花那么多钱买回来,点燃后"砰砰"几下就烟消云散、一地碎纸,实在不划算。

但这一次却不知想到了什么。从来都没过过年,却突然那么想过年……莫非,年岁不饶人?

吃过饭,还兴致勃勃看了"春晚"——很多年来这也是第一次。然而电视屏幕上的噪音与雪花点势均力敌,看这样的电视,除了视力外,还得运用非凡的想象力。看到后来实在忍受不了了,便出去踢了两脚天线锅。回来时发现情形更糟,索性关了电视,决定放烟花。

没有月亮,外面漆黑一团。但星空华丽,在世界上半部兀自狂欢。星空的明亮与大地的黑暗断然分割。站在院门口,一点也看不到村子里的其他房屋。没有一点灯火。这时候村子里的人都睡下了吗?又站了一会儿,才看清邻居家的院墙。

我妈打着手电筒照着我,看着我踩着墙角的柴火垛把烟花小心放到黑乎乎的屋顶,插在积雪里,又递上来几块石头,让我抵住烟花,怕它喷燃的时候会震动翻倒。四周那么安静,我没穿外套,冻得有些发抖,牙齿咬得紧紧的,却非常兴奋。

接下来我们开始商量由谁来点燃。因为都没干过这种事,还有些害怕。

"不会炸掉吧?"

"应该不会……"

"导线会不会太短?"

"应该不会……"

"会不会引起火灾?"

"应该不会……"

讨论完毕,我们都冻得抖抖索索的了,加之害怕,打燃火机后好半天才能瞄准导线。

烟花一点问题也没有,和曾经看到过的一样,一串串缤纷闪亮的火球从那里迸出,高高地冲向漆黑的空中,然后喷爆出一道道金波银浪。四周寂静无声,白雪皑皑。这幕强烈的情景不但没有撕破四周的寂静,反而更令这寂静瞬间深不见底。不远处的荒野在烟花的照耀下忽明忽暗,更远的地方,沙漠的轮廓在夜色中脉动了两三下。

时间非常短暂,我赶紧进房子去拉外婆,我妈也四处去唤赛虎和蛋蛋出来看。

外婆走得太慢,等拄着拐一步一步挪出门,都已经结束了,只看到残落的星星点点碎花最后飞灭了两三下。尽管这样,她也很高兴,惊叹了好几声,然后赶紧躲回屋子。外面太冷。

赛虎是个大笨蛋,一看到外面亮晶晶的,就一头钻到床底下死活不肯出来了。蛋蛋还跑到门口对着天空叫了几声。阿黄见怪不怪,卧在门口的狗窝埋头大睡,一点兴趣也没有。

我开始点燃第二个烟花筒。这回这个是喷花,彩色的火花像喷泉一样滋啦啦地四面乱溅,还甩得噼里啪啦直响,特别热闹。我和妈妈并排站在雪地里仰着头,看着烟花什么也不顾地挥霍着有限的激情。这烟花之外,四面八方茫茫无际的荒野沙漠……我们是在戈壁腹心,在大地深处深深的深深的一处角落里,面对着这虚渺美好的事物……若有眼睛从高远的上方看到这幅情景,那么这一切将会令他感到多么寂寞啊!

又同上回一样,外婆好容易走到大门外,又只看到了点尾巴。

于是我不许外婆回去,让她在雪地里等着,当着她的面点燃第三个烟花。我妈也把赛虎硬拖了出来。

刚刚火花一闪,赛虎"嗖"的一声就没了,消失在远处的夜色里。但没过一会儿,又想回到我们这边来,便以烟花为圆心,绕了五六米的半径迂转回来。

这时,在火光中,才看清院墙外的黑暗中的高处不知什么时候已经站了两三个人,正静静地仰头凝视着这幕绚烂的——对阿克哈拉来说根本就是"奇迹"般的情景。我认出其中一个女人是我们的邻居,她穿着破烂的长裙,裹着鲜艳的头巾,笔直单薄地站在那里,我在瞬间看到她宁静冷淡的大眼睛在烟花的照耀下是那样年轻。远处有一两幢房子的灯亮了,有人正披着衣服往这里走。

但这一次同样很快就结束了。

我只买了三个烟花。再也没有了。他们又站了一会儿,等了一会儿,低声说了几句话,才安静地消失在黑暗中。

谁知到了第二天,从荒野散步回来,遇见的人都会由衷地赞美一声:"昨天晚上,你们房子那里好漂亮啊!"

真让人纳闷,深更半夜的,怎么会有那么多人看到呢?

甚至,连住在河对岸的老乡套着马爬犁子(马拉雪橇)来我们里买东西时也这么说:"昨天晚上你们那里真漂亮啊!你们过年了吗?"

别说,这还真是阿克哈拉第一次有人放烟花呢!明年我再也不买这种便宜货了,一定要买那种最高最大的,可以看好长时间的。一定要买好多好多,让所有人好好看个够。

(选自李娟《我的阿勒泰》,云南人民出版社 2010 年版。收录时略有修改)

◎练习一　本文是以记人为主的记叙文还是以记事为主的记叙文?说说你的判断。

◎练习二　本文以"放烟花"为题,有什么寓意?说说你的理解。

习作实践

练习一 人们常叹"光阴似箭,日月如梭",然而生活中往往有值得铭记的日子,并且正是"这一天"让你的生命更加丰富。"这一天"可能是从清晨到日暮都那么不同寻常,也可能是某一个时刻让"这一天"变得不同凡响。请以"这一天,让我铭记"为题,写两篇文章,一篇是写人的文章,一篇是写事的文章,500 字左右。

练习二 亲人重逢,朋友惜别;获得成功的时刻,遭遇失败的瞬间;误会冰释后的拥抱,绝处逢生时的欢笑……这一幕幕难忘怀的画面,长久定格在我们记忆里,让我们用深情的笔触描绘这一幕幕画面。请以"那一幕,我难以忘怀"为题,写一篇写事的记叙文,500 字左右。

素养积淀

元 日

〔宋〕王安石

爆竹声中一岁除,春风送暖入屠苏。
千门万户曈曈日,总把新桃换旧符。

赏析 这首诗描写了宋代人过春节的场面:在阵阵鞭炮声中,一年又过去了,人们又迎来了新的一年。和煦的春风吹在脸上暖洋洋的,人们端起酒杯,开怀畅饮屠苏酒。旭日的光辉普照千家万户,到处是灿烂的景象。每到这个时候,人们都会取下旧桃符,换上新桃符,象征除旧布新。

就一个人来说,言语、举动虽然和许多人大体相同,可是总有着"小异"之点,待人接物也有他的态度和方法。把这些综合起来,人家对他就有更深切的认识,不仅是声音,是面貌,凡是一言一动,都觉得印着他的标记:这是这一个人而不是其他的人。

——叶圣陶

优秀的作品无论你怎样去探测它,都是探不到底的。

——[德]歌德

第二十八课

一人多事　一事多人

导论　人是复杂多变的,对人的思想品质、性格特点等的描写也是多方面的:一篇文章,可通过一件事表现人物的某一方面的思想品质、精神风貌、性格爱好等;也可通过几件事来表现一个人,使人物给人的印象更全面、更完整。同时,作者还常常通过具体记述一件事来表现多个人的性格特点与兴趣爱好。

要点　了解描写人物的几种基本方法,提高描写人物的能力;掌握一人多事时事例的选取与详略的安排技巧,提高在一事多人中刻画人物的能力。

❦ 写作启迪 ❦

故事一　著名作家魏巍到朝鲜前线去采访。开始,他被志愿军战士的英雄形象所感动,写了二十多个他认为最生动的例子。因为例子堆得太多,好像记流水账,东拉西扯,哪一个也说不清楚、不充分,这些文章就没有发表。以后再写的时候,他就只选择了几个例子,写完后又删掉两个。这样,他写成了《谁是最可爱的人》,受到广大读者热烈欢迎。魏巍说:"事实告诉我,用最能代表一般的典型例子,来说明本质的东西,给人的印象是清楚明白的,也会是突出的。"

故事二　莫泊桑自从拜师福楼拜之后,每逢星期日就带着新习作,从巴黎长途奔波到鲁昂近郊的福楼拜处,聆听福楼拜对他前一周交上的习作的点评。福楼拜对他要求非常严格,首先要求他敏锐透彻观察事物与人物。莫泊桑遵从师教,逐渐善于发现别人没有发现过和没有写过的特点。有次,福楼拜还建议莫泊桑做这样的锻炼:骑马出去跑一圈,一两个钟头之后回来,把自己所看到的一切记下来。莫泊桑按照这个办法锻炼自己的观察力有一年之久。这样长期坚持，莫泊桑就不断提高了叙述事情与描写人物的能力。

❧ 知识技能 ❧

写人记叙文要以人物为重心，就必须刻画出清晰乃至丰满的人物形象。但由于人物总离不开一定的事件，而且人物的内在性格和思想品质往往要依赖事件来外现，并在事件发生、发展的过程中逐步得以丰富和清晰，因此，写人记叙文可以通过一件事，也可以通过几件事来表现人物的思想性格特点。自然，我们也可以通过一件事来表现多个人的特点。

通过一件事写人，首先要完整地写出事件发生、发展的全过程，对其中关键性的情节或场面要展得开，写得细；与此同时，还要根据表现人物内在性格和思想品质的需要对人物的外貌、行动、语言或心理展开具体生动的描写。通过几件事来写一个人，最重要一点是几件事不能相互矛盾，人物的性格在几件事中要和谐统一，这就要求要找出作者最想要展现的人物的品质特点，然后紧紧围绕这个中心，选择最具典型意义的几件事来写。写的时候，要力求做到详略得当，条理分明，可用概括交代和具体描写相结合的方法。

通过一件事来写几个人，先要明确写作的目的，也就是要把握写这一件事、这几个人所要表现的中心思想。其次，要弄明白这几个人所具有的精神品质、性格特点(有什么共同点，有什么不同点)，做到既把这几个人物写得各具特色，又能写出他们的共性。同时，用一件事写几个人还要选择一件最能把这几个人联系到一起的事。只要把事写清楚，人物就自然带出来了。最后，由于一篇文章要写几个人，而这几个人在事件发生、发展的过程中所起的作用、所表现出来的行为等是各不相同的，因此在写作的过程中要有所侧重，其中有的人作为主要人物要详写，另一些人则可写得简略些，这样就能使人物相互映衬，鲜明完整。

❧ 阅读借鉴 ❧

母亲的记忆

孙 犁

母亲生了七个孩子，只养活了我一个。一年，农村闹瘟疫，一个月里，她死了三个孩子。爷爷对母亲说：

"心里想不开，人就会疯了。你出去和人们斗斗纸牌吧！"

后来，母亲就养成了春冬两闲和妇女们斗牌的习惯，并且常对家里人说：

"这是你爷爷吩咐下来的，你们不要管我。"

麦秋两季，母亲为地里的庄稼，像疯了似的劳动。她每天一听见鸡叫就到地里去，帮着收割、打场。每天很晚才回到家里来。她的身上都是土，头发上是柴草。蓝布衣裤，汗湿得泛起一层白碱，她总是撩起褂子的大襟，抹去脸上的汗水。她的口号是："争秋夺麦！""养兵千日，用兵一时！"一家人谁也别想偷懒。

我生下来，就没有奶吃。母亲把馍馍晾干了，再粉碎煮成糊喂我。我多病，每逢病了，夜间，母亲总是放一碗清水在窗台上，祷告过往的神灵。母亲对人说："我这个孩子，是不会孝顺的,因为他是我烧香还愿,从庙里求来的。"

家境小康以后,母亲对于村中的孤苦饥寒,尽力周济,对于过往的人,凡有求于她,无不热心相帮。有两个远村的尼姑,每年麦秋收成后,总到我们家化缘。母亲除给她们很多粮食外,还常留她们食宿。我记得有一个年轻的尼姑,长得眉清目秀。冬天住在我家,她怀揣一个蝈蝈葫芦,夜里叫得很好听,我很想要。第二天清早,母亲告诉她,小尼姑就把蝈蝈送给我了。

抗日战争时,村庄附近,敌人安上了炮楼。一年春天,我从远处回来,不敢到家里去,绕到村边的场院小屋里。母亲听说了,高兴得不知给孩子什么好。家里有一棵月季,父亲养了一春天,刚开了一朵大花,她折下就给我送去了。父亲很心痛,母亲笑着说:"我说为什么这朵花,早也不开,晚也不开,今天忽然开了呢,因为我的儿子回来,它要先给我报个信儿!"

1956 年,我在天津,得了大病,要到外地去疗养。那时母亲已经八十多岁,当我走出屋来,她站在廊子里,对我说:

"别人病了往家里走,你怎么病了往外走呢!"

这是我同母亲的永诀。我在外养病期间,母亲去世了,享年八十四岁。

（选自《中华散文珍藏本·孙犁卷》,人民文学出版社 1998 年版。收录时略有修改）

◎练习　本文是"一人多事"的典型文章。文中围绕母亲写了哪几件事? 这些事都表现了母亲什么性格特点?

福楼拜家的星期天

［法］莫泊桑

那时福楼拜住在六层楼的一个单身宿舍里,屋子很简陋,墙上空空的,家具也很少。他很讨厌用一些没有实用价值的古董来装饰屋子。他的办公桌上总是散乱地铺着写满密密麻麻的字的稿纸。

每到星期天,从中午一点到七点,他家一直都有客人来。门铃一响,他就立刻把一块很薄的红纱毯盖到办公桌上,把桌上的稿纸、书、笔、字典等所有工作用的东西都遮了起来。他总是亲自去开门,因为佣人几乎每个星期天都要回家的。

第一个来到的往往是伊万·屠格涅夫。他像亲兄弟一样地拥抱着这位比他略高的俄国小说家。屠格涅夫对他有一种很强烈并且很深厚的爱。他们相同的思想、哲学观点和才能,共同的趣味、生活和梦想,相同的文学主张和狂热的理想,共同的鉴赏能力与博学多识使他们两人常常是一拍即合,一见面,两人都不约而同地感到一种与其说是相互理解的愉快,倒不如说是心灵内在的欢乐。

屠格涅夫仰坐在一个沙发上,用一种轻轻的并有点犹豫的声调慢慢地讲着,但是不管什么事情一经他的嘴讲出,就都带上非凡的魅力和极大的趣味。福楼拜转动着蓝色的大眼睛盯着朋友这张白皙的脸,十分钦佩地听着。当他回答时,他的嗓音特别洪亮,仿佛在他那古高卢斗士式的大胡须下面吹响一把军号。他们的谈话很少涉及日常琐事,总是围绕着文学史方面的事件。屠格涅夫也常常带来一些外文书籍,并非常流利地翻译一些歌德和普希金的诗句。

过了一会儿,都德也来了。他一来就谈起巴黎的事情,讲叙着这个贪图享受、寻欢作乐并十分活跃和愉快的巴黎。他只用几句话,就勾画出某人滑稽的轮廓。他用他那独特的、具有南方风味和吸引人的讽刺口吻谈论着一切事物和一切人……

他的头很小却很漂亮,乌木色的浓密卷发从头上一直披到肩上,与卷曲的胡须连成一片;他习惯用手捋着自己的胡子尖。他的眼睛像切开的长缝,眯缝着,但却从中射出一道墨一样的黑光。也许是由于过度近视,他的眼光有时很模糊;讲话时调子有些像唱歌。他举止活跃,手势生动,具有一切南方人的特征。

接着来的是左拉。他爬了六层楼的楼梯累得呼呼直喘。一进来就歪在一把沙发上,并开始用眼光从大家的脸上寻找谈话的气氛和观察每人的精神状态。他很少讲话,总是歪坐着,压着一条腿,用手抓着自己的脚踝,很细心地听大家讲。当一种文学热潮或一种艺术的陶醉使谈话者激动了起来,并把他们卷入一些富于想象的人所喜爱的却又是极端荒谬、忘乎所以的学说中时,他还变得忧虑起来,晃动一下大腿,不时发出几声:"可是……可是……"然而却被别人的大笑声所淹没。过了一会儿,当福楼拜的激情冲动过去之后,他就不慌不忙地开始说话,声音总是很平静,句子也很温和。

左拉中等身材,微微发胖,一副朴实但很固执的面庞。他的头像古时意大利版画中人物的头颅一样,虽然不漂亮,但表现出他的聪慧和坚强的性格。在他那很发达的脑门上竖立着很短的头发,直挺挺的鼻子像是被人很突然地在那长满浓密胡子的嘴上一刀切断了。这张肥胖但很坚毅的脸的下半部都覆盖着修得很短的胡须,黑色的眼睛虽然近视,但透着十分尖锐的探求的目光。他的微笑总使人感到有点嘲讽,他那很特别的唇沟使上唇高高地翘起,又显得十分滑稽可笑。

渐渐地,人越来越多,挤满了小客厅。新来的人只好到餐厅里去。这时只见福楼拜做着大幅度的动作(就像他要飞起来似的),从这个人面前一步跨到那个人面前,带动得他的衣裤鼓起来,像一条渔船上的风帆。他时而激情满怀,时而义愤填膺;有时热烈激动,有时雄辩过人。他激动起来未免逗人发笑,但激动后和蔼可亲的样子又使人心情愉快,尤其是他那惊人的记忆力和超人的博学多识往往使人惊叹不已。他可以用一句很明了很深刻的话结束一场辩论,思想一下子飞跃过纵观几个世纪,并从中找出两个类同的事实或两段类似的格言,再加以比较。于是,就像两块同样的石块碰到一起一样,一束启蒙的火花从他的话语里迸发出来。

最后,他的朋友们一个个陆续走了。他分别送到前厅,单独讲一会儿话,紧紧握握对方的手,再热情地大笑着用手拍打几下对方的肩头……

(选自《语文》(七年级下册),人民教育出版社 2012 年版。收录时略有修改)

◎练习 本文是典型的"一事多人"记叙文。本文是围绕一件什么事来写? 写了哪几个人? 这几个人中哪些人是详写的? 哪些人是略写的? 作者为什么这样处理?

习作实践

练习一 根据所给题目和材料,分析下面哪些材料与表现人物特点无关。

题目:乐于助人的张大爷

材料:(1)他经常为小区的小孩子义务理发。(2)他每天早上很早起来,为小区的人打奶。(3)他有病不休息,坚持上班。(4)有一次,我病了,他背我上医院。(5)他经常教育自己的小孙子要好好学习。(6)他把省下来的钱捐给希望工程。(7)他每天坚持打太极拳,锻炼身体。(8)他去市场买菜,总要为别人代买,回来分给大家。

练习二　我们在生活中常与各种各样的人接触,有亲爱的爸爸妈妈、爷爷奶奶,也有可爱的同学朋友,还有老师,写一位熟悉的人,并选用多件事来表现人物特点。题目自拟,500字左右。

❀ 素养积淀 ❀

菩 萨 蛮

〔唐〕温庭筠

小山重叠金明灭,鬓云欲度香腮雪。懒起画娥眉,弄妆梳洗迟。

照花前后镜,花面交相映。新帖绣罗襦,双双金鹧鸪。

赏析　全文通体一气,无只字杂言,所写只是一件事,如用一个词概括这件事,便是"梳妆"一词。写女子起床梳妆时的娇慵姿态,以及妆成后的情态,暗示出人物孤独、寂寞的心境。

描写人物以描写他的性格为主,容貌、态度、服装等等常常作为性格的衬托,只有在足以显出人物性格的当儿,才是真正必要的。

——叶圣陶

善于描写典型的伟大作家不但用大事件来表现人物性格,而且不放松任何细节的描写。

——茅盾

第二十九课

细腻传神　刻画典型

导论　描写人物最难的地方是使人物站立起来。如何使人物站立起来,首要就是抓住人物的特征,然后通过细节对人物特征进行细腻传神的刻画;同时,对人物的细腻刻画还要注意人物所处的环境。

要点　了解抓住人物特征刻画人物的具体方法,学习和掌握抓住人物特征的方法;认识环境描写在人物刻画中的作用,学习和掌握环境描写的方法。

❧ 写作启迪 ❧

故事一　东晋画家顾恺之,诗、赋、画都很出色,他的绘画才能异常卓越。有一次,他为裴楷画像。裴楷脸上有三根又长又黑的汗毛,一般画家为他画像时,都不曾画上。顾恺之则不然,他对这三根汗毛很感兴趣,他给裴楷画像不但画上这些汗毛,而且还画得异常突出。怪呀,三根汗毛画上后,裴楷的肖像竟然格外生动,似乎"活"了似的,跃然纸上。

故事二　戏剧,是契诃夫少年时代最强烈的爱好。那时,社会上把戏剧看成是伤风败俗的东西,中学生如果得不到校长的证明信是不准踏进戏院大门的。即使侥幸进了剧场,如被值日的学监发现,就要受到处分。怎么办?契诃夫想出一计:每次进剧场前,他都要乔装打扮一番:把长胡子或者大鬓角粘在脸上,然后戴上深色眼镜。这样,就可从学监面前大摇大摆地走过了。他的化装总是很成功的,结果就成了台下的"演员"来看台上演员的表演。天长日久,他的化装和表演才能越来越高。有天他穿得破破烂烂,带着自己写的乞讨信,来到叔父家里。叔父居然没有认出眼前的"小乞丐"是自己的亲侄子。看过信后,觉得怪可怜,便大发慈悲,施舍给他几个小钱。这是契诃夫的第一笔收入,既是写作的稿费,又是演员的酬劳。

❧ 知识技能 ❧

要突出人物的性格特征,就要运用多种方法来细腻传神地刻画,刻画人物的方法主要有:

1.善于抓住人物的特征。对人物进行形象刻画,实际上就是具体描绘人物在有关生活矛盾中的种种表现,它包括对人物的外貌肖像、行为动作、语言及人物内心世界等多方面所进行的生动再现。人物刻画以展现人物特征和精神面貌为目的,因而无论是表现人物的哪个方面,抓住特征都是关键。人物形象的特征是多方面的,可以是反映人物身份地位、精神风貌、思想状况的特征,也可以是揭示人物灵魂世界的特征。对人物特征的把握切忌面面俱到,应抓住最能突出人物思想性格的几个点进行细腻传神的刻画,以求以一当十,以少胜多。

2.重视细节描写。细节描写,是叙事性文学用来刻画人物形象和揭示作品主题的重要手段。如果没有生动、形象、具体的细节描写,作品就会显得枯燥无味,人物形象也不会站立起来。细节描写是多方面的,人物的语言、动作、神态、内心所想等细节,都能从一个侧面反映人物的个性特征和思想状况,要细心捕捉。特别是在小说创作中,选择那些典型的细节,是作家刻画人物性格不可缺少的手段。运用细节描写的时候要注意选择,因为人物形象的生动展现与生活细节密切相关,但现实生活中存在着无数的细节,并不是所有的细节都可以写到作品中去,一定要选择那些最能表现人物性格、最能体现主题的典型细节。

3.注意环境烘托。要刻画鲜明的人物形象,就必须充分揭示人物生活的典型环境。环境作为人物行动的外在动因,展现得越具体,人物的性格也就越鲜明。作者对环境的渲染,既包括对各种矛盾关系的准确把握和生动再现,也包括对社会历史全局的巧妙勾勒和点染。

❧ 阅读借鉴 ❧

孔 乙 己

鲁 迅

鲁镇的酒店的格局,是和别处不同的:都是当街一个曲尺形的大柜台,柜里面预备着热水,可以随时温酒。做工的人,傍午傍晚散了工,每每花四文铜钱,买一碗酒,——这是二十多年前的事,现在每碗要涨到十文,——靠柜外站着,热热的喝了休息;倘肯多花一文,便可以买一碟盐煮笋,或者茴香豆,做下酒物了,如果出到十几文,那就能买一样荤菜,但这些顾客,多是短衣帮,大抵没有这样阔绰。只有穿长衫的,才踱进店面隔壁的房子里,要酒要菜,慢慢地坐喝。

我从十二岁起,便在镇口的咸亨酒店里当伙计,掌柜说,样子太傻,怕侍候不了长衫主顾,就在外面做点事罢。外面的短衣主顾,虽然容易说话,但唠唠叨叨缠夹不清的也很不少。他们往往要亲眼看着黄酒从坛子里舀出,看过壶子底里有水没有,又亲看将壶子放在热水里,然后放心:在这严重监督下,羼水也很为难。所以过了几天,掌柜又说我干不了这事。幸亏荐头的情面大,辞退不得,便改为专管温酒的一种无聊职务了。

我从此便整天的站在柜台里,专管我的职务。虽然没有什么失职,但总觉得有些单调,有些无聊。掌柜是一副凶脸孔,主顾也没有好声气,教人活泼不得;只有孔乙己到店,才可以笑几声,所以至今还记得。

孔乙己是站着喝酒而穿长衫的唯一的人。他身材很高大;青白脸色,皱纹间时常夹些伤痕;一部乱蓬蓬的花白的胡子。穿的虽然是长衫,可是又脏又破,似乎十多年没有补,也没有洗。他对人说话,总是满口之乎者也,教人半懂不懂的。因为他姓孔,别人便从描红纸上的"上大人孔乙己"这半懂不懂的话里,替他取下一个绰号,叫作孔乙己。孔乙己一到店,所有喝酒的人便都看着他笑,有的叫道,"孔乙己,你脸上又添上新伤疤了!"他不回答,对柜里说,"温两碗酒,要一碟茴香豆。"便排出九文大钱。他们又故意的高声嚷道,"你一定又偷了人家的东西了!"孔乙己睁大眼睛说,"你怎么这样凭空污人清白……""什么清白?我前天亲眼见你偷了何家的书,吊着打。"孔乙己便涨红了脸,额上的青筋条条绽出,争辩道,"窃书不能算偷……窃书!……读书人的事,能算偷么?"接连便是难懂的话,什么"君子固穷",什么"者乎"之类,引得众人都哄笑起来:店内外充满了快活的空气。

听人家背地里谈论,孔乙己原来也读过书,但终于没有进学,又不会营生;于是愈过愈穷,弄到将要讨饭了。幸而写得一笔好字,便替人家钞钞书,换一碗饭吃。可惜他又有一样坏脾气,便是好喝懒做。坐不到几天,便连人和书籍纸张笔砚,一齐失踪。如是几次,叫他钞书的人也没有了。孔乙己没有法,便免不了偶然做些偷窃的事。但他在我们店里,品行却比别人都好,就是从不拖欠;虽然间或没有现钱,暂时记在粉板上,但不出一月,定然还清,从粉板上拭去了孔乙己的名字。

孔乙己喝过半碗酒,涨红的脸色渐渐复了原,旁人便又问道,"孔乙己,你当真认识字么?"孔乙己看着问他的人,显出不屑置辩的神气。他们便接着说道,"你怎的连半个秀才也捞不到呢?"孔乙己立刻显出颓唐不安模样,脸上笼上了一层灰色,嘴里说些话;这回可是全是之乎者也之类,一些不懂了。在这时候,众人也都哄笑起来:店内外充满了快活的空气。

在这些时候,我可以附和着笑,掌柜是决不责备的。而且掌柜见了孔乙己,也每每这样问他,引人发笑。孔乙己自己知道不能和他们谈天,便只好向孩子说话。有一回对我说道,"你读过书么?"我略略点一点头。他说,"读过书,……我便考你一考。茴香豆的茴字,怎样写的?"我想,讨饭一样的人,也配考我么?便回过脸去,不再理会。孔乙己等了许久,很恳切的说道,"不能写罢?……我教给你,记着!这些字应该记着。将来做掌柜的时候,写账要用。"我暗想我和掌柜的等级还很远呢,而且我们掌柜也从不将茴香豆上账;又好笑,又不耐烦,懒懒的答他道,"谁要你教,不是草头底下一个来回的回字么?"孔乙己显出极高兴的样子,将两个指头的长指甲敲着柜台,点头说,"对呀对呀!……茴字有四样写法,你知道么?"我愈不耐烦了,努着嘴走远。孔乙己刚用指甲蘸了酒,想在柜上写字,见我毫不热心,便又叹一口气,显出极惋惜的样子。

有几回,邻居孩子听得笑声,也赶热闹,围住了孔乙己。他便给他们茴香豆吃,一人一颗。孩子吃完豆，仍然不散，眼睛都望着碟子。孔乙己着了慌，伸开五指将碟子罩住，弯腰下去说道，"不多了，我已经不多了。"直起身又看一看豆，自己摇头说，"不多不多！多乎哉？不多也。"于是这一群孩子都在笑声里走散了。

孔乙己是这样的使人快活，可是没有他，别人也便这么过。

有一天，大约是中秋前的两三天，掌柜正在慢慢的结账，取下粉板，忽然说，"孔乙己长久没有来了。还欠十九个钱呢！"我才也觉得他的确长久没有来了。一个喝酒的人说道，"他怎么会来？……他打折了腿了。"掌柜说，"哦！""他总仍旧是偷。这一回，是自己发昏，竟偷到丁举人家里去了。他家的东西，偷得的吗？""后来怎么样？""怎么样？先写服辩，后来是打，打了大半夜，再打折了腿。""后来呢？""后来打折了腿了。""打折了怎样呢？""怎样？……谁晓得？许是死了。"掌柜也不再问，仍然慢慢的算他的账。

中秋过后，秋风是一天凉比一天，看看将近初冬；我整天的靠着火，也须穿上棉袄了。一天的下半天，没有一个顾客，我正合了眼坐着。忽然间听得一个声音，"温一碗酒。"这声音虽然极低，却很耳熟。看时又全没有人。站起来向外一望，那孔乙己便在柜台下对了门槛坐着。他脸上黑而且瘦，已经不成样子；穿一件破夹袄，盘着两腿，下面垫一个蒲包，用草绳在肩上挂住；见了我，又说道，"温一碗酒。"掌柜也伸出头去，一面说，"孔乙己么？你还欠十九个钱呢！"孔乙己很颓唐的仰面答道，"这……下回还清罢。这一回是现钱，酒要好。"掌柜仍然同平常一样，笑着对他说，"孔乙己，你又偷了东西了！"但他这回却不十分分辩，单说了一句"不要取笑！""取笑？要是不偷，怎么会打断腿？"孔乙己低声说道，"跌断，跌，跌……"他的眼色，很像恳求掌柜，不要再提。此时已经聚集了几个人，便和掌柜都笑了。我温了酒，端出去，放在门槛上。他从破衣袋里摸出四文大钱，放在我手里，见他满手是泥，原来他便用这手走来的。不一会，他喝完酒，便又在旁人的说笑声中，坐着用这手慢慢走去了。

自此以后，又长久没有看见孔乙己。到了年关，掌柜取下粉板说，"孔乙己还欠十九个钱呢！"到第二年的端午，又说"孔乙己还欠十九个钱呢！"到中秋可是没有说，再到年关也没有看见他。

我到现在终于没有见——大约孔乙己的确死了。

（选自沈文利编：《鲁迅作品集精读本》，太白文艺出版社2008年版。收录时略有修改）

◎练习一　本文是怎样抓住孔乙己脸色的变化来塑造这个人物的？请具体分析。

◎练习二　"孔乙己是站着喝酒而穿长衫的唯一的人"是文中的关键句，请根据这句话并结合文内描写，谈谈你对孔乙己这个形象的认识。

习作实践

练习一　对下面一段话进行细节描写，看看谁更胜一筹。

我的同桌是一个非常勤奋的学生，他的许多事迹让人难以忘怀。我从心底里佩服他。

练习二　我们每天都跟形形色色的人接触。也许仅仅是一个眼神，也许仅仅是一个无意的小动作，都会让我们记忆深刻。请描写一个让你记忆深刻的人，注意抓住人物的特点和细节，题目自拟，500字左右。

素养积淀

观 猎

〔唐〕王 维

风劲角弓鸣,将军猎渭城。
草枯鹰眼疾,雪尽马蹄轻。
忽过新丰市,还归细柳营。
回看射雕处,千里暮云平。

赏析 首联大有先声夺人的气势;颔联生动而又逼真地写出发现猎物奋力追击的情形;颈联写猎罢归营而不着痕迹地表现了将军策马疾驰的风姿;尾联以"回看"一词写将军踌躇满志的神情。全诗通过写一次狩猎活动,勾画出了一位英姿飒爽、意气风发的将军形象。

下 篇

> 外形是理解人物的钥匙。
>
> ——[俄]果戈理
>
> 描写人，是容易的；描写人的心灵，则是艰难的，因为心灵应该通过人的肢体的姿态和动作去表现。
>
> ——[意]达·芬奇

第三十课

多方着笔　绘形绘神

导论　多方描写就是对人物的特征进行细致入微、一丝不苟的刻画，也就是工笔细描法。工笔描写人物要抓住人物的主要特征，突出重点，绘形绘神，主要是对人物进行肖像、动作、语言及心理等方面的描写，以反映人物的思想与性格。

要点　具体了解肖像、语言、动作及心理描写在刻画人物形象中的作用，掌握肖像、语言、动作及心理描写的方法；学习运用多种人物描写方法，提高描写人物的能力。

❧❧ 写作启迪 ❧❧

故事一　莫泊桑初学写作时，曾拜福楼拜为师。福楼拜这样教导自己的学生："当你走过一个坐在自己店门前的杂货商面前，走过一个吸着烟斗的守门人面前，走过一个马车站面前，请你给我描绘一下这个杂货商和这个守门人，他们的姿态，他们整个的身体外貌，要用画家那样的手腕传达出他们全部的精神本质，使我不至于把他们同任何别的杂货商人、任何别的守门人混同起来。还请你只用一句话，就让我知道马车站有一匹马同它前前后后五十来匹是不一样的。"莫泊桑就按照福楼拜的吩咐来进行观察和描写，终成一代大家。

故事二　高尔基、安德列耶夫和蒲宁在那不勒斯饭馆里做过这样一次比赛：见一个人走进来，限定每人对此人观察三分钟，然后说出自己的看法。高尔基观察后说："这是个脸色苍白的人，穿的是灰色西服，长着一双细长的发红的手。"安德列耶夫胡诌了一通，连衣服颜色也没说对。蒲宁观察得最细致，从这个人的服装说到他结带小点的领带，小指上的指甲有些不正常，连他身上的一个小瘊子也被详细地描绘出来。他还断言，这是个国际骗子。当即向侍者询问，果然此人来路不正，经常出现在那不勒斯街头，名声很糟。

知识技能

别林斯基说优秀的文学作品"里面所描写的人物会栩栩如生地出现在你的眼前,神态逼真,须眉毕露——你可以感觉到他们的脸,他们的声音,他们的步伐,他们的思想方式;他们永远不可磨灭地深印在你的记忆里,使你再也忘不掉他们"。因此,要使作品中的人物能让读者如见其人,如闻其声,呼之欲出,并忘不掉他们,就离不开对人物绘声绘色的描写。

肖像描写,即描写人物的容貌、身材、神态、服饰等外部特征,并通过这种描写把人物性格的特征在一定程度上表现出来。肖像描写贵在传神,不仅求形似,更重要的是达到神似。形似而无神是难以反映人物性格特征的。肖像描写还要注意到人物性格发生变化、人物经历发生变化对其肖像的影响。高明的写作者不但善于抓住不同人物的特征进行肖像描写,而且善于根据人物经历的变化,写出肖像的变化。

言为心声,要表现出人物的心灵,语言描写也是一种重要的方法。不同年龄、不同性别、不同经历、不同地位、不同性格的人,其语言也是各有特色、各有个性的。写人物的语言不能类型化,不能出现"千人一腔""异口同声"。应写出个性化的人物语言:什么人说什么话,每个人物仅说合乎自己性格的话,人物的语言要与其性格达到和谐统一。

人的行动是受思想与感情支配的。也就是说,行动是人的思想、情感及品性的外露,是人物性格的具体表现。因此行动描写也是塑造人物形象的重要手段。人物的语言,只是刻画人物不可缺少的一个方面。有的人物,在文章或作品中很少说话,仍然能够性格鲜明,这是因为人物的思想性格依靠人物本身的行动得到有力的表现;同时,就算是个性化的语言,往往也是同人物的行动紧紧结合在一起的。

在生活中,人除了外部动作和表情外,还有内心世界中的喜、怒、乐、悲等等。写作者要栩栩如生地塑造人物,有时单靠一种描写是不够的,还必须深入细致地探索人物心灵深处的思想及其产生的原因和发展变化的过程,采用不同写作手法,并将多种手法有机结合起来,为塑造人物形象服务。

阅读借鉴

金钱的魔力

[美] 马克·吐温

我等候着,一直等他把手头的事办完,然后他才领着我到后面的一个房间里去,取出一堆人家不肯要的衣服,选了一套最蹩脚的给我。我把它穿上。衣服并不合身,而且一点也不好看,但它是新的,我很想把它买下来;所以我丝毫没有挑剔,只是颇为胆怯地说道:

"请你们通融通融,让我过几天再来付钱吧。我身边没有带着零钱哩。"

那个家伙摆出一副非常刻薄的嘴脸,说道:

"啊,是吗?哼,当然我也料到了你没有带零钱。我看像你这样的阔人是只会带大票子的。"

这可叫我冒火了,于是我就说:

"朋友,你对一个陌生人可别单凭他的穿着来判断他的身份吧。这套衣服的钱我完全出得起;我不过是不愿意叫你们为难,怕你们换不开一张大钞票罢了。"

他一听这些话,态度稍改了一点,但是他仍旧有点儿摆着架子回答我:

"我并不见得有多少恶意,可是你要开口教训人的话,那我倒要告诉你,像你这样凭空武断,认为我们换不开你身边可能带着的什么大钞票,那未免是瞎操心。恰恰相反,我们换得开!"

我把那张钞票交给他,说道:

"啊,那好极了;我向你道歉。"

他微笑着接了过去,那种笑容是遍布满脸的,里面还有折纹,还有皱纹,还有螺旋纹,就像你往池塘里抛了一块砖的地方那个样子;然后当他向那张钞票瞟了一眼的时候,这个笑容就马上牢牢地凝结起来了,变得毫无光彩,恰像你所看到的维苏威火山边上那些小块平地上凝固起来的波状的、满是蛆虫似的一片一片的熔岩一般。我从来没有看见过谁的笑容陷入这样的窘况,而且继续不变。那个角色拿着钞票站在那儿,老是那副神色,老板赶紧跑过来,看看是怎么回事,他兴致勃勃地说道:

"喂,怎么回事? 出了什么岔子吗? 还缺什么?"

我说:"什么岔子也没有。我在等他找钱。"

"好吧,好吧;托德,快把钱找给他;快把钱找给他。"

托德回嘴说:"把钱找给他! 说说倒容易哩,先生;可是请你自己看看这张钞票吧。"

老板望了一眼,吹了一声轻快的口哨,一下子钻进那一堆被顾客拒绝接受的衣服里,把它来回翻动,同时一直很兴奋地说着话,好像在自言自语似的:

"把那么一套不像样子的衣服卖给一位脾气特别的百万富翁! 托德简直是个傻瓜——天生的傻瓜。老是干出这类事情。把每一个大阔佬都从这儿撵跑了,因为他分不清一位百万富翁和一个流浪汉,而且老是没有这个眼光。啊,我要找的那一套在这儿哩。请您把您身上那些东西脱下来吧,先生,把它丢到火里去吧。请您赏脸把这件衬衫穿上,还有这套衣服;正合适,好极了——又素净,又讲究,又雅致,简直就像个公爵穿得那么考究;这是一位外国的亲王定做的——您也许认识他哩,先生,就是哈利法克斯公国的亲王殿下;因为他母亲病得快死了,他只好把这套衣服放在我们这儿,另外做了一套丧服去——可是后来他母亲并没有死。不过那都没有问题,我们不能叫一切事情老照我们……我是说,老照他们……哈! 裤子没有毛病,非常合您的身,先生,真是妙不可言;再穿上背心,啊哈,又很合适! 再穿上上衣——我的天! 您瞧吧! 真是十全十美——全身都好! 我一辈子还没有缝过这么得意的衣服呢。"

我也表示了满意。

"您说得很对,先生,您说得很对;这可以暂时对付着穿一穿,我敢说。可是您等着瞧我们照您自己的尺寸做出来的衣服是什么样子吧。喂,托德,把本子和笔拿来;快写,腿长三十二……"一切等等。我还没有来得及插上一句嘴,他已经把我的尺寸量好了,并且吩咐赶制晚礼服、便装、衬衫,以及其他一切。后来我有了插嘴的机会,我就说:

"可是,老兄,我可不能定做这些衣服呀,除非你能无限期地等我付钱,要不然你能换开这张钞票也行。"

"无限期！这几个字还不够劲，先生，还不够劲。您得说永远永远——那才对哩，先生。托德，快把这批定货赶出来，送到这位先生公馆里去，千万别耽误。让那些小主顾们等一等吧。把这位先生的住址写下来，过天……"

"我快搬家了。我随后再来把新住址给你们留下吧。"

"您说得很对，先生，您说得很对。您请稍等一会儿——我送您出去，先生。好吧——再见，先生，再见。"

（选自马克·吐温：《百万英镑的钞票》，张友松译，江西人民出版社1986年版。收录时略有修改，题目为编者所加）

◎练习一　你对托德和老板各有什么印象，本文中的哪些地方让你产生了这样的印象？从文中找出体现他们形象的语言、动作和神态的句子。

◎练习二　根据文章题目《金钱的魔力》，具体说说作者是怎样通过刻画人物来表现这一魔力的，给你的写作有哪些启迪。

背　影

朱自清

我与父亲不相见已二年余了，我最不能忘记的是他的背影。

那年冬天，祖母死了，父亲的差使也交卸了，正是祸不单行的日子。我从北京到徐州，打算跟着父亲奔丧回家。到徐州见着父亲，看见满院狼藉的东西，又想起祖母，不禁簌簌地流下眼泪。父亲说，"事已如此，不必难过，好在天无绝人之路！"

回家变卖典质，父亲还了亏空；又借钱办了丧事。这些日子，家中光景很是惨淡，一半为了丧事，一半为了父亲赋闲。丧事完毕，父亲要到南京谋事，我也要回北京念书，我们便同行。

到南京时，有朋友约去游逛，勾留了一日；第二日上午便须渡江到浦口，下午上车北去。父亲因为事忙，本已说定不送我，叫旅馆里一个熟识的茶房陪我同去。他再三嘱咐茶房，甚是仔细。但他终于不放心，怕茶房不妥帖；颇踌躇了一会。其实我那年已二十岁，北京已来往过两三次，是没有什么要紧的了。他踌躇了一会，终于决定还是自己送我去。我两三回劝他不必去；他只说，"不要紧，他们去不好！"

我们过了江，进了车站。我买票，他忙着照看行李。行李太多了，得向脚夫行些小费，才可过去。他便又忙着和他们讲价钱。我那时真是聪明过分，总觉他说话不大漂亮，非自己插嘴不可，但他终于讲定了价钱；就送我上车。他给我拣定了靠车门的一张椅子；我将他给我做的紫毛大衣铺好坐位。他嘱我路上小心，夜里警醒些，不要受凉。又嘱托茶房好好照应我。我心里暗笑他的迂；他们只认得钱，托他们直是白托！而且我这样大年纪的人，难道还不能料理自己么？唉，我现在想想，那时真是太聪明了！

我说道，"爸爸，你走吧。"他望车外看了看，说，"我买几个橘子去。你就在此地，不要走动。"我看那边月台的栅栏外有几个卖东西的等着顾客。走到那边月台，须穿过铁道，须跳下去又爬上去。父亲是一个胖子，走过去自然要费事些。我本来要去的，他不肯，只好让他去。我看见他戴着黑布小帽，穿着黑布大马褂，深青布棉袍，蹒跚地走到铁道边，慢慢探身下去，尚不大难。可是他穿过铁道，要爬上那边月台，就不容易了。他用两手攀着上面，两脚再向上缩;他肥胖的身子向左微倾,显出努力的样子。这时我看见他的背影,我的泪很快地流下来了。我赶紧拭干了泪。怕他看见,也怕别人看见。我再向外看时,他已抱了朱红的橘子往回走了。过铁道时,他先将橘子散放在地上,自己慢慢爬下,再抱起橘子走。到这边时,我赶紧去搀他。他和我走到车上,将橘子一股脑儿放在我的皮大衣上。于是扑扑衣上的泥土,心里很轻松似的,过一会说,"我走了,到那边来信!"我望着他走出去。他走了几步,回过头看见我,说,"进去吧,里边没人。"等他的背影混入来来往往的人里,再找不着了,我便进来坐下,我的眼泪又来了。

近几年来,父亲和我都是东奔西走,家中光景是一日不如一日。他少年出外谋生,独力支持,做了许多大事。哪知老境却如此颓唐!他触目伤怀,自然情不能自已。情郁于中,自然要发之于外;家庭琐屑便往往触他之怒。他待我渐渐不同往日。但最近两年的不见,他终于忘却我的不好,只是惦记着我,惦记着我的儿子。我北来后,他写了一信给我,信中说道,"我身体平安,惟膀子疼痛利害,举箸提笔,诸多不便,大约大去之期不远矣。"我读到此处,在晶莹的泪光中,又看见那肥胖的、青布棉袍、黑布马褂的背影。唉!我不知何时再能与他相见!

(选自沈文利编:《朱自清作品集精读本》,太白文艺出版社 2008 年版。收录时略有修改)

◎练习一　作者写父亲买橘子的事,采用了肖像描写和动作描写的手法,请你找出有关肖像描写和动作描写的词语,从这些词语中,体会父亲的形象和作者的心情。

◎练习二　根据本文描写人物的方法,具体说说对你描写人物的几点启示。

❧ 习作实践 ❧

练习一　续写下面一段文字,要求运用语言描写、动作描写和心理描写。

数学老师拿着一叠考卷,兴冲冲地来到我们教室,笑眯眯地一边把考卷发给大家,一边说:"这次考得不错,大多数同学都考出了新水平,只有个别……"显然老师咽下了后半截话。同学们拿到考卷,纷纷核对答案,热烈地交谈着。我偶一回头,看见小芬独自坐着,闷声不响……

练习二　第一次离家远行,父母对你总会有些舍不得,帮你收拾衣物,帮你购置日用品,还不忘时刻对你叮咛,这时的父母可能与以往有些不同。请你描写一下第一次远行前你的父母的变化,注意运用多种描写方法,题目自拟,500 字左右。

❧ 素养积淀 ❧

山坡羊·潼关怀古

〔元〕张养浩

峰峦如聚,波涛如怒,山河表里潼关路。望西都,意踟蹰。伤心秦汉经行处,宫阙万间都做了土。兴,百姓苦;亡,百姓苦。

赏析　本散曲由潼关而怀古,表达了对广大人民的同情。"兴,百姓苦;亡,百姓苦"一句道出了全文的主旨,揭示了统治者压迫人民的本质。

短篇小说是写出来的少，没有写出来的要比写出来的多几十倍。所谓小中见大，那个大是不可以看见的，而是可以想见的。

——陆文夫

在文学作品里，构思越是大胆，创作愈应无懈可击。

——[法]雨果

第三十一课

精巧构思　窥斑知豹

导论　小事情中看出大道理，是叙事性文章特别是小说创作成功的重要因素之一，也是提高写作者观察事物、分析问题、看待世界的能力的必然要求。因此，"小中见大"的精巧构思，就是小处着笔、大处着意，这样才能避免叙事性文章中就事写事、就事论事的不足。

要点　重视对周围人或事物的观察、分析与思考，提高在日常生活中捕捉典型事件和典型人物的能力；认识叙事性文章"大中取小""小中见大"的构思特征，提高选取典型素材来写作的能力。

❦❧ 写作启迪 ❦❧

故事一　扬州八怪之首的郑板桥，诗、书、画皆绝，但若想求一幅并非易事。当地赫赫有名的陶公做寿，请到郑板桥，欲现场求一贺诗。展纸磨墨，众人围观，皆想一睹板桥之风采。板桥稍一思索，见雨大风狂，便提笔写下"奈何"二字，众皆惊诧；再往下看，板桥落笔还是"奈何"二字，众皆不解；继续看，板桥又是一个"可奈何"，众皆摇头："这个郑板桥也怪得离谱了，祝寿诗左一个奈何，右一个奈何，成何体统？"正当众人议论纷纷，板桥第二句开头还是一个"奈何"。这下有人沉不住气了，请来寿星陶公观看。陶公心中不悦，只好耐着性子看他如何往下写。板桥不慌不忙写下"奈何今日雨滂沱"，下一句"滂沱雨祝陶公寿"，末句"寿比滂沱雨更多"。甫一停笔，众皆鼓掌称妙！陶公转忧为喜，反复吟诵："奈何奈何可奈何，奈何今日雨滂沱？滂沱雨祝陶公寿，寿比滂沱雨更多。"

故事二　一次老舍家里来了许多青年人，请教怎样写诗。老舍说："我不会写诗，只是瞎凑而已。"有人提议，请老舍当场"瞎凑"一首。"大雨洗星海，长虹万籁天；冰莹成舍我，碧野林风眠。"老舍随口吟了这首别致的五言绝句。寥寥20字把8位人们熟悉并称道的文艺家的名字"瞎凑"在一起，意境开阔，余味无穷。青年们听了，无不赞叹叫绝。诗中提到的大雨即孙大雨,现代诗人、文学翻译家;冼星海即冼星海,人民音乐家;高长虹是现代名人;万籁天是戏剧电影工作者;冰莹是现代女作家;成舍我曾任重庆《新蜀报》总编辑;碧野是当代作家;林风眠是画家。

知识技能

　　小中见大就是要以通俗的语言来讲述一个个普通的人和一件件平常的事,但这个人或这件事却包含着人生真谛和深刻道理。叙事性文章特别是短篇小说往往选取和描绘富有典型意义的生活片段来着力刻画主要人物,以反映生活的某一侧面,使读者"借一斑略知全豹"。

　　首先,要注意对生活现象的捕捉。写作者对生活捕捉的本领愈高,作品的构思就愈巧愈妙愈有特色。捕捉到生活中的一个有意义的片段、一个事件、一个人物,由其触发写作者的情感波动,才能写出好文章来。反之,如把这个触发自己情感波动的事情视为平常,在一时激动之后就置之不理,就捕捉不到写作的东西。因此,写作者必须关注生活中对自己有触发的人和事并加以深思,才能真正捕捉到瞬间即逝的有意义的生活现象,才能成为构思文章的契机,才能在自己的作品中蕴含深刻的寓意。其次,要在安排题材时重视"大中取小"和"小中见大"。所谓"大中取小",就是在重大题材中,只选取某一方面"小"的题材来写:在激烈的民族、阶级大搏斗的浪潮中,只选取一朵浪花;在反映整个社会广阔的题材中,只选取一滴露珠。大题材中选小题材,这是初学写作者进行构思时要把握的一个方法。所谓"小中见大",是说题材虽小,意义却重大,通过细小的甚至琐碎的题材可显示重大的意义,可看出社会的重大价值。最后,要学会"大处着眼"与"小处着笔"。构思时把文章的口子尽量开小一些,把题材范围限定得小一点,而文章显示的思想内涵却比较大,这样才能体现出深刻的大道理。上文所说"小中见大",实际上就是构思时要小处着笔、大处着意,这样才能避免叙事性文章中就事论事的不足。做到这一点,就要善于从平凡的生活中捕捉典型而有意义的材料,同时要在行文中或结尾处由此及彼、由点带面、因事见理、见微知著,使主题得到升华和深化。第一,要在日常的凡人小事、常见情景中切入重大而严肃的主题。第二,能把一件具体事情的特征同某种哲理、风格、品质联系起来,即写作中要善于进行由此及彼的联想,借自己所选的具体的人事景物来表达人类普遍的感情和抽象的道理。第三,要把题材放入广阔的社会背景和时代高度,传递时代信息,表现时代精神。因此,"小中见大"所"见"不是简单的结论和生硬的哲理,而贵在开拓人的感情世界与理性世界。

阅读借鉴

拜　年

郑　远

腊月二十九晚上,大雪纷飞。

许局长走到外面,拉亮院子前的门灯。院子很干净,没有积雪,今天,里里外外,他已经打扫了三次。他在等人来拜年。

以往的这个时候，来给许局长拜年的人，早来了一拨又一拨了。来人给许局长拜年，然后给许局长呈上各色各样的礼品。局长家就像个超市。

今年许局长家却冷冷清清。这些天许局长时常叹气：真的就这么灵验，刚退居二线就……

老伴在一旁嘀咕："别人不来我信，小陆子不来我不信！"

"小陆子"是许局长的司机，是许局长一步一步把他从工人提为干部，再到股长、科长。

每年过年，"小陆子"都会来给许局长拜年。"小陆子"习，每次都在腊月二十九的晚上——这时，该来的人都来了，碰不见熟人不说，还能跟许局长多唠几句。

"小陆子"每次来都要带上小狗"欢欢"。"欢欢"叫了，"小陆子"就到了。

明天就是大年三十，许局长知道，自己实际上在等"小陆子"一个人，等他一句暖心的问候，哪怕他空手来。许局长叹口气，惶惶地进了屋。

这时，门外传来一阵汪汪的叫声。

"是欢欢"，老伴忙不迭地跑出来，"老许，小陆子来了。"

许局长跟着走出来，第一次走到院子外边迎客，他甚至没有觉察到脚上穿的拖鞋。

果然是"欢欢"。"欢欢"热情地叫唤着，舔许局长的手。

却不见"小陆子"。

灯光下雪花漫天飞舞，院子外的长巷里，空无一人。

"小陆子呢？"老伴很纳闷，望望许局长，又看看"欢欢"。

许局长明白了：哪有"小陆子"，是"欢欢"习惯性地上门"拜年"来了。

"欢欢！"许局长一把抱起"欢欢"，眼泪刷地下来了。

（选自《齐鲁晚报》，2001年1月21日。收录时略有修改）

◎练习一　说说你对文中未正面出现的人物"小陆子"的看法，要言之成理。
◎练习二　作者是怎样巧妙构思故事的？试加以具体分析。

胖子和瘦子

[俄] 契诃夫

尼古拉铁路的一个火车站上，有两个朋友相遇：一个是胖子，一个是瘦子。胖子刚刚在火车站吃过饭，嘴唇上粘着油而发亮，就跟熟透的樱桃一样。他身上冒出白葡萄酒和香橙花的气味。瘦子刚从火车上下来，拿着箱子、包裹和硬纸盒。他冒出火腿和咖啡渣的气味。他背后站着一个长下巴的瘦女人，是他的妻子。还有一个高身量的中学生，眯着一只眼睛，是他的儿子。

"波尔菲利！"胖子看到瘦子，叫起来。"真是你吗？我的朋友！有多少个冬天，多少个夏天没见面了！"

"哎呀！"瘦子惊奇地叫道，"米沙！小时候的朋友！你这是从哪儿来？"

两个朋友互相拥抱，吻了三次，然后彼此打量着，眼睛里含满泪水。两个人都感到愉快的惊讶。

"我亲爱的！"瘦子吻过胖子后开口说，"这可没有料到！真是出其不意！嗯，那你就好好地看一看我！你还是从前那样的美男子！还是那么个风流才子,还是那么讲究穿戴！啊,天主！嗯,你怎么样？很阔气吗？结了婚吗？我呢,你看得明白,已经结婚了。……这是我的妻子露意丝,娘家姓万增巴赫,……她是新教徒。……这是我儿子纳法奈伊尔,中学三年级学生。这个人,纳法尼亚,是我小时候的朋友！我们一块儿在中学里念过书！"

纳法奈伊尔想了一忽儿,脱下帽子。

"我们一块儿在中学里念过书！"瘦子继续说,"你还记得大家怎样拿你开玩笑吗？他们给你起个外号叫赫洛斯特拉托斯,因为你用纸烟把课本烧穿一个洞。他们也给我起个外号叫厄菲阿尔忒斯,因为我喜欢悄悄到老师那儿去打同学们的小报告。哈哈。……当时咱们都是小孩子！你别害怕,纳法尼亚！你自管走过去,离他近点。……这是我的妻子,娘家姓万增巴赫,……新教徒。"

纳法奈伊尔想了一忽儿,躲到父亲背后去了。

"喂,你的景况怎么样,朋友？"胖子问,热情地瞅着朋友,"你在哪儿当官？做到几品官了？"

"我是在当官,我亲爱的！我已经做了两年八品文官,还得了斯坦尼斯拉夫勋章。我的薪金不多……哎,那也没关系！我妻子教音乐课,我呢,私下里用木头做烟盒。很精致的烟盒呢！我卖一卢布一个。要是有人要十个或十个以上,那么你知道,我就给他打个折扣。我们好歹也混下来了。你知道,我原来在衙门里做科员,如今把我调到这儿同一类机关里做科长。……我往后就在这儿工作了。嗯,那么你怎么样？恐怕已经做到五品文官了吧？啊？"

"不,亲爱的,你还要说得高一点才成,"胖子说,"我已经是三品文官了。……有两枚星章。"

瘦子脸色突然变白,呆若木鸡,然而他的脸很快往四下里扯开,做出顶畅快的笑容,仿佛他脸上和眼睛里不住迸出火星来似的。他把身体蜷缩起来,哈着腰,显得矮了半截,……他的皮箱、包裹和硬纸盒也都收缩起来,好像显出皱纹来了。……他妻子的长下巴越发长了。纳法奈伊尔挺直身体,做出立正的姿势,把他制服的纽扣全都扣上。

"我,大人……很愉快！您,可以说,原是我儿时的朋友,现在忽然间,青云直上,做了这么大的官,您老！嘻嘻。"

"哎,算了吧！"胖子皱起眉头说,"何必用这种腔调讲话呢？你我是小时候的朋友,哪里用得着官场的那套奉承！"

"求上帝饶恕我。……您怎么能这样说呢,您老,……"瘦子赔笑道,把身体缩得越发小了。"多承大人体恤关注,……有如使人再生的甘霖。……这一个,大人,是我的儿子纳法奈伊尔,……这是我妻子露意丝,在某种程度上说,是新教徒。……"

胖子本来打算反驳他,可是瘦子脸上露出那么一副尊崇敬畏、阿谀谄媚、低首下心的丑相,弄得三品文官恶心得要呕。他扭过脸去不再看瘦子,光是对他伸出一只手告别。

瘦子握了握那只手的三个手指头,弯下整个身子去深深一鞠躬,嘴里发出像中国人那样的笑声:"嘻嘻嘻。"他妻子微微一笑。纳法奈伊尔并拢脚跟立正,把制帽掉在地下了。三个人都感到愉快的震惊。

(选自杨莉馨主编:《现当代小说名篇赏析　6》,重庆出版社1999年版。收录时略有修改)

◎练习一　具体说说这篇小说的寓意。

◎练习二　小说情节的转折点是什么？试加以具体分析并说说这样构思的好处。

习作实践

练习一　我们生活在社会中,每天都会遇见各种各样的人和碰到各种各样的事。有些人、有些事,总会触动我们内心那根思考的神经。请用你喜欢的方式构思一篇文章,表达你对社会或人生的感悟与思考。题目自拟,500 字左右。

练习二　有人说,"人"字是一撇一捺,你是这一撇,我是那一捺,要两个人才能写成。如人人只想着自己的那一撇或那一捺,那么"人"字永远也组合不到一起。

根据上面材料,结合自己的经历和感受,构思一篇作文。题目自拟,500 字左右。

素养积淀

咏 针

〔清〕文映江

百炼千锤一根针,一颠一倒布上行。

眼睛长在屁股上,只认衣冠不认人。

赏析　全诗浅显易懂,借针缝衣来讽刺社会上存在的以衣冠取人的恶习。《咏针》虽名为咏针,实为讽刺,但诗中只字不提讽刺的那类人。即使如此,就算不识几个字的大老粗,也能一眼看明白这首诗讽刺的是哪类人,这就是这首诗的绝妙之处。

故事得有曲折,文字贵有波澜。……文贵曲折,因为人生的道路都是曲折的。

——周立波

一篇作品,不能平铺直叙,始终如一,也不能从头到尾,一味紧张;总得错综变化,迂回曲折。

——茅 盾

第三十二课

跌宕起伏 引人入胜

导论 "文似看山不喜平",记叙类文章的情节安排特别是小说的情节安排应曲折生动,那种平铺直叙、一览无余的故事是不能引起读者的阅读兴趣的。

要点 认识记叙类文章在情节构思中的一般要求,学习和掌握巧合、意外、误会、悬念等手法在叙事中的运用。

写作启迪

故事一 有个军人穿着便衣去游寺院。和尚以为他是平民百姓,对他不理不睬。军人向和尚说:"我看你的寺院也很冷落,倘若修建什么缺些钱,可把募捐的册子拿来,我好写些布施。"和尚十分高兴,马上献上茶来,态度非常恭敬。他在募捐册上才写了"总督部院"四个大字,和尚以为是大官私访,惊恐跪下。那军人在"总督部院"下边又添上"所属左营官兵",和尚以为是个士兵,脸色转为恼怒,站起来不跪了。又见写了"布施三十",和尚以为是三十两银子,脸色又转怒为喜,重新跪下。等到添上"文钱"二字,和尚见布施很少,马上又站起来不跪,将身一扭,脸色又变得恼怒了。

故事二 《纽约时报》以3000美元征集超短篇小说佳作。获奖作品全文如下:

伊琳娜的弟弟弗兰特和她的丈夫巴博去非洲打猎,不久,她接到弟弟发来的电报:"巴博猎狮身亡。——弗兰特。"伊琳娜悲痛欲绝,回电给弟弟:"运回其尸。"三星期后,从非洲运来一只箱子,里面是一只死狮子,她立即又发了一个电报:"狮收到,有误,请运回巴博尸。"很快收到非洲的回电:"无误,巴博在狮腹中。——弗兰特。"

知识技能

跌宕起伏的故事情节,既是真实反映现实生活中人物关系及矛盾复杂多变的需要,也是叙事特别是小说创作的需要。生活中的矛盾往往由多种因素构成,这些因素有客观的也有主观的,有可知的也有未知的,有必然的也有偶然的,等等。它们所起的作用各不相同,或起形成、扩大、激化矛盾的作用,或起分离、缩小、化解矛盾的作用。这些因素及作用构成了生活矛盾的复杂多变。安排故事情节,就要以生活的复杂多变为依据,使情节曲折多姿、跌宕起伏。在故事情节的发展过程中,曲折多姿、跌宕起伏的情节常表现在人物关系、命运转折与事件突变上,如人物由顺境转入逆境,事件由顺利转为挫折,人物命运由喜剧变为悲剧,事件由成功突变为挫折……这些情况还可反复交替。这样的情节,就能产生引人入胜的效果。

巧合:由于生活本身就充满了一些偶然性和巧合性因素,以生活为基础的故事情节的设置自然就应利用情节发展的偶然和巧合因素,增强作品的吸引力。巧合,一般来说体现着事物发展的偶然性,事件发生的概率是构成巧合的基础。

意外:在故事情节发展过程中出现了令人意想不到的转折,以增加作品的生动性和曲折性。在日常生活中常出现的意外事件,是构成意外情节的生活基础。意外或突变是人们主观估计与事物发展的客观实际的差异,艺术地反映在作品中就出现了情节的意外转折,并对人物的命运或事态的发展产生重大的影响。

误会:由于处境、地位、思想认识、性格气质及思维方式等存在着种种差异,每个人又常常是站在距自己心理位置最近的角度上去观察事物,因此在特定的情况下就产生了误会、冲突的故事情节。在叙事作品中,误会与巧合都属戏剧性冲突。

悬念:悬而未决的意念。在故事情节安排中,埋下一个疑问,但作者又不去一下子解开答案,而是让读者始终处于一种急切的期待之中,从而唤起其阅读兴趣,这就是悬念的设置方法。好的具有悬念的情节,能对读者产生强烈的艺术吸引力。悬念设置方法一般有两种:一是在情节的开端"系下扣子",然后再一层层铺开,最后提供答案;另一种是在叙述情节的过程中,在情节的发展关口上突然打住,去叙述另外的事,给读者留下悬念。

阅读借鉴

河豚子

王任叔

他从别人口中得来这一种常识,便决定走这一着算盘。

他不知从什么地方讨来了一篮的河豚子,悄悄地拿向家中走来。

一连三年的灾荒,所得的谷只够作租;凭他独手支撑的一家五口,从去年冬支撑到今岁二三月,已算是困难极了。现在只好挨饿了!

但是——怎样挨得下去呢?

这好似天使送礼物一般的喜悦,当一家人见到他拿来了一篮子东西的时候。

孩子们都手舞足蹈地向前进去。

"爸爸,爸爸!什么东西呵!让我们吃哟!"

这么样的情景,真使他心伤泪落的了!

"吃!"他低低地答一声后,无限的恐怖!为了孩子生命的恐怖,一齐怒潮般压上心头,喘不过气来。

他嘱咐妻子把河豚子煮熟来吃,自己托故外出一趟。他并不是自己不愿死,不吃河豚子,不过他不忍见到一家临死的惨状,所以暂时且为避开。

已过了午了,还不见他回来。孩子却早已绕着母亲要吃了。这同甘共苦的妻子,对于丈夫非常敬爱。任何东西断不肯先给孩子尝吃的。

日车已驾到斜西,河豚子,还依然煮着。他归来了。他的足如踏在云上一般。他想象中一家尸体枕藉的惨状,真使他归来的力也衰了。

然而预备好的刀下舍生的决心,鼓起了他勇气。早已见到孩子们炯炯的眼光在门外闪发着,过后,一阵欢迎归来的声音也听到了。

"怎么还没死呢?"他想。

"爸爸!我们是等你来一同吃呀!"

"哦!"他知道了。

一桌上争争抢抢地吃着。久未得鱼味的他的一家人,自然分外感到鲜甜。

吃好后,他到床上安安稳稳地睡着,静待这黑衣死神之降临。

但毕竟因煮烧多时,河豚子的毒性消失了,一家人还是要安安稳稳地挨饿。

他一觉醒来,叹道:"真是求死也不得啊!"泪绽出在他的眼上了。

(选自郑允钦编选《百年百篇经典微型小说》,长江文艺出版社2005年版。收录时略有修改)

◎练习一 本文巧妙地设置了悬念,并在文末予以显示,具体分析一下。

◎练习二 全文可谓是"一波三折",请具体说说文中的"波"和"折"表现在什么地方。

心 安

王建兰

草长莺飞的季节,她带着6岁的男孩到公园放风筝。天好蓝,风好柔,大地似一袭绿绿的地毯,柔软又舒适。他们尽情地嬉戏,累了,便躺在地上讲故事。阳光那么暖,明晃晃地照在身上,让人生出几分倦意,她从恍惚中醒来,身边没了男孩。四周望去,也没有看见孩子的身影。程程——程程——,没有回声。她慌乱起来,边跑边喊,呼声越来越急促,越来越尖锐。忽然,她听到有人喊道:有个孩子掉到湖里了。

她奔向湖边,看到层层荡漾的涟漪,像是男孩柔弱的生命发出的最后呼声,她什么都不顾了,纵身跳到水中。抓住那个孩子,托出水面,拼命地往上蹿。幸好,游艇赶来了。

许是极度的惊吓,许是耗尽了体力,她昏厥过去。一阵撕心裂肺的哭喊声把她惊醒,她看到一位母亲抱起了那个湿淋淋的生命。她惊呆了,一下子清醒过来,冲上前去,她看清了,那孩子不是程程。她发疯似的扒开围观的人,哭喊着:"程程——""我在这里。"这次她听清楚了,是他。她就那么站着,眼泪哗哗地流下来,止也止不住。

救护车把她和落水的儿童送到了医院,闻讯的记者来了,让她谈谈救人的感受。

她有点胆怯,语无伦次:哪还顾得想什么? 只要把孩子救上来,舍上我的命也愿意。

多质朴的话语,记者似乎觉得找到了闪光的语言,被救儿童的母亲更是感激涕零。她慌了,忙说:不是这样的,你不必这样,如果知道是你的儿子,我是不会跳下湖去的,水那么凉,我还不会水,我以为是程程呢……

仿佛石破天惊,在场的人一片哗然,记者也大吃一惊,为她的真实坦诚。

"那么是母爱让你奋不顾身以至于忘了自己不会游泳?"

"不,不是,是责任。"她说,"我只是个保姆,如果小孩出了事,我会愧疚一辈子,一辈子不会安宁。所以,我宁愿舍弃自己的生命也让孩子平安,也为对得起孩子的家长。"

(选自《读者》2006 年第 24 期。收录时略有修改)

◎练习一　小说主人公的身份是什么? 这一身份在情节发展中起到了什么作用?

◎练习二　文章可谓是"一波三折",请具体说说"波"和"折"表现在什么地方?

为了孩子

莫　言

"金桂嫂,您家秋生把俺家大胖的爬犁摔坏了,还把俺家大胖的鼻子打破,淌了那么多血,您也不管教管教他。"莲叶站在半人高的土墙边,恼怒地向邻家院里说。

金桂正在院子里喂鸡,听到莲叶的话,把手中的高粱往地上一撒,两条眉毛刀一样竖起来,说:"莲叶,看在姊妹的分上,看在邻墙隔家的面儿上,我没好意思去找你,你倒找上我来了。真是马善有人骑,人善有人欺!"

"孩子打了人,还不让找啊? 你讲理不讲?"

"谁家孩子打了人? 明明是你家大胖把俺家秋生的脸抓得净是血道子,衣裳也撕破了,你倒反咬一口,真是好意思!"

"谁不知道你家秋生是有名的小恶霸,专门欺负人。"

"谁不说你家大胖是个小土匪,打人骂人!"

两个女人靠在墙边,脸对着脸,喷吐着唾沫星子吵起来,仿佛是两只斗架的公鸡。

战争的引起者秋生和大胖从各自的家里跑出来,向着对方的院子里投掷石头瓦片。秋生扔出一块石头,正打在莲叶额头上,顿时出了血。莲叶惨叫一声,捂着脸坐在了地上,呼天抢地地哭起来。大胖一看娘受了重伤,抄起弹弓发射飞弹,差点击中金桂的头。

莲叶的男人二毛听到老婆的哭声,从屋子里出来了。女人吵架,男人是不应该介入的,这是青草湖边的规矩。但是事态发展到流血的地步,也就顾不上规矩了。二毛蹿到墙根,把莲叶拉起来一看,天哪! 白净净瓜子脸上血糊糊一片,二毛心中仿佛被戳了一刀。要知道,他和莲叶可是自由恋爱结的婚,小两口好得蜜里调香油哩。于是,不由得火冒三丈,挽袖子攥拳头要上前参战。

"你赖不着俺,自己抓破脸,想赖着俺呀……"金桂还站在原来的阵地上,丝毫不甘示弱。

"好啊,打了人还不认账!"二毛的脚下像安了弹簧,一个箭步冲上去,隔着墙,扇了金桂一个大嘴巴。

金桂一个后滚翻仰倒在地上,一把扯散了头发,没命地嚎起来:

"哎哟,二毛你个强盗,你打死我了……"

自家的孩子自家管,自家的老婆自家打,这也是青草湖边的老规矩。二毛的巴掌扇到金桂的嫩脸上发出的那声脆响引出来金桂的丈夫黑头。黑头五大三粗,为人极重义气,平日里与二毛也不错,光屁股时就在一起捞鱼摸虾,还从来没有翻过脸。今日他也忍不住了。

"二毛,你小子要找死是不是? 我的老婆自己都没舍得打一下,用得着你来打? 好吧,今天咱们就拼个你死我活吧!"

黑头抄起一柄鱼叉跳过墙来拼命,二毛也顺手摸过一张铁锹准备迎战。

局部战争就要扩大成全面战争了。这时,二毛家院子里拥进了一伙婶子大娘,连劝带拉地把战争平息了。

"哎哟哟,邻墙隔家的,低头不见抬头见,何苦呢?"

"小孩子打架没有真事,随打了随好,大人掺和进去就不值了。"

"就是嘛,以后谁还不见谁了?"黑头说。

"咱们两家向来相处得挺好,这是何苦呢?"二毛后悔自己刚才不该冒火。

这天夜里,两家夫妻都没有睡好。女人都对着男人使性子。原因自然是莲叶中了流弹,金桂挨了巴掌。

第二天早饭时,莲叶对着大胖说:"今儿个不准你下湖跑爬犁,在家做寒假作业。要是你再敢跟那个小恶霸一块儿玩,我就砸断你的腿!"

西边那家也在进行家庭教育,金桂对秋生说:"记住了没有? 要是我再看到你和那个小土匪在一起跑爬犁,我就把你填到冰窟窿里去喂老鳖!"

一上午,秋生和大胖都没有出门,像关在笼子里的小鸟一样焦躁不安。

青草湖边的人家现在也都是独生子女,一个个都像心头肉一样金贵。下午,大胖要下湖跑爬犁,不让去就哭,莲叶说:"好吧,别和小恶霸一起玩,记住了?"

"记住了!"大胖一边高叫着,一边扛着爬犁往外跑。

西院里秋生听到了大胖的声音,也要去跑爬犁。金桂不许,秋生就躺在地上打滚儿。金桂无法,只好嘱咐一番,放他去了。

冬天的青草湖,像一块镶在大地上的毛玻璃。青草湖边的孩子,都是冰上运动的健将。大一点的孩子,跑那种"站爬犁",脚踩两片底下嵌着钢丝的窄板,手撑两根顶端带尖的木棍,双臂一撑,人似流星。像秋生和大胖这样的小不点儿,就跑"坐爬犁"。"坐爬犁"就是在一块长方形的木板上,钉上两块方木,方木上嵌上两片钢板。他们手中也撑着带铁尖的木棍,比"站爬犁"的撑棍短一些。

秋生和大胖下了湖。湖上没有人。两个孩子各自玩了一会儿,孤单单地,没劲极了。往常里他们是形影不离的。两人一块儿比赛,比速度,比花样。现在不行了,昨天刚发生血战呢。

冬日天短,太阳眼见着就挂到柳树梢上了。一群大雁嘎儿嘎儿地叫唤着,在空中盘旋几圈后,降落到湖面上。两个孩子看呆了。一会儿,他们不约而同地划着爬犁向大雁冲去。临近雁群时,又各自把手中的撑棍像标枪一样投出去。雁群惊飞。

"嗨,差一点就投着了。"大胖说。

"我也差一点!"秋生说。

"秋生,你家有土枪吗?"

"有,俺爹挂在墙上,不让我动。"

"俺家也有。"

"秋生,明儿晚上咱们扛枪来打雁好不好?"

"你会放枪?"

"当然会。"

"俺爹说,小孩放枪,会把耳朵震聋的。"

"你爹骗你呢。"

"秋生,咱们比赛,看谁先划到湖边。"

"好。"

两个小伙伴连连挥动小胳膊,爬犁飞也似的向前冲去。拐弯时两人碰在一起,爬犁翻了,两人都摔了屁股蹲儿。他们搂抱在一起笑起来。

"这次不算,再比一次。"秋生说。

"比就比!"大胖说。

两人又往前划去。湖上,有砸冰捕鱼时留下的一些冰窟窿。窟窿上结冰很薄。秋生没注意,"咯隆"掉了下去。

大胖吓呆了,没命地哭号起来。

天就要黑了。莲叶做好饭,到湖边来找孩子,隔老远就听到了大胖的哭声。她边骂着边往湖边跑去:"没记性的东西,不让你跟那个小恶霸一块儿玩,偏不信,又被打哭了……"

大胖一见娘来到,哭得更凶了。

"你嚎什么?"

"秋生掉到冰窟窿里了……"

"光哭有什么用? 还不回家去叫你爹!"

莲叶早忘记了昨天的仇恨,跑到冰窟窿前一看,不见秋生的影子,便大声呼救起来:"来人啊……孩子掉到冰窟窿里啦……"

二毛得到儿子大胖的报告,扛着铁镐冲下湖来。他抡起铁镐,噼哩喀喇,几下子就把冰窟窿扩大了许多。水很清,能看到水中的秋生。二毛一个猛子钻下水,把秋生抱了上来。

金桂和黑头听到儿子掉到冰窟窿里的消息,急着往外跑,一出门就碰上二毛抱着秋生走来。放在炕上一看,早没气了。金桂顿时大放悲声。

"嫂子,别哭,我学过急救法,试试看。"二毛说着,很麻利地剥去秋生的衣裳,俯下脸对着秋生的鼻孔吹气,然后用力挤压秋生的胸脯。好久,秋生的胸部翕动起来,脸色也红润了。秋生活了。

大胖欢跳着说:"秋生,你可好了。别忘了,赶明儿咱一块儿下湖去打雁。"

金桂一下子把大胖搂在怀里,呜呜地哭起来。莲叶也跟着掉眼泪。

黑头说:"行了,行了,真是娘儿们眼泪多,还不快找几件衣裳给二毛换上。"

这时候她们才注意到,二毛满脸青紫,浑身哆嗦成了一个蛋。

(选自莫言等:《百年百部微型小说经典:身后的人》,四川文艺出版社 2012 年版。收录时略有修改)

◎练习一　小说中的人物冲突具体有哪些? 试具体分析一下。

◎练习二　根据小说情节,发挥想象,说说第二天大胖与秋生发生的故事。

❧❧ 习作实践 ❧❧

练习一　一个银行老板和一个年轻的律师打赌:如果年轻的律师能够连续 15 年深居在一间屋子里,整天看书,闭门不出,不接待来客,老板就愿意输给他一笔巨款。年轻的律师答应了。于是,日复一日,春去冬来,律师天天坐在屋里看书。15 年的期限很快就要满了,银行老板担心破产,顿起杀机,他在一个深夜潜入小屋……

要求:为这则材料续写一个结尾,题目自拟,200 字左右。

练习二　请你以"虚惊一场"为主题,写一篇文章,题目自拟,要求情节曲折,500 字左右。

❧❧ 素养积淀 ❧❧

闺　怨

〔唐〕王昌龄

闺中少妇不知愁,春日凝妆上翠楼。

忽见陌头杨柳色,悔教夫婿觅封侯。

赏析　这首诗采用先扬后抑的手法,先写少妇"不知愁",后面才说她"悔",通过对少妇情绪微妙变化的刻画,深刻表现了少妇因触景而产生的感伤和哀怨的情绪。首句"不知愁"与第三句的"忽见"相照应,为下文的突兀转折做铺垫,对比强烈,有相反相成之效。

> 登山则情满于山,观海则意溢于海,我才之多少,将与风云而并驱矣。
>
> ——刘勰
>
> 记叙景物,手法不止一种。有的作者自己不露脸,只用文字代替风景画片,一张一张揭示出来给读者看。有的作者自己担任篇中的主人公,他东奔西跑,左顾右盼,一切由他出发,把看见的感到的告诉读者。
>
> ——叶圣陶

第三十三课

情由景生　景由情变

导论　作者总赋予他们笔下的自然景物更多的"灵性",使读者能从"景"中读出"情"。如何使作品在景物描写时能有"情"可读,就要具体了解和准确把握"情"与"景"的关系。

要点　了解"情"与"景"的关系,学会在写景过程中融入自己的感情;把握写作中物与情的关系,学习运用以情摄景、托物抒情、融情于景、移情就物。

❧❧ 写作启迪 ❧❧

故事一　有年春徐文长到杭州游览,一群文人正赋诗作画。有人见到他,招呼说:"我等在这儿送客吟诗,兄台如有雅兴,不妨稍坐片刻,以便求教。"说着就把一幅装裱精致的画递了过来。徐文长接过后看了看,原来是一幅《柳亭送别图》。看过后,他拿起笔抬头向亭外看看,写了:"东边一棵柳树,西边一棵柳树,南边一棵柳树,北边一棵柳树……"这班人看他写完第四句,心想尽写"柳树",像什么样子! 其中有几个沉不住气的刚要开口责问,却见徐文长飞笔疾书又写下两行:"纵然碧丝千万条,哪能绾得行人住!"大家看罢这两句诗,吃了一惊。再把前面四句连起来读一读,有情有景,朗朗上口,禁不住同声赞道:"真是佳句、佳句!"这时幽静的山谷里传来了杜鹃叫声,徐文长便接下去写出了第二节诗:"山前鸣杜宇,山后鸣杜宇,山下鸣杜宇:'行不得也,哥哥!''不如归去!'"写罢,徐文长把笔一丢,拱拱手就走了。

故事二　从前有个王秀才,善作对子。有一次他看见自己的小女儿正在啃鸭头,边啃边喊:"爸爸,太咸了。"王秀才触景生情,写出上联:"丫头吃鸭头,鸭头咸,丫头嫌。"下联怎么对呢? 他想了好长时间也想不出来。于是,王秀才出榜招对:有能对上者愿予厚酬。一天,李秀才来访,忽然听到窗外传来小孩嬉笑声,见一群顽童正用石头击树上桐子,击落后便笑着去抢。李秀才灵机一动,对出下联:"童子击桐子,桐子落,童子乐。"王秀才拍案叫绝,问李秀才怎么对得如此之好。李秀才说:"我只不过是触景生情,感慨说了一句罢了。"

知识技能

王国维说:"一切景语,皆情语也。"在"景"与"情"的关系中,"景"是基础,不仅指能直接唤起情感的某些具体景色,也指与这些景物相联系的整个生活;"情"是主导,是指景物所呈现的状态要由作者的情感来支配。

"情"与"景"的关系主要表现为情由景生,景由情变。情由景生,也就是触景生情,作者与外界景物接触,有时会因"触"而有所"悟",当然也因人、因情、因境而异。但这种悟又不是偶然的,是作者早就在生活实践中积累起来的经验,它隐藏在作者的潜意识中,作者的感官一旦触到和情相联系的"物",这情便随物而发,一发而不可收。陆机《文赋》中说:"遵四时以叹逝,瞻万物而思纷;悲落叶于劲秋,喜柔条于芳春。"就是说春夏秋冬四时的变迁,花草树木万物的兴衰,都会直接影响人的情感。景由情变,是说作者在现实生活中先有所感,以情观物。这样,所见的外界景象也就带有相应的某种感情色彩。就如同样是春草,意志坚强的人说:"野火烧不尽,春风吹又生",而离情溢怀的人却觉得"离恨恰如春草,更行更远还生"。这就是作者赋予外物以情感色彩的缘故。

情由景生、景由情变具体分为悲情悲景、乐情乐景、悲情乐景、乐情悲景这四方面。悲情悲景、乐情乐景则是指景物的"悲"与"乐"会引起作者情感的"悲"与"乐",但作者眼中、笔下的景物又会因其情感的状态而呈现出"悲"或"乐"的色彩,这就是悲情乐景、乐情悲景,即运用反衬手法来表现作者的情感。悲情乐景,虽然看似美好欢乐的景物,作者却赋予了它悲伤的基调。乐情悲景,则是用看似悲伤的景物来反衬出作者内心的欢乐与喜悦。如李白《早发白帝城》,写李白在流放途中突然遇赦,心情轻松喜悦,在东归的船上,听到往日曾令人凄婉悲怆的猿声,不仅没有涕泪沾裳,而且似乎是在欣赏一首美妙动听的乐曲。

阅读借鉴

春

朱自清

盼望着,盼望着,东风来了,春天的脚步近了。

一切都像刚睡醒的样子,欣欣然张开了眼。山朗润起来了,水涨起来了,太阳的脸红起来了。

小草偷偷地从土里钻出来,嫩嫩的,绿绿的。园子里,田野里,瞧去,一大片一大片满是的。坐着,躺着,打两个滚,踢几脚球,赛几趟跑,捉几回迷藏。风轻悄悄的,草绵软软的。

桃树、杏树、梨树,你不让我,我不让你,都开满了花赶趟儿。红的像火,粉的像霞,白的像雪。花里带着甜味,闭了眼,树上仿佛已经满是桃儿、杏儿、梨儿!花下成千成百的蜜蜂嗡嗡地闹着,大小的蝴蝶飞来飞去。野花遍地是:杂样儿,有名字的,没名字的,散在草丛里,像眼睛,像星星,还眨呀眨的。

"吹面不寒杨柳风",不错的,像母亲的手抚摸着你。风里带来些新翻的泥土的气息,混着青草味,还有各种花的香,都在微微润湿的空气里酝酿。鸟儿将窠巢安在繁花嫩叶当中,高兴起来了,呼朋引伴地卖弄清脆的喉咙,唱出宛转的曲子,与轻风流水应和着。牛背上牧童的短笛,这时候也成天在嘹亮地响。

雨是最寻常的,一下就是三两天。可别恼,看,像牛毛,像花针,像细丝,密密地斜织着,人家屋顶上全笼着一层薄烟。树叶子却绿得发亮,小草也青得逼你的眼。傍晚时候,上灯了,一点点黄晕的光,烘托出一片安静而和平的夜。乡下去,小路上,石桥边,撑起伞慢慢走着的人;还有地里工作的农夫,披着蓑,戴着笠的。他们的草屋,稀稀疏疏的在雨里静默着。

天上风筝渐渐多了,地上孩子也多了。城里乡下,家家户户,老老小小,他们也赶趟儿似的,一个个都出来了。舒活舒活筋骨,抖擞抖擞精神,各做各的一份事去。"一年之计在于春";刚起头儿,有的是工夫,有的是希望。

春天像刚落地的娃娃,从头到脚都是新的,它生长着。

春天像小姑娘,花枝招展的,笑着,走着。

春天像健壮的青年,有铁一般的胳膊和腰脚,他领着我们上前去。

(选自朱自清:《朱自清作品精选》,湖北辞书出版社 2011 年版。收录时略有修改)

◎练习一　作者依次描写了春天的哪些景物?具体地加以分析。

◎练习二　你能感受出作者在这篇描写春天的文章中流露的情感吗?

谈散文作品中情与景的关系

马　健

情和景,从概念上来说是两回事,但在一些优秀作家的散文作品中,我们很难将它们截然分开;抒情和写景,在具体的作品中,也绝非泾渭分明、平分秋色的。诚然,我们在阅读一些散文佳作时,更多地看到的是具体的景物描写,但通过这些自然景物的描写我们又能感受到作者或喜或忧或痛或愤的复杂的思想感情,换言之,优秀的作家们总是赋予他们笔下的那些自然景物以更多的"灵性",从而有别于一般人的平庸之作。能从景物描写中读出情感来,这就告诉我们:散文作品中首先是有"情",大凡优秀的散文作品,都是"情"之所驱,"情"之所致。作为写作、创作作品的主体的人(作家,或者我们自己),是一个极其复杂的感情载体。他的感情影响他甚至左右他观察周围的一切事物,本来静止的、无意义的景物到了他的眼里,都似乎成为某种感情的体现者、某种希望的寄托者、某种思想的象征者。这些自然界的景物经过人们的头脑这座"感情的加工厂"加工后,落到纸上便成了一种带感情倾向、带个性的"活物"了。这就是优秀作家们创作的散文作品之所以优美隽永、耐人回味的原因所在。

王国维说的一句话很正确:"一切景语,皆情语也。"作家们在描绘自然景物时,总要把自己对现实生活的感受,把自己一定的感情渗入其中。因此,我们阅读这些作品时要从"景语"中看出"情语"。碧野的《天山景物记》是一篇优美的散文,作者写的是天山的景物,但我们在领略天山奇丽景色的同时,无时无刻不感受到作者那奔腾激荡、火一般的热情,即对天山、对祖国的满腔热爱之情。例如"在太阳下,几块白云在雪峰间投下云影,就像白缎上绣上了几朵银灰的暗花";"山色逐渐变得柔嫩,山形也逐渐变得柔和,很有一伸手就可以触摸到的嫩脂似的感觉";"溪流两岸,满是高过马头的野花,红、黄、蓝、白、紫,五彩缤纷,像织不完的织锦那么绵延，像天边的彩霞那么耀眼，像高空的长虹那么绚烂"。读来是那样地充满激情，富有感染力。如果作者不是对天山满心喜爱，怎么会选用这么多色彩艳丽、节奏明快的词语呢？这些"景语"都是可以当作"情语"来读的，而且比直接地抒情力量深沉得多、效果显著得多。因此我们在讲解这类作品时，就不能只是简单地空洞地解释为"描写了祖国山河的壮美"之类，而不去深入地注意和考察"凝固"在这些描写中的人的思想感情。

　　既然写任何景色都必须渗透自己的感情，那么动笔之前，"抒发怎样的感情"，"表达怎样的思想"，"怎样以此为主线来安排景物"，就是首先必须考虑妥的了。这就叫作"意在笔先"。我们有许多学生还不懂这个道理，以为写景散文就是罗列几种景色，往往把力气花在寻找词汇、雕饰语句上，因此"作"出来的"文"，不是平淡零散，就是机械干巴。而有些学生之所以能把这类文章写成功，写得紧凑、优美，除结构安排得当外，有一条明显的思想感情的主线贯穿其中，是其最突出的特点。

　　其次，我们还须认识"情"和"景"的表现方式。作为抽象的、潜在的人的思想感情，在散文作品中，是存在于（或体现于）具体的、实在的景物描写之中的。这一"隐"一"显"的外在表现，正是我们开头说的"很难将它们截然分开"的原因所在。景物，作为客观外在的实体，由于其永恒性（人的思想感情是短暂的，而景物是长存的）、多样性，由于作家们特有的"触景生情"的现象而常常成为承载、蕴藉各种思想感情的对象。作家们的"情""志"总是要通过某个具体的物象来表达，而不是直接地、赤裸裸地抒发出来，因此散文作品中的景物，既是自然界中存在的客观景物，又是作家们"物化"感情的具体对象，这无怪乎我们阅读他们的散文佳作时，从其景物描写中领悟的住往比从其直接议论抒情的文字中领悟的丰富得多、深刻得多了。例如茅盾的《风景谈》，我们从他对延安解放区军民生活描绘的五幅图画中认识的，就比读他的"自然是伟大的，然而人类更伟大"等议论文字中认识的要鲜明得多，深刻得多。钱钟书在《谈艺录》中有一段话说得好，"理之在诗，如水中盐、蜜中花，体匿性存，无痕有味"。水有咸味而不见盐，性质虽存形体却匿，这也正是散文对"情""景"关系的要求，也正是"情寓于景""景中含情"的特点。作家们并未表明自己的心态，然而读过他们写的一些景物后，却明白、领悟了他们的心态，是什么传达了它呢？是景物，是作者们苦心孤诣、别具匠心创造出来的景物。正如司空图《诗品》中说的："不着一字，尽得风流，语不涉难，已不堪忧。"文学之所以区别于其他科学，就在于它是通过形象、通过画面说话的，散文是这样，诗歌、小说、戏剧又何尝不是这样呢？作家们的思想、意图、观点、感情从来不直接在文章中道出，而总要通过一幅幅生动具体的图画，直接诉诸读者的感情，使读者既有欣赏时的审美感受——愉悦，又有感情上的激动共鸣与思想深处的思考；既看到优美的景色，又窥见作者的情怀。这也就是散文"情景交融"所追求、所产生的效果吧！也正由于有这一特点，许多优秀散文才得以广泛流传、家喻户晓，影响久远，千古不衰。

　　总之，在散文作品的教学中，尤其在指导学生写以景物为主的作文时，第一要使学生明确它是感情的产物，处处含情，把握住感情的线索；第二要使学生懂得感情的表现方式是间接、隐匿的，是通过景物（形象、画面）来体现的，这是文学的特点所决定的——明白这个道理，并以此指导自己的写作。这就是我在散文教学中的一点体会和认识。

（选自《语文教学与研究》1989 年第 4 期。收录时略有删改）

　　◎练习一　根据本文内容，具体说说你对"一切景语，皆情语也"的理解。

　　◎练习二　根据本文内容，具体说说文章中"情"与"景"的表现方式有哪些。

❧ 习作实践 ❧

练习一 选择下面提供的景物,进行写作片段练习,每则 200 字以上。

朝霞 秋叶 戈壁滩 炎热的夏季 美丽的草原

练习二 晨昏变化,四季交替,塞北江南,名山大川,小桥流水,花草树木……大自然景物摇曳多变,有的给人以温馨,有的给人以力量,有的给人以惬意,有的给人以启迪……请描写一处你喜欢的景色或景物,题目自拟,文体不限,500 字左右。

❧ 素养积淀 ❧

绝 句

〔唐〕杜 甫

江碧鸟逾白,山青花欲燃。

今春看又过,何日是归年?

赏析 前两句勾画了一幅浓丽的春日画面,极言春光融洽,但诗人的旨意却不在此,紧接下去,笔路陡转,慨而叹之:"今春看又过,何日是归年?"句中"看又过"三字直点写诗时节。春末夏初景色不可谓不美,然而可惜岁月荏苒,归期遥遥,非但引不起游玩兴致,反而勾起漂泊的感伤,这是以乐景写哀情。

> 艺术家的创作,表面上是一张画或一个雕塑,其实是他的思想和人格的表现。
>
> ——鲁 迅
>
> 咏物隐然只是咏怀,盖个中有我也。
>
> ——刘熙载

第三十四课

联想比拟 托物言志

导论 托物言志是指借助于花鸟虫鱼、山川日月、器物用具等,通过记叙、描写、抒情、议论来表达作者对社会或人生认识与理解的一种写作方法。作者在描摹客观世界的同时,也表达了主观情感。

要点 了解什么是托物言志;掌握托物言志的一些技巧;提高运用联想、比拟写出较高质量的"托物言志"作文的能力。

❦ 写作启迪 ❦

故事一 一天,托尔斯泰在原野上散步时随手采摘了一簇牛蒡花。这种花枝干坚韧多刺,有一株牛蒡花被车子辗过,沾满泥污,几条枝丫也断了,花儿也染成了黑色,但它仍然弯着身子,倔强地生长着。托尔斯泰不禁赞叹道:"生命的力量是多么的顽强啊!"他向原野注视着,那里人们耕种、修路、割草……不少的植物在人类的手下消失了:"人战胜了一切,毁灭了成千上万的草芥,而这一株牛蒡花却依然不屈。"此时此刻,他浮想联翩,他从自然界想到人类社会,从草想到人。他回忆着,思考着,从坚韧的牛蒡花联想到传说中高加索英雄哈泽·穆拉特曾经历无数的艰难困苦,但仍顽强不屈。从对植物的观察和在这基础上的联想中,他终于获得了绝妙的构思,写出了中篇小说《哈泽·穆拉特》。

故事二 舒婷是我国著名的朦胧诗人,代表作是《致橡树》。《致橡树》的写作源于这样一个故事:1977 年,舒婷还是工厂的一位女工。一天晚上和一位老诗人在鼓浪屿散步时,老诗人语带惆怅地说,有才的女子一般都长相难看,而有才且长得好看的女子太少了。舒婷听后深感"愤怒",回去后反复思量:为什么历来都是男性为女性定出标准?女性为什么不能自己为自己,甚至也为男性定出标准? 在这种不平中,舒婷在当夜写出了《致橡树》。

知识技能

托物言志,即是将作者的志趣、意愿、感情或理想等寄托于某个具体的"物"上,通过对物象的描写、刻画,使作者的个人之"志"表达得更巧妙、更完美、更充分、更具感染力。它是作文的一种整体手法,是间接表现主题思想的方式之一。采用托物言志的关键是"志"与"物"要有某种相同点或相似点,使"志"能成为"物"的内在依托,而"物"即成为了解"志"的窗口。托物言志的方法是联想和比拟。

要写好托物言志类的作文,就要找准"物"与"志"之间的内在聚焦点,使二者有机相融。自然界的事物千姿百态、形色各异,面对精彩纷繁、变化多端的物质世界,自然能够引发作者不同的思想感受,由物及人、由事及理,这是一种最直接的表达"志"的方法。"物"与"志"间思维的中介方式则是联想。引发联想的事物与作者联想到的事物具有某种相似性,正是这种相似构成了两种事物的相通,使作者思维呈聚焦式发展。因此,借助联想把握好"意象描写"与"理念生发"之间的关系,是写好这类文章的关键。

由于所咏之物与作者所表达的思想有着内在的相通,因而熔铸其中的寓意与所写之物便达到一种完美的契合,构成一种和谐的美。在对物象的刻画中,作者主观情绪的流动充溢其中,或喜或悲、或赞或叹、或贬或褒、或爱或怜。主体具有能动性,针对同一事物,可以生发出不同的感慨,当然,这是因为事物的某一方面特性恰好符合作者此刻的心境。选择什么事物,选择事物的哪个特征进行描绘,完全视作者主体情志而定。从对物象的刻画能够看出作者思考的深度、广度,即所要表达的"志"是否深广,这就是托物言志的第二个方法:运用比喻、拟人等修辞手法,生动描画事物的形象。由于客观事物的独特秉性与人类的情感、性格有某种交互融合的关系,作者的"志"即蕴含在对物象的描绘中。

阅读借鉴

生死胡杨

邢增尧

世上有好多地方,到过一次就不想再去;唯有一处,我去了不仅依然向往,而且岁月愈久,迷恋愈深。它就是被称为"死亡之海"的塔克拉玛干沙漠腹地中的那一片胡杨林。

八月的南疆,难躲热浪。为品赏胡杨,我们奔波在一望无涯的戈壁滩上。熊熊燃烧的烈日将大漠当成硕大无朋的锅,金黄的砂砾成了锅中的花生,"毕毕剥剥"的声响不时爆起。遥遥望见塔里木河畔的胡杨林,顿觉眼前一亮——巨帚般的树冠撑天摩云,浓浓的翠绿在天幕上写意般地勾勒出波涛似的线条,巍巍身子将脚下的戈壁绿地护卫得严严实实,好一派"泰山石敢当"的模样。在目力所及的无边无际中,这里简直是一个最为苍凉壮丽的生命场,铺天盖地的是生命和自然的交响。

陪同的友人介绍说:"戈壁滩,独领风骚的乔木就是胡杨,它们只生长在这一带。胡杨,生是戈壁的精灵,死是戈壁的魂魄;它以磐石般的信念独守千年岁月,你走近它、体味它,方知什么是真汉子,什么是伟丈夫……"听罢,旅途的疲惫和困顿霎时成了过眼烟尘。于是,我一马当先,跃入胡杨林,让这卓尔不群的雄奇浸润自己的眼睛和心房。

越往前行,越显幽静。蓦地,一泓波平如镜的海子呈现在我面前。阳光轻洒,映现高天流云的碧水便忽闪出锦缎般的光来。掬一口,每一根神经都透着清冽怡爽。在这仿佛混沌初开的漠野中,除了胡杨,还有什么能护住这晶莹透亮的海子呢? 感动间,友人的话语又在耳畔回响:胡杨,早在一亿三千五百万年前的上白垩纪就已问世,是地球上最古老的树木。它的躯干是优质建材,嫩枝树叶是牛羊的饲料,流出的碱汁既可制皂又可食用;国际自然保护协会宣布的"绝对保护珍兽"野骆驼,国家一级保护野生鸟类黑鹳,世上罕见的蜂鸟,珍稀名贵的新疆大头鱼全赖胡杨林庇护生存……

怀着依依不舍的心绪,我驱车赶往另一片已然死去的胡杨林。

那是一幅怎样惊心动魄、永难忘怀的景象啊!

放眼望去,千姿百态的胡杨,在静默中挽一抹斜阳,被岁月消弭了生命颜色的身躯紫黑发亮。站在它的面前,你的心灵会接受庄严与神圣的锻打,你会忽然悟彻生命的壮丽与永恒,其实是无声的——无声无息地成长,无声无息地壮大,无声无息地辉煌……

据说,世界上,似这般活着一千年不死,死后一千年不倒,倒后一千年不烂的胡杨林已是屈指可数的了。我忆起了劬劳的张骞、艰辛的玄奘、骁勇的霍去病、刚正的林则徐,当然,更有让西路军绝处逢生的伟人徐向前、李先念……一股干云豪气洋溢胸腔。是的,不深入胡杨林,也许永远不会清楚什么是生命的坚韧和昂扬。

这时,"打道回府"的唤声响了! 从沉思中猛醒的我只得随车离去,然那颗心却留在胡杨林中迟迟难归。

(选自《组织人事报》,2005 年 1 月 7 日。收录时略有删改)

◎练习一　作者在开头说:"唯有一处,我去了不仅依然向往,而且岁月愈久,迷恋愈深。"除胡杨奇特的外形及生长环境外,还有什么让作者如此向往迷恋?

◎练习二　作者看到胡杨林,为什么会忆起劬劳的张骞、艰辛的玄奘、骁勇的霍去病、刚正的林则徐等人? 请谈谈你的看法。

美感与联想

朱光潜

什么叫作联想呢? 联想就是见到甲而想到乙。甲唤起乙的联想通常不外起于两种原因:或是甲和乙在性质上相类似,例如看到春光想起少年,看到菊花想到节士;或是甲和乙在经验上曾相接近,例如看到扇子想起萤火虫,走到赤壁想起曹孟德或苏东坡。类似联想和接近联想有时混在一起,牛希济的"记得绿罗裙,处处怜芳草"两句词就是好例。词中主人何以"记得绿罗裙"呢? 因为罗裙和他的欢爱者相接近;他何以"处处怜芳草"呢? 因为芳草和罗裙的颜色相类似。

意识在活动时就是联想在进行,所以我们差不多时时刻刻都在起联想。听到声音知道说话的是谁,见到一个词知道它的意义,都是起于联想作用。联想是以旧经验诠释新经验,如果没有它,知觉、记忆和想象都不能发生,因为它们都得根据过去的经验。从此可知联想为用之广。

联想有时可用意志控制,作文构思时或追忆一时记不起的过去经验时,都是勉强把联想挤到一条路上去走。但是在大多数情境之中,联想是自由的,无意的,飘忽不定的。听课读书时本想专心,而打球、散步、吃饭、邻家的猫儿种种意象总是不由你自主地闯进脑里来,失眠时越怕胡思乱想,越禁止不住胡思乱想。这种自由联想好比水流湿,火就燥,稍有勾搭,即被牵绊,未登九天,已入黄泉。比如我现在从"火"字出发,就想到红,石榴,家里的天井,浮山,雷鲤的诗,鲤鱼,孔夫子的儿子,等等,这个联想线索前后相承,虽有关系可寻,但是这些关系都是偶然的。我的"火"字的联想线索如此,换一个人或是我自己在另一时境,"火"字的联想线索却另是一样。从此可知联想的散漫飘忽。

联想的性质如此。多数人觉得一件事物美时,都是因为它能唤起甜美的联想。

在"记得绿罗裙,处处怜芳草"的人看,芳草是很美的。颜色心理学中有许多同类的事实。许多人对于颜色都有所偏好,有人偏好红色,有人偏好青色,有人偏好白色。据一派心理学家说,这都是由于联想作用。例如红是火的颜色,所以看到红色可以使人觉得温暖;青是田园草木的颜色,所以看到青色可以使人想到乡村生活的安闲。许多小孩子和乡下人看画,都只是欢喜它的花红柳绿的颜色。有些人看画,欢喜它里面的故事,乡下人欢喜把孟姜女、薛仁贵、桃园三结义的图糊在壁上做装饰,并不是因为那些木板雕刻的图好看,是因为它们可以提起许多有趣故事的联想。这种脾气并不只是乡下人才有。我每次陪朋友们到画馆里去看画,见到他们所特别注意的第一是几张有声名的画,第二是有历史性的作品如耶稣临刑图、拿破仑结婚图之类,像伦勃朗所画的老太公、老太婆,和后期印象派的山水风景之类的作品,他们却不屑一顾。此外又有些人看画(和看一切其他艺术作品一样),偏重它所含的道德教训。道学先生看到裸体雕像或画像,都不免起若干嫌恶。记得詹姆斯在他的某一部书里说过有一次见过一位老修道妇,站在一幅耶稣临刑图面前合掌仰视,悠然神往。旁边人问她那幅画何如,她回答说:"美极了,你看上帝是多么仁慈,让自己的儿子去牺牲,来赎人类的罪孽!"

在音乐方面,联想的势力更大。多数人在听音乐时,除了联想到许多美丽的意象之外,便别无所得。他们欢喜这个调子,因为它使他们想起清风明月;不欢喜那个调子,因为它唤醒他们以往的悲痛的记忆。钟子期何以负知音的雅名?因他听伯牙弹琴时,惊叹说:"善哉!峨峨兮若泰山,洋洋兮若江河。"李颀在胡笳声中听到什么?他听到的是"空山百鸟散还合,万里浮云阴且晴"。白乐天在琵琶声中听到什么?他听到的是"银瓶乍破水浆迸,铁骑突出刀枪鸣"。苏东坡怎样形容洞箫?他说:"其声呜呜然,如怨如慕,如泣如诉。余音袅袅,不绝如缕。舞幽壑之潜蛟,泣孤舟之嫠妇。"这些数不尽的例子都可以证明多数人欣赏音乐,都是欣赏它所唤起的联想。

(选自朱光潜:《谈美》,安徽教育出版社1997年版。收录时略有删改,题目为编者所加)

◎练习一　什么是联想?试举一个例子来具体说明一下。
◎练习二　根据本文内容,说说联想在写作中的作用。

❧❧ 习作实践 ❧❧

练习一　我们从上学开始,就经常用到橡皮,是橡皮为我们擦去写错的字词。请你发挥联想和想象,以"橡皮"为话题,写一篇托物言志的文章,题目自拟,500 字左右。

　　练习二　下面列举的几种事物都是我们常见的,你能说说它们的本质特征吗? 它们能引起你怎样的联想? 请你思考一下,写一篇文章,题目自拟,500 字左右。

　　白杨树　骆驼　荷花　沙枣树　玫瑰花

素养积淀

回疆竹枝词(二十四)

〔清〕林则徐

树窝随处产胡桐,天与严寒作火烘。

务恰克中烧不尽,燎原野火入霄红。

　　赏析　南疆盛产胡杨,放入维吾尔人称为"务恰克"的炉灶里,夏季可以做饭,冬季可以用来取暖。旷野上点起篝火,彻夜闪动着通红的火苗。

写游记最难叫读者弄清楚位置和方向,前啊,后啊,左啊,右啊,说上一大堆,读者还是捉摸不定。

——叶圣陶

由于我早年练习过风景素描,后来又进行一些自然科学的研究,我逐渐学会熟悉自然,就连一些最微小的细节也熟记于心里。所以等到我作为诗人运用自然景物时,它们随召随到,我不易犯违反事实真相的错误。

——[德]歌德

第三十五课

多维观察　移步换景

导论　定点观察法就是固定立足点而有次序地展开观察,即由近及远或由远及近,由高到低或由低到高,从左至右或从右至左等。移步换景就是以游踪为线索来不断变换观察点,描绘风光景物的写作方法。"移步"与"换景"相结合,移一步,换一景,游踪多变,景物常新,可将读者引入诗情画意的美好境界之中,令读者流连忘返。

要点　了解和掌握定点观察和"移步换景"观察法,把握"移步"与"换景"的关系;学习移步换景的基本方法,提高写景绘物的能力。

❧❧ 写作启迪 ❧❧

故事一　唐代诗人高适任两浙观察使时,有一次路过杭州的清风岭。他在僧房里写了一首诗:"绝岭秋风已自凉,鹤翻松露湿衣裳。前村月落一江水,僧在翠微角竹房。"写完之后,吟诵一番,就出去办事了。途中过钱塘江,正好是月亮快落去之时,他见落潮时,江水随月而退,水剩半江,就立刻觉察到白天写的诗有明显的错误,便特地赶回僧房来改诗,但是,和尚告诉他:诗已叫一位官员改了,那官员说:"诗很好,但是'一'字不如'半'字。"后来多方探询,也不知道改诗的人是谁。

故事二　韩愈写过两句吟桂林山水的诗:"江作青罗带,山如碧玉簪。"曾风靡一时,被同时代的人称为"佳句"。1963 年,郭沫若到阳朔乘舟游览时说:"罗带玉簪笑退之,青山绿水何复奇?"说的是韩愈并未到过桂林,只凭一些道听途说和对山水的推想却非要写桂林山水不可。因此只讲出"青山绿水",没有特色,缺乏真情实感。郭老不仅指出了韩愈诗的缺陷,而且亲自写了四首诗。其中有这么几句:"奇峰八面玉玲珑,深憾吾身只二瞳。忽悟观音千手眼,料应生自碧莲峰。"诗情画意,理趣横生。

❧ 知识技能 ❧

游记是以写景为主的记叙文,常常通过描写记叙旅游过程中的见闻,如山川景物、名胜古迹、风土人情等来表达作者的真实情感。写好一篇游记,首先就要对游览中的景物进行多维度的观察,观察的方法主要有定点观察法和动点观察法(移步换景法)。

定点观察,就是站在一个固定的位置上观察事物。运用这种方法,首先要选好合适的观察点,选取恰当的视觉角度,把观察到的景物限制在某一固定的时间和空间内,对准目标,不变位置,然后从这一点出发依据一定顺序进行观察。这种观察法,定点定位,直接对准画面,最适宜于对典型环境里的自然景物或风俗人情进行描写,就好像是摄影拍照的特写镜头一样,焦点醒目。运用定点观察后的定点描写,可以把景物描写得独具特色,个性鲜明,给读者以身临其境的实感,留下深刻的印象。

动点观察又叫变点观察,即按移动的空间顺序观察景物,亦即人们常称的"移步换景"法。移步换景就是变换视点或角度,并将不同视点或角度的不同景物依次进行描绘的一种手法,即审美主体的立足点和观察点不固定,所描绘的客观对象亦不固定,在移动立足点和观察点的同时将所见的不同景物依次描绘。运用此法,可逐一描绘客观景物的各个局部,通过对景物局部的描绘来展示景物的全貌。可以明显的游踪线索贯穿全文,使文章层次清晰、脉络清楚,便于读者把握与感受。运用此法须注意将立足点、观察点的变换交代清楚,明点亦可,暗示亦可,以免使读者感到莫名其妙;对各种不同景物描绘要抓住特征,力求写出各景物的特点,以免千篇一律、面面俱到;要注意处理好局部与全局的关系,局部的典型特征要与景物的总特征、总面貌有内在联系;要对各局部的描绘有详有略,有主有次,不平分笔墨。

❧ 阅读借鉴 ❧

龟兹乐舞之乡

李若冰

库车,库车还没到呢,我的心儿已蹦跳了。

人们都说,库车是龟兹乐舞之乡。我么,也曾不止一次地沉迷于那激越的旋律中。此时,库车就在眼前,我依稀听见,那飕飕小风吹过来的时候,夹带着悠长抒情的乐舞声。这一大群吃饱了草而卧伏在盐碱大渠上黑黝黝的羊儿,忽然一个个竖起耳朵,随即翻身起,拥挤在一块你踢我咬地喧闹起来。

骤然间,大风来了,一阵黄色风暴从天山那边掀起,转眼形成了塔状的风柱,在大戈壁上打转转。噌,撒野的龙卷风!此刻,我倒觉得,这风柱恰似一个个高健的戴着绣花小帽的男性舞蹈家,正在热烈的鼓声中发狂地踢踏着、旋舞着呢。

我和我的伙伴,简直像是被狂风裹挟着,卷进了库车城。

哦,这就是闻名海内外的库车么!

在风浪翻滚的库车城中,矗立着醒目的石坊牌楼,上书四个汉字:"龟兹古渡"! 就是说,我们已到龟兹国了。

眼前,几辆搭着红色剪边凉篷的马拉车、驴拉车,上边坐着一些穿着华丽的维吾尔族姑娘,她们用红色黄色的纱巾蒙着头,护着黑油油的发辫,你说我笑地从牌楼中间款款而过。穿行在街道两边的姑娘们,一见小篷车跑过来,就向车上姑娘们频频点头,亲切招呼,像有什么喜宴相约似的。一个个穿着黄的红的连衣裙,穿着红的黑的高统靴子,一个个打扮得花枝招展,眉宇间闪动着盈盈春色。这儿是库车大街,不然,我会误把她们当作是在舞台上跳龟兹舞呢!

风停了。太阳像团火球坠在天边。我蓦地发现,在一座大清真寺的平台上,站着一位留着长胡须、身穿开襟大氅的老者,仿佛从天而降的老仙,一动不动地站着,庄严地俯视着人间。我愣了半晌,才看见他缓缓移动身子,在平台上踱步。我想,老者是这座大清真寺的住持吧。寺院的门紧闭着,只能从栅栏隙缝中,看见里面的楼道和大厅,宽大而又肃穆。此时,我想那位留着长长胡须的老者,也许这会儿已走下楼梯,应邀去参加一个家庭的婚礼,为新娘新郎做祷告吧。不,或许他就是库车几位著名的艺术家中的一个。这儿的维吾尔族老人,即使到了七八十岁,一旦听见"热瓦甫"的弹奏声,就会一跃而起,击掌而舞,和小伙子相比,跳得更老辣熟练呢。

库车啊,古老而又年轻。

我从大街走向市场,从农贸市场到卖吃的地摊上,看见许多新起的维吾尔族样式的大厦,给古城增添了许多鲜丽,而特别是街市上洋溢着一种异国情趣,一种特有的欢跃的音韵。你会看到,这儿挤在一堆谈笑自若的维吾尔族老人,几个抢着掰食西瓜的"巴朗"娃娃。你会看到,那帮操着生硬汉语的维吾尔族小伙子,偏戴着小花帽,一面风趣地摆弄着手的技巧,一面大声叫卖着羊肉串。

更多的是那些维吾尔族少女少妇们,听不见她们在喊什么,只见在小吃地摊上扯面下锅,端饭送菜,那来往如飞的形态,那黑眼睛一闪的笑容,带有一种天然的有节奏的韵律。这不能不使人想到,仿佛这儿的少女天生就是出色的舞蹈里手,少男天生就有一副宏大的嗓门。也许,这是我的一种错觉。然而,一来到这座城市,就不由得使你觉得踏入了一个飞荡着乐舞旋律的世界。

库车的魅力就在这儿。我感受到一种艺术的氛围,却也并不是凭空想象。

老早就听说过,这儿是古代的龟兹国,从王室贵族到平民百姓,都是能歌善舞的。连三藏法师玄奘去西天取经,路过这儿,也为之动容,在《大唐西域记》里盛赞屈支国——即龟兹"管弦伎乐,特善诸国"。那时,龟兹国包括库车、新和、沙雅几县的三角洲,而库车是西域乐舞的中心。龟兹国,也是东西方文化交流的丝绸路上的一颗明珠。这儿本身就有丰厚的艺术土壤,又吸收了印度、波斯艺术的精华,使这儿成为兴盛于古今的龟兹乐舞胜地。

宋代沈辽在《龟兹舞》诗中写道:"龟兹舞,龟兹舞,始自汉时入乐府。"此乐始于西汉,盛于隋唐。随着西域战乱,文化渗透,龟兹乐舞流向武威(凉州),和汉族音乐融和,尔后出现了凉州乐。继而,流向唐都长安,尔后出现了宫廷乐舞,而且远远传播开去,从东南亚流向了世界,龟兹乐舞已誉满天下! 盛唐时期,众多文人墨客的诗词中,可以找到许多西域乐舞的形象记载。"大历十才子"之一的李端,在著名的《胡腾儿》诗篇里,记述了一个西域流浪青年艺人的舞姿:"扬眉动目踏花毡,红汗交流珠帽偏。醉却东倾又西倒,双靴柔弱满灯前。环行急蹴皆应节，反手叉腰如却月。……"你看，李端把胡腾舞的飞旋、醉步和腾跃，描画得惟妙惟肖。

与白居易并称"元白"诗家的元稹，在其名篇《连昌宫词》中，记述了唐琵琶演奏家贺怀智的演奏，著名歌女念奴的唱歌，吹管名家王李承宁（二十五郎）的表演，善笛能手李谟的"偷曲"。他所描画的盛大宫廷乐舞的情景，其中少不了龟兹舞。试看："飞上九天歌一声，二十五郎吹管逐。逡巡大遍凉州彻，色色龟兹轰录续。李谟压笛傍宫墙，偷得新翻数般曲。平明大驾发行宫，万人歌舞途路中。……"

龟兹乐舞虽在晚唐之后，和流传盛唐时的十大乐（燕乐、清乐、西凉乐、高丽乐、天竺乐、龟兹乐、疏勒乐、安国乐、康国乐、高昌乐）一样，都因历史的变迁，而有些已渐失传，有些甚至被遗忘。但是，在"自古帝王都"的长安，在敦煌的莫高窟，尤其在西域各地，在库车一带，那些历代艺术石窟佛洞之中，仍然保留了许多珍贵的乐舞史料、浮雕、壁画，而且在民间的最底层有着不可淹没的根基。

今日的库车，已成为当代音乐、舞蹈和各类艺术家向往的艺术天地。20世纪80年代的中国艺术界，打破极"左"和封建的禁锢，已在苦苦地寻觅、挖掘优秀的民族艺术遗产，进行新的艺术的探索和创新，最大限度地发挥中华民族的艺术优势，丰富祖国的艺术宝库。从古至今被人们所青睐的龟兹乐舞，怎么会被遗忘呢！前不久，我在乌鲁木齐，听说新疆歌舞团正在演出《乐舞龟兹情》，遗憾的是没有赶上趟，只是在电视屏幕上看见了一部分。即使如此，那欢跃的舞步，迷人的音律，也使人沉醉，真是"巴力卡勒拉"（妙哪）！

我从长安来。在古都长安，音乐、舞蹈家们和新疆艺术家们一样，他们在追寻周、秦、汉、唐乐舞的同时，也十分珍视发源于西域的乐舞艺术。陕西古典艺术团创作的《仿唐乐舞》，陕西歌舞团创作的《唐·长安乐舞》，其中少不了西域音韵。曾被唐边塞诗人岑参所描绘的，那"左旋右旋生旋风"的《胡腾舞》，那"回裙转袖若飞雪"的《龟兹舞》，那以各种音响传情的凤首箜篌、曲项琵琶、阮咸、排箫、毛员鼓、羯鼓、觱篥……，都是在西域乐舞基础上，加以探索研究，而搬上舞台的。我尤其喜欢听那觱篥发出的悠长哀怨的《阳光曲》："……劝君更尽一杯酒，西出阳关无故人。"真是沁人肺腑！

"南山截竹为觱篥，此乐本自龟兹出。"（唐·李颀《听安万善吹觱篥歌》）也叫筚篥、悲篥，又名笳管。以竹为管，上开八孔（前七后一），管口插有芦制哨子。据说，这种出自龟兹一带的簧管古乐器，早已失传。但经过当代艺术家的精心研制，今天已经复活，而且音色异常绮丽，富有表现力。这几年，包括龟兹乐舞在内的唐宫廷、民间乐舞，在国内舞台上引起强烈的反响，而且每每被邀出访，走向东南亚和欧美诸国，再度重现国际舞台，赢得了海内外高度的赞赏！

艺术根植于人民精神生活之中，库车老百姓离不开龟兹乐舞。我在库城里走着，感受到一种艺术的美感，觉得这儿是一片难得的可爱的乐土。

这阵，我从农贸市场走出来，发现街头有一长溜钉鞋的地摊。一个个鞋匠的面前，摆有席般大的一堆高跟、半高跟和高统靴子，几乎全是女式的，看样子都是鞋后跟出了毛病。一个个鞋匠跟前，还坐着一些姑娘，亮出一只脚来，等候师傅修补后跟呢。哦，这么多鞋匠，有二三十个，好像是专门排号为给姑娘们修补高跟鞋才摆摊的。起初，我有些诧异，转眼一想，库车姑娘一定爱穿高跟鞋，才有这么多鞋后跟要补，而这儿的姑娘们又爱跳舞，自然很费后跟了。大概，就是这个缘故吧！

黄昏，库车笼罩着一层朦胧的金雾。

此刻，我的耳边，不时传来鼓乐声、踢踏声、欢笑声，不知是在这条街上，还是那个庭院里，正在进行歌舞聚会，或举办喜宴呢。一溜溜小篷车赶过来了，一帮帮姑娘们挤过来了。我来时看到的那些穿着华丽的姑娘，此刻打扮得更加漂亮，她们簇拥在一起，还搀扶着那位留着长胡须的老者，一齐挤进眼前那条巷子里去了。

我想起几个朋友曾告诉我："吐鲁番的葡萄哈密的瓜，库车的姑娘一枝花。"不说吐鲁番的葡萄哈密的瓜多香甜了，单说库车的姑娘，真格的像花儿一般鲜艳，像花儿一般娇美。她们唱起歌来，跳起舞来，更是洒脱娇媚，婀娜多姿。

库车呵库车，这一片神奇可爱的乐土，这塔里木龟兹乐舞的故乡！

（选自何子英主编：《百年百篇经典游记》，长江文艺出版社2003年版。收录时略有修改）

◎练习一　从本文中找出作者游览龟兹乐舞的故乡——库车的游踪。

◎练习二　从本文中具体找出三处"移步换景"的例子来。

习作实践

练习一　如果你是导游，要给游客介绍一处你家乡的旅游景点，你会怎么介绍？试运用"移步换景"的方法向你的朋友或父母介绍。

练习二　"旅游"是越来越热门的话题，更是一个国家、一个民族经济发展的标志。你有过旅游的经历吗？你有旅游的热情吗？让我们背起行囊，走出家门，投入大自然的怀抱吧！请以"旅游"为话题，写一篇不少于500字的游记，题目自拟。

素养积淀

钱塘湖春行

〔唐〕白居易

孤山寺北贾亭西，水面初平云脚低。
几处早莺争暖树，谁家新燕啄春泥。
乱花渐欲迷人眼，浅草才能没马蹄。
最爱湖东行不足，绿杨阴里白沙堤。

赏析　全诗以"行"字为线索，从孤山寺起，至白沙堤终。以"春"字为着眼点，写出了早春美景给游人带来的喜悦之情。尤其是中间四句，景中有人，人在景中，写出了自然美景给予人的感受。

说明文既然是为了他人的便利而作，那么当然是客观的，而不是主观的。

——胡怀琛

说明文说明一种道理，作者的态度是非常冷静的。道理本该怎样，作者把它说清楚了就算完事，其间掺不进个人的感情呀、绘声绘色的描摹呀这一套。

——叶圣陶

第三十六课

介绍事物　揭示事理

导论　说明文是通过对实体事物的解说或对抽象真理的阐释，使人们对事物的形态、构造、性质、种类、成因、功能、关系或对事理的概念、特点、来源、演变、异同等有所认识，从而获得有关知识的文章。在实际生活中，说明文是运用范围极为广泛的常用文体。

要点　认识说明文的文体特征，提高对说明文重要性的认识；认识说明文的内容特征，学习写作一般说明文。

◈◈ 写作启迪 ◈◈

故事一　有一位学生写说明文时写道："一只蜻蜓一昼夜可以吃 2400 只蚊子。"2400 只蚊子聚在一起，比蜻蜓的身体要大许多倍，这显然是不可能的。这个差错是怎样产生的呢？原来，据统计，蜻蜓一小时可吃蚊子 50 只到 100 只。1 小时 100 只，1 天 24 小时，当然要吃 2400 只了。作者的乘法计算是无误的，却忽略了蜻蜓不可能在 24 小时之内一直不停地吃蚊子。这就闹出了笑话。

故事二　法布尔是法国著名昆虫学家、动物行为学家、文学家。在他生活的时代，研究动物是只在实验室里做解剖与分类，昆虫学家极少研究活生生的昆虫。他们把昆虫钉在木盒里，或者浸在烧酒里，睁大眼睛仔细观察昆虫的触角、上颚、翅膀与足，却从不思考这些器官在昆虫劳动过程中起什么作用。昆虫最重要的特征——本能、习性等，登不了昆虫学的大雅之堂。陈旧的方法不可能了解到昆虫世界的真相，以致一些著作中充斥着荒诞理论。法布尔挑战传统，将自己变成"虫人"，用田野实验法研究昆虫的本能、习性、劳动、婚恋、生育、死亡。正是这种求真精神，使他写出了《昆虫记》这部昆虫学巨著。

🙠 知识技能 🙢

　　说明文是一种以说明为主要表达方式来介绍事物、揭示事理的常用文体。当我们需要对客观事物的内容和形式诸方面性能进行精确的、科学的、知识性的阐明时,离不开说明文这种文体。知识的科学性、内容的客观性和解说的条理性,是说明文的基本特征。

　　说明文不同于记叙文。说明文是以传授知识为主要目的的,力求知识准确全面,符合实际,有条有理,不允许主观情感影响知识的科学性和客观性。而记叙文则通过记人叙事、状物写景来表达个人的体会和感受,免不了带有主观的感情色彩,有的记叙文还可虚构。说明文不同于议论文。虽然议论文特别是学术论文,同样要求知识的科学性和客观性,但议论文以论证为主,通过论点与论据的逻辑关系来证明某种观点。说明文则以说明为主而不需论证,即对某种事物的性质或某种事理的内涵进行确切的解释与说明。

　　说明文是以传授知识为主要目的的,因此对所解说对象的说明就要全面、透彻、准确。说明文所需材料一般都是已成定论的知识性材料,即经过实践检验过的,为社会所公认的关于某种事物或事理的科学定论。因此,写好说明文就必须对所写的事物进行深入细致观察。虽然说明文里常穿插着记叙、议论、抒情、描写等表现手法,但说明文毕竟以说明这种表达方式为主,其他表现手段要为说明服务。

　　说明文一般分两大类。一类是关于具体事物的说明文(又称事物说明文),这类说明文以某个具体事物为对象,解说客观物体的形状、特性、成因、类别、构造、功能与用途等,向读者提供这一物体的形式与内容。另一类是关于抽象事理的说明文(又称事理说明文),专门阐明某种概念或原理,要求对某种概念或原理的内涵、外延、前因、后果、变化、规律等方面作出条理清晰的科学说明。根据说明语言的不同特色,说明文有平实性说明文和文学性说明文两种,后者又叫文艺性说明文(科学小品文或知识小品文)。

　　说明文语言要真实、准确、浅显、简洁。这是由于说明内容的客观性,决定了说明文语言必须真实;恰如其分反映出客观事物的具体面目,决定了说明文语言必须准确;说明对象具有较强知识性和科学性,常常会使说明内容有专业性,要让读者清晰理解就要求说明文语言必须浅显;让读者容易把握文章的内容,就要求说明文语言必须简洁。

🙠 阅读借鉴 🙢

四十棵大白杨的遭遇

刘清俭

　　怎么老是遗憾俺局里那 40 棵大白杨呢!十多年来,它们不像别的白杨树那样参天耸立,扬眉吐气,就像一群士兵在操场上操练一样,时刻恭候着指挥员的口令,变换着队列队形。它们的遭遇苦着呢!

　　1981 年春,局里来了一位张局长。张局长一上任就说:"这么大个院子,光秃秃的,连根树毛都不栽,不知前任局长天天想啥哩。"于是,那年春天张局长亲自规划,亲自组织,在院中间南北走向栽了两行小白杨。树苗很小,有指头粗细,整整40株。张局长指派一人管理,小白杨全活了。张局长在任两年,小白杨长了两年,干有拳头粗细,白白的;枝条向上,直直的;叶儿随风摆动,哗哗响;小院灵气一片。张局长见人就说:"栽树比不栽树好吧?"自得其乐感不时跳到脸上。

张局长干了两年走了,王局长上任。王局长上任就看着两行白杨树不顺眼。他说:"这是院不是公路,在院里搞林荫道,成啥体统?"王局长上任没几天,就把40棵白杨移栽到院内两侧。王局长在任三年,白杨树一天天长大,有碗口粗细了。两排白杨的荫凉各罩着东西一排平房。夏日,平房内凉爽爽的。工作人员出门就是荫,都说这两排树移对了。王局长每每听到大家赞许心里乐滋滋的。

王局长干了三年走了,李局长上任。李局长上任第一眼就看着这两排杨树栽得别扭。他说:"树怎么这么个栽法,院里树不能成排成行地栽,别的不知道,就没看过妇女的头发吧,越是梳得光溜、整齐的越难看,越是卷曲、蓬松越有魅力。把树移开,移散,就顺眼了。"有的人建议说树长大了,不好移活了。李局长听后大发脾气:"什么移不活,把树根刨深点,坑挖大点,多浇水,就不信不活!"于是局里大动干戈,整整忙活了三天,才把两排树移散。李局长干了四年,白杨树像生了气似的往上长,笔直的干,笔直的枝,宽大的叶子,密密的,把个小院遮得不见天。夏日大家在树下乘凉,有的在树荫下下棋、甩"老K",局里年年被市里评为绿化达标单位,李局长还上了电视露了脸哩。

李局长干了四年走了,赵局长接任。赵局长一下车就觉得满院的白杨直刺他的眼。他说:"院里应该柔和温馨,应该种草栽花。这不是山区森林地,阴森森地怪吓人哩!"结果,没几天,赵局长动员大家把40棵白杨树刨得一棵不剩。院里杨树没有了,大家都觉得像少了好些东西,空落落的。后来赵局长组织大家在各自门前种了花草。丝丝草长得绿茸茸的,月季花开得姹紫嫣红,局里人看花看草看了三年,看惯了,倒忘了那40棵白杨树。

赵局长干了三年走了,刘局长接任。刘局长上任发现院里没有一棵树,好气。他说:"这么个大院子,连一根树毛都没栽,就没听上头讲的:植树造林,绿化祖国,造福后代的话吗?听说前任领导把树连根刨了,作孽!"刘局长上任没多久,在院的中间又重新栽了40棵小白杨,与十几年前栽的一样大小。风一吹枝条颤颤发抖。

（选自《东方艺术》1997年第3期。收录时略有修改）

杨树的赞语

杨鉴普

杨树,是我国树木中最常见的树种之一,一般人习惯上称为白杨。我国的一部古书《三才图会》上说:"白杨处处有之,北土尤多。"杨树同柳树好比是一对孪生兄弟,自古以来,杨柳便经常连在一起,在诗歌中出现。《诗经》上有"昔我往矣,杨柳依依";刘禹锡《杨柳枝》词九首中把垂柳直称为垂杨。唐代诗人王之涣出关见不到杨柳,只不过从笛声中听到《折杨柳》的曲子,就写出"羌笛何须怨杨柳,春风不度玉门关"的诗句。

杨柳同属植物分类中的杨柳科。杨树没有柳树那样的婀娜多姿,但它有的是刚健笔挺。公元六世纪贾思勰写的《齐民要术》中说:"白杨……性甚劲直,堪为屋材,折则折矣,终不曲挠。"

　　杨树，种类有 110 种左右，广泛分布于北半球的温带和暖带，不论在平原、河滩、丘陵、山谷或高山均有分布。植物学家将杨属植物分为五大派。上面所引两文的白杨，看来是指箭杆杨。箭杆杨属黑杨派，在我国西北华北一带甚为常见。箭杆杨不论集体或单个"行动"，都非常守纪律。用它充当行道树，俨然如道路两旁立正站立的哨兵，呈现出威严整齐的军容；用它充当农田防护林，由于树冠和根系幅度小，胁地轻，防风效果好。

　　毛白杨、银白杨、新疆杨、山杨、河北杨等，则属于杨属中的白杨派。它们的叶子下面密被白色绒毛。其中毛白杨树冠高大，能成大才，是我国最重要的一种平原造林乡土树种。银白杨，是又一种白杨，它树姿美，抗病虫害，有的地方活到 300～600 岁，系长寿树。它树冠宽阔，叶片呈多角形，风吹叶片沙沙作响，人们戏称"鬼拍手"。"房前栽天柳（箭杆杨），房后鬼拍手"，意思是这两种树都适合在房前屋后栽植美化环境。与银白杨形态相似的新疆杨，系银白杨的一个变种，它树冠狭小似圆柱形，速生、材质好，近年来在我国北方发展很快。山杨是杨树中最适于在山地生长的，是森林中最常见的野生杨树。

　　青杨派中有小叶杨、青杨、滇杨等。小叶杨因叶小而得名，枝条有棱，在我国分布很广泛，适应性强。滇杨属于湿热地区的速生树种。

　　胡杨派中有胡杨，老乡叫水梧桐，主要分布在我国的西北和内蒙古，这是乔木树种中唯一耐盐碱的树种。它的特征是一株树上有几种不同形状的叶子，有的呈披针形到线形似柳叶，有的为扁圆形、卵形。胡杨属高度大陆性典型的旱生型树种，叶片厚且硬，叶面被有蜡质。胡杨还有一个特性，即具有吸收大量盐分积存体内的能力。当树体受机械损伤流出来的树液，以后可凝结成白色结晶状的胡杨碱，做馒头可当碱用。由于胡杨对盐碱、干旱、水湿、风沙、寒冷都具有较大的适应性，又由于叶枝味苦涩，可免遭牲畜危害，因此，胡杨是盐碱地造林的理想树种。

　　大叶杨派中有大叶杨、椅杨等。

　　杨树在林业生产上的最大特点，是它的速生性。白居易在《种柳三咏》中曾写道："白头种松桂，早晚见成林。不及栽杨柳，明年便有阴。"杨树的前期生长速度很快，一年生杨树苗每日能长高四厘米。《齐民要术》上说杨树埋条繁殖："三年中为蚕樀，五年任为屋橡，十年堪为栋梁。"目前世界上许多国家都把杨树列为主要速生用材树种，特别是少林缺材国家大力发展杨树已成为迅速解决木材短缺的有效途径。新中国成立以来，我国十分重视杨树品种的选育，一些速生杨树新品种相继问世。如 1956 年在河南中牟县大关庄发现的大关杨（小叶杨与钻天杨的天然杂交种），生长快，尤适于纤维用材。以做造纸工业原料来说，云杉长成 20 厘米直径以上的木材，需要七八十年的时间，而大关杨仅需六至七年便可以达到这个要求。用国外黑杨和我国杨树杂交育成的小黑杨，能耐（摄氏）零下四十三度的低温，已成为东北地区的主要造林树种。从国外引入的一些杨树，如加拿大杨，在我国有七十年的历史，从五十年代到六十年代，在华北地区有较大的发展。

　　杨树还有一个显著特点，即容易繁殖。绝大部分的杨树品种插条都能生根。"无心插柳柳成荫"，杨柳的这种定到哪里都能生根发芽的"灵活性"，确是一个适合发展的得天独厚的长处。杨树的母株结硕果，花谢不久即成熟裂开，种子带有丝状长毛，随风飘荡，在湿润地带即天然下种成林。用种子繁殖也是杨树育苗的一个好方法。

　　杨树轮伐期短，一般寿命不长，35～45 年便成熟，以后开始衰老。杨树木材用途很广泛，其材质轻软，容易加工，纹理细致，不翘不裂，适合做建筑用材和民用家具。工业上还常用杨木制造胶合板和火柴杆。此外,杨木还是优良的工业纤维用材。一些国家提倡栽培杨树,主要是用它做造纸原料。据统计,十株杨树的纤维产量相当于一亩棉田的产量,一立方米的杨木可纺织1500米长的布匹或160公斤的人造羊毛。让我们用一把把植树锹,在我国的大地上写出一篇篇八十年代的新"白杨礼赞"吧!

(选自《散文》1981年第2期。收录时略有删改)

◎练习一　对比阅读上面两篇文章,哪篇是说明文?你是如何判断的?

◎练习二　从你所选出的说明文中,具体分析文章的语言特点。

习作实践

练习一　请向全班同学介绍一下自己的学习方法,不少于200字,要有条理。

练习二　模仿《杨树》,写一篇有关你熟悉的植物的说明文,不少于500字。

素养积淀

东门之杨

《诗经·陈风》

东门之杨,其叶牂牂。昏以为期,明星煌煌。

东门之杨,其叶肺肺。昏以为期,明星晢晢。

赏析　这首诗描写男女定期相见,约会不见的失望。从黄昏相见的时光,一直等到拂晓,可见情之深切。然而,久候不至,只有天空的明星照耀,一点寒星,又是何等深切的失望。

> 说明要求抓住事物的特征,用简明的语言,平平实实地对事物加以介绍、解说或阐释,使人读后对这一事物有一个清晰的印象。
>
> ——叶圣陶
>
> 文章要能使读的人了解,才算达到作文的目的,所以难解及容易误解的文章,都不能算是好的。
>
> ——夏丏尊

第三十七课

深刻把握 准确说明

导论 抓住事物特征、揭示事物本质,是写好说明文的关键。而实现这一目标,就要通过观察和分析,就是鲁迅说的"对任何事情必须观察透彻,方能下笔"。

要点 认识观察和分析在说明文写作中的重要作用,提高学生观察分析事物的积极性;掌握一些常见观察和分析的方法,为说明文写作奠定良好基础。

❧ 写作启迪 ❧

故事一 李时珍的父亲李言闻,专门研究了蕲州的特产艾叶,写成了《蕲艾传》。李时珍读后很受启发,便决心写一本《蕲蛇传》。开始他只是从蛇贩子那里观察白花蛇,有人告诉他,这不是真正的蕲州蛇,真蕲蛇"其走如飞,牙利而毒",是皇帝指定进贡的制药珍品。李时珍不顾危险,几次爬上龙峰山去观察蕲蛇,了解它的形体与习性特点,写出了《蕲蛇传》。

故事二 布封是18世纪法国博物学家与作家,少年时就爱好自然科学。1739年,布封被任命为皇家御花园和御书房总管。任总管后,他除了扩建御花园外,还建立了"法国御花园及博物研究室通讯员"组织,以收集大量的动、植、矿物样品和标本。他利用这种优越条件,毕生从事博物学研究,每天埋头著述,四十年如一日,终于写出三十六册的巨著《自然史》。这是一部博物志,包括地球史、人类史、动物史、鸟类史和矿物史等部分,综合了无数的事实材料,对自然界做了精确、详细、科学的描述和解释,提出许多有价值的创见。

❧ 知识技能 ❧

写好说明文的关键是要对说明对象有正确、深刻、全面的了解和把握,也就是要抓住事物的特征来予以说明。而要抓住事物特征,最根本办法就是认真观察、仔细分析、准确表述。

　　首先,要认真观察。观察是人们摄取客观事物的第一扇窗口,是获得感性知识的基础,也是正确说明事物的前提。福楼拜给学生莫泊桑上的第一课便是观察课。写说明文,就要养成良好的观察习惯,不是一般观看,而是要仔细看、仔细问、仔细听,必要时还得亲自实践。同时,观察要全面,可从形、声、色、味、态、势、质地、色泽等几方面去观察。其次,仔细分析。观察所得的材料仅是表面现象,而客观事物是复杂多变的,有的事物必须透过表面的现象才能发现它的本质特征。要做到这一点,就需要对观察所得的材料加以具体详细的分析、综合、比较。一位哲人说过:"世上没有完全相同的两片树叶。"这些相异的部分,正是事物的本质特性所在。同时,一种事物的特征也可能不止一个,且不仅仅只表现在一个方面,要全面把握事物的特征就要从不同的角度去比较、分析。最后,要准确表述。在观察和分析的基础上,要反映说明对象的特征,就要用准确的语言来概括表达出事物的特征(要有中心句、关键句),也就是在说明时要有明显说明特征的概括性语句,并在文章显著位置上予以表示。自然,由于事物的特征不止一个,我们就要在文章的不同位置来说明这些特征。

阅读借鉴

特征抓得紧　事物说得明

俞　红

　　写文章要做到两点:一是写什么——文章的内容;二是怎样写——文章的组织及表达。具体到说明文,一是说明对象的特征,二是说明顺序、说明的结构、说明的方法、说明的语言等。我们在写说明文时,常常遇到无话可说的困惑。造成这种困惑的原因一方面是文体的板结,另一方面是训练的疏忽。我们说文体的板结是因为说明文是一种应用性文体,它的写作对象是客观的,不允许我们去发挥、想象。无论谁,写动物时,动物是不容改变的;写建筑物时,建筑物已经存在;写植物时,植物的属性不会改变。不同的是,我们对事物的发现不同。

　　对事物各方面的发现,是发现什么? 显然是事物的特征。我们要看到事物的共性特征,这好比是把实物放在展台上,让观众(读者)去看。于是在常人眼中看到的是大小、颜色、形状等物理属性。它让观众(读者)对事物的大概了解是必要的。

　　仅限于此是不够的。导游在解说景点时,"蛮横"地把游客牵着走,而且在解说时把一些特征主观地塞给游客。写说明文亦是如此,我们要把握事物的独特特征。这种独特特征主要是指自己发现的,是导游要塞给游客的有关景点的故事。

　　发现了特征,是自己看到的景。写文章是为了给别人看,所以要把看到的景,发现的特征表达出来。表达特征的先决条件是把握特征。如何紧紧地把握特征呢?

　　一、把握介绍特征的角度。一棵树,你站在树下,看到的印象是大,你站在高楼上看,树是小。你站在远处看是模糊的形,你在近看是神与色。你究竟站在什么角度? 一要看你想说树的哪一方面的特征,二要看读者对象。你根据读者对象,选择了角度,能把握牢特征,就能说明事物。

二、把握读者认识的顺序。人们认识事物总有一定的规律。说明文写作的目的就是要让读者认识特征，接受特征。而且，把握说明顺序，还是一个逐步展示特征的过程。对于不同的事物，展示的步骤不一样，不过都是把外形、结构、用途等各个方面的特征展示出来。结合写作的目的，形成了说明的结构。

综上可知，抓紧事物的特征，即把握了文章的内容。抓紧了事物的特征，能安排顺序，选择方法，经营结构，可以说抓紧了特征即说明了事物。

（选自《南京师范大学文学院学报》1999年第6期。收录时略有删改）

◎练习一 根据本文内容，说说作者认为说明文这一文体在内容上要突出什么，为什么？

◎练习二 根据本文内容，说说作者认为说明文这一文体在形式上要突出什么，为什么？

马

[法]布封

人类所曾做到的最高贵的征服，就是征服了这豪迈而剽悍的动物——马：它和人分担着疆场的劳苦，同享着战斗的光荣；它和它的主人一样，具有无畏的精神，它眼看着危急当前而慷慨以赴；它听惯了兵器搏击的声音，喜爱它，追求它，以与主人同样的兴奋鼓舞起来。它也和主人共欢乐：在射猎时，在演武时，在赛跑时，它也精神抖擞，耀武扬威。但是它驯良不亚于勇毅，它一点儿不逞自己的烈性，它知道克制它的动作：它不但在驾驭人的手下屈从着他的操纵，还仿佛窥伺着驾驭人的颜色，它总是按照着从主人的表情方面得来的印象而奔腾，而缓步，而止步，它的一切动作都只为了满足主人的愿望。这天生就是一种舍己从人的动物，它甚至于会迎合别人的心意，它用动作的敏捷和准确来表达和执行别人的意旨，人家希望它感觉到多少它就能感觉到多少，它所表现出来的总是在恰如人愿的程度上；因为它无保留地贡献着自己，所以它不拒绝任何使命，所以它尽一切力量来为人服务，它还要超出自己的力量，甚至于舍弃生命以求服从得更好。

以上所述，是一匹所有才能都已获得发展的马，是天然品质被人工改进过的马，是从小就被人养育、后来又经过训练、专为供人驱使而培养出来的马。它的教育以丧失自由而开始，以接受束缚而告终。对这种动物的奴役或驯养已太普遍、太悠久了，以至于我们看到它们时，很少是处在自然状态中。它们在劳动中经常是披着鞍辔的；人家从来不解除它们的羁绊，纵然是在休息的时候。如果人家偶尔让它们在牧场上自由地行走，它们也总是带着奴役的标志，并且还时常带着劳动与痛苦所给予的残酷痕迹：嘴巴被衔铁勒得变了形，腹侧留下一道道的疮痍或被马刺刮出一条条的伤疤，蹄子也都被铁钉洞穿了。它们浑身的姿态都显得不自然，这是惯受羁绊而留下的迹象：现在即使把它们的羁绊解脱掉也是枉然，它们再也不会因此而显得自由活泼些了。就是那些奴役状况最和婉的马，那些只为着摆阔绰、壮观瞻而喂养着、供奉着的马，那些不是为着装饰它们本身，却是为着满足主人的虚荣而戴上黄金链条的马，它们额上覆着妍丽的一撮毛，项鬣编成了细辫，满身盖着丝绸和锦毡，这一切之侮辱马性，较之它们脚下的蹄铁还有过之无不及。

天然要比人工更美丽些；在一个动物身上，动作的自由就构成美丽的天然。你们试看看那些繁殖在南美各地自由自在地生活着的马匹吧：它们行走着，它们奔驰着，它们腾跃着，既不受拘束，又没有节制；它们因不受羁勒而感觉自豪，它们避免和人打照面；它们不屑于受人照顾，它们能够自己寻找适当的食料；它们在无垠的草原上自由地游荡、蹦跳，采食着四季皆春的气候不断提供的新鲜产品；它们既无一定的住所，除了晴明的天空外又别无任何庇荫，因此它们呼吸着清新的空气，这种空气，比我们压缩它们应占的空间而禁闭它们的那些圆顶宫殿里的空气，要纯洁得多，所以那些野马远比大多数家马来得强壮、轻捷和遒劲。它们有大自然赋予的美质，就是说，有充沛的精力和高贵的精神，而所有的家马则都只有人工所能赋予的东西，即技巧与妍媚而已。

这种动物的天性绝不凶猛，它们只是豪迈而狷野。虽然力气在大多数动物之上，它们却从来不攻击其他动物；如果它们受到其他动物的攻击，它们并不屑于和对方搏斗，仅只把它们赶开或者把它们踏死。它们也是成群结队而行的，它们之所以聚集在一起，纯粹是为着群居之乐。因为，它们一无所畏，原不需要团结御侮，但是它们互相眷恋，依依不舍。由于草木足够做它们的食粮，由于它们有充分的东西来满足它们的食欲，又由于它们对动物的肉毫无兴趣，所以它们绝不对其他动物作战，也绝不互相作战，也不互相争夺生存资料。它们从来不发生追捕一只小兽或向同类劫夺一点东西的事件，而这类事件正是其他食肉类动物通常互争互斗的根源，所以马总是和平生活着的，其原因就是它们的欲望既平凡又简单，而且有足够的生活资源使它们无需互相妒忌。

这一切，我们只要看看人家放在一块儿饲养并且成群放牧着的那些小马，就可以观察得很清楚：它们有温和的习性和合群的品质，它们的力量和锐气通常只是在竞赛的表现中显露出来；它们跑起来都要努力占先，它们争着过一条河，跳一条沟，练习着冒险，甚至于眼看危险当前便更加起劲；而凡是在这些自发的练习当中奋勇当先，肯做榜样的马，都是最勇敢、最优良的，并且，一经驯服，常常又是最驯顺、最温和的……

在所有的动物中间，马是身材高大而身体各部分又都配合得最匀称、最优美的；因为，如果我们拿它和比它高一级或低一级的动物相比，就发现驴子长得太丑，狮子头太大，牛腿太细太短，和它那粗大的身躯不相称，骆驼是畸形的，而最大的动物，如犀，如象，都可以说只是些未成形的肉团。颚骨过分伸长本是兽类头颅不同于人类头颅的主要一点，也是所有动物的最卑贱的标志；然而，马的颚骨虽然很长，它却没有如驴的那副蠢相，如牛的那副呆相。相反地，它的头部比例整齐，却给它一种轻捷的神情，而这种神情又恰好与颈部的美相得益彰。马一抬头，就仿佛想要超出它那四足兽的地位。在这样的高贵姿态中，它和人面对面地相觑着。它的眼睛闪闪有光，并且目光十分坦率；它的耳朵也长得好，并且不大不小，不像牛耳太短，驴耳太长；它的鬣毛正好衬着它的头，装饰着它的颈部，给予它一种强劲而豪迈的模样；它那下垂而茂盛的尾巴覆盖着并且美观地结束着它的身躯的末端。马尾和鹿、象等的短尾，驴、骆驼、犀牛等的秃尾都大不相同，它是密而长的鬃毛构成的，仿佛这些鬃毛就直接从屁股上生长出来，因为长出鬃毛的那个小肉桩子很短。它不能和狮子一样翘起尾巴，但是它的尾巴虽然是垂着的，却于它很适合。由于它能使尾巴两边摆动，它就有效地利用尾巴来驱赶苍蝇，这些苍蝇很使它苦恼，因为它的皮肤虽然很坚实，并且满生着厚密的短毛，却还是十分敏感的。

（选自李山主编：《大学语文》，中央民族大学出版社2001年版。收录时略有修改）

◎练习一　本文作者是怎样介绍马的？用自己的话说说本文所写的马的特征。

◎练习二　文章在描述马的外在特征时，与许多其他动物做了比较。这样写有什么好处？使用同样方法，口头描述一种自己养过或见过的小动物。

∽ 习作实践 ∞

练习一 你是否还记得那场罕见的长江洪峰？是否还记得北京那遮天蔽日的沙尘暴？是否还为大兴安岭的火灾而痛心疾首？是否还为罗布泊的消失而惋惜不已？让我们把视角投向广袤的大自然，从环保的角度，以"绿的作用"为话题，写一篇说明文，不少于600字。

练习二 仔细观察你最喜欢的一种动物，用明白、生动的语言，写一篇说明文。题目自拟，力求新颖；抓住动物的特点，有条理地介绍；不少于600字。

∽ 素养积淀 ∞

马　诗

〔唐〕李　贺

大漠沙如雪，燕山月似钩。
何当金络脑，快走踏清秋。

赏析 全诗写良马出自名地，而边陲天地广阔，正可奋勇奔驰，唯待知遇名主。李贺生活的时代，藩镇割据，战事频频，作者以名马自喻，言虽生逢用人之时，亦有用才之地，但尚需惜才用才之主。

记叙文可以立主旨,因此可以带着作者个人的色彩;解释文是以使人理解为旨趣的,却该全然抛离了作者的趣味、倾向等等个人的色彩,全然站在公平无私的境地。

——陈望道

对任何事情必须观察透彻,方能下笔。

——鲁 迅

第三十八课

巧用方法 科学阐述

导论 说明方法的选择和使用是实现说明目标的重要基础:恰当地运用说明方法,就能确切地说明事物的特征,就能提高语言表达的科学性和准确性,可使说明对象更具体生动。

要点 认识说明方法对写作说明文的重要性;学习和掌握几种最常见的说明方法,提高恰当运用说明方法的能力。

❦❧ 写作启迪 ❦❧

故事一 郦道元是我国北朝北魏时期的地理学家、散文家。他广泛阅读各种奇书,立志要为西汉桑钦编写的地理书籍《水经》作注。他阅读引用有关书籍达 400 多种,研究了大量文物资料,还亲自到实地考察,写成了《水经注》。《水经注》具体记述了各条河流的发源与流向,各流域的自然地理及火山、温泉、水利工程等。

故事二 在塞外诗中,王之涣的《凉州词》是非常有名的。著名科学家竺可桢却对此提出质疑:玉门关远离黄河,怎能在玉门关看到黄河?玉门一带公元 7 世纪时风沙就已很大,民谚说当铺天盖地的狂风掠过时"石飞轻如絮,辎重轻若蓬"。即使玉门真的在黄河边上,在风沙弥漫中,哪里又会有悠闲的白云?他带着问题翻阅了大量史料,终于在最早刊刻《凉州词》的《乐府诗集》中找到了答案。原来其诗的第一句并非"黄河远上白云间",而是"黄沙远上白云间"。由于抄者字迹潦草,印者校对有误,才以讹传讹至今。

❧ 知识技能 ❧

说明文常用方法主要有下定义、做解释、分类别、举例子、做比较、打比喻、引用、列数字、图表等。

下定义就是用精练概括的语言,对某一事物的本质属性或某一概念的内涵和外延作出正确的说明。下定义以后,往往跟着就要对定义作出具体说明,这种说明就是做解释。下定义和做解释一般都用"某某是什么"这一判断句式。分类别就是把事物按照一定的标准分成若干类,然后一类一类地给予说明的一种方法。在说明文中,常用分类法有一次分类和多次分类两种:一次分类,就是依据一个标准给事物分类;所谓多次分类,就是从不同角度、用不同标准给事物分类。举例子就是运用具体事例来说明事物的方法。如对事物仅做一般的介绍,只能给人一个大体的轮廓,而运用举例说明就能使人感觉具体,印象深刻。做比较就是将不同的事物或同一事物的不同方面放在一起比较来说明事物的方法。虽然事物的特点可单说,但如果适当地运用比较、对照的方法,就更能突出事物的特征。做比较一般有同类事物相比、异类事物相比和同一事物本身先后情况相比三种。打比喻(比喻法)就是运用比喻来说明事物的方法。通过比喻可使说明对象变得通俗易懂,也可以增强说明对象的形象性和生动性。引用法就是引用文献资料、俗语、民谚来说明事物的方法,这一方法可收到"言之有据"或生动活泼等表达效果。列数字(数字法)就是通过列数字来说明事物的方法。事物的特征有时是通过数量来表现出来的,恰当运用数字就能收到具体、确凿的说明效果。用来说明事物的数字有确数和约数两种。图表法就是借助插图和表格说明事物的方法,其特点是简明扼要、一目了然。

❧ 阅读借鉴 ❧

向沙漠进军

竺可桢

沙漠是人类最顽强的自然敌人之一。有史以来,人类就同沙漠不断地斗争。但是从古代的传说和史书的记载看来,过去人类没有能征服沙漠,若干住人的地区反而为沙漠所并吞。

地中海沿岸被称为西方文明的摇篮。古代埃及、巴比伦和希腊的文明都是在这里产生和发展起来的。但是两三千年来,这个区域不断受到风沙的侵占,有些部分逐渐变成荒漠了。

中国陕西榆林地区,雨量还充沛,在明末清初的时候是个天然草原区,没有多少风沙。到了清朝乾隆年间,陕西和山西北部许多人移居到榆林以北关外去开垦。当时的政府根本不关心农业生产事业,生产技术又不高,垦荒伐木,致使原来的草地露出了泥土,日晒风吹,尘沙就到处飞扬。由于长城外的风沙侵入,榆林城也受到了袭击,到解放以前,榆林地区关外30公里都变成沙漠了。

　　沙漠逞强施威，所用的武器是风和沙。风沙的进攻主要有两种方式。一种可以称为"游击战"。狂风一起，沙粒随风飞扬，风愈大，沙的打击力愈强。春天四五月间禾苗刚出土，正是狂风肆虐的时候。一次大风沙袭击，可以把幼苗全部打死，甚至连根拔起。沿长城一带风沙大的地区，农民常常要补种两三次才能有点收获。一种可以称为"阵地战"，就是风推动沙丘，缓缓前进。沙丘的高度一般从几米到几十米，也有高达100米以上的。沙丘的前进并不是整体移动的。当风速达到每秒5米以上的时候，沙丘迎风面的沙粒就成批地随风移动，从沙丘的底部移到顶部，过了顶部，由于风速减弱，就在背风面的坡上落下。所以部分沙粒的移动速度虽然相当快，每天可以移动几米到几十米，可是整个沙丘波浪式地前进，移动速度并不快，每年不过5米到10米。几个沙丘常常联在一起，成为沙丘链。沙丘的移动虽然慢，可是所到之处，森林全被摧毁，田园全被埋葬，城郭变成丘墟。

　　抵御风沙袭击的方法是培植防护林。防护林的主要作用是减小风的力量。风遇到防护林，速度就减小70%～80%。到距离防护林等于林木高度20倍的地方，风又恢复原来的速度。所以防护林必须是并行排列的许多林带，两列之间的距离不要超过林木高度的20倍。其次是培植草皮。有了草皮覆盖地面，即使有风，刮起的沙也不多，这就减少了沙粒的来源。

　　抵御沙丘进攻的方法是植树种草。我国沙荒地区，有一部分沙丘已经长了草皮和灌木，不再转移阵地了。这种固定的沙丘，只要能妥善保护草皮和灌木，防止过度砍伐和任意放牧，就可以固定下来。根据近年治沙的经验，陕北榆林、内蒙古磴口、甘肃民勤地区的流动沙丘，表面干沙层的厚度一般不超过10厘米。10厘米以下，水分含量逐渐增大，到40厘米的深处，水分含量达到2%以上，这就是湿沙层了。湿沙层的水分足够供应固定沙丘的植物的需要。所以在流动沙丘上植树种草，是可以成活的。林木和草类成长以后，沙丘就可以固定下来了。

　　仅仅防御风沙袭击，固定沙丘阵地，还只是采取守势，自然是不够的。征服沙漠的最主要的武器是水。无论植树还是种草，土壤中必须有充足的水分。所以要取得向沙漠进军的胜利，必须有充足的水源。

　　中国内蒙古东部和陕西、山西北部有足够的雨量。就是西北干旱地区，地面径流和地下潜水也是很大的。有些沙荒地区，如河西走廊、柴达木、新疆北部准噶尔和新疆南部塔里木，都是盆地，周围的高山上有大量的积雪。这样看来，只要能充分利用这些水源，我们向沙漠进军不但有收复失地的把握，而且能在大沙漠里开辟出若干绿洲来。普通河流愈到下游，水量愈多，河流愈大。但在沙漠中，因空气的蒸发，泥土的浸润，河流反而愈流愈小，终至于干涸不见，一部分水被蒸发到空中，一部分浸入到土壤岩隙中成为地下水。如地质构造是一个盆地，则能汇成地下海，可以作为建立绿洲的水源。据中国科学院综合考察委员会的调查，只要有水源，单新疆尚有1亿亩荒地可以开垦。

　　沙漠是可以治理的。中国在治理沙漠方面已经取得了若干成绩。新疆建设兵团在天山南北建立国营农场，开沟挖渠，种麦、种棉、植树，那里原是不毛之地，现在一片葱茏，俨然成为绿洲。内蒙古沙荒区的治沙工作也获得了不少成绩。

　　我们向沙漠进军，不但保护了农田，开辟了绿洲，而且对交通线路也起了防护作用。包兰铁路从银川到兰州的一段，要经过腾格里沙漠，其间中卫县沙坡头一带，风沙特别厉害。那里沙多风大，一次大风沙就可以把铁路淹没。有关部门在1956年成立了沙坡头治沙站，进行固沙造林。这一工作已经提前完成。包兰铁路通车以来，火车在沙漠上行驶，从来没有因为风沙的侵袭而发生事故。

风是沙漠向人类进攻的武器,但是也可以为人类造福。沙漠地区地势平坦,风力很强。如新疆的星星峡、托克逊、达坂城都是著名的风口。中国科学院力学研究所在托克逊地方试制了半径两米的风力车,可以供发电、汲水、磨面之用。

沙漠地区空气干燥,日光的照射特别强烈。那里日照时间又特别长,一年达到 3000 小时,而长江流域只有 1500 小时,华北地区也不过 2500 小时。日光可以用来发电、取暖、煮水、做饭。沙漠湖水含盐,日光使水蒸发,可以取得蒸馏水和盐。把日光变为热能和电能的最良好的工具是半导体,估计将来有可能在沙漠里用便宜的半导体做屋顶,人住在里边冬天不冷,夏天不热。

从上面介绍的一些情况,可以清楚地认识到,只要我们正确地认识沙漠的危害,找出对付它的办法,沙漠是有可能治理的。

(选自《人民日报》,1961 年 2 月 9 日。收录时有删改)

◎练习一　在前三段中找出运用做比较的说明方法的例句,并说说这种说明方法的作用。

◎练习二　根据第六自然段的内容给湿沙层下定义。

习作实践

练习一　下面是麦麦提家的收成情况表,写一段说明性文字把表格内容表述出来。

麦麦提家收成情况表

时间	哈密瓜产量(吨)	葡萄产量(吨)
1989 年	0.6	0.3
1997 年	2.4	1.6

练习二　任选家乡的一种特产写一篇说明文,使用三种以上说明方法,不少于 500 字。

素养积淀

凉 州 词

〔唐〕王之涣

黄河远上白云间,一片孤城万仞山。
羌笛何须怨杨柳,春风不度玉门关。

赏析　前两句描写了祖国山川的雄伟气势,为后两句刻画戍守者心理提供典型环境:戍边士卒听到羌笛吹奏着悲凉的《折杨柳》,就难免会触动离愁别恨。于是诗人便豁达地说:羌笛何须老吹奏那哀怨的《折杨柳》曲调呢? 要知道,玉门关外本来就是春风吹不到的地方,哪有杨柳可折! "何须怨",并不是没怨,也不是劝戍卒不要怨,而是说怨也没用。

凡是有价值的作品,无论是文学作品还是科学著作,都是为了解决一定的问题,写给一定的对象的,也就是说写作从来是有实用目的的。

——张志公

说明文的好坏在乎所发现、所理解的道理准确不准确。发现得准确,理解得准确,写下来的就是最好的说明文,除非文字上有什么毛病。

——叶圣陶

第三十九课

合理安排 有序解说

导论 说明文要说明事物,必须考虑怎样组织材料,才能有序地解说。说明文的写作常常以事物的构成特点安排结构,以事物的方位布局安排结构,或以事物的逻辑联系安排结构。

要点 认识说明文的常见结构,学会有序说明;理解和掌握说明结构,提高说明能力。

❧❧ 写作启迪 ❧❧

故事一 1956 年,同济大学出版了陈从周教授编撰的《苏州园林》图册,叶圣陶得悉后立即汇去书款,函购一册,供随时翻阅。1974 年,他与陈从周相识,陈从周送了好多幅松竹兰菊的国画作品给叶圣陶,叶圣陶填了一首《洞仙歌》谢他。1979 年年初,陈从周邀请叶圣陶为他的《苏州园林》图册作序,他欣然允诺,这就是书面说明文《苏州园林》一文的出处。

故事二 平江人李元度本来是一个书生,根本不知道领兵作战。曾国藩命令他领兵作战,结果他每打一次仗便败一次。曾国藩很生气,准备写奏折弹劾他,在奏折上有"屡战屡败"的词语。后曾国藩幕僚中有人为李元度求情,把"屡战屡败"改为"屡败屡战",李元度因此被免罪。

❧❧ 知识技能 ❧❧

说明文要说明客观事物,就必须考虑怎样组织材料、合理布局,把说明中心表达出来。

说明文的结构可分为四个部分:题目、开头、主体和结尾。说明文题目通常有直述式和疑问式两种。其中直述式是直接点出要介绍、说明的事物;疑问式则是用一个问句做题目,提出要诠释的问题。一篇文章有个好题目,可以引人入胜,使读者产生阅读兴趣。说明文开头常常要提出说明的对象或诠释的问题,常用开头方法有比喻开头、提问式开头、谜语开头以及从生活现象开头等等。常见的说明文结构方法,大致有以事物的构成特点安排结构、以事物的方位布局安排结构、以事物的逻辑联系安排结构等。

说明文一是按事物的构成特点来组织材料和安排结构,就是依据事物本身的组合顺序或作者观察事物的先后顺序进行说明。如说明生产技术、产品制作、自然现象、科学实验等,一般都可以采用这种结构方法。二是按照事物的方位布局来组织材料和安排结构,也就是根据事物的构造(空间位置)或内或外、或小或大、或左或右、或远或近说明。三是按照事物的逻辑联系来组织材料和安排结构。这种方法常用于事理说明文,因为解释事理的说明文,结构的条理性主要体现在逻辑上。于是在安排文章结构时就要注意这种逻辑联系,给材料分门别类,围绕一个中心,把具有内在联系的材料串起来,方能达到把事理说清楚的目的。

阅读借鉴

南州六月荔枝丹

贾祖璋

幼年时只知道荔枝干的壳和肉都是棕褐色的。上了小学,老师讲授白居易的《荔枝图序》,读到"壳如红缯,膜如紫绡,瓤肉莹白如冰雪,浆液甘酸如醴酪",实在无法理解,荔枝哪里会是红色的!荔枝肉像冰雪那样洁白,不是更可怪吗?向老师提出疑问,老师也没有见过鲜荔枝,无法说明白,只好不了了之。假如是现在,老师纵然没有见过鲜荔枝,也可以找出科学的资料,给有点钻牛角尖的小学生解释明白吧。

白居易用比喻的笔法来描写荔枝的形态,的确也有不足之处。缯是丝织物,丝织物滑润,荔枝壳却是粗糙的。用果树学的术语来说,荔枝壳表面有细小的块状裂片,好像龟甲,特称龟裂片。裂片中央有突起部分,有的尖锐如刺,这叫作片峰。裂片大小疏密,片峰尖平,都因品种的不同而各异。

成熟的荔枝,大多数是深红色或紫色。生在树头,从远处当然看不清它壳面的构造,只有红色映入眼帘,因而把它比作"绛囊""红星""珊瑚珠",都很逼真。至于整株树以至成片树林,那就成为"飞焰欲横天""红云几万重"的绚丽景色了。荔枝的成熟,广东是四月下旬到七月,福建是六月下旬到八月,都以七月为盛期,"南州六月荔枝丹"指的是阴历六月,正当阳历七月。荔枝也有淡红色的,如广东产的"三月红"和"挂绿"等。又有黄荔,淡黄色而略带淡红。

荔枝呈心脏形、卵圆形或圆形,通常蒂部大,顶端稍小。蒂部周围微微突起,称为果肩;有的一边高,一边低。顶端叫果顶,浑圆或尖圆。两侧从果顶到蒂部有一条沟,叫作缝合线,显隐随品种而不同。旧记载中还有一些稀奇的品种,如细长如指形的"龙牙"、圆小如珠的"珍珠",因为缺少经济价值,现在已经绝种了。

荔枝大小,通常是直径三四厘米,重十多克到二十多克。六十年代,广东调查得知,有鹅蛋荔和丁香大荔,重达四五十克。还有四川合江产的"楠木叶",《四川果树良种图谱》说它重十九克左右,《中国果树栽培学》则说大的重六十克。

所谓"膜如紫绡",是指壳内紧贴壳的内壁的白色薄膜。说它"如紫绡",是把壳内壁的花纹误作膜的花纹了。明代徐渤有一首《咏荔枝膜》诗,描写吃荔枝时把壳和膜扔在地上,好似"盈盈荷瓣风前落,片片桃花雨后娇",是夸张的说法。

荔枝的肉大多数白色半透明,说它"莹白如冰雪",完全正确。有的则微带黄色。从植物学的观点看,它不是果肉,而是种子外面的层膜发育而成的,应称作假种皮。真正的果肉倒是前面说的连同果壳扔掉的那一层膜。荔枝肉的细胞壁特别薄,所以入口一般都不留渣滓。味甜微酸,适宜于生食。有的纯甜。早熟品种则酸味较强。荔枝晒干或烘干,肉就成红褐色,完全失去洁白的面貌。

荔枝不耐贮藏,正如白居易说的:"一日而色变,二日而香变,三日而味变,四五日外,色香味尽去矣。"现经研究证实,温度保持在1℃到5℃,可贮藏三十天左右。还应进一步设法延长贮藏期,以利于长途运输,因为荔枝不耐贮藏,古代宫廷想吃荔枝,就要派人兼程飞骑从南方远送长安或洛阳,给人民造成许多痛苦。唐明皇为了宠幸杨贵妃,就干过这样的事。唐代杜牧诗云:"长安回望绣成堆,山顶千门次第开。一骑红尘妃子笑,无人知是荔枝来。"就是对这件事的嘲讽。

荔枝的核就是种子,长圆形,表面光滑,棕褐色,少数品种为绿色。优良的荔枝,种子发育不全,形状很小,有似丁香,也叫焦核。现在海南岛有无核荔枝,核就更加退化了。

荔枝花期是二月初到四月初,早晚随品种而不同。广东有双季荔枝,一年开花两次。又有四季荔枝,一年开花四次之多。花形小,绿白色或淡黄色,不耀眼。花分雌雄,仅极少数品种有完全花。雌雄花往往不同时开放,宜选择适当的品种混栽在一起,以增加授粉的机会。一个荔枝花序,生花可有一二千朵,但结实总在一百以下,所以有"荔枝十花一子"的谚语。荔枝花多,花期又长,是一种重要的蜜源植物。

荔枝原产于我国,是我国的特产。海南岛和廉江有野生的荔枝林,可为我国是原产地的明证。据记载,南越王尉佗曾向汉高祖进贡荔枝,足见当时广东已有荔枝。它的栽培历史,就从那个时候算起,也已在二千年以上了。唐代对四川荔枝多有记述。自从蔡襄的《荔枝谱》(1059)成书以后,福建荔枝也为人所重视。广西和云南也产荔枝,却少有人说起。

古代讲荔枝的书,包括蔡襄的在内,现在知道的共有十三种,以记福建所产的为多,尚存八种;记载广东所产的仅存一种。清初陈鼎一谱,则对川、粤、闽三省所产都有记载。蔡谱不仅是我国,也是世界的果树志中,著作年代最早的一部。内容包括荔枝的产地、生态、功用、加工、运销以及有关荔枝的史事,并记载了荔枝的三十二个品种。其中"陈紫"一种现在仍然广为栽培。"宋公荔枝"现名"宋家香",有老树一株,尚生长在莆田宋氏祠堂里,依然每年开花结实。这株千年古树更足珍惜。

荔枝是亚热带果树,性喜温暖,成都、福州是它生长的北限。汉武帝曾筑扶荔宫,把荔枝移植到长安,没有栽活,迁怒于养护的人,竟然对他们施以极刑。宋徽宗时,福建"以小株结实者置瓦器中,航海至阙下,移植宣和殿"。徽宗写诗吹嘘说:"密移造化出闽山,禁御新栽荔枝丹。"实际上不过当年成熟一次而已。明代文徵明有《新荔篇》诗,说常熟顾氏种活了几株,"仙人本是海山姿,从此江乡亦萌蘖。"但究竟活了多少年,并无下文。现在科学发达,使荔枝北移,将来也许不是完全不可能的事。

我国幅员广阔,不同地区有不同的特产。因地制宜,努力发展本地区的特产,是切合实际的做法。盛产荔枝的地区,应该大力发展荔枝的生产。苏轼有诗云:"罗浮山下四时春,卢橘杨梅次第新。日啖荔枝三百颗,不妨长作岭南人。"但日啖三百颗,究竟能有几人呢? 社会主义现代化的荔枝生产,应该能够逐步满足广大人民的生活需要。

(选自《知识就是力量》1979 年第 2 期。收录时略有修改)

◎练习一　本文以《南州六月荔枝丹》为题目,有什么作用? 具体解释一下。

◎练习二　全文是按什么说明顺序来说明荔枝的? 为什么要用这一顺序?

习作实践

练习一　按要求完成下面判断写作练习。

某学生准备写一篇说明文《谈眼镜》,他选了三个方面的材料:(1)眼镜的作用;(2)眼镜的种类;(3)眼镜的构造。分析三个材料的关系,应采用什么说明顺序最合适? 并写出作文梗概。

练习二　按要求完成一篇 600 字左右的说明文。

参考题目:说明某种商标的图案;说明某一本课本封面的图案;说明一张你喜欢的邮票上的图案。要求:仔细观察图案,弄懂其象征含义;综合运用多种说明方法;注意说明顺序。

素养积淀

荔　枝

〔明〕陈　辉

南州六月荔枝丹,万颗累累簇更团。

绛雪艳浮红锦烂,玉壶光莹水晶寒。

高名已许传新曲,芳味曾经荐大官。

乌府日长霜暑静,几株斜覆石阑杆。

赏析　第一句以写实手法,点明荔枝生长地域、成熟时节以及成熟时的颜色;第二句仍写实,描述荔枝果实之丰硕;第三句用喻,状写荔枝果实和荔枝林雄奇壮美的景观;第四句转写荔枝果肉的形状与色泽;五、六句则变换角度,从汉唐史话中撷取两掌故,把荔枝高名芳味推崇到一个新的高度。全诗呈献给读者的是一幅多姿多彩、百看不厌的荔熟图。

> 科学小品,是科学文学的一个品种,是科学普及作品中的轻骑兵,是我国特有的一种体裁。
>
> ——高士其
>
> 写科学小品需要材料,除了生活素材以外,还必须有丰富的知识。既需要直接的感性知识,也需要间接的书本知识。
>
> ——黎先耀

第四十课

科学内容　文学形式

导论　科学小品文是科学和文学的结合品。因此,科学小品文除了本身所具有的科学性以外,还具有文学的生动性。学习写作科学小品文,就要注意科学性和文学性的有机结合。

要点　初步认识科学小品文的特征,掌握科学小品文的写作方法;提高艺术地说明事物的能力,提高写作科学小品文的写作积极性。

❀ 写作启迪 ❀

故事一　《太白》是1934年9月由第一个全译《共产党宣言》的著名教育家陈望道在上海创办并任主编的文艺性半月刊。为活跃刊物内容,陈望道独出心裁地创设了《科学小品》专栏。《太白》创刊号上的《科学小品》专栏,首次发表了克士(周建人)的《白果树》、贾祖璋的《萤火虫》、薰宇的《白昼见鬼》和顾均正的《昨天在哪里》。同期还发表了柳湜的《论科学小品文》,论述了创立科学小品的文体、题材、形式等问题,是我国第一篇关于科学小品创作的重要论文。文中说到"科学"与"小品"的关系:"小品文如果与科学结婚,不仅小品文吸取了有生命的内容,同时科学也取得了艺术的表达手段,艺术的大众科学作品于是才能诞生。"清楚地说明了科学小品的要旨和意义。

故事二　1930年,高士其留学归国后应聘到南京中央医院,但不堪忍受医院的官僚和腐败作风,不久便辞职开始写作。这时陶行知联络了一批从英、法、德、美等国留学归来的科学家及部分晓庄师范学校师生,掀起"科学下嫁运动"。陶行知经常对高士其说:"写文章,就是写话,要用口语才好。"这句话高士其始终铭记在心。在李公朴创办的"读书生活社"中,高士其认识了艾思奇。艾思奇不仅使高士其认识到科学小品文的魅力,而且使高士其深受其进步思想的影响,认识到残害劳苦大众的不仅仅是"小魔王"(细菌病毒),更有那食肉寝皮的"大魔王"(旧制度),不推翻这个"大魔王","小魔王"也难以消灭。就这样,高士其走上了一条"文学救国"和"科学救国"相结合之路。

❧ 知识技能 ❧

科学小品文也称知识小品或文艺性说明文,即用小品文笔调(借助一些文学手法)将科学内容生动形象地表达出来。科学小品文的主要特点有:第一,内容的科学性。科学小品文的目的就是向人们普及科学知识,如果介绍的知识不合乎科学,不仅达不到写作目的,还会造成很坏的影响。第二,文笔的生动性。科学小品文的文笔生动体现在善于记叙和描写、善于穿插趣闻、善于运用修辞等方面。第三,内容的通俗性。科学小品文不是为专业科研服务的,它以普及科学知识为己任,因而深入浅出、通俗易懂地解释、介绍、表现科学内容。

写作科学小品文,一要选题符合实际需要,便于推广科技知识。我国著名的宣传教育家柳湜在《论科学小品文》一文中指出:"科学小品文是科学与小品在大众的实践生活的关联中去联姻的。"凡是在读者中产生广泛影响的科技小品文,其内容总是与广大群众密切相关的。二要内容精练,风趣生动。科技本身就蕴含着美,当你使其跃然纸上时,就能给读者以美的享受。许多优秀的科学小品文,不仅讲清了科学道理,而且具有浓郁的诗情画意。三要形式活泼,具有特点。科学小品文写作要去掉老八股,要有自己的意境、自己的特点与自己的风格,才能让读者读来犹如品味香茗。

❧ 阅读借鉴 ❧

大自然的语言

竺可桢

立春过后,大地渐渐从沉睡中苏醒过来。冰雪融化,草木萌发,各种花次第开放。再过两个月,燕子翩然归来。不久,布谷鸟也来了。于是转入炎热的夏季,这是植物孕育果实的时期。到了秋天,果实成熟,植物的叶子渐渐变黄,在秋风中簌簌地落下来。北雁南飞,活跃在田间草际的昆虫也都销声匿迹。到处呈现一片衰草连天的景象,准备迎接风雪载途的寒冬。在地球上温带和亚热带区域里,年年如是,周而复始。

几千年来,劳动人民注意了草木荣枯、候鸟去来等自然现象同气候的关系,据以安排农事。杏花开了,就好像大自然在传语要赶快耕地;桃花开了,又好像在暗示要赶快种谷子。布谷鸟开始唱歌,劳动人民懂得它在唱什么:"阿公阿婆,割麦插禾。"这样看来,花香鸟语,草长莺飞,都是大自然的语言。

这些自然现象,我国古代劳动人民称它为物候。物候知识在我国起源很早,古代流传下来的许多农谚就包含了丰富的物候知识。到了近代,利用物候知识来研究农业生产,已经发展为一门科学,就是物候学。物候学记录植物的生长荣枯,动物的养育往来,如桃花开、燕子来等自然现象,从而了解随着时节推移的气候变化和这种变化对动植物的影响。

物候观测使用的是"活的仪器"，是活生生的生物。它比气象仪器复杂得多，灵敏得多。物候观测的数据反映气温、湿度等气候条件的综合，也反映气候条件对于生物的影响。应用在农事活动里，比较简便，容易掌握。物候对于农业的重要性就在这里。下面是一个例子。

北京的物候记录，1962年的山桃、杏花、苹果、榆叶梅、西府海棠、丁香、刺槐的花期比1961年迟十天左右，比1960年迟五六天。根据这些物候观测资料，可以判断北京地区1962年农业季节来得较晚。而那年春初种的花生等作物仍然是按照往年日期播种的，结果受到低温的损害。如果能注意到物候延迟，选择适宜的播种日期，这种损失就可能避免。

物候现象的来临决定于哪些因素呢？

首先是纬度。越往北桃花开得越迟，候鸟也来得越晚。值得指出的是物候现象南北差异的日数因季节的差别而不同。我国大陆性气候显著，冬冷夏热。冬季南北温度悬殊，夏季却相差不大。在春天，早春跟晚春也不相同。如在早春三、四月间，南京桃花要比北京早开二十天，但是到晚春五月初，南京刺槐开花只比北京早十天。所以在华北常感觉到春季短促，冬天结束，夏天就到了。

经度的差异是影响物候的第二个因素。经度之所以发生影响，是离海洋远近的关系。凡是近海的地方，比同纬度的内陆，冬天温和，春天反而寒冷。所以沿海地区的春天的来临比内陆要迟若干天。如大连纬度在北京以南约1°，但是在大连，连翘和榆叶梅的盛开都比北京要迟一个星期。又如济南苹果开花在四月中或谷雨节，烟台要到立夏。两地纬度相差无几，因为烟台靠海，春天便来得迟了。

影响物候的第三个因素是高下的差异。植物的抽青、开花等物候现象在春夏两季越往高处越迟，而到秋天乔木的落叶则越往高处越早。不过研究这个因素要考虑到特殊的情况。例如秋冬之交，天气晴朗的空中，在一定高度上气温反比低处高，这叫逆温层。由于冷空气比较重，在无风的夜晚，冷空气便向低处流。这种现象在山地秋冬两季，特别是这两季的早晨，极为显著，常会发现山脚有霜而山腰反无霜。在华南丘陵区把热带作物引种在山腰很成功，在山脚反不适宜，就是这个道理。

此外，物候现象来临的迟早还有古今的差异。根据英国南部物候的一种长期记录，拿1741到1750年十年平均的春初七种乔木抽青和开花日期同1921到1930年十年的平均值相比较，可以看出后者比前者早九天。就是说，春天提前九天。

物候学这门科学接近生物学中的生态学和气象学中的农业气象学。物候学的研究首先是为了预报农时，选择播种日期。此外还有多方面的意义。物候资料对于安排农作物区划，确定造林和采集树木种子的日期，很有参考价值，还可以利用来引种植物到物候条件相同的地区，也可以利用来避免或减轻害虫的侵害。我国有很大面积的山区土地可以耕种，而山区的气候、土壤对农作物的适应情况，有很多地方还有待调查。为了便利山区的农业发展，开展山区物候观测是必要的。

物候学是关系到农业丰产的科学，我们要进一步加强物候观测，懂得大自然的语言，争取农业更大的丰收。

（选自闻石：《写作技巧入门》，商务印书馆1986年版。收录时略有修改）

◎练习一　本文第一、二段的表达方式是什么？具体说说这样写的好处。

◎练习二　用自己的话来说说物候现象来临的决定因素。

"科学小品"的由来

匡达人

"科学小品",指的是文艺性科学知识读物,其特点是以通俗有趣的写法,介绍科学知识,篇幅短小,形式灵活,语言生动。当今不少报纸副刊都经常刊载此类文章。

谈"科学小品",须先说"小品"。"小品",原本是从佛经里借来的一种文体。《释氏辨空经》说:"洋者为大品,略者为小品。""小品"上冠以"科学"二字,有人以为是"舶来品"。其实不然,"科学小品"这一词及文体,却是地地道道的华夏特产,只是历史不长,才过花甲之年,来自30年代的《太白》。

《太白》是1934年9月由第一个全译《共产党宣言》的著名教育家陈望道(1890年—1977年)在上海创办并任主编的文艺性半月刊。为了活跃刊物内容,陈望道独出心裁地创设了《科学小品》专栏。

《太白》创刊号上的《科学小品》专栏,首次发表了克士(周建人)的《白果树》、贾祖璋的《萤火虫》、薰宇的《白昼见鬼》和顾均正的《昨天在哪里》。同期还发表了柳湜的《论科学小品文》,论述了创立科学小品的文体、题材、形式等问题,是我国第一篇关于科学小品创作的重要论文。文中说到"科学"与"小品"的关系:"小品文如果与科学结婚,不仅小品文吸取了有生命的内容,同时科学也取得了艺术的表达手段,艺术的大众科学作品于是才能诞生。"清楚地说明了科学小品的要旨和意义。

早年的科普作者在回忆文章中也说到了"科学小品"的诞生。刘薰宇1935年写的《科学小品和我》说:"其实我知道,'科学小品'这个名词也是开始于《太白》,它还在被孕育的时候,编者望道先生有一次和我谈起,大意说《太白》是小品文的刊物,但有一个特点,就是载'科学小品',而且要我也写一点。这就是我第一次听到它。"贾祖璋1935年写的《我写科学小品的经过》、顾均正1936年写的《科学趣味》、姚毓璆1948年出的《生物趣味》一书新版后记、高士其1962年写的《让孩子们获得丰富的科学知识的滋养》等文中,都谈到了"科学小品"起源于《太白》。其中高士其的文章说:"在1934年,陈望道先生创办了《太白》小品文半月刊,第一次提出了科学小品这个名称,开辟了一个专栏。"

陈望道1962年复叶永烈的信中也说:"中国刊物上登载科学小品确是从《太白》半月刊开始。《太白》半月刊自始就以刊行科学性进步性的小品文为自己的任务,以与当时的论语派,以所谓幽默小品为反动派服务的邪气抗衡的。"

这里提到的"论语派"是指当年在上海编辑《论语》《人间世》《宇宙风》等刊物,提倡"闲适幽默"的林语堂,他曾对陈望道说:"小品文是不能写科学的,科学是不能用小品文来写的。"柳湜的文章针对林语堂的论调写道:"所谓科学小品文并不反对'大品'的科学文体的存在,但同时它自己也仍有它独立存在的价值。科学小品文是科学与小品在大众的实践生活的关联中去联姻的。目前大众需要科学知识,科学要大众化。"这就唯有靠生动活泼而通俗的科学小品来满足大众了。

当时,一个叫周毓英的也极力反对科学小品。他写文章在《新人》周刊上说:"科学小品不是真正的科学,甚至连一点科学的残渣都做不成啊!""若一定要将科学文与文学文的性质混同起来,还要叫文学去担任科学的任务,我想那一定是失败的。"还有的则说:"小品文写科学,不免流于支离破碎,失之科学的谨严与系统。"或认为小品写科学"反增加科学的朦胧",甚至骂为"浅薄"。

为了"抗衡邪气"和提倡科普,《太白》和当时其他一些进步的报刊就先后发表了不少提倡"科学小品"的文章。如《太白》发表了华道一的《科学小品和大众教育》,《申报·自由谈》专栏刊载了悟兼的《谈自然科学小品文的格调和内容》及张香山的《文学与科学之相互浸透问题》,柳湜在《小品文和漫画》杂志又写了《我对于科学小品的一点浅薄的认识》。这些文章对"科学小品"的提倡和发展都起到了培植和促进的作用。

由于《太白》的倡导和影响,李公朴主编的《读书生活》半月刊,设了《科学讲话》专栏,《中学生》自1935年第6卷起开辟了刊登时令科学小品的专栏《是月也》。当年的《妇女生活》《通俗文化》等杂志也开始刊登科学小品。生活书店1935年出版了科学小品文选《越想越糊涂》,次年6月又出版了第二本文选《我们的抗敌英雄》。同时,开始出版个人专集。先后出版了高士其的《细菌与人》《抗战与防疫》,顾均正的《科学趣味》《电子姑娘》,开明书店出版了贾祖璋的《鸟与文学》《生物素描》。董纯才在文化生活出版社出了《麋牛抗敌记》,他又在商务印书馆出版了《动物漫话》。这些在30年代中后期如雨后春笋般出版的科普书籍,都说明了科学小品及科普作品一出世就有顽强的生命力,成为反迷信邪说的坚强阵地。这种兴旺之势,使反对者也不得不哀叹:"这年头,大概科学最当令了。"

（选自《寻根》2000年第2期。收录时略有删改）

◎练习一　根据本文内容,说说你对科学小品文的主要看法。

◎练习二　根据本文内容,用自己的话来说说科学小品文的产生原因。

习作实践

练习一　月亮对于我们来说最熟悉不过了。以"月"为话题,查阅相关资料,写一篇科学小品文,题目自拟,不少于500字。

练习二　1906年的一天,一队俄国骑兵通过彼得堡封塔克河上的爱伦华特桥。当队伍走到桥中心时,桥身突然断裂成好几段掉到河里去了。后经调查,这队骑兵并没有超过桥身所承受的重量,桥身的坍塌是物体共振的缘故。请据此材料,自拟题目,写一篇介绍"共振"知识的科学小品文,不少于500字。

素养积淀

大林寺桃花

〔唐〕白居易

人间四月芳菲尽,山寺桃花始盛开。

长恨春归无觅处,不知转入此中来。

赏析　全诗通过荒野小寺中桃树开花时节的异常,显示此地春天的姗姗来迟。春天万物复苏,百花争艳,给人以美的遐想,但春光毕竟不能长驻,到四月份时春花多已凋谢。这对喜爱春光的诗人来说,不能不说是极其遗憾的事。正在"长恨春归无觅处",但在大林寺中见到"山寺桃花始盛开",自然大喜过望。"长恨春归无觅处,不知转入此中来",就具体表达了诗人重新发现春光时的欢欣,传达出诗人重新发现美时的喜悦。

> "摆事实,讲道理"已成为我们日常生活中愈来愈广泛、愈重要的社会活动。……凡是需要开动脑筋的地方,凡是要辩护自己,说服旁人的地方,没有不需要说理的。
>
> ——朱光潜
>
> 说明文以"说明白了"为成功,而议论文却以"说服他人"为成功。
>
> ——叶圣陶

第四十一课

晓畅论说　以理服人

导论　议论文的特点是"以理服人",就是运用事实材料、逻辑推理来阐发自己的观点。议论文的这一特点,不仅有利于准确快速地传递信息,有助于鲜明突出地表明立场观点,更是辨别是非、驳斥错误的重要途径。

要点　认识议论文的基本特点,学会有理有据地表达自己的看法;掌握议论文的基本要素,在写作议论文时做到要素齐备,结构完整。

❧ 写作启迪 ❧

故事一　相传楚庄王心爱的马死了,他十分伤心,宣布要用大夫那样的礼仪葬马。左右力谏,但他不听,还发怒说谁要再谏必定治以死罪。这时,优孟求见,见面后未曾说话先仰面大哭,楚庄王问这是为什么,优孟说:"这马是大王最喜爱的,应以国君之礼安葬。要以雕玉为棺,文梓为椁。祀以太牢之礼,奉以万户之邑。这样,诸侯各国皆知大王将马看得比人还尊贵。"楚庄王听后幡然悔悟,打消了厚葬爱马的念头。

故事二　1937 年,萨克斯受爱因斯坦等科学家委托,要求总统罗斯福重视原子能研究,抢在德国之前制造出原子弹。但任凭他怎样劝说,罗斯福都不感兴趣。事后,罗斯福为表歉意,邀请萨克斯共进早餐。萨克斯决定利用这一机会,说服罗斯福研制原子弹。第二天一早,他刚落座,罗斯福就告诫他,不准谈原子弹。萨克斯灵机一动:"那我想谈一点历史:英法战争期间,拿破仑在陆战中一往无前,海战却不尽如人意。一天,轮船的发明者——富尔敦来到了拿破仑面前,建议他把法国战舰的桅杆砍断,装上蒸汽机,把木板换成钢板。他向拿破仑保证,法国舰队肯定所向无敌。拿破仑却认为,船没有风帆不能航行,木板换成钢板必然会沉。他认为富尔敦疯了,将其赶了出去。历史学家在评述这段历史时认为,如拿破仑采取了富尔敦的建议,19世纪的历史将会重写。"罗斯福听后沉默了几分钟,然后斟满一杯酒,递给萨克斯说:"你赢了!"

知识技能

　　议论文亦称说理文或论说文,就是通过事实材料和逻辑推理来阐明自己观点的文章。一篇完整的议论文必须有论点、论据和论证三要素,其中论点就是作者对议论的问题所持的看法或主张,论据是作者用来证明论点的理由和根据,论证是用论据证明论点的推理过程和论证方法。一般来说,议论文的论点必须正确、鲜明,论据必须确凿、典型并有说服力,论证必须使论点与论据之间有本质、必然的联系。

　　议论文是对某个议论对象,提出见解或主张并说明理由,其基本特点是议论的说服性。因此,作者无论对什么问题、什么事物展开议论,还是在议论中表达什么见解、提出什么主张、讲述什么道理或反驳他人的什么观点,都是为了达到说服读者、令读者信服的这一根本目的。如果说说明文的基本特点是它的解说性,即要把说明的对象"是什么"向读者解说清楚,那么议论文的基本特点则是它的说服性。从思维类型上来说,议论文要回答出"为什么",要讲出确切的道理来说服读者。正如叶圣陶说:"说明文以'说明白了'为成功,而议论文却以'说服他人'为成功。"议论文不但要论说对某一议论对象的见解,表明作者的态度和观点,而且要阐明为什么要提出这种见解,为什么要抱这种态度。这个阐述"为什么"的过程,就是论证的过程。

阅读借鉴

这个时代读书到底有何用

于　丹

　　读书到底能带给我们什么?记得在今年2月底的时候,温总理第一次和网民互动的时候说了这么一段话:"我非常希望提倡全民读书。我愿意看到人们在坐地铁的时候能够手里拿上一本书。因为我一直认为,知识不仅给人力量,还给人安全,给人幸福。"我看到这段话的时候,心里真是充满了感动。因为我们平时说读书给人知识、给人力量,似乎已经是一个最高境界。

　　其实不尽然。我把现在的阅读分成有用的阅读和无用的阅读。所谓有用的阅读就是为知识的阅读,为了拿一个文凭,为了在社会职业中提升自己的阅读。

　　在这个时代,有用的阅读当然是重要的阅读。但是,比这更美好的是无用的阅读,就是为生命、为成长的阅读,它不见得给你一个直接的文凭,不一定给你专业的技能,但是它给你心灵的辽阔,给你幸福感和安全感。

　　读书在我们今天这个时代到底有什么用呢?我想除了我们应对世界之外,更重要的是确认自我。今年的毕业生都在抱怨,入行的门槛越来越高了,入行的薪水越来越低了。他们说,我们这拨孩子怎么这么倒霉,扩招进来的,而出门的时候偏偏赶上了危机,到处不是减薪就是裁员。我们怎么办？社会给我们的价值评定又是什么？

我想不管这个社会现在给你什么评定，关键是自己怎么认定自己。

有这样一个故事，说有一个徒弟去问他师傅，一碗米值多少钱？师傅说，一碗米，这太难说了，看在谁手里。要是在一个家庭主妇手里，她往里加点水，蒸一蒸，半个钟头一碗米饭出来了，就是一块钱的价值。要是在有点脑子的小商人手里，他把米好好泡一泡，发一发，分成四五堆，用粽叶包成粽子，就是四五块钱的价值。要是到一个更有头脑的大商人手里，把它适当地发酵、加温，很用心地酿造成一瓶酒，有可能是一二十块钱的价值。所以一碗米到底值多少钱，因人而异。

假设我们每个人的生命都是一碗米，谁能说清一碗米值多少钱啊。但是这里有一个规律，我们加工的时间越短，费的心思越少，越接近原来的形态，它的价值就越低。今天大家都说职业竞争很激烈，我看到我周围的孩子们，就想着着急把自己做成一碗米饭卖出去，就想着赶紧得把自己变现了。

有谁耐着性把自己酿成一瓶酒呢？酒离米的形态是最远的，酿造的时间是最长的，中间失败的元素是最多的，你还敢于去尝试吗？所以我们说，读书养心。一个人的心灵辽阔了、自由了，自我明确了，那么他跟这个世界的默契就能变得温柔了。文化的力量，我们不能夸大它，它不能阻止地震的来临，也不能改变金融危机。它能改变什么？它改变的是我们面对这一切的态度，它改变的其实是我们自己和世界相处的方式。

生活挺残酷。可以说生活就是一锅滚开的水，它一直都在煎熬你，问题是你自己以什么样的质地去接受煎熬，最终会看到不同的结果。

我们来做一个实验，你的眼前有三锅水，都是滚开滚开的，你试着往第一锅水里扔一个生鸡蛋，往第二锅水里面扔一根生的胡萝卜，往第三锅水里面扔点干茶叶。

生鸡蛋，最开始很鲜亮、很脆弱，内质都是流动的，像我们鲜亮、满怀梦想的心，但是在生活里熬啊、煮啊，最后煮硬了，愤世嫉俗，以偏概全，觉得这个世界很艰难，人心很险恶，前途很渺茫。我们经常看到这样的人，充满了抱怨，这是被生活煮硬的人。

再看胡萝卜，胡萝卜一开始有款有型，鲜鲜亮亮，但是最后成了胡萝卜泥了，就如同被生活煮软了的人。这种人固然挺善良，但失去了自我。

再看茶叶，茶叶同样是受煎熬的，但是恰恰是这种煎熬沸腾，使得它所有的叶片都舒展开，起伏着，把自己的能量释放出来。在被这个社会成就的同时，它也把无色无味的水改变成了一锅香茶，这就是彼此的成全。

我们能做什么呢？我们不能要求社会降低温度，不再沸腾，减少煎熬，我们只能选择自己是一个生鸡蛋、一把干茶叶，还是一根胡萝卜，我们能选择的是自我。读书就是干这个的，就是滋养自己。

（选自《国学》2009年第8期。收录时略有修改）

◎练习一　读完本文，你能回答题目中的问题吗？读书到底有何用？

◎练习二　读书滋养的是什么？文中是怎么说明这个道理的？

漫谈说理文

朱光潜

现在单谈说理文。"摆事实，讲道理"已成为我们日常生活中愈来愈广泛、愈重要的社会活动。开会讨论要说理,做报告要说理,写社论要说理,写教科书要说理,发动群众要说理,对敌斗争要说理……总之,凡是需要开动脑筋的地方,凡是要辩护自己,说服旁人的地方,没有不需要说理的。近几年来我们对于诗歌、小说、剧本的写作提出了很多问题,进行过热烈的讨论,至于说理文怎样写,就很少有人过问,尽管这个问题曾经由毛主席在《改造我们的学习》《反对党八股》等一系列论著里三番五次地郑重地提出,并且作出一些原则性的指示。文学界对这问题谈的少,是否说明说理文容易写,有理自然说得出,根本没有什么问题呢?就我个人的经验来说,我写过四十多年的说理文,也费过一些摸索,尝过一些甘苦,至今还不能写出一篇称心如意的文字,所以我可以说,写说理文对于我并不是一件易事。

　　写说理文究竟难在哪里? 在推理还是在行文? 问题的这种提法本身就有问题。它假定了理在文先,第一道手续是把理想清楚,第二道手续才用语言把理表达出来。这种相当流行的看法是对的,但也不完全对。说它对,因为语言总是跟着思想走,思想明确,语言也就会明确,思想混乱,语言也就会混乱。如果不先把意思想好而就下笔写,那就准写不好。所以学写说理文,首先就要学会思考,而这要深入生活,掌握事实,再加上对分析和综合的思想方法的长期辛苦训练。谈到究竟,难还是难在这方面。

　　为什么说两道手续的看法又不完全对呢? 因为语言和思想毕竟是不能割裂开来的,在运用思想时就要运用语言,在运用语言时也就要运用思想。语言和思想都不是静止的,而是不断在生发的,在生发时语言和思想在密切联系中互相推动着。据我个人的经验,把全篇文章先打好腹稿而后把它原封不动地誊写出来,那是极稀有的事。在多数场合,我并不打什么腹稿,只是对要说的道理先有些零星片断的想法,也许经过了一番组织,有一个大致不差的粗轮廓,一切都有待进一步的发展。这里有一个很重要的关键,就是对所要说的道理总要有一些情感,如果对它毫无情感,勉强敷衍公事地把它写下去,结果就只会是一篇干巴巴的应酬文字,索然无味。如果对它有深厚的情感,就会兴会淋漓,全神贯注,思致风发,新的意思就会源源不断地涌现出来。这是写作的一种乐境,往往也是写作的一个难关。意思既然来得多了,问题也就复杂化了。新的意思和原来的意思不免发生矛盾,这个意思和那个意思也许接不上头,原来自以为明确的东西也许毕竟还是紊乱的模糊的乃至于错误的。有许多话要说,究竟从何说起? 哪个应先说,哪个应后说? 哪个应割爱,哪个应作为重点? 主从的关系如何安排? 这时候面前就像出现一团乱丝,"剪不断,理还乱",思路好像走入一条死胡同,陡然遭到堵塞,左也不是,右也不是,不免心烦意乱。这就是难产的痛苦,也是一个考验的时刻。有两种情况要避免。一种是松懈下去,蒙混过关,结果就只会是失败,理不通文也就不通。另一种是趁着心烦意乱的时候勉强继续绞脑汁,往往是越绞越乱,越想越烦。这时候最好是暂时把它放下,让头脑冷静下去,得了足够的休息,等精力再旺时再把它提起来,进行一番冷静的分析,做到"表里精粗无不到",自然就会"一旦豁然贯通",令人感到"山穷水尽疑无路,柳暗花明又一村"的乐趣。在这种情况写出的文章总会是意到笔随,文从字顺,内容与形式都是一气呵成的。

　　所以在说理文的写作中,思想和语言总是要维持辩证的关系:不想就不能写,不写也就很难想得明确周全。多年来我养成一种习惯,读一部理论性的书,要等到用自己的语言把书中要义复述一遍之后,才能对这部书有较好的掌握;想一个问题,也要等到用文字把所想的东西凝定下来之后,才能对这个问题想得比较透。我发现不但思想训练是写说理文的必有的准备,而写说理文也是整理思想和训练思想的一个很好的途径。因此,我认为理先于文或意在笔先的提法还是片面的。

说理要透，透在于话说得中肯，轻重层次摆得妥当，并不在话说得多。有时我把一万字的原稿压缩到五六千字，发现文字虽然压缩了，意思反而较醒豁。从此我看出简洁是文章的一个极可珍视的优点。简洁不仅表现于遣词造句，更重要的是表现于命意，一个意思已经包含在另一个意思了，或是主要的意思已经说出了，被包含的或次要的意思就不必说。文章要有剪裁，剪裁就要割爱，而割爱对一般写作者来说仿佛是一件痛苦的事，所以任何人作报告都非一气讲上三五个钟头不可，写一篇要在报纸上发表的陈述意见的文章也动辄要写上一两万字。这种文风造成了难以估计的物质的精力的和时间的浪费，是必须改革的。我也认识到这点，但是自己提笔写文时总不免仍然呶呶不休，一写就是一两万字。就我来说，原因在于思想上的懒惰，往往是接受到一个写文章的任务，稍加思考，就奋笔直书，把所想到的都倾泻出去，倾泻完了，就算完事大吉，不肯去进行一番重新整理、剪裁和压缩的工夫。而这种工夫对于写好文章却是绝对必要的。

我很少从事文艺创作，但是也很爱读文艺作品。就我从阅读中所体会到的来说，说理文的写作和文艺创作在道理上也有很多相通之处，有时我甚至想到理论文也还是可以提高到文艺创作的地位。我知道反对者会抬出情与理的分别以及形象思维和抽象思维的分别来。这些分别都是存在的，但也都不是绝对的。我不相信文艺创作丝毫不须讲理，不用抽象思维；我很相信说理文如果要写好，也还是要动一点情感，要用一点形象思维。如对准确、鲜明和生动的要求也适用于说理文。修辞学家们说，在各种文章风格之中，有所谓"零度风格"，就是纯然客观，不动情感，不动声色，不表现说话人，仿佛也不理睬听众的那么一种风格。据说这种风格宜于用在说理文里。我认为这种论调对于说理文不但是一种歪曲，而且简直是一种侮辱。说理文的目的在于说服，如果能做到感动，那就会更有效地达到说服的效果。作者自己如果没有感动，就绝对不能使读者感动。

文章如说话，说话须在说的人和听的人之间建立一种社会关系。话必须是由具有一定身份的人说的，说给具有一定身份的人听的。话的内容和形式都要适合这两种人的身份，而且要针对着说服的目的。这个事实就说明说话或作文都免不掉两种情感上的联系，首先是说话人对所说的话不能毫无情感，其次是说话人对听众不能没有某种情感上的联系，爱或是恨。这些情感色彩都必然要在声调口吻上流露出。这样的话才有意义，才能产生它所期待的效果。如果坚持所谓"零度风格"，说话人装着对自己所说的话毫无情感，把自己隐藏在幕后，也不理睬听众是谁，不偏不倚，不疼不痒地背诵一些冷冰冰的条条儿，玩弄一些抽象概念，或是罗列一些干巴巴的事实；没有一丝丝人情味，这只能是掠过空中的一种不明来历去向的声响，所谓"耳边风"，怎能叫人发生兴趣，感动人，说服人呢？

最近我到广州、湛江、海南岛、桂林等地参观了一个月，沿途听到很多的大大小小的报告，其中也偶有用"零度风格"的，事实虽然摆得很多，印象却不深刻。但是多数是做得很亲切、很生动的，其中最突出的是海口市萧书记所做的一篇。当天我们坐了一天的汽车和飞机，到夜都已经有些疲倦，萧书记从七点钟一直向我们谈到十一点过，却没有一个人觉得困或是嫌他话长。他说话的时候眉飞色舞，用的语言是家常亲切的，把海南岛的远景描写得很形象化，叫我们都不由自主地精神振奋起来。他真正做到了"引人入胜"。他的秘诀在和听众建立了亲密的情感上的联系，对所谈的事也真正有体会，有情感。

从此我看出说理文的两条道路，一条是所谓"零度风格"的路，例子容易找，用不着我来举;另一条是有立场有对象有情感有形象,既准确而又鲜明生动的路,这是马克思在《神圣家族》、恩格斯在《反杜林论》、列宁在《唯物主义与经验批判主义》以及我们比较熟悉的《评白皮书》这一系列说理文范例所走的路。

(选自朱光潜:《艺文杂谈》,安徽人民出版社1981年版。收录时略有删改)

◎练习一 作者为什么说"写说理文对于我并不是一件易事"?

◎练习二 结合文章内容,谈谈怎样才能写好议论文(说理文)?

习作实践

练习一 作家冯骥才对王蒙讲述关于世界拳王阿里的一段故事:阿里每逢比赛总要事先出钱雇一些人,作为自己的反对者,让他们在比赛时给他起哄,骂他,羞辱他。这样,阿里的搏斗欲望才能被刺激起来,力量鼓满全身,肌肉膨胀,精神上达到最佳竞技状态。"他需要挑战。"冯骥才说。此时王蒙的眼睛灼灼发光,他似乎说,我也一样。

请以"真正的强者需要挑战"为题,写一篇议论文,不少于500字。

练习二 高尔基说:"书籍是人类进步的阶梯。"由此可见读书对人类的重要性。读书对个人同样重要,因为书的质量的好坏会直接影响人的精神面貌和实际行动。请以"读书"为话题,写一篇议论文,题目自拟,不少于500字。

素养积淀

冬夜读书示子聿

〔宋〕陆 游

古人学问无遗力,少壮工夫老始成。

纸上得来终觉浅,绝知此事要躬行。

赏析 这是一首哲理诗,既饱含了对子女的殷切期望,也体现了诗人深邃的思想。在诗里,诗人一方面强调了做学问要坚持不懈,免得"少壮不努力,老大徒伤悲";另一方面,特别强调了做学问的工夫要下在哪里,不能满足于字面上的明白,更要躬行实践,只有这样才能把书本上的知识变成自己的实际本领。

> 如果不知道你往哪里去,你是不知道出路的。
>
> ——[法]小仲马
>
> 学校与社会万不可分离:在学校时,于社会应有之知识研究有素,毕业后断不患无人用之;在学校养成一种活动之能力,将来在社会上可以不必求人,亦足自立。
>
> ——梁启超

第四十二课

提炼观点　鲜明表达

导论　论点是议论文的灵魂和核心。写议论文只有论点鲜明、正确,文章才具有说服力;在写作议论文时,艺术而恰当地提出论点,可提高议论文的说理性。

要点　认识确立论点的基本方法,学会鲜明提出论点;理解中心论点和分论点之间的关系,学会根据中心论点分解分论点的方法。

❀ 写作启迪 ❀

故事一　传说古代有个读书人走了三百里路,去向大师请教写作文的诀窍。这位大师看了他的文章,把他带到树林边,指着一个蜘蛛网说:"你不要拜我为师,你拜它为师吧。"那个书生对着蛛网呆呆地看了整整三天,忽然悟出了其中的道理,从此作文大有长进,并且考场得意,中举成名。事后有人问他成功的原因,他说:"大师在告诉我:天下找不到一个没有中心的蜘蛛网;蜘蛛织网是先有网的中心,再一圈一圈地围绕中心编织。"

故事二　《伊索寓言》中讲了这么一个故事:父子二人赶驴到集市去卖。途中有人说:"看看那两个傻瓜——他们本可以舒舒服服地骑驴,却自己走路。"父亲觉得这意见不错,便和儿子骑驴而行。他们刚走了一段路,又听有人说:"看那两个懒骨头,把可怜的驴差不多压坏了,没有人会买它。"于是,父子两人商量后就决定,绑着驴子的四只脚,倒挂在扁担上抬着走。在过桥时,难以忍受的驴子挣脱束缚,坠入河中淹死了。

❀ 知识技能 ❀

写议论文的第一步就是要确立鲜明的论点,而要确立论点就要明确论题。论题是指作者在文章中提出来要进行论述的问题,是作者要论证的对象或问题。一般来说,论题并不表明作者对客观事物的认识,只是规定和限制文章的论述范围和论述的重点,决定着议论展开的方向和途径。论点就是论断,在逻辑学上就是真实性需要加以证实的判断,它是作者对所论述问题的见解、主张和态度,是整个论证的中心,明确表示着作者要赞成什么、反对什么。如果说论题是确立议论文"疆界"的话,论点就是树什么"旗帜"的问题,也就是说论点是对论题的鲜明答复,而论题只是对论点的限定。同一论题,可有不同的论点;同一论题,还可以从不同角度、不同侧面选择不同的论述题目。

论点有中心论点和分论点之分。中心论点,就是作者对所论述的问题的最基本看法,是作者在文章中所提出的最主要的思想观点。分论点是对中心论点的某一方面从不同角度、不同侧面、不同层次展开的论证,这每一层、每一面,就是一个分论点。分论点是从属于中心论点并为阐述中心论点服务的若干思想观点,各分论点也需要加以论证;凡经证明而立得住的分论点,也就成为论证中心的有力论据。因此,提炼分论点的前提是确立中心论点并用一个句子的形式表达出来。提出分论点可以从三个角度提出:一是从总论点的内容范围提出,二是从总论点的形成原因提出,三是从总论点的解决方法提出。

确立议论文论点有如下要求:首先,要科学。论点必须正确,要能科学地揭示事物的本质,并经得起实践的考验。其次,要抓住要害。作者对某一问题或事实发表议论,论点应该是有分量的,是值得分析议论的。再次,要有的放矢。论点所指一定要有针对性,并注意所针对的对象。如对象不同,议论角度就应有所不同。最后,要有新意。所提出的论点能使人耳目一新,读者读后从中受到启发,恍然大悟或真正信服。论点确立后在文中怎样提出,次序与方式多种多样:次序上,可放在前头,也可以放在中间或结尾;在方法上,可直接提出,也可以运用讲故事、打比方、引典故等方法,逐渐引出。

阅读借鉴

说　勤

林家箴

俗话说:"一勤天下无难事。"唐代文学家韩愈说:"业精于勤。"学业的精深造诣来源于勤。

勤,就是要珍惜时间,勤于学习,勤于思考,勤于探索,勤于实践。古今凡有建树者,无不成功于勤。

勤出成果。马克思写《资本论》,辛勤劳动40年,阅读了数量惊人的书籍,其中作过笔记的就有1500种以上。司马迁著《史记》,从二十岁起就开始周游,足迹遍及黄河、长江流域,汇集了大量的社会素材和历史素材,为《史记》的创作奠定了基础。歌德花了58年时间,搜集了大量材料,写出了对世界文学界和思想界产生很大影响的诗剧《浮士德》。我国现代数学家陈景润,在攀登数学高峰的道路上,翻阅了国内外的上千本有关资料,通宵达旦地看书学习,取得了震惊世界的成就。上海一个女青年坚持自学,十年如一日,终于考上了高能物理研究生。可见,任何一项成就的取得都是与勤分不开的。古今中外概莫能外。

勤出智慧。传说古希腊有一个叫德摩斯梯尼的演说家,因小时口吃,登台演讲时,声音含混,发音不准,常常被雄辩的对手所压倒。可是他不气馁,不灰心,为克服这个弱点,战胜雄辩的对手,便每天口含石子,面对大海朗诵,不管春夏秋冬,坚持五十年如一日,连爬山、跑步也坚持练习演说,终于成为全希腊一个最有名气的演说家。宋代学者朱熹讲过一个故事:福州有一个叫陈正之的人,反应相当迟钝,读书每次只能读50字,一篇小文章也要读一二百遍才能熟,但他不懒不怠,勤学苦练,别人读一遍,他就读三遍四遍,天长日久,知识与日俱增,后来读书很多,成了博学之士。这表明,即使天资比较差,反应比较迟钝,只要勤,同样也是可以变拙为巧的。

实践证明,一个人知识的多寡,关键在于勤的程度如何。懒惰者,永远不会在事业上有所建树,永远不会使自己聪明。唯有勤奋者,才能在无限的知识海洋里猎取到真智实才,开拓知识领域,使自己聪明。高尔基说:"天才出于勤奋。"只要勤,就一定能在艰苦的劳动中赢得事业上的巨大成就。我想每一个渴望得到真知的人,是一定能够体会到"勤"的深刻含义的。

(选自《新读写》2006 年第 7 期。收录时略有修改)

◎练习一　本文的中心论点是什么?分论点都有哪些?与中心论点是怎样的关系?
◎练习二　第二段"勤于学习,勤于思考,勤于探索,勤于实践"顺序能否调换?为什么?

简单的意义

周国平

自古以来,一切圣贤都主张过一种简朴的生活,以便不为物役,保持精神的自由。现代人是活得愈来愈复杂了,结果得到许多享受,却不幸福;拥有许多方便,却不自由。在五光十色的现代世界中,让我们记住一个古老的真理:活得简单才能活得自由。

如果一个人太看重物质享受,就必然要付出精神上的代价。人的肉体需要是很有限的,无非是温饱,超于此的便是奢侈,而人要奢侈起来却是没有尽头的。富了总可以更富,事实上也必定有人比你更富,于是你永远不会满足,不得不去挣越来越多的钱。这样,赚钱成了你唯一的目的。即使你是画家,你哪里还顾得上真正的艺术追求;即使你是学者,你哪里还会在乎科学的良心?

仔细想一想,我们便会发现,人的肉体需要是有它的和你的生理构造所决定的极限的,因而由这种需要的满足而获得的纯粹肉体性质的快感差不多是千古不变的,无非是食色温饱健康之类。殷纣王"以酒为池,悬肉为林",但他自己只有一个普通的胃;秦始皇筑阿房宫,"东西五百步,南北五十丈",但他自己只有五尺之躯;多么热烈的美食家,他的朵颐之快也必须有间隙,否则会消化不良;多么勤奋的登徒子,他的床第之乐也必然要节制,否则会肾亏。每一种生理欲望都会餍足的,并且严格地遵循着过犹不及的法则。山珍海味,挥金如土,更多的是摆阔气;藏娇纳妾,美女如云,更多的是图虚荣。万贯家财带来的最大快乐并非是直接的物质享受,而是守财奴清点财产时的那份痛快。凡此种种,都已经超出生理满足的范围了,但称它们为精神享受未免肉麻,它们至多只是一种心理满足罢了。

人活在世上,有时难免要有求于人和违心做事。但是,我相信,一个人只要肯约束自己的贪欲,满足于过比较简单的生活,就可以把这些减少到最低限度。远离这些麻烦的交际和成功,实在算不得什么损失,反而让你受益无穷。我们因此获得了好心情和好光阴,可以把它们奉献给自己真正喜欢的人、真正感兴趣的事,而首先是奉献给自己。对于一个满足于过简单生活的人,生命的疆域是更加宽阔的。

因此,我已经会开汽车,却仍然喜欢步行、骑车(倘若路途不太远的话),或者搭乘公共汽车(倘若不太挤的话),觉得那样是更加自由自在的,可以不必过于注意交通状况,让头脑继续享受沉思和遐想的快乐。

(选自《读者》2005年第18期。收录时略有修改)

◎练习一　本文的中心论点是什么?

◎练习二　在中心论点的基础上提出了哪些分论点?

习作实践

练习一　阅读下面的材料,确立一个中心论点,并在此基础上确立几个分论点。

中央电视台《实话实说》栏目拥有众多观众,人们喜欢它,究其原因是现实中的假话太多。请以"实话实说"为题,确立一个中心论点并在此基础上确立三个以上分论点。

练习二　汉语里"数字"常可构成词语,如"一马当先""二人同心,其利断金""三人行必有我师"等。这些词语既是社会生活或人生经验的概括,又隐含着一定的文化意蕴和人生哲理。请对所熟悉的带有数字的词语或俗语展开联想,写篇不少于500字的议论文。

素养积淀

己亥杂诗

〔清〕龚自珍

浩荡离愁白日斜,吟鞭东指即天涯。

落红不是无情物,化作春泥更护花。

赏析　前两句抒情叙事,在无限感慨中表现出豪放洒脱的气概:离别的愁绪和回归的喜悦交织在一起,既有"浩荡离愁",又有"吟鞭东指";既有白日西斜,又有广阔天涯。后两句则以落花为喻,表明自己的心志,在形象比喻中自然而然地融入议论。全诗将政治抱负和个人志向融为一体,将抒情和议论有机结合,形象地表达了诗人复杂的情感。

作议论文字,须考引事实,不使差忒,乃可传信。

——洪 迈

如果是议论文,应寻出确切的理由,再从各方面引了例证,加以证明,使所立的断案坚牢不倒。

——夏丏尊

第四十三课

持之有故　言之成理

导论　一篇好的议论文,不仅要有正确、深刻的论点,还要有确凿、有力的论据,这样才能使文章有理有据,令人信服。一组良好的论据不仅能使文章的论点更加突出,还能够让论证翔实,使行文更有逻辑性,从而使文章更具说服力。

要点　培养判断、选择论据的基本能力,提高写作议论文的说理水平;培养正确使用论据的习惯,提高就事例展开深入议论的能力。

❧❧ 写作启迪 ❧❧

故事一　据说北齐时,有个博士在国学中讲课,当他讲道:"孔子弟子达者有72人。"石动甬问道:"达者有72人,几人已着冠(成年)? 几人未着冠?"博士说:"经传无文。"石动甬说:"先生难道不知道孔子弟子着冠30人,未着冠的有42人吗?"博士问:"根据什么而知?"石动甬说:"《论语》上说:'冠者五六人',五六三十也;'童子六七人',六七四十二也,岂不是72人?"博士无以应对。

故事二　1949年,陈毅到京参加全国政协会议。由于住房紧张,他主动从北京饭店搬出,把房子让给了傅作义将军,还代表上海赠给傅作义两辆名牌小汽车。这事在部队中引起很大反响,许多人不服:"对这些大战犯,不杀就便宜他们了,凭什么还让房子、送汽车给他们?"陈毅听后十分生气,在会议上说:"同志们,你们的情绪我理解,但要我怎么讲你们才懂!我陈毅住不住北京饭店,对我都没啥子影响,我照样正常开会,照样还是上海市长!但是让给傅先生住,意义就不一样了。你们知道吗?傅先生到电台讲了半小时话,长沙那边就起义两个军。他的贡献恐怕不只几部小汽车喽!让傅先生住北京饭店,有小汽车,他就会感受到我们政府的温暖,知道共产党是真心交朋友的。"说到激动处他敲着桌子,"我把北京饭店都让给你们也可以,再送你们10部小汽车。但你们要自问,谁有本事起义两个军呢?"

知识技能

论据是用来证明论点的理由和基础,是议论文的"血肉",主要用来解决"用什么来证明"的问题。

议论文的论据一般分为两类:一类是事实论据,包括具体事例、史实、经验和统计数字等,这种论据通常具有"事实胜于雄辩"的说服力;二是理论论据,包括各种科学原理、定义、定理、定律,以及被公认的名言、格言、谚语等。但不论是哪一种论据,要做到有很强的说服力,就必须注意准确、典型、鲜活。准确,就是要真实可靠:不论是叙述事实,还是引用别人的话,都要做到准确无误,不能有半点出入。典型,就是要使所使用的事例或理论具有代表性和普适性,要能恰如其分地与论点相结合。鲜活,就是要使用尽量能体现时代性、生活性的事例,即使是使用一些历史事例与前人用过的事例,也要能与现实生活结合。

论据的运用要根据论点需要或"缩"或"改",酌情变通,这样才能更有力地支撑论点。一般来说,在引述论据后能不能恰当地分析论据,在一定程度上可以反映论据引用的成败。分析论据一般有三种方法:一是例后评价法,将事实论据同论点有机地联系起来,从而使论点更鲜明,更令人信服。二是例后假设法,在举例后再向其相反的方向做假设,与原论据呼应配合,从而有力地证明论点。譬如举的是正面例子,可从反面假设,反之亦然。三是归纳分析法,即在列举多个典型论据之后,对这些论据比较分析,归纳总结出它们的共同点。但无论运用哪种方法,都必须记住:分析论据是为了使事例更好地证明论点,使论点更加突出,更具说服力。

阅读借鉴

成功与成就之间

王乾荣

没有哪个时代的人像今天的人们,把"成功"一词常挂在口头的。"祝你成功",成了当下最讨好的口彩。

媒体上,经常可见类似"华贵别墅,成功人士的理想栖居地"那样的广告。人的成功即是有钱,因为"华贵"和"理想"豪宅,不是给缺钱的"非成功者"预备的。

官儿做到相当级别,即算"成功",其标志是可被称为"高干",且享有一般人所不具备的权力、排场和待遇。

摩登教授有没有科研成果不打紧,他或频频曝光于大众媒介,或四处奔走,不仅大获声名,外快也赚得腰包胀满,那才算成功。

女性类媒体三番五次起劲地发起讨论"干得好,还是嫁得好"这一辩题。争论结果,占上风的论调,无一不是"干得好不如嫁得好"。嫁得好,是女人的成功。

一位母亲对女儿说:"赶紧复习功课去啊!你什么时候也能成为'哈佛女孩'?"一个孩子考取名牌大学,最好是国际名牌,就是成功。

成功给人们带来欢欣、喜悦、自豪、尊严和实惠，更主要者，它是与荣誉同步而至的，所以人们美慕成功，向往成功，更激赏成功。

然而，成功又是一个暧昧的家伙，因为有些"成功"，并不是那么美好。

小偷偷到一只钱包，是"成功"。钻营者窃得一顶官帽，是"成功"。学生作弊收获好成绩，也是"成功"。这些"成功"，叫人侧目、愤恨、哀叹，至少，少有人推崇、赞赏吧。

很多人痴迷于成功，却忽略了成就。其实成功不等于成就。世俗的成功，相对易得；而丰硕之成就，不劳筋骨、苦心志便只有望"就"兴叹了。成功含有功利色彩，成就则造福于人类；成功是一时一事的，成就却永久而普遍；成功，可成为生时炫耀的资本，成就的辉煌，死后也万世放光；成功可能很卑劣，成就却无不高尚。一时不成功者，可能大有成就；没有成就的，也许不无"成功"。人们看惯了世俗的成功，眼睛势利了，乃至于连另类"成功"的肮脏和欺世盗名，也分辨不出来，更别说细研别人的成就了。

凡·高是一个失败的典型，一辈子几乎干什么什么不灵，仅仅擅长于绘画，还几乎无人赏识，根本与成功无缘。然而，你能否认他的光辉成就吗？他之成就，尽管活着时不被人看重，死后却终归被承认。

海瑞无论在为人还是为官方面，都失败得一塌糊涂。他勤勉清廉，又倔强古怪，亲人与同僚都指责他不近情理。在家，他穷得无法孝敬父母；在朝，他从事的改革不仅破产，还得罪了皇上和无数官僚。他七次被罢官，郁郁而终，何谈成功？但是你能说海瑞没有成就吗？至少，他在精神上为后世树立了一个真正的清官形象，足令如今大小贪官、昏官羞愧而死——如果他们还有一点良知的话。

在这个浮躁之世，急功近利的热闹，往往遮盖了争取成就的艰辛，也冲淡了成就本身之伟大。比如袁隆平在稻田里风吹日晒的寂寞，就无法与娱乐明星被万众追捧的喧嚣相比，然而，我们不是更应该尊崇和宣扬袁隆平院士的艰苦跋涉和他的非凡成就吗？

（选自《工人日报》，2008年4月4日。收录时略有修改）

◎练习一　本文的中心论点是什么？为了证明论点，本文选择了哪些论据？

◎练习二　文章最后说"急功近利的热闹，往往遮盖了争取成就的艰辛，也冲淡了成就本身之伟大"，你认可这句话吗？如认可，请给这句话补充一个事例论据；如有不同看法，也请你试着论证一下自己的主张。

论据使用有技巧

杨卫国

事实胜于雄辩，议论文的写作离不开事实论据的使用。但很多同学在运用事实论据时，缺少艺术性，事例叙述平淡无味，这样就达不到支撑论点的效果。其实，事实论据的使用也是有技巧的。

排比成段，气势如虹。这种方法就是将一组同类事实论据进行高度概括，一个事例简练至一句话，以排比形式出现。这种概括排比，语言气势磅礴，更能让论据充分，论证力量陡增。

例：纵观古今中外，凡国泰民安者，无不安之善也。古者西汉休养生息，以安其民，成就"文景之治"；唐太宗体恤民情，轻徭薄赋，使社会安定，成就"贞观之治"；唐玄宗继往开来，安置百姓,重用贤臣,安稳统治天下,成就"开元盛世";康熙、乾隆励精图治,平息叛乱,维护统一,社会安定和谐,成就"康乾盛世"。纵览历来国与家,成由安者败由乱。

这段话中,作者就是选取了贯穿古今的许多历史人物和历史事件来证明自己的观点——"以和为贵,贵在安定"。句式短小精悍,但气势磅礴。

设问连篇,惊心动魄。设问的好处是:一方面制造悬念,引人思考;另一方面一咏三叹,使得文章极具节奏感和韵律美,避免单调、平铺直叙。

例:是谁让一代枭雄董卓含恨离世?是他那最信任的义子吕布。是谁偷换了曹太公墙上的那些金砖?是他最宠爱的小儿阿瞒。是谁捧着张飞的头奔向敌营?是他亲自挑选的副将。往事蹉跎,不堪回首,在历史的天平上,他们都让亲密的感情所欺骗,所扼杀;在理性的尺度上,他们显得那么渺小,那么无知。

这段文字,连用几个设问,节奏明快,富有很强的音乐美。

叙议兼顾,真情如潮。纯粹的叙写,给人以单调苍白之感;而采用夹叙夹议的方法,就将自己的情感寄寓叙事中,爱憎好恶,跃然纸上。

例:想起了海子,那个愤世嫉俗的诗人。当"面朝大海,春暖花开"成为虚幻时,海子无言了。在他的眼睛里,整个世界,远看是美丽花朵,近看才知那是无边的失望。大海留不住他,春天也留不住他。有人问:到底是什么伤了他?人们也许不明白,因为自己置身于这个世界,未曾远观它的美好。在海子焚烧诗集的熊熊火焰里,盛开了一个面朝大海、春暖花开的世界。我想,仍然坚持远观世俗的海子永远幸福。

海子的故事大家都知道,但故事里的情感不是每个人都能体悟到的。因而,在故事中灌注作者自己的解读,融通自己的情感,就使论据顿然神采飞扬。

对比成文,良莠分明。在论证过程中,适当地选用反面论据,进行对比论证,使得论证逻辑严密,带有思辨性。

例:捧起"感动中国"人物奖杯时,洪战辉一夜间华光满身。但是他并没有迷失自我,他依旧带着妹妹过着普普通通的生活。他没有被大批的捐赠冲昏头脑,依旧走在自己的路上。他筹建起一个基金会,用这些钱去帮助那些更需要帮助的学生。相反,雅典归来,田亮和郭晶晶成为两颗耀眼的明星。他们频频出现于各大媒体举办的晚会上,常常在闪光灯前留下他们美丽的身影,而对新一轮的训练却置之不顾。国家体育总局一再叫停,却收效甚微。最终,令人惋惜,田亮被发回到了陕西队……

通过对比,孰是孰非,一目了然,也就增加了论证的力度。

当然,事实论据使用的技巧远远不止这些,我们应该在作文训练的基础上,不断总结,掌握技巧。如此,才能写出令人青睐的好文章。

（选自《写作》2009 年第 2 期。收录时略有删改）

◎练习一　根据本文内容,具体说说事实论据使用的一些技巧。

◎练习二　根据自己的写作实践,向同学们具体介绍自己最擅长的使用论据的方法,介绍要力求具体。

习作实践

练习一　有的同学以"谈友谊"为题,用到了这样几则材料:

(1)少先队员在街头扶老携幼的行为;(2)马克思与燕妮的真挚情感;(3)恩格斯给马克思的无私资助;(4)李白与杜甫结为挚友;(5)林黛玉与贾宝玉的绵绵情意;(6)国共合作;(7)为孤老服务。

你认为这些材料中哪些适合论题的需要,哪些不适合?请说明为什么。

练习二 阅读下面的材料,联系实际,发表感想,写一篇500字左右的议论文。

教室里,同学们正在讨论怎样成才的问题。有的同学说顺境出人才,有的同学说逆境出人才,有的同学说优越的社会主义制度出人才,有的同学说机遇出人才。张利大声反驳说:"你们说得都不对,勤奋出人才。"大家各抒己见,争论不休。

❧ 素养积淀 ❧

论　诗

〔金〕元好问

万古文章有坦途,纵横谁似玉川卢?
真书不入今人眼,儿辈从教鬼画符。

赏析　这首诗是批评卢仝追求险怪诗风的不良倾向。卢仝受到韩愈的影响,诗作过于好奇逞怪。元好问否定了这种诗歌风格,认为这种创作是"鬼画符"。

> 议论文可以说就是推理的记录。
>
> ——夏丏尊
>
> 说理要透,透在于话说得中肯,轻重层次摆得妥当,并不在话说得多。
>
> ——朱光潜

第四十四课

论如析薪　贵在破理

导论　论证,是议论文的三要素之一。确立论点解决了"要证明什么"的问题,选择论据解决了"用什么证明"的问题,论证过程则要解决"如何证明"的问题。论证是用论据证明论点的过程和方法,使论据与论点之间有机地联系起来,构成一个统一的整体。

要点　掌握议论文论证的基本方法,提高分析问题的论证能力;能熟练运用各种方法论证论点。

写作启迪

故事一　钱钟书《围城》一书出版后,吸引了一大批读者。有一位外国女士看了《围城》后,对钱钟书那特有的机智、诙谐,以及流畅美妙的文笔十分感兴趣,便打电话给钱钟书,想跟他面谈。钱先生素以淡泊著称,他不爱亦不愿听别人的恭维。他是这样回答那位女士的:"如果你吃了一只鸡蛋,觉得味道很好,大可不必寻找那只下蛋的母鸡。"那位女士听后,只好作罢。为什么那位热衷于跟钱钟书一见的女士,听了钱钟书一席话后,便放弃了自己的想法呢?

故事二　朱镕基总理于 2000 年 10 月 14 日,与日本市民举行电视讨论会,主会场设在东京,与日本市民进行直接的公开对话。户北一位小学生发问:"为什么中国每个家庭只能有一个孩子?"朱总理立即回答:"如果 12 亿 5000 万人口的国家再无限制地生下去的话,那全球都是中国人了!"观众听后,都赞同地笑了。

知识技能

在议论文三要素中,论点、论据分别解决"证明什么""用什么证明"的问题,论证就是运用论据来证明论点的过程和方法。简而言之,论证就是摆事实、讲道理,解决是"怎样证明"的问题。论证有力,如同优秀的厨师做菜"色香味俱全",文章好看且观点让人信服。论证不力,如同手艺不佳的厨师做菜,文章的"味道"差,表达效果差,所阐述观点不能服人。

要确保议论文的论证力度,就需要运用好论证方法。第一,最常见的论证方法——例证法。事实胜于雄辩,绝大多数写作者都喜欢用事实来证明自己的观点。从众多的事实中选出一两个或更多的与观点相吻合的事例,能有力地支持自己的观点。运用例证法,叙述要简明。对大家熟知的论据,点到(如只点出人名)即可,这叫"点例";大多数例子,一般是三言两语简要叙述,这叫"简例";有些事实因为不为多数人所知,可具体地叙述出来,这叫"详例"。自然,在摆事实之前、之后都要进行一定的分析,以讲明事例与论点之间的内在联系,以证明论点的正确性。第二,最权威的论证方法——引证法。引用被实践证明了的科学原理、定义、定律以及人尽皆知的名言、俗语等作为论据,也就是引经据典地来证明自己的论点。运用引证法时,方法上可以是直接引用也可以是间接引用,但前提是准确完整地理解引用语的语义,核心是引用语要恰当地指向论点,并必须对引语进行恰当的阐释与分析,以增添文章的思辨性与实现论证目的。第三,最形象的论证方法——喻证法。运用形象的比喻来证明论点,这种俗称为"打比方"的论证方法,能把道理讲得通俗、形象。运用比喻论证,要选择熟悉的、具体的、浅显的事物作为喻体,而且用来作比的两种事物之间必须有某种相同的本质特点,从而使它们之间具有推理关系。第四,最启迪的论证方法——类比法。类比论证是一种通过已知事物(或事例)与跟它有某些相同特点的事物(或事例)进行比较类推从而证明论点的论证方法。类比法富于启发性,它深入浅出,使读者易于领悟抽象的道理,可使文章简练生动。第五,最有力的论证方法——对比法。有比较才有鉴别,论证时把两种事物或者同一事物的两种不同情况加以对照、比较和分析,更能把它们的不同性质极其鲜明地显露出来。这种论证方法,能丰富论证的内容,开拓读者的视野,引导读者的思维向纵深处发展,常能收到说理深刻、透彻的良好效果。第六,最机智的论证方法——归谬法。写驳论文时,常常由反面论点引出错误结论从而否定反面观点,达到讲清道理的目的,这种方法就是归谬法。通常的做法是:首先,暂且假设对方的错误结论是正确的;接着,顺着对方的逻辑去推理;最后,导出一个十分荒谬的结论。运用归谬法,可使文章具有幽默性和讽刺性,文风犀利而泼辣。

❧❧ 阅读借鉴 ❧❧

坚持"一件事原则"

[美]弗洛姆

亲爱的埃迪:

一个人的精力是有限的,把精力分散在好几件事情上,不仅是不明智的选择,而且是不切实际的考虑。在这封信里,我向你谈谈"一件事原则",即专心地做好一件事,就能有所收益,突破人生困境。

在对一百多位获得杰出成就的人士的商业哲学观点进行分析之后,著名行为学者哈迈尔发现了这个事实:他们每个人都具有专心致志的优点。

孩子,做事有明确的目标,不仅会帮助你培养出能够迅速作出决定的习惯,还会帮助你把全部的注意力集中在一项工作上,直到你完成了这项工作为止。最成功的人都是能够迅速而果断地作出决定的人,他们总是首先确定一个明确的目标,然后集中精力、专心致志地朝这个目标努力。譬如,伍尔沃斯的目标是要在全国各地设立一连串的"廉价连锁商店",于是他把全部精力花在这件工作上,最后终于完成了此项目标,而这项目标也使他成为成大事者。林肯专心致力于解放黑奴,因此成为美国最伟大的总统。李斯特在听了林肯的一次演说后,内心充满了成为一名伟大律师的欲望,他把一切心力专注于这项目标,结果成为美国著名的律师之一。海伦·凯特专注于学习说话,因此,尽管她又聋又哑,而且又瞎,但她还是实现了她的明确目标,这不能不说是个奇迹。

孩子,这些人物都是你所熟悉的,从他们的成功可以看出,所有成大事的人物,都把某种明确而特殊的目标当作他们努力的主要推动力。专心就是把意识集中在这个目标上的行为,并要一直集中到找出实现这个目标的方法,而且将之付诸实际行动。自信心和欲望是构成他们专心行为的主要因素。没有这些因素,专心致志的神奇力量将毫无用处。为什么只有很少数的人能够拥有这种神奇的力量,其主要原因是大多数人缺乏自信心,而且没有什么特别的欲望。

孩子,对于任何东西,你都可以渴望得到,只要你的需求合乎理性,并且十分强烈,那么"专心"这种力量将会帮助你得到它。假设你准备成为一个著名的作家,或是一位杰出的演说家,或是一位显赫的商界主管,或是一位能力高超的金融家……那么你最好在每天就寝前及起床后,花上十分钟,把你的思想集中在这项愿望上,以决定应该如何进行才有可能把它变成事实。

当你要专心致志地集中你的思想时,就应该把你的眼光投向一年、三年、五年甚至十年后,假想你能创作出伟大的作品,假想你是这个时代最有力量的演说家,假想你拥有相当不错的收入,假想你利用演说的金钱报酬购买了自己的房子,假想你在银行里有一笔数目可观的存款,假想你是位极有影响的人物,假想你自己正从事一项永远不用害怕失去地位的工作……唯有专注于这些想象,才有可能付出努力。

儿子,一次只专心地做一件事,全身心地投入并积极地把它做成功,这样你就不会感到筋疲力尽。不要让你的思维转到别的事情、别的需要或别的想法上去。专心于你已经决定去做的那个重要项目,放弃其他所有的事,把你需要做的事想象成一大排抽屉中的一个小抽屉。你的工作只是一次拉开一个抽屉,令人满意地完成抽屉内的工作,然后将抽屉推回去。不要总想着所有的抽屉,而要将精力集中于你已经打开了的那个抽屉。一旦你把一个抽屉推回去了,就不要再去想它。了解你在每次任务中所需担负的责任,了解你的极限。如果你把自己弄得精疲力竭和失去控制,那你就是在浪费你的效率、健康和快乐。选择最重要的事先做,把其他的事放在一边。做得少一点儿,做得好一点儿,才能在工作中得到更多的快乐。

孩子,在当今社会激烈的竞争中,如果你能向一个目标集中注意力,成功的机会将大大增加。全心专注在你所期望的一件事上,必如所期。祝你进步!

深爱你的父亲

(选自《少年文摘》2008 年第 11 期。收录时略有删改)

◎练习一　本文第三段用了什么样的论证方法?这样写的好处是什么?

◎练习二　作者认为专心致志地做好一件事的关键是什么?是怎样进行论证的?

浅谈设置分论点的三种方法

曾令超

大多数学生都怕写议论文,他们觉得议论文太难写了,好不容易写出来了,但也只是就总论(中心论点)谈总论,缺乏更深入的思考,很难把道理讲得透彻,把文章写得深刻,还有的只是讲几个故事,凑足字数了事。那么,怎样才能写一篇既摆事实又讲道理的质量高的议论文呢?我认为,当一篇议论文的中心论点确定后,能巧设几个分论点,将中心论点展开分解,在深度与广度上推进,逐层加以论述。这样,一定能写出有层次有说服力的文章来。

我们常说"文无定法",实际上文有法,只是无定法。法,就是方法,技巧。设分论点也有方法,常见的方法一般有三种,那就是并列式分解法、对比式分解法、层进式分解法。

第一,并列式分解法。并列式分解法就是从不同的侧面横向展开来分解中心论点。分解出来的几个分论点之间是并列关系,各分论点处于同等地位,不重复,不包括,也不交叉。我们常将议论文分为提出问题(是什么)、分析问题(为什么)和解决问题(怎么办)三部分,其中"是什么"是回答类别和性质方面的问题;"为什么"是回答原因和目的方面的问题;"怎么办"是回答方法和途径方面的问题。写议论文时,我们不一定要将这三个问题都阐释清楚,我们可以择取其中之一,从不同侧面来展开。

并列分解"是什么"。分解"是什么"可以从两个方面入手。一是就其内涵而言,如话题"自嘲"可以这样分解:自嘲,是机敏的退让;自嘲,是面对缺点的勇敢;自嘲,是生存的智慧。二是就其外延而述,如"坚强"就可扩展为三个分论点:坚强,是一种勇气的突破;坚强,是一种毅力的延续;坚强,是一种信心的守候。

并列分解"为什么"。实际上这是把中心论点作为结论去追溯这个结论产生的条件和原因,几个分论点是从不同的侧面来阐释,是一种并列关系。如以《读书乐》为题作文,针对青年人,可以这样分解成几个分论点:读书可以增加知识;读书可以明辨是非;读书可以提高才干;读书可以陶冶情操。

并列分解"怎么办"。这是从解决问题的方法和途径来进行分解,如"坚持就是胜利"这个中心论点,可以分解为以下几个分论点:坚持需要韧性;坚持需要耐得住寂寞的孤独;坚持需要知其不可而为的大智大勇。

第二,对比式分解法。有些中心论点很容易找到它的对立面,就适合运用对比展开分解的方法,从正反两方面设分论点进行论证,正反两方面论述充分了,对中心论点的论述也就充分了。如要证明"实践出真知",就可从正反两方面立论:只有通过实践才能认识事物,把握事物的发展规律;不参与实践,不从实际出发,闭门造车,就不能寻找到问题的关键。这样正反对照,就可进一步明确"实践出真知"的观点。

第三,层进式分解法。这种分解方法,就是分解出的前后两个或两个以上的分论点是逐层深入,构成层进关系。如在论证中心论点"我们应播种希望"时,可用层进式分解为三个分论点:播种希望是奋斗的起点;播种希望是奋斗的动力;播种希望是奋斗的目标。层进式各层次之间是层层深入、步步推进的,前后顺序有严格要求,不能随意改动。运用这种方法,前提是要对观点和材料、材料和材料之间的关系进行深入分析,关键是围绕中心论点将它分解成几个有层次的分论点,纵向逐层论述。组成本论的几个分论点之间,存在递进关系。下面是《"红眼病"要不得》的四个分论点,如何安排分论点的顺序才符合层进式呢?

"红眼病"的实质是私心,是嫉妒心,是个人私欲的膨胀;"红眼病"患者一多,形成极坏的社会风气,危及个人,危及集体以至国家;争强好胜,嫉贤妒能,恶语中伤,损人形象,是"红眼病"患者的典型表现;我们不惧怕闲言碎语,身正不怕影子斜,因此,"走自己的路,让别人去说吧!"

这四个分论点是从不同的角度来设置的:第一个分论点说的是"红眼病"的根源,第二个分论点说的是其恶果,第三个分论点说的是其表现,第四个分论点说的是我们应采取的态度。分析层级关系以后我们就应按"3—2—1—4"的顺序来设置分论点。这样,由"表现"到"危害",由"危害"到"根源",最后指出我们应采取的"态度"。由浅入深,由表及里,由现象到本质,条理清楚,分析逐层深入,说理透彻,给人以深刻的启迪。

以上分别阐述了设置议论文分论点的三种方法,然而在议论文的写作过程中,提炼分论点的方法往往是交叉、综合使用的。一篇文章可同时采用以上归纳的几种方法,这样就能把复杂的问题论述得条理清楚,逻辑严密,文章就可以写得更深刻、更有说服力了。

(选自《读与写》2008 年第 9 期。收录时略有删改)

◎练习一 作者在文中谈了哪几种设置分论点的方法?对你有什么启发,具体说说。

◎练习二 根据自己的写作实践,向同学们具体介绍一种自己拿手的设置分论点的方法。

习作实践

练习一 分析下列句子中用了哪种论证方法,并扼要解释一下:

(1)"虚心使人进步,骄傲使人落后。"这是家喻户晓的名言,它时时在警醒人们:只有谦虚,事业才有所成。(2)古往今来,许许多多的名人不都是依靠坚持而取得胜利的吗?《史记》的作者司马迁,在遭受了腐刑之后,发愤继续撰写《史记》,并且终于完成了这部光辉著作。外国名人杰克·伦敦,他的成功也是建立在坚持之上的。(3)学习如爬山。你在一开始的时候,不要因为山太高须仰视而不敢前进,这是懦夫;当你爬到半山腰时,不要因为前路茫茫而徘徊不前,甚至萌发退意,这是弱者;当你攀上山顶,俯察万物之小时,你该高歌,因为你胜利了,但你还须抬头看看。

练习二 阅读下面的材料,根据要求作文。

夏丏尊拜访弘一法师,看到他吃饭时只有一道咸菜。夏丏尊问:"难道咸菜不会太咸吗?"弘一大师答:"咸有咸的味道。"饭后,弘一大师倒了一杯白开水喝。夏丏尊又问:"没有茶叶吗?只喝平淡的开水?"弘一大师笑着说:"淡有淡的味道。"

弘一法师的话能否带给你一些感悟思考,或是激发起你的一些联想呢?请以"人生咸淡皆有味"为题,写一篇议论文。

素养积淀

论 诗

〔清〕赵 翼

李杜诗篇万口传,至今已觉不新鲜。

江山代有才人出,各领风骚数百年。

赏析 前两句以李白、杜甫的诗为例来说理:"李杜诗篇万口传,至今已觉不新鲜。"李白、杜甫的诗歌万古流传,无人能与之相比,但就是如此伟大的诗篇,至今也觉得不新鲜了。可见,"江山代有才人出,各领风骚数百年"。诗歌应随着时代不断发展,诗人在创作上应求变创新,而不要刻意模仿,跟在古人后面亦步亦趋。

> 议论文的结构,概括起来,总不外乎反映提出问题、论述问题、得出结论这三个基本的步骤。
>
> ——张志公
>
> 一篇文章或一篇演说,如果是重要的带指导性质的,总得要提出一个什么问题,接着加以分析,然后综合起来,指明问题的性质,给以解决的办法。
>
> —— 毛泽东

第四十五课

思路清晰 逻辑严密

导论 结构指的是文章的部分与整体以及各部分之间相互关系的安排。议论文常按照事物的逻辑关系来安排结构。结构妥善,文章就会显得思路畅通,脉络分明,层次井然,就会形成一个严谨的说理体系,从而使中心论点获得有力的证明。

要点 了解议论文的结构类型;掌握布局的方法;养成作文前编写议论文提纲的习惯。

❧ 写作启迪 ❧

故事一 有一天,萧伯纳应邀参加了一个晚宴。席间有一名青年在这位大文豪面前滔滔不绝地吹嘘自己,好像自己天南海北无不通晓,大有不可一世的气概。起初,萧伯纳缄口不言,洗耳恭听。后来,愈听愈觉得不是滋味。最后,他终于忍不住了,便开口说道:"年轻的朋友,只要我们两人联合起来,世界上的事情就无一不晓了。"那人惊愕地说:"未必如此吧!"萧伯纳说:"怎么不是,你是这样地精通世界万物,不过,尚有一点欠缺,就是不知夸夸其谈会使丰盛的佳肴也变得淡而无味,而我刚好明了这一点,咱俩合起来,岂不是无一不晓了吗?"

故事二 谭鑫培是著名京剧演员,当时谭鑫培的戏风靡北京,各大学都有一批谭的"粉丝"。有一天课间休息,北大师生们谈起了谭鑫培的京剧表演艺术,尤其谈到了他的《秦琼卖马》。这时胡适先生插话说:"京剧太抽象,太落伍,拿一根马鞭就算骑马了,用两面画着轮子的旗帜就代替车了,应该用真车真马才真实……"在场者都在洗耳恭听胡适的高论。这时突然站出一人,他是在经学、文学、哲学各方面都有很深造诣的学者,号称"国学狂人"的黄侃,他慢条斯理地问:"适之,那要是唱《武松打虎》可怎么办?"胡适顿时哑口无言。

知识技能

议论文的结构是文章的骨架,结构安排得好,议论文才能完整和有序。

按照人们的思维习惯,人们在构思一篇议论文时,常常是先总说论题或论点,然后再详细地从各个角度或层次分别进行阐述或论证,最后归总一下。所以,议论文的结构多数是"总论—分论—总论"。"总论"一般总是引出全文的论题或论点,故又叫"引论";"分论"是对"总论"中所提论题或论点的论析,是本体,又叫"本论"。

任何议论文的内容都是要反映一定的事理关系的,所以事理结构与篇框结构相比,较深入地进入了议论文内容的中间层面,故而事理结构可说是议论文的中间层结构。从议论文所反映的事理关系看,议论文的结构有纵式、横式、错综式。纵式结构又叫层进式结构、递进式结构。这种结构是按文章所反映的事理关系,一层接一层逐层深入地组成整篇文章的。既然是逐层深入,那么哪一层先说,哪一层后说,其顺序是事理关系所规定了的,是不能调换的。横式结构又叫并列式结构,这种结构的议论文各部分所反映出来的事理关系是并列的,处于同一层面上,相互间并不具有事理上的前后接续关系。错综式结构是纵横交错结构。这种结构的文章各部分反映的事理关系是纵向和横向交织在一起的,因此又叫合式结构。

议论文的逻辑结构有演绎式和归纳式。演绎式结构即论点或结论由具有共识性的认识或具有客观实在性的论据,主要通过演绎式论证或阐释而得出的结构方式。归纳式结构即议论文的论点或结论是由若干具有客观实在性的个别性事实论据,通过归纳、推理而得出的结构方式。

议论文的逻辑推理、思辨论证还体现在段落内部的层次上。段的内部层次结构有序、顺理成章,对于清晰表达思想十分重要。而安排段落内部结构层次,有层层深入、起承转合和总分式等形式。"层层深入"式即提出论点后,先从消极方面论证,然后进一步从积极方面论述。"起承转合"式即开头破题,引出论述问题,接着承接开头,阐述所论述的问题,"转"是从各个角度证明论点,最后归结,就是"合"。总分式有:"总论—分论—总论"式,先提出论点,再加以阐述,最后归纳;"总论—分论"式,是先提出论点,然后论证;"分论—总论"式,是分几方面剖析,然后综合归纳。

阅读借鉴

谈　骨　气

吴　晗

我们中国人是有骨气的。

战国时代的孟子,有几句很好的话:"富贵不能淫,贫贱不能移,威武不能屈,此之谓大丈夫。"意思是说,高官厚禄收买不了,贫穷困苦折磨不了,强暴武力威胁不了,这就是所谓大丈夫。大丈夫的这种种行为,表现出了英雄气概,我们今天就叫作有骨气。

我国经过了奴隶社会、封建社会的漫长时期,每个时代都有很多这样有骨气的人,我们就是这些有骨气的人的子孙,我们是有着优良革命传统的民族。

当然,社会不同,阶级不同,骨气的具体含义也不同。这一点必须认识清楚。但是,就坚定不移地为当时的进步事业服务这一原则来说,我们祖先的许多有骨气的动人事迹,还有它积极的教育意义,是值得我们学习的。

南宋末年,首都临安被元军攻入,丞相文天祥组织武装力量坚决抵抗,失败被俘后,元朝劝他投降,他写了一首诗,其中有两句是:"人生自古谁无死,留取丹心照汗青。"意思是人总是要死的,就看怎样死法,是屈辱而死呢,还是为民族利益而死? 他选取了后者,要把这片忠心记录在历史上。文天祥被拘囚在北京一个阴湿的地牢里,受尽了折磨,元朝多次派人劝他,只要投降,便可以做大官,但他坚决拒绝,终于在公元 1282 年被杀害了。

孟子说的几句话,在文天祥身上都表现出来了。他写的有名的《正气歌》,歌颂了古代有骨气的人的英雄气概,并且以自己的生命来抗拒压迫,号召人民继续起来反抗。

另一个故事是古代有一个穷人,饿得快死了,有人丢给他一碗饭,说:"嗟,来食!"(喂,来吃!)饿人拒绝了"嗟来"的施舍,不吃这碗饭,后来就饿死了。不食嗟来之食这个故事很有名,传说了千百年,也是有积极意义的。那人摆着一副慈善家的面孔,吆喝一声"喂,来吃!"这个味道是不好受的。吃了这碗饭,第二步怎样呢? 显然,他不会白白施舍,吃他的饭就要替他办事。那位穷人是有骨气的:看你那副脸孔、那个神气,宁可饿死,也不吃你的饭。

不食嗟来之食,表现了中国人民的骨气。

还有个例子。民主战士闻一多是在 1946 年 7 月 15 日被国民党枪杀的。在这之前,朋友们得到要暗杀他的消息,劝告他暂时隐蔽,他毫不在乎,照常工作,而且更加努力。明知敌人要杀他,在被害前几分钟还大声疾呼,痛斥国民党特务,指出他们的日子不会很长久了,人民民主一定得到胜利。毛主席在《别了,司徒雷登》一文中指出:"许多曾经是自由主义者或民主个人主义者的人们,在美国帝国主义者及其走狗国民党反动派面前站起来了。闻一多拍案而起,横眉怒对国民党的手枪,宁可倒下去,不愿屈服。"高度赞扬他表现了我们民族的英雄气概。

(选自吴晗:《吴晗杂文选》,人民文学出版社 1979 年版。收录时略有删改)

◎练习一 本文提出了一个什么问题? 作者用了什么方法层层深入地进行论证?

◎练习二 怎样对本文的结构进行划分?

真"重理"就不该"轻文"

张志公

一提到各行的"家",比如文学家、数学家、电子学家等,你会以为,他们大概是各专一行,别的什么都不管的。不对,不是这样。任何一个称得上"家"的人,他不但专精于一样,而且一定有广博的知识基础。没有一个不懂物理的化学家;没有一个不懂物理、化学的医学家;没有一个对科学一窍不通的文学家。你看过电影《李时珍》、话剧《伽利略传》吗? 如果编剧、导演、演员对科学一窍不通,这些电影、话剧能够编得好、演得好吗?

普通教育阶段,属于基础知识的功课一般区分为文科和理科两大类。语文、外语、历史,这些是文科;数学、物理、化学、生物、生理卫生,这些是理科;地理课里边有所谓人文地理的内容属于文科性质,自然地理的内容属于理科性质,所以这门课可以说是文、理兼而有之。

此外,还有政治、体育、音乐、图画课,也都是基础课程。所有这些功课,统统是打基础的,都不是专门性的。做一个现代化的国家公民,应当具备这些基础知识;不论日后进一步学什么、研究什么、干什么工作,这些基础知识都是有用的,并且都是必要的。每个人往往有自己的兴趣爱好,各方面的才能也并不是完全等同的,某一两门功课学得特别好,其余学得一般,这种情形是不少见的。有的人对数、理、化有兴趣,有的人对文学、历史有兴趣,这也是许可的,应该鼓励的。如果有人在某方面显示出较高的才能,我们还应当珍视它,为它的进一步发展创造条件。但是,万丈高楼平地起,只有把基础打好了,个人的爱好和特长才能得到发展。

特别需要指出的是,所有这些基础课程有一门共同的基础课,那就是语文课。语文是学习任何文化科学知识的基础。不论是社会科学的文、史、哲、政、经、法,还是自然科学的数、理、化、生,学习、表达和交流都要使用语文这个工具。语文不学好,不善于说,不善于读,不善于写,无论学什么,研究什么,做什么,都会受到影响,效率都不会很高。人们都知道,学不好数学会影响学物理;那就更应当知道,学不好语文还会影响到学数、理、化。因为数、理、化的叙述、论证以及公式和定理都要通过精练、严密的语言文字来表达,如果不掌握好语文这个基础工具,你怎么能很好理解这些东西呢?比如“解方程”和“方程的解”是两个不同的数学概念,“两数的平方和”和“两数和的平方”,意义完全不同,解题时往往一字之差,就可能谬以千里。语文课是基础课的基础,基础不好,就会影响其他课程。等到以后参加了工作,无论从事哪个部门的科学技术业务,总需要经常看些技术资料,如果阅读能力不高,那对工作将会有多大的影响!当技术员写不好实验报告,当医生写不好病历,有了发明创造,写不好科学论文,有了经验,写不好总结,那对工作又会有多大的影响!

当前,在青少年学生中间有一股“重理轻文”的风气,就是重视学习数学、物理、化学,不重视学习历史、地理,尤其不重视学习语文。其实,照这样的“重”法,这个“理”就恰恰学不好。忽视了文必将影响他学理,影响他日后干理科的工作。真正重理的人,决不应轻文;同样,真正重文的人,也决不应轻理。由于志趣不同,在某方面一般地认真学习,而在另一方面特别多下工夫学习,这种情形是自然的现象。

爱吃蔬菜的可以多吃点蔬菜,爱吃肉的可以多吃点肉,但是只吃一样,别的不吃,那可不行。食谱广一些好,不能“偏食”,“偏食”造成营养不良,影响健康。学习也是一样。

(选自张志公:《张志公文集》,广东教育出版社 1991 年版。收录时略有修改)

◎练习一　本文的论证思路是:先提出论点“＿＿＿＿＿＿＿＿＿＿”,然后从＿＿＿＿＿＿和＿＿＿＿＿＿两个方面进行论述,采用的是先＿＿＿＿后＿＿＿＿的结构。

◎练习二　作者在文中说道:“语文课是基础课的基础,基础不好,就会影响其他课程。”联系实际,说说你由于学好了语文而促进了其他功课学习的经验,或说说你由于语文学得不好而影响了其他功课学习的教训。

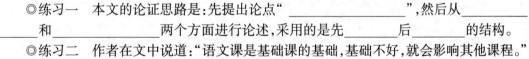

习作实践

练习一　根据下面材料,提炼论点,并简要说说自己准备怎样展开论述,100 字左右。

俄国寓言家克雷洛夫写过这样一个寓言:一个叫杰米扬的人,做汤鲜美无比,深受客人好评。一次,他又用拿手的好汤招待客人,在他的力劝下,客人已经把汤直灌到嗓子眼儿了,可这位杰米扬先生还是不停地劝客人再喝一盆,吓得客人只好逃走了。

练习二 请仿照《谈骨气》写法,以"谈幸福"为题,写一篇500字左右的议论文。

素养积淀

过零丁洋

〔宋〕文天祥

辛苦遭逢起一经,干戈寥落四周星。

山河破碎风飘絮,身世浮沉雨打萍。

惶恐滩头说惶恐,零丁洋里叹零丁。

人生自古谁无死,留取丹心照汗青。

赏析 这首诗是作者在1279年正月过零丁洋时所作。诗中概述了自己的身世,表现了慷慨激昂的爱国热情和视死如归的高风亮节,是中华民族传统美德的最高表现。

一千个观众眼里就有一千个哈姆雷特。

——[俄]别林斯基

有时需要离开常走的大道,潜入森林,你就肯定会发现前所未见的东西。

——[美]贝尔

第四十六课

变换角度　辩证思考

导论　人生是复杂的,许多行为很难说是绝对正确或绝对错误的。反映在议论文写作中,就是分析和看待问题时,要学会变换角度、辩证思考,这样才能更正确、更全面、更深刻地分析问题。

要点　学会多角度看待问题,学习辩证地表达观点。

❧❧ 写作启迪 ❧❧

故事一　传说有位王员外,特别喜欢牡丹花,庭内庭外都种满了牡丹。王员外采了几朵牡丹花,送给一老翁,老翁很开心地把花插在了花瓶里。隔天,邻居对老翁说:"你的牡丹花,每朵都缺几片花瓣,这不是富贵不全吗?"老翁觉得不妥,就把牡丹花全部还给了王员外,并如实地告诉王员外关于富贵不全的事情。王员外忍不住笑道:"牡丹花缺了几片花瓣,这不是富贵无边吗?"老翁听了颇有同感,又选了更多的牡丹花,开心地走了。

故事二　意大利佛罗伦萨的大公委托画家达·芬奇和米开朗琪罗各画一幅表现古代佛罗伦萨战争场面的画。画成之后,两幅画都引起了巨大反响。米开朗琪罗的画,表现了佛罗伦萨战士英勇无畏的斗争精神和挺身而出保卫祖国的英雄气概,获得了人们的一致称赞。达·芬奇画中的佛罗伦萨战士,一个个都像发了狂似的,他们的脸都变了形,看起来,仿佛这些战士是处在惧怕和绝望之中。这幅画引起人们的失望甚至不满,有人觉得这是对光荣的佛罗伦萨人的侮辱。直到后来,一些美术评论家还断言这是达·芬奇"一生仅有的一次失败"。实际上,这是一种错误的评断:米开朗琪罗的《卡西那之战》,描绘的是古代佛罗伦萨人战胜凶暴侵略者巴比伦的史实;达·芬奇的《安加列之战》,则是发生在 1400 年的一场贵族间的战争,达·芬奇称之为"兽性的疯狂",他的画所要揭示的正是这种战争的残酷性和罪恶性。

❧ 知识技能 ❧

议论如何选择角度，对写好议论文常常是至关重要的。角度是指作者站在什么立场，以什么样的视角及以什么样的思维方式来观察、审视和认识客观事物、分析问题、评论事实等。尽管有些作文的主题是唯一的，不能反其意而为之，但如果能巧妙转换角度来分析，会令人眼前一亮。如变一般性的歌颂为思考，寄以远虑，或从人文角度来批判，表达忧思，或从政治经济角度分析，纵论价值，或从生物科学的角度表述，推因析果。总之，转换立论角度，进行立体思维的方法很多，只要将其中一两种运用熟练，便能写出好文章。譬如论述学习"苦与乐"，一般同学会说学习是苦的，只有先吃苦然后才会快乐。但如果换一种眼光，对"苦与乐"的认识就会因人而异：有人认为苦的事，有人却乐此不疲；有人认为乐的事，有人却认为苦不堪言；吃不着苦的苦比吃着苦的苦还苦，是心灵之苦。

议论文多角度立论的方法主要有三种：第一，顺向立意法，即根据材料的中心，联系实际，提出自己的观点和主张，这些观点和主张是对原材料中心的具体化。第二，逆向立意法，即以原材料的中心为对立面，提出与其相反的观点。第三，辩证立意法，即换一种眼光，变换一个角度看原材料，属于辩证思维。它提醒我们多从事物的不同侧面来思考和分析，进行多角度的审视。

❧ 阅读借鉴 ❧

不完美也 OK

王文华

在近乎完美的美国斯坦福大学，我学到最宝贵的一课是："不完美是 OK 的！"

我们那届 358 位同学，来自世界各地的不同行业。他们唯一的共同点，是在进斯坦福之前，都习惯做佼佼者，有些甚至当了一辈子的第一名。这样的名声，以及随之而来的自我期许，让他们成为无可救药的完美主义者。而完美主义，是他们在斯坦福的痛苦根源。

斯坦福鼓励同学合作，避免恶性竞争，因此同学的成绩不对其他同学或来校征才的公司公布。但三百多人在一起，成绩自有高低。对于一向都是第一名的人，突然要接受他排在三百多人的末尾，纵使别人不知道，自己也会极度痛苦。我跟很多同学都经过这种心理震荡。不论在课业、求职、社交、爱情上，一向成功的我们，突然发现：我已经不完美了。

在顶尖的组织，保持完美的确很难。以《从优秀到卓越》的作者柯林斯所教的"创业"课程为例，他规定上课前要读的案例、讲义、教科书章节，每次都有一百多页。其他课程的要求也一样严厉。如果你在学期中还到处与企业面谈找工作，真的很难彻底地准备每一堂课。在商学院，上课前没读过案例是最大的罪过。"犯罪人"的特征是低着头坐在教室角落，把桌上的名牌压低，希望老师不要点他们发言。这对一辈子抬头挺胸的精英来说，谈何容易？

我也曾是那低头的罪人之一。但我和其他低头的，以及某些抬头的，甚至某些老师，慢慢地体会到：It's OK。我们不需要事事完美，不需要永远做第一。这并不是阿 Q 精神，为失败找借口。这比较像联考时碰到不会的题目先跳过去，最后没时间写的题目就猜。如果完美是不可能的，或是因为完美我们必须变得很不快乐，那么天杀的，我们接受，甚至拥抱不完美。

毕竟,什么是"完美"呢? 我看到某些"完美"的同学,为了继续维持人生中第一名的纪录,认真地准备老师要求的每一份讲义,因此错过了星期三下午和同学喝啤酒交谊的时间。他们最后的确得了第一名,毕业时上台领奖状。但他们在台上看起来好苍白,因为这两年中他们没有好好享受过加州阳光。

至于"自暴自弃"的我们,生存的方法是设定优先顺序。如果我已经知道没办法读完5篇讲义,那么我选择精读最重要的案例,其他4篇浏览一下就好。第一次这样做,当然有很强的失落感,觉得自己堕落了。慢慢地,我试图从这样不完美的模式中,学到最多的东西。

完美主义者的人生态度,是全有或全无。他不能忍受拥有的东西有任何瑕疵。然而当年我毕业,进入业界,开始带人,承担责任,我发现:真正的企业是不容许领导者抱着全有或全无的洁癖的。真正好的领导人,在股东权益和良心道德的底线前,日复一日,夜复一夜,放下架子,耐心地协调和妥协,不断尝试不同的方法,来达到目标。真正好的领导人,是每一个夜晚,明知道公司还有很多事务处于灰色地带,但还是能睡个好觉,以储备精力。他的成绩也许不像完美主义者那样容易被媒体注意,但他的成果却一点一滴被员工和股东感受。

这些年不断追求完美,到头来我才发现当完美主义者是容易的。因为他只要低头硬干,不需要用到任何判断和创意。在不完善状态下奋斗才是完美的,因为每天都是一局新棋,他必须瞻前顾后,亦步亦趋。

聪明人最大的毛病,是嫌弃比他笨的人。完美主义者的另一项缺点,是要求身旁每一个人也要完美。多少有天才老板的公司,员工的士气是最低的! 因为员工不管怎么努力,换来的还是老板的批评。最后老板事必躬亲,自己累死,也害了整个公司。

职场中大部分的人都很上进。我们的问题从来不是不努力,不认真,标准太低。我们的问题是不管对人对己,都太努力,太认真,太要求完美! 斯坦福毕业10年,我仍摆脱不了这个魔咒。但我时时提醒自己:Relax,你已经毕业了,没有人再在乎你的名次。你可以失败,可以搞砸,可以给自己和别人一点空间。你可以,甚至,偶尔做最后一名。

(选自王文华:《斯坦福的银色子弹》,中信出版社2005年版。收录时略有修改)

◎练习一 作者的观点是什么? 他立论的依据是什么? 简要说说。

◎练习二 作者为什么反对"完美主义"? 如你不赞同,说说你的理由。

最有用的忠告

黄小平

美国第三任总统杰斐逊曾给其孙子提出过这样的忠告:

今天能做的事情绝对不要推到明天;自己能做的事情绝对不要麻烦别人;绝不要花还没有到手的钱;绝不能贪图便宜购买你不需要的东西;绝对不要骄傲;不要贪食;不要做勉强的事情,只有心甘情愿才能把事情做好;对于不可能发生的事情不要庸人自扰;凡事要讲究方式方法,当你气恼时,先数到10再说,如果还是气恼,那就数到100。

而今天,美国硅谷著名的股票经纪人约翰·丹佛则提出了自己完全相反的忠告:

今天能做的事情如果放到明天去做,你就会发现很有趣的结果,尤其是买股票的时候;别人能做的事情,绝对不要自己动手去做,只有别人做不了的事情才值得去做;如果可以花别人的钱来为自己赚钱,就绝对不从自己口袋掏一个子儿;我经常在商店打折的时候买很多东西,因为总有用得着的时候;很多人认为我是一个狂妄自大的人,我看不出我有什么理由不为自己骄傲;我从来不认为节食有什么值得讨论的,我相信大多数人跟我一样喜欢美妙的食物;我常常不得不做我不喜欢的事情,因为在这个世界上,我们都还没有办法按照自己的意愿做事;我常常预测灾难的发生,哪怕那个灾难的可能性在别人看来几乎为零;我认为只要目的确定,就不惜代价去实现它,过于讲究方式方法,只会贻误时机;我从不隐瞒我的个人爱好以及我对别人的看法,尤其是气恼的时候,我要用大声吼叫的方式发泄出来。

时代在更替,社会在前进,没有什么忠告能成为千古不变的真理。有的忠告,只适合一个时代;有的忠告,只适合一方地域;有的忠告,只适合于一个阶层;有的忠告,只适合一类人群。有选择地接受别人的忠告,才是对我们人生最有用的忠告。

（选自《才智》2007年第12期。收录时略有修改）

◎练习一　阅读本文后,你赞同哪个忠告?说说你的理由。

◎练习二　对本文作者说的"时代在更替,社会在前进,没有什么忠告能成为千古不变的真理"这一观点,你是否赞同,说说你的理由。

直言与雅量

薛峰

1200多年前,诗人骆宾王在《讨武曌檄》一文中,竭尽全力罗列了武则天的"二十大罪状",把她骂了个狗血喷头。武则天得知后,找来檄文认真阅读了一遍,不仅没有发怒,反而对骆宾王的文才大加赞赏。她还责怪宰相:"此人有如此之才,而使其流落不遇,乃宰相之过也。"骆宾王的直言固然可贵,而武则天的胸襟和雅量,使许多须眉丈夫自愧不如。她能成为中国历史上唯一一个女皇帝,并不是偶然的。

1930年初,戏剧家阳翰笙请茅盾为自己的长篇小说《地泉》再版作序。茅盾直言不讳地说:"你的书是用革命公式写成的,要我作序,我只有毫不留情地批评它。"阳翰笙笑了笑说:"批评也是好事。"仍然固执地要求茅盾写序。茅盾推辞不掉,就在序中不讲情面地批评说,这部小说从总体上来看,是一部很不成功的,甚至是失败的作品,因为它描写人物运用的是脸谱主义手法,结构故事借助于"方程式",语言上也是用标语口号的言词来表达感情的。茅盾把文章交给他后,觉得自己的批评如此尖刻,阳翰笙一定不会用。没过多久,再版《地泉》出版了,茅盾打开一看,他那篇批评文章竟然一字不改地印在里面。茅盾捧书良久,不禁叹道:"雅量,真是雅量!"钦佩之情,油然而生。

1941年,徐悲鸿客居重庆教书,曾请求古文字学家、书法家商承祚评论他的画作。商承祚取四张纸来评论徐的作品:一称"吊死鬼的美人",说徐画人颈过长;二称"三条腿的马",说徐画每匹马皆有一条腿出问题;三称"狐狸尾的猫",说徐画猫尾下垂,用笔过于夸张;四称"甘蔗的竹子",说徐画中的竹表现不出竹之劲润而粗如蔗。徐悲鸿听后大笑不已……徐曰:"我到重庆以来,听到的都是一片赞扬声,未闻批评意见,更未闻尖锐的批评意见。今日君有话直言,提出这样好的尖锐的批评,得益匪浅,此诚谓知友也!"

1952年,郭沫若应约写了一首讴歌十月革命胜利三十五周年的诗。诗稿送到杂志社后,编辑却犯了愁,因为那首诗尽管立意很好,但从构思、意境、语言来讲远非佳作。这该这么办呢?有一位年轻的编辑怀着忐忑的心情去找郭老,当面指出诗歌的缺点,请他修改或重写。没想到郭老十分热情地接待了他,并一再声称:那是败笔之作,你们退稿是对的。然后,便重新精心创作了一首诗。

一个敢直言,一个有雅量,如此禀性相照,如此宽宏气度,实在令人敬佩之极。因为时下能说真话能直言的人太少了,而这种雅量更是日渐稀缺。平时我们听到更多的,是一些名人、官员为一点鸡毛蒜皮闹得沸沸扬扬,他们的屁股别人摸不得,容不下别人说个"不"字,即使是自己错了，也硬撑着，不仅不认错，反而理直气壮、恬不知耻地反唇相讥、指手画脚，动辄还法庭上见。如此胸怀，真是悲剧。

那么，一个人如何听得了直言拥有雅量呢？这三点是必须的：一是平等的待人态度。不自认为高人一等，保持一颗平常心，平视他人，尊重他人。二是宽阔的胸襟。心胸坦荡，虚怀若谷，闻过则喜，有错就改。三是宽容的美德。能够仁厚待人，容人之过，而不是斤斤计较，睚眦必报。其实，在雅量的背后，实际上反映的是一个人的素养和品行。

佛家有典故说：释迦牟尼佛功德圆满，有人却妒性大发，当面恶意中伤他。佛祖笑而不语，待那人骂完，佛问："假如有人送你东西，你不愿意要怎么办？"答："当然是归还了。"佛说："那就是了。"于是，那人羞惭而退。从某种意义上说，这个故事的喻义，不是在劝告人要像佛祖那样多些雅量吗？

（选自《中国青年》2012年第6期。收录时略有修改）

◎练习一　本文论述的重点是"直言"还是"雅量"，说说你的看法。

◎练习二　本文说一个人要拥有雅量，要做到三点。但实际上要拥有雅量还有许多要求，根据本文内容，自己再补充两点。

习作实践

练习一　在现实生活中，"自觉"对每个人来说，都是至关重要的，特别是对青少年来说尤其重要。生活到处都在考验我们的自觉性：下雪了，你是否自觉地去清扫马路上的积雪？作业没完成，有好电视节目你看不看？看到坏人做坏事，你管不管？乘无人售票车，是否自觉交票款？……抓住一件或几件事实，以"自觉"为题，谈谈你的观点。要求：200字左右。

练习二　阅读寓言《鲁人徙越》，完成一篇500字左右的议论文。

有个鲁国人很会编草鞋，他的妻子善于织绢，夫妻俩打算搬到越国去住。有人劝阻他说："搬到越国去，你的处境会更加困窘的。"鲁国人问道："为什么呢？"那人解释说："鞋是供人穿用的，可是越国人赤脚走路；绢是供做帽子用的，可是越国人披散着头发。凭着你的所长，搬到你的长处根本无法施展的国家去，却想要不处于困境，能办得到吗？"

素养积淀

题西林壁

〔宋〕苏　轼

横看成岭侧成峰，远近高低各不同。

不识庐山真面目，只缘身在此山中。

赏析　这是一首诗中有画的写景诗，又是一首哲理诗，哲理蕴含在对庐山景色的描绘之中。前两句描述了庐山不同的形态变化，后两句写出了作者深思后的感悟：之所以从不同的方位看庐山，会有不同的印象，原来是因为"不识庐山真面目，只缘身在此山中"。全诗告诉我们看事情不能只看单方面的，要多从几个方面看问题，辩证地去思考问题，才能解决问题。

要更冷静地分析论据,更详细地、更简明地反复说明事实真相。这样也只有这样才能保证获得绝对的胜利。

——[俄]列宁

战斗的作者应该注重于"论争"。

——鲁　迅

第四十七课

针锋相对　驳斥谬误

导论　写驳论文要分析对方的错误言论,并选准批驳的"突破口";要根据需要,搜集有关材料,掌握确凿事实以作为反驳的依据。驳论性议论文虽然以批驳为主,但破中有立,而且归根到底破还是为了立,在把对方的错误见解和主张驳倒之后,仍然要提出自己的观点。

要点　了解驳论的基本方法,提高写作驳论文的能力。

❧❧ 写作启迪 ❧❧

故事一　一位美国参议员对逻辑学家贝尔克说:"所有的共产党都反对我,你也反对我,所以你是共产党。你说对吗?"贝尔克答道:"亲爱的参议员先生,你的推论真是妙极了,如果你的推论正确,那么下面的推理也能成立:'所有鹅都吃白菜,你也吃白菜,所以你也是鹅。'"

故事二　有个渔夫,世代以捕鱼为生。他的祖父死在了海上,他的父亲也死在了海上。于是有人就劝他:"你的祖父和父亲都是在大海中丧生的,你为什么还要去海上冒险?"这个渔夫反问道:"你的祖父是在什么地方死的?""在床上。"渔夫又问:"你的父亲是在什么地方死的?""也是在床上。""那你为什么还要到床上去睡觉呢?"渔夫问道。

❧❧ 知识技能 ❧❧

议论文论证观点所采用的基本方式,一般分为立论和驳论两种:立论是对一定的事件或问题正面阐明自己的见解或主张;驳论是就一定的事件和问题发表议论,揭露和驳斥错误的、反动的见解或主张。

反驳的方法主要有反驳论点、反驳论据和反驳论证。反驳论点就是直接驳斥对方的论点,一般是先举出对方的荒谬论点,然后用正确的道理和确凿的事实直接加以驳斥,揭示出谎言同事实、谬论与真理之间的矛盾。也有文章首先证明与论敌的论点相对立的论点是正确的,以此来证明论敌的论点是错误的。反驳论据就是通过批驳对方的论据来驳倒对方的论点,这是由于论据是论点的根据,是证明论点的,而错误和反动的论点,往往是建立在虚假的论据之上的。如果论据驳倒了,论点也就站不住脚了。反驳论证就是通过批驳对方论证过程的谬误(驳其论证)来驳倒对方的论点,因为驳倒了它论证中的关键问题,也就把谬论驳倒了。

　　议论虽有立论、驳论两种方式,但两者不是完全分开的,因为驳和立是辩证统一的:在立论性的文章中,有时也要批驳错误论点;而在驳论性的文章中,一般也要在批驳错误论点的同时,阐明正确的观点。因此,立论和驳论在议论文中常常是结合起来使用的。

阅读借鉴

不求甚解

邓　拓

　　一般人常常以为,对任何问题不求甚解都是不好的。其实也不尽然。我们虽然不必提倡不求甚解的态度,但是,盲目地反对不求甚解的态度同样没有充分的理由。

　　不求甚解这句话最早是陶渊明说的。他在《五柳先生传》这篇短文中写道:"好读书,不求甚解;每有会意,便欣然忘食。"人们往往只抓住他说的前一句话,而丢了他说的后一句话,因此,就对陶渊明的读书态度很不满意,这是何苦来呢?他说的前后两句话紧紧相连,交互阐明,意思非常清楚。这是古人读书的正确态度,我们应该虚心学习,完全不应该对他滥加粗暴的不讲道理的非议。

　　应该承认,好读书这个习惯的养成是很重要的。如果根本不读书或者不喜欢读书,那么,无论说什么求甚解或不求甚解就都毫无意义了。因为不读书就不了解什么知识,不喜欢读也就不能用心去了解书中的道理。一定要好读书,这才有起码的发言权。真正把书读进去了,越读越有兴趣,自然就会慢慢了解书中的道理。一下子想完全读懂所有的书,特别是完全读懂重要的经典著作,那除了狂妄自大的人以外,谁也不敢这样自信。而读书的要诀,全在于会意。对于这一点,陶渊明尤其有独到的见解。所以,他每每遇到真正会意的时候,就高兴得连饭都忘记吃了。

　　这样说来,陶渊明主张读书要会意,而真正的会意又很不容易,所以只好说不求甚解了。可见这不求甚解四字的含义,有两层:一是表示虚心,目的在于劝诫学者不要骄傲自负,以为什么书一读就懂,实际上不一定真正体会得了书中的真意,还是老老实实承认自己只是不求甚解为好。二是说明读书的方法,不要固执一点,咬文嚼字,而要前后贯通,了解大意。这两层意思都很重要,值得我们好好体会。

　　列宁就曾经多次批评普列汉诺夫,说他自以为熟读马克思的著作,而实际上对马克思的著作却做了许多曲解。我们今天对于马克思列宁主义的经典著作,也应该抱虚心的态度,切不可以为都读得懂,其实不懂的地方还多得很哩!要想把经典著作读透,懂得其中的真理,并且正确地用来指导我们的工作,还必须不断努力学习。要学习得好,就不能死读,而必须活读,就是说,不能只记住经典著作的一些字句,而必须理解经典著作的精神实质。

　　在这一方面,古人的确有许多成功的经验。诸葛亮就是这样读书的。据王粲的《英雄记钞》说,诸葛亮与徐庶、石广元、孟公威等人一道游学读书,"三人务于精熟,而亮独观其大略"。看来诸葛亮比徐庶等人确实要高明得多,因为观其大略的人,往往知识更广泛,了解问题更全面。

当然，这也不是说，读书可以马马虎虎，很不认真。绝对不应该这样。观其大略同样需要认真读书，只是不死抠一字一句，不因小失大，不为某一局部而放弃了整体。

宋代理学家陆象山的语录中说："读书且平平读，未晓处且放过，不必太滞。"这也是不因小失大的意思。所谓未晓处且放过，与不求甚解的提法很相似。放过是暂时的，最后仍然会了解它的意思。

经验证明，有许多书看一遍两遍还不懂得，读三遍四遍就懂得了；或者一本书读了前面有许多不懂的地方，读到后面才豁然贯通；有的书昨天看不懂，过些日子再看才懂得；也有的似乎已经看懂了，其实不大懂，后来有了一些实际知识，才真正懂得它的意思。因此，重要的书必须常常反复阅读，每读一次都会觉得开卷有益。

（选自邓拓：《燕山夜话》，北京出版社 1979 年版。收录时略有修改）

◎练习一　本文反驳的观点是什么？作者是怎样反驳的？

◎练习二　作者正面立论的观点是什么？作者是怎样支撑起自己的观点的？

辱骂和恐吓决不是战斗
——致《文学月报》编辑的一封信

鲁　迅

起应兄：

前天收到《文学月报》第四期，看了一下。我所觉得不足的，并非因为它不及别种杂志的五花八门，乃是总还不能比先前充实。但这回提出了几位新的作家来，是极好的，作品的好坏我且不论，最近几年的刊物上，倘不是姓名曾经排印过了的作家，就很有不能登载的趋势，这么下去，新的作者要没有发表作品的机会了。现在打破了这局面，虽然不过是一种月刊的一期，但究竟也扫去一些沉闷，所以我以为是一种好事情。但是，我对于芸生先生的一篇诗，却非常失望。这诗，一目了然，是看了前一期的别德纳衣的讽刺诗而作的。然而我们来比一比罢，别德纳衣的诗虽然自认为"恶毒"，但其中最甚的也不过是笑骂。这诗怎么样？有辱骂，有恐吓，还有无聊的攻击：其实是大可以不必作的。例如罢，开首就是对于姓的开玩笑。一个作者自取的别名，自然可以窥见他的思想，譬如"铁血""病鹃"之类，固不妨由此开一点小玩笑。但姓氏籍贯，却不能决定本人的功罪，因为这是从上代传下来的，不能由他自主。我说这话还在四年之前，当时曾有人评我为"封建余孽"，其实是捧住了这样的题材，欣欣然自以为得计者，倒是十分"封建"的。不过这种风气，近几年颇少见了，不料现在竟又复活起来，这确不能不说是一个退步。

尤其不堪的是结末的辱骂。现在有些作品，往往并非必要而偏在对话里写上许多骂语去，好像以为非此便不是无产者作品，骂詈愈多，就愈是无产者作品似的。其实好的工农之中，并不随口骂人的多得很，作者不应该将上海流氓的行为，涂在他们身上的。即使有喜欢骂人的无产者，也只是一种坏脾气，作者应该由文艺加以纠正，万不可再来展开，使将来的无阶级社会中，一言不合，便祖宗三代的闹得不可开交。况且即是笔战，就也如别的兵战或拳斗一样，不妨伺隙乘虚，以一击制敌人的死命，如果一味鼓噪，已是《三国志演义》式战法，至于骂一句爹娘，扬长而去，还自以为胜利，那简直是"阿Q"式的战法了。

接着又是什么"剖西瓜"之类的恐吓，这也是极不对的，我想。无产者的革命，乃是为了自己的解放和消灭阶级，并非因为要杀人，即使是正面的敌人，倘不死于战场，就有大众的裁判，决不是一个诗人所能提笔判定生死的。现在虽然很有什么"杀人放火"的传闻，但这只是一种诬陷。中国的报纸上看不出实话，然而只要一看别国的例子也就可以恍然，德国的无产阶级革命(虽然没有成功),并没有乱杀人;俄国不是连皇帝的宫殿都没有烧掉么?而我们的作者,却将革命的工农用笔涂成一个吓人的鬼脸,由我看来,真是鲁莽之极了。

自然,中国历来的文坛上,常见的是诬陷,造谣,恐吓,辱骂,翻一翻大部的历史,就往往可以遇见这样的文章,直到现在,还在应用,而且更加厉害。但我想,这一份遗产,还是都让给叭儿狗文艺家去承受罢,我们的作者倘不竭力地抛弃了它,是会和他们成为"一丘之貉"的。

不过我并非主张要对敌人陪笑脸,三鞠躬。我只是说,战斗的作者应该注重于"论争";倘在诗人,则因为情不可遏而愤怒,而笑骂,自然也无不可。但必须止于嘲笑,止于热骂,而且要"喜笑怒骂,皆成文章",使敌人因此受伤或致死,而自己并无卑劣的行为,观者也不以为污秽,这才是战斗的作者的本领。

刚才想到了以上的一些,便写出寄上,也许于编辑上可供参考。总之,我是极希望此后的《文学月报》上不再有那样的作品的。

专此布达,并问好。

鲁迅
十二月十日

(选自《文学月报》1932 年第 1 卷第五、六号合刊。收录时略有修改)

◎练习一　本文驳斥一种什么现象?在驳论之后,作者正面确立了什么样的观点?

◎练习二　在本文中具体找出一种驳论方法,分析其作用。

习作实践

练习一　以"开卷未必有益"为题写一篇小驳论文。要求:300 字左右。

练习二　时下,人情淡漠,让人们心生压抑和不安,人们更多地愿意每晚把自己挂在网络上聊天,也不会到邻居家里去拉拉家常。请以"网聊是有聊还是无聊?"为题,写一篇不少于 500 字的议论文。

练习三　某班开辩论会,一方的观点是"近墨者黑",一方的观点是"近墨者未必黑"。请你选定一方,写一篇发言稿参加辩论。要求:写成发言稿或议论文都可,不少于 500 字。

素养积淀

洗儿戏作

〔宋〕苏　轼

人皆养子望聪明,我被聪明误一生。
唯愿孩儿愚且鲁,无灾无难到公卿。

赏析　苏轼一生为聪明所误,穷愁潦倒,坎坷不平,甚至差点被杀头,而那些庸庸碌碌的愚鲁之辈反而无灾无难,青云直上。因此他希望自己的孩子不要像自己一样因出风头或为正义据理力争而常被贬或流放。他只希望自己的孩子乖乖地替地方百姓做事,而不要跟当朝有任何冲突,只要平平安安、无灾无难地做好自己的事就好了。这首诗对于宋朝的官僚制度是相当大的讽刺,也清楚地道出了苏轼对于官僚制度的无奈。

> 不动笔墨不读书。
>
> ——徐特立
>
> 读到一部书，收得其内容，……所收得的内容，成了自己的知识，其效力等于实际体验。积久起来，不但可为写作的材料，而且还可为以后读他书的补助知识。
>
> ——夏丏尊

第四十八课

悉心品鉴　巧读妙感

导论　阅读是写作的基础，只有认真品读才能有所感受，有所体会。适时将这种感受和体会记录下来，不仅可帮助我们积累资料、增长知识，更可提高我们分析和解决问题的能力。

要点　了解读后感的特征，提高写作读后感的积极性；掌握读后感的基本写法，能够选取有意义的内容发表看法。

❧ 写作启迪 ❧

故事一　禹强读小学的时候，最怕写文章，费好大劲写出的作文，老师总说内容空洞，词汇贫乏。她心里非常着急。她的爷爷徐特立知道以后，对她说："禹强，要想写好文章，就要多读多写。多读，就要大量地阅读课外书籍，这样既可以扩大知识面，增长见识，又可以学习别人写文章的经验。多写，就是要练习自己的笔头，肯于刻苦实践。"于是，禹强就下工夫多读。无论是报纸、杂志、小说，只要能找到的，都拿来读。可是，提起笔来写作文，进步却不大。徐老看到孙女这种学习方法，摇着头对她说："你读书方法不对，读书应该慢慢地读，一边读，一边动脑筋想一想：这本书讲了哪些道理，是怎样讲清楚这些道理的；书上有哪些好的语言、好的描写，也要想一想。严格地说，有些好的段落，光读光想还不够，还要养成记读书笔记的习惯，可以做摘抄，记提要，也要写心得，记体会，这就是我常说的不动笔墨不读书。"从那以后，禹强看书的时候，身边总带着一支笔和一个笔记本，一边想一边记，而且又勤于练习写作，不久她的作文成绩果然提高了。

故事二　伟大的领袖毛主席从少年时期起就博览群书。他一发现好书，就会想方设法把它借来看。一次，他在一位好友那里看到一本书，爱不释手地拿在手上，正欲开口借，朋友却一把将书抢了过去，紧张地说："可不能借给你，书一到你手里，你就会勾勾画画。还回来时,书上到处是你留下的线、圈和心得体会,太难看了……"

知识技能

　　读后感就是读了一本书、一篇文章、一段话,甚至几句名言后,把自己的具体感受和所得到的启示写成的文章,初级的读后感与读书笔记没有明显差别。

　　读后感的写作需要注意:第一,必须读通、读懂、读透原文。读懂原文是写好读后感的基础。读原文时,不仅要理解文章的字、词、句,弄懂句子的含义,掌握文章的内容,还要深入领会文章的中心思想以及所表达的思想感情。只有清楚了解了原文写的是什么,又知道是怎样写的,并且明了了为什么这样写,才能为写好读后感奠定基础。第二,必须掩卷而思和以读引感。要在读懂原文的基础上,思考这样几个问题:文章写了几件事? 主要内容、次要内容各是什么? 哪些地方给自己的印象最深,自己想到了什么? 有什么收获? 然后就把自己感受最深的一点或几点写出来。第三,要正确处理"读"和"感"的关系。写读后感,要抓住体会和感受重点写,不可大段地摘抄原文,以"读"代"感"或重"读"轻"感"。写读后感,还要注意发挥联想,如联系一些相关的实际事例,对照原文提出自己的看法。自然,联系的事例可是自己的,也可是别人的;可是身边的,也可是远处的;可是过去的,也可是现在的。

　　总之,写读后感必须紧扣原文,结合实际来写,要说实话、真话。既不可脱离原文而海阔天空、漫无边际地高谈阔论,也不可写成"检讨",以表决心、喊口号的形式来代替感想,必须力求做到真挚自然,恰如其分。

阅读借鉴

在平凡中书写精彩
——《平凡的世界》读后感

吕相征

　　总也不能忘怀一本书——《平凡的世界》,曾东拼西凑写过一篇读后感,游苏宁总编辑看后对我说:"可能你有许多感受,但语言和文字都是别人的,不生动、不感人。"当时体会不深。最近拜读了他的两篇读后感《使命感与责任感完美结合的典范》《社会学研究的经典之作——〈影响力〉读后感》,收获颇多,很受触动,也促使我重新梳理一下自己的思绪,尽力把自己的感受写出来。

　　细细想来,对于《平凡的世界》,我感受最多的是8个字:感叹,感动,感伤,感悟。

　　感叹书中刚开始时的时代悲剧"大跃进""文革""人民公社",人民温饱无靠,在社会运动的大潮中,个人努力显得如此渺小和无助,让读者仿佛置身于饥饿、寒冷和绝望的世界中。也感叹生产力和生产关系的相互作用是如此微妙,一项联产承包责任制的政策使中国农民不再为温饱苦苦挣扎,改革开放让农民开始办砖厂、养蜜蜂,搞多种经营,逐渐摆脱贫困。我们常说人民是历史的创造者,但领袖人物在关键的时期进行社会变革,却是促进社会进步的催化剂。

感动于主人公自强不息、努力奋斗的精神。孙少平出身贫苦,饥饿是其儿时挥之不去的记忆,勉强读完高中后,不得不从事面朝黄土背朝天的农作;但他从未屈服于命运的安排,先是离家打短工,再是应聘下矿井,白天从事重体力劳动,晚上却在凄凄冷风或炎炎酷暑中沉浸于《红与黑》《钢铁是怎样炼成的》《复活》等名著带来的享受。有屡遭挫折的苦闷,也有短暂成功的喜悦,逐渐从一个懵懂少年成长为一名正直的男子汉。也感动于危难之时,人们互帮互助、团结友爱的品质。在孙少平的成长过程中,虽然经历过雇主的压榨、亲戚的冷遇,但更多的是亲人的关爱、同学的友谊、同事的帮助。他也常怀感恩之心,真诚地回馈这些关爱、友谊和帮助。这些令人感动的情谊不仅萦绕在书中人物周围,也使读者感同身受,是我们前进道路上的动力源泉。

感伤之一是有情人未能终成眷属。孙少平与田小霞,两人出身不同,经历各异,开始是同年级不同班的同学,再是互相乐于交流的知己,最后是无话不谈、彼此欣赏的恋人。一个是挖掘煤炭的矿工,另一个则是让人羡慕的记者,地位的悬殊没有拉远彼此的距离,因为两人相知,彼此信任,真心相爱;但最后田小霞在抗洪救灾中光荣牺牲了,一对恋人,阴阳两隔,悲痛的不仅有孙少平和她的亲人,更有千千万万醉心其中的读者。感伤之二为金波与藏族姑娘的恋情。这两人因为一首青海民歌《在那遥远的地方》而相识相知,虽然语言不通,但是他们的心却在这首歌的引导下走到了一起。素不相识的两个人,说着不同的语言,他们因为对音乐的爱而理解了对方。森严的制度,让金波失去了继续做军人的机会,也让他离开了那位不知姓名的姑娘。多年以后,他又怀着无限希望去了青海,希望姑娘还能来和他的歌声;但等待他的是沧海桑田,物是人非。这段感情是如此浪漫,如此凄凉。每当读到这里,耳边总是不由响起"在那遥远的地方,有位好姑娘,人们走过她的帐篷,都要回头留恋地张望……"。

感悟,人生可以很短暂,但应该很精彩。作者路遥,是一个经历丰富的人。他出生于农村,挨过饿,受过冻,务过农,打过短工,教过书,当过编辑。除了让人叹服的文学才能以外,他还有许多"陋习":抽烟(很多),生活不规律("早晨从中午开始"),不受拘束,率性而为。他拥有过美好的爱情,也经历过心痛的婚变,最后在事业上取得令人瞩目的成功,成为颇有影响的作家。因患肝硬化腹水辞世,年仅42岁。这样的人生,是多彩的,亦是丰富的。人生匆匆,长不过百年,在历史的长河中仅一瞬而已。每个人的人生经历虽可不同,但都可追求不同的精彩。

正如我们科技期刊编辑,平时工作很繁琐,组稿、初审、送审、退修,内容策划,揣摩字句、校验数据、斟酌标点、核对文献,发完一期稿件,可以轻舒一口气,然后又开始下期稿件的策划编辑。虽然很辛苦,但每当自己翻看着还散发着油墨清香的期刊,想到作者和读者的认可,喜悦往往油然而生。所以,无论是居庙堂高位,一言九鼎,还是市井众生,人微言轻,只要"想做事,多做事,做好事",都可以在历史的卷轴上留下自己的痕迹,这痕迹可能很浓重,也可以很淡然,但都应该很精彩。愿我们的科技期刊编辑都能在平凡的岗位上拥有丰富精彩的人生。

(选自《编辑学报》2009 年第 3 期。收录时略有删改)

◎练习一　作者在读完《平凡的世界》后有什么样的感受?这些感受由何而来?

◎练习二　作者是怎样将《平凡的世界》的内容与自己的工作实际联系起来的?

不动笔墨不读书

人　申

现在的中小学生读书兴趣很浓,除完成功课外,还涉猎大量的课外书籍。这样,他们中的不少人,品评文章的标准越来越高,而自己的写作水平却不见相应地提高,出现了所谓"眼高手低"的矛盾现象。有人为着解决这种矛盾,想出辑录类乎"作文辞典"一类的东西。这些,对于提高写作水平当然不是一点作用也没有,然而作文毕竟不是垒积木,它不能从根本上解决问题又是显而易见的。

由此想到清代画家郑板桥的一番话,不妨照录如下:"江馆清秋,晨起看竹,烟光日影露气,皆浮动于疏枝密叶之间。胸中勃勃遂有画意。其实胸中之竹,并不是眼中之竹也。因而磨墨展纸落笔倏作变相,手中之竹又不是胸中之竹也。"

郑板桥在这里讲的是绘画。他用眼中之竹、胸中之竹、手中之竹来概括绘画过程中从眼现、心想到手画的几个阶段,准确而且形象。可见,自然形态的竹子,要"变相"为"手中之竹",成为饱和着血肉情感的艺术形象,是要经过一番艰苦的劳动的。

读书也有似这画竹。一般地说,要能从书本中汲取营养,要能把别人书本上的知识变为自己有用的东西,也要经过郑板桥讲的三个阶段,经过一番艰苦的脑力劳动。一个人好读书,当然值得鼓励;但是,如不求甚解,一目十行,书上的知识仍然是外在于我的,仍然是"眼中之竹"。这样一味贪多,虽多,亦奚以为?为了克服读书中这个常见的毛病,著名教育家徐特立总结自己的读书经验概括出一句名言,叫作"不动笔墨不读书",是很有道理的。

读书,写读书笔记之所以重要,是因为它本身是一个思考、消化的过程,是一个理解、记忆的过程。读书笔记,有多种形式,书上的眉批、边批,重要段落、警句的摘抄,心得体会等。

俗话说,眼过千遍不如手过一遍。动笔就有益。因为要动笔,就迫使你读书非认真不可,非思考不可。只有在逐字逐句朗读、熟读成诵,使得书本上说的意思仿佛是自己心里感受到的,合上书本那里面意味深长的话语如响在耳边,那里面准确、精当的句子就似乎是自己嘴里说出,真正心领神会、融会贯通了,只有通过思索、揣摩,比较过去读过的同类书籍,比较过去自己写作的同类题材作文,区别得优劣长短了,以后动笔才懂得如何更好地认识和反映客观事物。这时,外在的"眼中之竹"才成了"胸中之竹"。而且往往有这样的情况,一个长期思索而不得其解的问题,会因书中某一内容的触发而唤起思想上的"灵感",获得某种启发,这种"偶尔得之",常常是一种新的发现和发明,也必须借助笔墨记录下来才不至于遗忘。所以,读书富有成效,总是表现在写出有自己见解的读书笔记上。

写读书笔记之所以重要,还因为它又是一种写作能力的锻炼。有的同学平时往往思考而有所得,但是说不出来,就是说出来,也说不圆转、明白。这是因为"胸中之竹",并不是"手中之竹"。其间还有一个表达问题,组织文字、遣词造句的问题,只有坚持边读边写,读写结合,在写作实践中逐步掌握作文的奥秘,学到驱遣文字的能力、丰富的表现手法,这样才能得之于心而应之于手,使"胸中之竹","倏作变相"而为"手中之竹",眼高,手也相应地高起来。那些治学而卓有成效者,无不从写读书笔记起步。

(选自《江西教育》1983 年第 21 期。收录时略有修改)

◎练习一　根据本文内容,说明读书时的"眼中之竹""胸中之竹"和"手中之竹"分别指什么。

◎练习二　根据本文内容,具体说说"不动笔墨不读书"对写作的积极作用。

习作实践

练习一　请给同学推荐一篇(本)你自己喜欢的文章(作品),并在班级内展示、交流自己的阅读体会。

练习二　请打开记忆仓库,搜寻一下自己最喜欢的一本书,抓住自己印象最深的内容,写篇读后感,500字左右,要注意联系生活实际和思想实际,写真情实感。

素养积淀

昭君怨·咏荷上雨

〔宋〕杨万里

午梦扁舟花底,香满西湖烟水。急雨打篷声,梦初惊。

却是池荷跳雨,散了真珠还聚。聚作水银窝,泻清波。

赏析　这首小令用轻松活泼的笔调写自己梦中泛舟西湖和被雨惊醒后的情景。上片写梦中泛舟西湖花底,骤雨打篷,从梦中惊醒。下片写醒来所见景物,与先前梦境相映成趣。"却是池荷跳雨,散了真珠还聚。""却是"二字,承上启下,把梦境和现实串在一起。全词构思巧妙,意境新颖,梦境与现实对照写来,曲折而有层次,极富变化,细细品味,似乎看到晶莹璀璨的珍珠在碧绿的"盘"中滚动,似乎嗅到荷花的阵阵幽香。

> 　　影视作品为我们提供大量的故事,我写作时,脑海里就会浮现电视上出现过的画面。
>
> 　　　　　　　　　　　　　　　　　　　　　　——[英]大卫·米切尔
>
> 　　让一个人置身于变幻无穷的环境中,让他与数不尽或远或近的人物错身而过,让他与整个世界发生关系:这就是电影的意义。
>
> 　　　　　　　　　　　　　　　　　　　　——[苏联]安德烈·塔可夫斯基

第四十九课

影像结合　述评并重

　　导论　观看电影电视剧,已成为我们文化生活的重要部分。对电影电视剧作出评论,可开拓我们的视野,促进观察和思维能力的发展,并能提高艺术鉴赏和分析水平。

　　要点　了解影评基本特点,提高写作影评的自觉性;初步掌握影评写法,练习影评写作。

❧❧ 写作启迪 ❧❧

　　故事一　刘震云的小说《温故1942》实际上是一种调查性报告,并无故事可言,很难拍成电视剧,但冯小刚一定要拍。于是冯小刚、刘震云带着拍摄团队走遍了小说中提到的所有省(市),从河南到陕西、山西、重庆,一路寻访,一路听老百姓讲故事,一路充实剧本细节和人物形象。在巩义的一个教堂,他们遇到个经历过灾荒的老太太,叫刘和平。她说她家有个亲戚,当年饿得刚倒在路边,有人就在他屁股上割肉。他赶紧说:"我还中呢。"那人就说:"你不中了,你就救救我吧。"灾荒过后,她就不吃肉,不流泪。于是,刘震云说,好剧本创作有两种方法,一是靠一群聪明人坐在宾馆里搞"头脑风暴",而另一种是笨人笨办法,是靠两条腿走出来的,没有故事,就要到现实中去找故事。

　　故事二　2002年6月,一名电视台记者对世界著名实验物理学家丁肇中先生进行专访。记者问:"我感觉您每一个人生阶段都有明确的选择……一个人怎么能够每一次选择都这么坚定和正确呢?"丁肇中回答:"我不知道。可能比较侥幸吧!"记者又追问:"在这里面没有必然吗?"丁肇中依然回答:"我不知道。"记者还不甘心:"怎么能让自己今天的选择,日后想起来不后悔?"丁肇中依然回答:"我不知道。因为我还没有后悔过,所以我真的不知道。"记者无奈:"我发现在咱们谈话过程中,您说得最多的一句话就是'我不知道'。"丁肇中这次做了肯定回答:"是! 确实,这是事实。不知道的,你绝对不能说知道。"

❧ 知识技能 ❧

影视评论,是对一部电影(或电视剧)的导演与演员、镜头语言、剧情、线索、环境、色彩、光线等进行的分析和批评,又称影视批评。

影视评论可以就其导演的独特构思、声音画面、蕴含道理、影片时代意义、影视音乐、影视内容、影视中的角色等进行评论,评论过程通过结合影片的具体内容和影片在构思、结构、技术、人物等方面最为闪亮之处摆出自己的观点,加以论证。要写好一篇影评,首先应当认真观看影视作品,了解影片中重要的人物、镜头等,找出影片中的最亮点以及最新颖之处。第二,要有自己的独特看法。一篇影视评论能否吸引人,主要在于有没有不同于别人的观点,写出别人想不到的内容。因此,写好影评就要特别注意抓住自己内心深处的感受,写出他人没有的见解。第三,要善于多角度论述。影视评论可从现实角度去看影视内容,也可从精神实质上抓影视内涵,还可客观分析影片的优缺点并对其进行艺术的分析。初学时,可从某一点入手,如一个人物形象、一个情节、一个场面的选题,可对导演意图、影片风格、色彩语言、音乐等进行具体分析论证。就是说,初涉影评写作不宜贪大求全,应从一点一滴写起,思考挖掘,连缀成篇。第四,要叙议结合。写影评某种程度上就是写议论文,因此在写影评时应注意多分析、少叙述,把自己想要表达的内容作为中心,摆出论据,层层推演,分析论证。

❧ 阅读借鉴 ❧

叩击历史的回音壁
——影片《高考1977》解读

单桂芬

影片《高考1977》自上映以来,以简单易懂的故事情节、朴实自然的拍摄风格,唤醒了老一辈知青对过往岁月的集体记忆,也激起了80、90后观众的感恩情怀和对知识的重新认定与尊重,意义不同凡响。

1977年恢复高考是邓小平同志复出后一项高瞻远瞩的重大政治举措,是我国走出"文革",回归正常发展道路的伟大历史转折。本片在此背景下,展现了黑龙江某农场以潘志友、陈琼为代表的一批知青在这样一个历史拐点上所做的疑虑、挣扎和抗争,体现了年轻人在被时代荒废了11年之后对知识的渴望,对靠知识改变命运的强烈期盼,对能够选择自己人生道路的兴奋和不懈追求。生动的故事情节辅以宏大的历史背景,影片以小见大,以点带面,点面结合地再现了一代人的深刻记忆,展现了爱情、友情和亲情的种种纠葛,突现了"文革"后人性的回归和理性的复位以及历史变革的重大意义。

边远地区的一个小火车站,喷着浓浓气雾的火车,成了传达各种信息的最佳场所和工具。火车站就像人生的站台,在阿三父亲工作的这个小站,有多少知青茫然地踏上这片陌生的土地,又有多少知青渴望从这里奔赴回家的路。就是在这里,年轻人放弃读书的梦想,来接受贫下中农的改造,同样是在这里,年轻人重拾11年前荒废的梦想,踏上高考的光明大道;就是在这里,人们开始堕入了无知的空白岁月,同样在这里,人们开始搭载高考的快车寻找遗失的梦。小小火车站,承载了太多人的期盼和失落,赋予了影片历史的厚重感。火车前进的镜头贯穿影片始终,喷着雾气的火车头,"突、突、突"的音响,大肆弥漫的白色烟雾,给人无比的振奋。老迟带领知青们烧荒的镜头同样具有类似的意义,他们将熊熊燃烧的火把,奋力扔向一片荒地,顿时,红色的火苗蔓延开来,形成燎原之势。陈琼兴奋地说:"风一吹,火烧得更旺了。"恢复高考这场扭转时局的大风,以其不可阻挡之势,在人们的头脑中燃起对知识渴盼、对梦想追逐的火苗,焚尽那些荒芜的岁月和杂乱的思想野草,在灰烬沉淀后的土地上播下希望的种子。一个叠化镜头,将荒原的熊熊大火叠化为漫天的霞光,万丈霞光不仅给年轻人带来了生活的希望,也给整个中华民族带来了发展的曙光。就是在这样的背景下,农场的一群知青开始了他们痛苦又兴奋、艰难又幸福的抉择。影片中小根宝、陈琼和潘志友三个人物形象分别是那个年代里三种不同知青群体的代表。本片由书写人物命运展现时代风云变迁,由对个体的关注链接到对整个知青群体的关注,体现出一种深切的人文关怀和理性思考。

小根宝是一个悲情角色,在他的身上体现了一代知青太多的灰色记忆和悲剧经历。他在上五年级时就被告知不用学习,要去闹"革命",上初中时又被告知复学闹"革命",他在本该学习的年龄却一直在闹"革命",从来没有受过系统的教育。被下放到农场后,什么好事都轮不到他,他想到过自杀,但他又不甘心,所以当用扛麻包决定推选上大学人选时,他用他羸弱的身体以不可量力的行为与自己的命运一搏,但他失败了。当潘志友提出让他通过时,人们善意地应许了,此时的他号啕大哭,在那些哭声中含有多少的辛酸和不易,多少的感激与无奈啊!而当得知可以参加高考的消息时,他没有其他知青的兴奋,因为从小学就没有好好学过习的他,不可能考上大学,为此他大放悲声:"我的麻包白扛了!"他只能选择上吊。而当他刚从强子的开导中准备活下来时,却为救强子不幸被喇叭砸中头部而死。这个人物始终被夹裹在时代的洪流中无奈地随波逐流,他无力抗争,即使抗争也总是以失败告终。他生不逢时,死又不逢时。时代变了,年龄大的人也可以参加高考了,年轻的小根宝完全可以从头再来,但是命运却剥夺了他生的权利。对他,我们只有感慨和悲哀,在那样一个年代里,又有多少个小根宝在痛苦地挣扎、无力又无奈地反抗啊?

陈琼是被那个时代塑造出的典型角色。在她的头脑里,只有根正苗红的人才可能有出头之日,像她这样一个"历史反革命"分子的女儿永远只能背着"黑五类"的黑锅。她只活在当下,似乎看不到未来,甚至都不敢奢望会嫁给她所深爱的人。所以,当场长老迟要给她介绍对象时,她果断地答应了。因为"黑五类"的出身,她恨父亲,当父亲动员她去参加高考时,她悲怆地说:"你的问题解决了吗?""你让我拿什么参加高考?""我要的是证明,证明你不再是'反革命'的证明!你能给我吗?"在爱情和组织之间,她听从组织的安排,在亲情和组织之间,她仍然是向组织靠拢。然而,从她传达妈妈给爸爸的话里,我们读出她压抑在政治立场下的人性光辉,当她看到操作一团被扔进垃圾簸箕里的写满"琼儿"的纸张时,闪回镜头叠现出陈父灯下思女的情境。没有人物对白,但殷殷父爱却在画面上静静流淌。陈琼从纸片中读出了父亲满心的关爱和父女不能相认的哀伤,她转身跑开的一刹那,风儿卷起地上的纸片,在空荡荡的房间里旋转、漂浮。导演以慢镜头抒写着那绵绵的凄婉、忧伤和感动,父女之间的隔膜、恩怨如飘散的纸片顷刻烟消云散了。出演陈琼这一角色的演员周显欣在《写给〈高考1977〉的话》里分析陈琼这一人物形象时说:"陈琼,既纯真又忧郁,既可爱又压抑,既秀美又沧桑，既善良又可悲，既温柔又古板，既聪慧又自卑，既坚定又彷徨，既朴实又可怜……"是时代铸造了她复杂矛盾的性格，这一角色代表了许多在那个年代里因家庭出身不好不得已与家庭断绝关系，接受组织的政治改造的一批挣扎在组织与家庭、情感与理智、放弃与抉择的社会夹缝中处于尴尬状态下的年轻群体。

相对于小根宝和陈琼来说，潘志友应该是那个年代里较为幸运的人，来自北京，高中毕业，是党员、农场连长，并且是未来农场场长的最佳人选。但从这个人身上，我们看不到那个年代里飞扬跋扈有政治优越感的风云人物形象，相反，他是一个对政治有着准确预见性的重情义、有远见的深明大义的优秀青年。他同情小根宝的遭遇，建议大家把上大学的选票投给他；他因强子偷书在场长面前为他开脱；他因为爱陈琼，假意报考把她带进考场；他因为看重老场长的知遇之恩，决定退出高考、扎根边疆。特别是当潘志友与陈琼面对自主参加高考的选择时，一对恋人炉旁的对话更是打动人心。导演没有采用惯用的反打镜头体现，而是将两人对话的单个镜头边缘叠印在一块，以滑的形式在银幕上逐一展现，缓慢的画面移动就像一幅幅古老的历史画卷，给人一种庄严的仪式感，这是一对年轻人在面对历史转折的关键时刻，对爱情和人生的严肃对话和慎重抉择。导演江海洋在接受采访时说："我们那个时候是没有办法选择的，我们没有办法选择自己的理想、选择自己的工作……只有按照组织规定好你的方向，你去走。"但是对潘志友来说，是一个特殊，他有可选择的自由，但难能可贵的是，他作出了上述的选择。很多人对此不理解，而这恰恰是导演的意图，是这部影片展现人性美的一个角度。在那个物质极端贫乏的年代，用物质的手段对人施以精神的惩罚是可悲的，场长因为强子偷书罚他一天只能吃两顿饭，就说明了这一点。而从另外一个角度，却又充分说明了那个年代由于物质的匮乏，人们更看重精神的高度，潘志友的放弃、牺牲与遵守承诺正是时代造就的一批勇于奉献的优秀知青的崇高选择。我们不能以现在的价值观去衡量前人的所作所为，如果设身处地地想一想，我们会发现这个人物的可爱之处，这也是我们这个时代相当一部分人所不具备的，这里的警醒和启示作用不言而喻。

从这三个人物身上，影片烛照出当时整个时代年轻人的生活状态，挖掘出特殊时代背景下大部分人物的心理世界，就人物的遭遇去感悟，从人物的话语去聆听，看角色的表演去体味，自故事的本身去思考。宏大的历史背景下普通人物的命运遭际，使我们读出了其足以震撼人心的力量。更为精彩的是，影片对整个知青群体形象的生动展现把这部戏推向了高潮，即高考路上为赶火车知青们奋力奔跑的一场。摄影机灵活调度，远景、近景、特写以及升格拍摄，将一群知青着急、渴望、失望、希冀、沮丧等诸多复杂的情感书写到了极致。他们在皑皑白雪的原野上奔跑，在高高的白杨林里穿行，年轻的身姿，矫健的步伐，蕴蓄着青春勃发的力量。这种对赶考状态的展现，具有典型的意义，他们在向考场奔赴的同时，也在向命运的转折点奔跑，向自己渴盼的梦想奔跑……国家广电总局电影局副局长张宏森对此片给予高度评价：《高考1977》从演员阵容上说不属于大片，但我认为它是一部心灵意义上的大片，一部精神品格上的大片，一部历史意义上的大片。

总之，作为向新中国成立60年大庆献礼的影片，它以实事求是的创作态度，以不事雕琢的艺术追求，不仅再现了恢复高考这一历史事件的重大意义，而且对纠正当下人们越来越急功近利的生活状态和不健康心态，更有现实意义。叩击历史的回音壁，我们应认真聆听来自当年那个原点的呼声，冷静反思我们民族走过的路，重温那特定岁月里人们经历的痛苦和挣扎，期盼和梦想，以坦然平和的心态审视过去，正视现在，规划未来。

（选自《当代小说（下）》2010年第4期。收录时略有删改）

◎练习一 根据本文第三段内容，具体分析哪些是叙述，哪些是评论。

◎练习二 结合自己高考的经历，谈谈自己对这部电影的理解。

习作实践

练习一 高考，是人生一次独特又难忘的体验，一定给你留下了深刻的印象。请重新记忆和寻找出当年你的高考作文题，写出今天你的感受。要求：200字左右。

练习二 影视已是我们生活的一部分，请对你喜欢的影视作品写一篇影评，500字左右。

素养积淀

忆 江 南

〔唐〕白居易

江南好，风景旧曾谙。日出江花红胜火，春来江水绿如蓝。能不忆江南？

赏析 要用十几个字来概括江南春景，实属不易，白居易却巧妙地做到了。他没有从描写江南惯用的"花""莺"着手，而是别出心裁地以"江"为中心下笔，又通过"红胜火"和"绿如蓝"，异色相衬，展现了鲜艳夺目的江南春景。

> 只求在短时期内使学生人人能看通人应看之书,及其职业上所必看之书;人人能作通人应作之文,及职业上所必作之文。
>
> ——刘半农
>
> 文艺创作的能力,不是人人都需要的,但可以说,人人都得会写点应用性文章,绝无例外。所以谈写作,应当以应用性文章为主。
>
> ——张志公

第五十课

种类繁多　应用广泛

导论　在实际生活中,有些事是口说无凭的,于是便有了"条据"等留存性应用文;在日常工作中,有些事是要让大家都知道的,于是便有了"通知"等周知性应用文;在社会管理中,有些事是需要建章立制的,于是便有了"决定"等约束性应用文。在生活、生产中,应用文的种类十分繁多,其作用也是十分巨大的。

要点　了解应用文的主要特征,提高对应用文重要性的认识;把握应用文种类,提高写作应用文时的"体式"意识;感知应用文的广泛性与实用性,提高写作应用文的自觉性。

❧❧❧ 写作启迪 ❧❧❧

故事一　从前,有个富人骑马到乡下去。在路上,他的马受到了惊吓,突然狂奔起来,把一个行人撞成了重伤。于是,伤者的家属便向县衙告状,县官要富人写答辩状。富人在答辩状上如实地写下了自己是"驰马伤人"。他写完后向一位师爷请教,师爷在问清了情况后,提笔将"驰马伤人"改为"马驰伤人",并解释说:"'驰马伤人'的责任在你,而'马驰伤人'的主要责任却在马不在人。"结果,本应被重判的富人,却因这一处妙改而得以轻判。

故事二　法拉第是世界著名的自学成才的科学家,是英国物理学家、化学家、发明家,是发电机、电动机的发明者。他研究电磁现象30年,成就十分显赫。但由于他的写作能力特别差,常表达不清,以致在写科技报告及论文时不能把自己的科研成果淋漓尽致地表达出来,他的《电学实验研究》在发表20多年后仍遭到非议。但麦克斯韦却能用简明、清晰的语言表述电磁波存在的问题,赢得了世人的称赞。同时,麦克斯韦也是在法拉第贡献的基础上才建立起电磁理论的。因此,麦克斯韦在谈到这一划时代的贡献时说:"我不过是个写作者。"

知识技能

　　应用文就是人们在日常生产、工作与生活中形成和发展的经常应用，并具有某些惯用格式的文体，既包括各级机关、社会团体、企业、事业单位的各种公文，也包括人们处理日常工作与生活中各种事务所必需的诸种文体的文章，是使用最广泛、最频繁，数量最为庞大的文体。

　　应用文有以下几个主要特点。第一，实用。写作都有明确的目的，都是为实现一定的目的而写的。如文学作品的写作目的是反映社会生活，表达人们的思想感情；说明文的写作目的是说明某个事理或事物；应用文是为了处理工作中和生活中的实际问题而写的，如请示就是为了向上级请求批准办理某一事项，而广告则是为了向公众宣传某种商品或服务。因此，应用文具有直接的功用性和广泛的实用性。第二，规范。文学创作反对格式雷同、程式化创作，但应用文却在格式上具有程式化、规范化的特点。如写计划，一般先写目的，然后再写具体任务、目标、措施、时间、步骤。应用文格式有两种情况：一种是已固化并被指定的规范格式，如公文格式、司法文书格式、合同格式等；另一种是惯用格式，虽没有严格的规定，但格式比较稳定一致，如会议文书、财务文书和事务文书等。第三，真实。文学创作可以虚构，文学作品中的人不等于现实生活中的原型，故事中的情节也并非要照搬生活。但应用文须如实地反映客观现实，如写会议纪要就不能无中生有、张冠李戴，写调查报告不能闭门造车、想当然去写。第四，时限。应用文的性质和写作目的决定了应用文的时效性，应用文的各个文种都有时间限制，都是针对一定时间段内要解决的问题制订的。因此，及时成文、及时发文、按时办理，这也是应用文与其他文章的重要区别。总之，应用文写作重在一个"用"字，突出特点是具有明确的格式与内容要求。

　　应用文有广泛的社会功能，在写作实践中形成了多种类型：社交类应用文，即起表达情感、交流信息、互致问候作用的文章，如庆贺书、求职信、介绍信、证明信、感谢信等；周知类应用文，即起告知讯息、传达精神、布置任务作用的文章，如通知、告示、通告、布告等；事务类应用文，即关于工作计划、任务总结、实践调查、情况分析的文章，如学习和工作计划、年度总结、调查报告等；规范类应用文，即起规范行为作用的文章，如公告、命令、决定、声明、协议、条据等；宣传类应用文，即起广告宣传作用的文章，如海报、启事、广告等。

　　应用文写作水平不仅是衡量个人能力的标准之一，也在很大程度上反映着部门或单位处理日常业务工作的质量和效能。因此，我们必须认真学习应用写作的理论，自觉地进行写作训练，只有这样，才能真正提高应用文的撰写能力，适应日常学习、工作及社会发展的需要。

阅读借鉴

应用文与文学作品之比较

孟文彬

　　应用文与文学作品分属于文章写作中的不同类别。因此，它们之间既有一般文章所具有的共同性，又有自身所独有的特性。下面，我们就试图从功能、时限、对象、主题、材料、结构、语言几个方面的比较中分析一下它们之间特点的差异。

功能。任何文章的写作都是一种有目的的活动，都要体现出一定的价值。应用文属于文章中突出自身实用价值的一种类别，它的功能在于解决人们在实际工作和生活中出现的问题。因此，它具有直接的现实针对性，直接作用于人们的现实需要。并且，任何一篇应用文的写作都是针对于现实中具体的某个问题，所以它一经完成并传达，便直接对现实产生作用，也即产生现实性的约束力。或为了告知事项，或为了请求批准，或要求贯彻执行……总之，每一篇应用文章都具有明确的功用和目的。并且，应用文章自身功能的实用性本能地排斥着其他的娱乐、教育、认知等多样性的功能。因此，它的功能单一、明确、具体、直接。

文学作品的功能却具有多样性。对于一篇确定的文学作品来说，也许它突出地显示了文学作品多项功能中的某一项，而其他的功能只处于辅助的地位。但就整体的文学作品来说，它是通过审美、娱乐、教育、认知等功能综合作用于人的思想与意识，对人们的生活产生潜移默化的影响，而不是直接作用于人们的生活。因此，它的功能是间接的、多样的。

时限。应用文是为了解决现实生活中的各种问题以及处理工作中的具体事务而进行的一种写作，因而在写作上有时间性的要求，必须在一定的时间内完成。应用文中所涉及的具体问题往往要求在一定的时间内解决，这就要求应用文的写作一方面要写得及时、发得及时，另一方面要求必须选取现实生活中最新的材料。只有这样，才能达到应用文特定的写作目的。而且，应用文只能在特定的时间范围内对生活与现实产生作用，一旦问题解决，它的目的性达到了，它的实效性也便消失了。

文学作品并不追求明显的时效性，它只是通过对人们的思想产生潜移默化的影响而间接地作用于人们的生活。因此，它的创作不必有明确的时间限制，它产生作用的范围也没有明确的时间段，它甚至可以跨越时代随历史的长河流传而成为永远的经典，就像古代给我们留下的数不清的文化遗产仍旧在充实并影响我们的精神与思想一样。

对象。应用文章具有明确的阅读对象，这与应用文的功能和传达方式是密不可分的。应用文是为了解决现实问题和事务而创作的，因此，它只需要那些与此问题或事务有关联的特定范围的那些人们，甚至是明确到某一个人来了解它，因此，它的读者范围是确定的。并且，它对读者对象具有明显的约束力，即对某些人来说必须来阅读它，并且按照它来贯彻执行或做出相应的反应。而且，应用文是通过机关和机关之间、单位与单位之间的上传下达来流通的，这本身便限定了它阅读的对象和范围。

文学作品的阅读对象却是不确定的。虽然有的作品在创作之初含有期待的读者，比如白居易期待他的新乐府诗的读者是能够读懂他的诗歌的平民百姓；而法国作家罗曼·罗兰曾宣称："我的《约翰·克利斯朵夫》并不是写给文人们看的"；爱尔兰现代派小说家詹姆斯·乔伊斯的作品广泛地运用了意识流手法和梦幻的笔调，语言隐晦，艰涩难懂，他期待的理想读者只能是那些"毕生研究《尤利西斯》和《芬尼根的守灵夜》而其他什么都不做的人"。但期待的读者毕竟不等同于真实的读者，它不可能也不必要完全限定读者的范围。有的作品隐含的读者虽然主要是农民，但并不排除工人或知识分子成为它的读者，虽然有的作品隐含的主要是学术性的读者，但普通读者同样可能来阅读它并产生阅读的兴趣。因此，文学作品对读者没有任何的约束力，读者靠兴趣来选择自己喜欢的作品，而市场这一中介的运作也给了读者充分的选择权，这一切都使文学作品的读者范围充满了不确定性。

主题。应用文是为了解决实际生活、工作、学习中亟待解决的问题，因此，每一篇应用文都有它明确的写作目的。而且为了使文章达到较好的应用效果,达到它预期的目的,提高机关工作的效率,应用文要求"一文一事""一事一旨",要求主题单纯。即使是篇幅较长的文章,也必须是通过不同的侧面说明同一个问题,以一个主题贯穿全篇。而且,为了确保应用文的内容被准确理解并应用于实践,要求应用文的主题表达鲜明、明确,必须清清楚楚、明明白白,而不能模糊或模棱两可,从而使读者产生理解上的偏差而贻误问题的及时解决。应用文章不仅要求作者表达单纯、明确,而且要求读者在阅读时必须按照文章所表达的客观内容来理解,并且按照内容要求来贯彻实施,而不允许读者按照自己的意愿擅自来理解、传达文章所没有表达的内容。

文学作品则不同。首先,它并不要求作者都有明确的写作目的。有的作者虽然在写作之初可能有比较明确的写作目的,但在写作过程中,随着人物性格和情节的自然发展,写作目的发生暗中的转换,这在文学创作中是不足为怪的。而有的文学作品在创作前根本没有明确的写作目的,作品的主题要等到作品全部完成之后才能显示出来。另外文学作品既要反映灵活多变的社会生活,又要表现人物丰富复杂的内心世界,它的主题往往是丰富的、多侧面的,而且主题的表达也并不苛求明确。而含蓄本身一直是文学理论中文学表达的一种风格,它要求主题表达寓于人物刻画、情节描写当中,自然而然流露出来,给读者营造一个艺术再创造的想象的空间。读者不仅可以在读完作品之后根据内容去揣摩作者的写作意图,而且可以根据自己的理解从不同的侧面与角度来解读作品的内涵,这也就是我们常说的"一千个读者就有一千个哈姆雷特"。

材料。应用文章是面对现实,为解决实际中存在的问题而创作的。因而它必须从实际情况出发,提出问题,解决问题。因此它使用的事实材料,也必须实事求是,必须是现实工作和生活中客观真实的材料,既不能夸大也不能缩小,更不能虚构,否则,便不可能真正地解决问题,更不可能达到应用文特定的目的。

文学作品也追求"真实性"的原则。它的真实要"源于生活",而又"高于生活",是对生活的一种主观能动的反映,是一种审美化的真实、主观的真实、艺术的真实。它既可以符合客观的事理逻辑,又可以符合主观的情感逻辑。例如"白发三千丈,缘愁似个长","人比黄花瘦","燕山雪花大如席","感时花溅泪,恨别鸟惊心"这些在现实生活中不合逻辑的事实在文学当中却都成了千古流传的佳句。

结构。应用文的文章结构大多有固定的格式,具有程式化的特点。这是与应用文本身的功能和要求分不开的。应用文是为了解决工作和生活当中出现的问题和事项而进行的一种创作,因而,它的目的性、针对性较强,时限的要求比较严格,因此为了提高工作中的效率,应用文在长期的使用过程中形成了一种约定俗成的格式,并渐渐规范下来。表现在每一种文种都有自己特定的格式和要求,尤其是国家法定行政公文和机关常用事务文书更有着比较稳定的规范性的格式,因而写作时必须遵照,不能自行其是。

文学写作则坚决杜绝程式化。这不仅表现在内容上杜绝雷同,而且表现在形式上也要有所创新,并且形式本身也已成为文学作品内涵的一种表现,成为文学中独具审美魅力的一大因素。创新是文学永远的追求,也是文学不竭的生命力所在,程式化只能使文学走向僵化和枯萎。因此,程式化一直是文学所批判的对象。比如,鲁迅先生对张资平"三角恋"的批判,比如说文坛上一直批判的从古代文学一直流传至今的"大团圆"的结局,以及程式化使许多著名的作家再也不能超越自己和他人。

语言。应用文章重在应用,重在解决实际生活中的问题,因此只要把情况说明白,事理讲清楚,能够明确地提出解决问题的办法和意见,就有助于文章效用的发挥。因此,应用文的语言应朴实简练,重在应用。另外,为了适应应用文规范化的特点,应用文的语言也应追求相应的规范性。这一方面表现在应用文中常用一些规范性的公文习惯用语,例如"妥否,请批示","此复","特此通告",等等;另一方面表现在应用文语言排斥文学性的表达方法,如比拟、隐喻等修辞方式和对情节的生动描写以及对人物性格的细致刻画。因此,应用文的语言总体上应追求朴素性和规范性。

文学作品的语言则追求表达的多样化和风格化,追求生动与丰富,这是文学语言富有生命力的前提。因此,在文学中既可以追求语言的简练朴实、畅达直白,如陶渊明的《饮酒》系列;也可以追求语言的含蓄蕴藉,如王国维对意境的分析;也可以追求语言的豪华繁复,如司马相如的《子虚赋》《上林赋》;甚至可以刻意去追求晦涩难懂,如"语不惊人死不休"的杜甫语言的奇崛。语言上风格的不同成就了特定的作家,也成为他们创作的特色。另外,文学作品要追求情节描写的生动和人物刻画的形象,并且利用修辞方法来加强文学的表达。

应用文与文学作品属于文章中不同的种类,因此具有不同的特点。但归根结底,所有的特点都源于它们性质和功用的差异,是根据特定的功用和性质而进行的不同的表达,这是我们始终要明确的。

(选自《新闻与写作》2003 年第 5 期。收录时略有修改)

◎练习一　根据本文,谈谈你对应用文性质与功能的认识和理解。

◎练习二　选取一篇短篇小说和一份工作汇报,加以对比,说说文学作品和应用文的区别。

❧ 习作实践 ❧

练习一　据说有一书生卖鸡,书广告一则:这个精美的笼子里装着一只肥大的公鸡,准备以最低价格出售。可多天无人问津。他的一位朋友帮其撕去广告,仅贴一"售"字,不多时,书生就把鸡卖掉了。对此事例进行分析以概括出应用文的基本特点。要求:150 字左右。

练习二　你在写作和生活实际中,肯定写过不少应用文,对此也会有深刻的记忆。回忆一下在自己写应用文时影响最深的一件事,并表明这件事对自己的启发。要求:500 字左右。

❧ 素养积淀 ❧

赠 汪 伦

〔唐〕李　白

李白乘舟将欲行,忽闻岸上踏歌声。
桃花潭水深千尺,不及汪伦送我情。

赏析　诗中首先描绘李白乘舟欲行时,汪伦踏歌赶来送行的情景,十分朴素自然地表达出一位普通村民对诗人朴实、真诚的情感。后两句诗人信手拈来,先用"深千尺"赞美桃花潭水的深湛,紧接"不及"两个字笔锋一转,用比较法把无形的情谊化为有形的千尺潭水,形象表达了汪伦对自己那份真挚友情。全诗语言清新自然,想象丰富奇特。

> 对别人述说自己,这是一种天性;因此,认真对待别人向你述说的他自己的事,这是一种教养。
>
> ——[德]歌德
>
> 一个人必须知道该说什么,一个人必须知道什么时候说,一个人必须知道对谁说,一个人必须知道怎么说。
>
> ——[奥地利]德鲁克

第五十一课

真情实感　有效沟通

导论　交流与沟通在我们日常生活中起着非常重要的作用,社交类文书是我们进行书面交流与沟通的方式,它可以加深人与人之间的感情,也可以化解人与人之间的矛盾,还可为我们的就业创造良机。要实现这些目的,就要求我们写出文从字顺、真实真理的作文。

要点　了解社交类文书的含义和特点;掌握社交类文书的写作格式和技巧;调动使用社交类文书进行交流和沟通的积极性,提高写作水平。

写作启迪

故事一　在世界文坛上有一位写信起步的作家,他就是英国的萧伯纳。萧伯纳14岁中学毕业后,因家庭生活困难未能升入大学深造,当上一家房地产公司的办事员。他讨厌这项工作,于是便写信给在外地干类似工作的同学麦努地,诉说心中的苦闷。萧伯纳原以为麦努地与自己"同命相怜",会"一拍即合"。谁知,麦努地在回信中却乐观地表示,工作虽平凡,但对社会是有益的,并劝说萧伯纳从烦恼中解脱出来。萧伯纳紧接着又回了信,对麦努地的看法提出了异议。这样,两人在信上辩论个没完没了。开始,他们只是争论工作和生活问题,后来涉及面越来越广,从政治经济到文化艺术,几乎无所不谈了。他们争得兴致勃勃,并美其名曰:"通信决斗"。在频繁"决斗"中,两个人都提高了思想,增强了语言表达能力。渐渐,"写信成瘾"的萧伯纳不再满足于和同学通信了,他试探着给《公论杂志》编辑部写了一封信,不久,这封信就发表了。紧接着他又写了第二封,又发表了。从此,萧伯纳写作热情更加高涨。他写信,也写小说、戏剧和评论。1925年,他获得了诺贝尔文学奖。

故事二　在安徽桐城有个景点叫六尺巷。这条巷子的由来是这样的,清朝的时候,当朝宰相张英的老家人要修一所房子,结果和邻居发生了争执,寸土不让,张家人修书给张英,让他动用权力摆平此事。张英修书一封,只有四句诗:"一纸书来只为墙,让他三尺又何妨。长城万里今犹在,不见当年秦始皇。"张家人看后惭愧不已,于是后退三尺,打地基。邻居见了也是很羞愧,同样后退三尺。于是两家之间就有了这条巷子,称为六尺巷。

❧ 知识技能 ❧

社交类文书是人们在学习、工作、生活以及社会交往中广泛使用的应用文书。其中书信是社交类文书的重要部分,书信拥有悠久的历史并且世界各国的人们都在使用,它在人类的交流与沟通方面占有重要地位。书信分为一般书信和专用书信两大类:一般书信主要有家庭成员之间的家书类书信,朋友和同事之间的问候类书信、请托类书信、规劝类书信、借贷类书信、庆贺类书信等。专用书信主要有介绍信、证明信、感谢信、表扬信、祝贺信、慰问信、求职信、推荐信等。恰当得体的书信能帮助我们有效地沟通人际关系,交流思想感情,提升我们的形象。

书信一般由称谓、问候、正文、结尾、署名、日期六部分组成。其中称谓是寄信人对收信人的称呼。它表示双方的关系,在信的第一行起首的位置顶格写,后面用冒号,要单独占一行。称谓的全称应包括姓名、称呼和修饰语。问候语在称谓下面一行空两格处写,单独成行,问候语一般是"您好""近好"等。问候语的后面一般用感叹号或问号。正文是信笺的主体部分,一般应分段写,可分为缘起语、主体文、总括语三部分。缘起语写明写信的原因和目的,用以引出主体文。主体文是信的主要部分,写信人要询问或要回答的问题。总括语大多用在内容较多的书信末尾,将正文内容总括一下,使收信人对信的内容更清楚。结尾一般是写祝愿或敬意的话。结尾是有格式的,不应随便写。结尾的内容,一般分为两截写,前一截写"此致",或"祝",可接正文末行写,也可另一行空两格写,后一截祝愿的话应单独占一行顶格写。署名写在致敬语或祝愿语的下一行接近右端的地方。日期写在署名下面,可写年、月、日,也可将年省去,还可写上写信的地点。

求职信是个人向机关、团体、企业或有关领导谋求职业的一种专用书信。好的求职信能体现出求职者清晰的思路和良好的表达能力。求职信的格式与一般书信格式基本相同。主体部分首先要写出信息来源渠道,其次要在正文中简单扼要地介绍自己与应聘职位有关的学历水平、经历、成绩等,最后应说明能胜任职位的各种能力,这是求职信的核心部分。目的无非是表明自己具有专业的知识和社会实践经验,具有与工作要求相关的特长、兴趣、性格和能力。总之,要让对方感到自己能胜任这个工作。

写作专用社交文书时要注意:首先要内容单一,目的明确,"一事一文",不说与写作目的无关的事情。其次要言简意明。再次要措辞得体,如求职信和应聘信一定要谦恭有礼,感谢信与祝贺信一定要热烈真诚,邀请信、谢绝信一定要诚恳委婉,推荐信又要亲切谦和。得体的语言还表现在对不同身份、不同年龄选择不同的词语。最后要格式规范,书写端正。

❧ 阅读借鉴 ❧

马克思致燕妮的信

[德]马克思

我的亲爱的:

我又给你写信了,因为我孤独,因为我感到难过,我经常在心里和你交谈,但你根本不知道，既听不到也不能回答我。你的照片纵然照得不高明，但对我却极有用，现在我才懂得，为什么《阴郁的圣母》，最丑陋的圣母像，能有狂热的崇拜者，甚至比一些优美的像有更多的崇拜者。无论如何，这些阴郁的圣母像中没有一张像你这张照片那样被吻过这么多次，被这样深情地看过并受这样的崇拜；你这张照片即使不是阴郁的，至少也是郁闷的，它绝不能反映你那可爱的、迷人的、"甜蜜的"、好像专供亲吻的面庞。但是我把阳光晒坏的地方还原了，并且发现，我的眼睛虽然为灯光和烟草所损坏，但仍能不仅在梦中，甚至不在梦中也在描绘形象。你好像真的在我的面前，我衷心珍爱你，自顶至踵地吻你，跪倒在你的跟前，叹息着说："我爱您，夫人！"事实上，我对你的爱情胜过威尼斯的摩尔人的爱情。撒谎和空虚的世界对人的看法也是虚伪而表面的。无数诽谤我、污蔑我的敌人中有谁曾骂过我适合在某个二流戏院扮演头等情人的角色呢？但事实如此。要是这些坏蛋稍微有点幽默的话，他们会在一边画上"生产关系和交换关系"，另一边画上我拜倒在你的脚前。请看看这幅画，再看看那幅画——他们会题上这么一句。但是这些坏蛋是笨蛋，而且将永远是笨蛋。

暂时的别离是有益的，因为经常的接触会显得单调，从而使事物间的差别消失。甚至宝塔在近处也显得不那么高，而日常生活琐事接触密了就会过度地胀大。热情也是如此。日常的习惯由于亲近会完全吸引住一个人而表现为热情，只要它的直接对象在视野中消失，它也就不再存在。深挚的热情由于它的对象的亲近会表现为日常的习惯，而在别离的魔术般的影响下会壮大起来并重新具有它固有的力量。我的爱情是如此。只要我们一为空间所分隔，我就立即明白，时间之于我的爱情正如阳光雨露之于植物使其滋长。我对你的爱情，只要你远离我身边，就会显出它的本来面目，像巨人一样的面目。在这爱情上集中了我的所有精力和全部感情。我又一次感到自己是一个真正的人，因为我感到了一种强烈的热情。现在的教养和教育带给我们的复杂性以及使我们对一切主客观印象都不相信的怀疑主义，只能使我们变得渺小、孱弱、啰唆和优柔寡断。然而爱情，不是对费尔巴哈的"人"的爱，不是对摩莱肖特的"物质的交换"的爱，不是对无产阶级的爱，而是对亲爱的即对你的爱，使一个人成为真正意义的人。

你会微笑，我的亲爱的，你会问，为什么我突然这样滔滔不绝？不过，我如能把你那温柔而纯洁的心紧贴在自己心上，我就会默默无言，不作一声。我不能以唇吻你，只得求助于文字，以文字来传达亲吻。事实上，我甚至能写下诗篇并把奥维狄乌斯的《哀歌》重新以韵文写成德文的《哀书》。奥维狄乌斯只是被迫离开了皇帝奥古斯都。我却被迫和你远离，这是奥维狄乌斯所无法理解的。

诚然，世间有许多女人，而且有些非常美丽。但是哪里还能找到一副容颜，它的每一个线条，甚至每一处皱纹，能引起我的生命中的最强烈而美好的回忆？甚至我的无限的悲痛，我的无可挽回的损失，我都能从你的可爱的容颜中看出，而当我遍吻你那亲爱的面庞的时候，我也就能克制这种悲痛。"在她的拥抱中埋葬，因她的亲吻而复活"，这正是你的拥抱和亲吻。我既不需要婆罗门和毕达哥拉斯的转生学说，也不需要基督教的复活学说。

最后，告诉你几件事。今天，我给艾萨克·埃恩赛德寄去了一组文章中的第一章，并附去(即附在该急件中)我亲笔写的便条，而且是用我自己的英语写的。在这篇东西寄走以前，费里德里希读它时不言不语地皱着眉，颇有批评之意，这自然使我不十分愉快。不过他在第一次读时，感到非常惊奇，并高呼这一重要的著作应该用另一种形式出版，首先用德文出版。我将把第一份寄给你和在德国的老历史学家施洛塞尔。

顺便告诉你，在《奥格斯堡报》(它直接引用了科伦共产党人案件中的我们的通告)上我读到，"似乎"从同一个来源，即从伦敦又发出了一个新的通告。这是一种捏造，是施梯伯先生按我们的作品摘出来的可怜的改编；这位先生由于近来在普鲁士不大吃香，想在汉诺威装作一个汉诺威的大人物。我和恩格斯将在奥格斯堡《总汇报》上加以驳斥。

再见，我的亲爱的，千万次地吻你和孩子们。

你的卡尔

1856 年 6 月 21 日

于曼彻斯特格林码头巴特勒街 34 号

(马克思、恩格斯：《马克思恩格斯全集》(第 29 卷)，中共中央马克思恩格斯列宁斯大林著作编译局译，人民出版社 1972 年版。收录时略有修改)

◎练习 这是马克思写给自己妻子的一封信，阅读后说说马克思在信中表达了怎样的情感，给我们怎样的启示。

致米兰大公书

[意]达·芬奇

显贵的大公阁下：

我对那些冒充作战器械发明家的人所进行的试验作了观察和思考，发现他们发明的东西与平常使用的并无两样，故此斗胆求见阁下，以便面陈机密，但对他人不抱任何成见。

一、我能建造轻便、坚固、搬运便利的桥梁，可用来追逐和击败敌军；也能建造坚固的桥梁，用以抵御敌军的炮火和进攻，这种桥梁装卸非常方便；我也能焚毁、破坏敌军的桥梁。

二、在围攻城池之际，我能从战壕中切断水源，还能制造浮桥、云梯和其他类似设备。

三、一个地势太高，或坚不可摧，因而无法用炮火轰击的据点，只要它的地基不是用石头筑的，我能摧毁它的每一个碉堡。

四、我还能制造一种既轻便又易于搬运的大炮，可用来投小石块，犹似下冰雹一般，其中喷出的烟雾会使敌军惊惶失措，因而遭受沉重损失，并造成巨大混乱。

五、我能在任何指定地点挖掘地道，无论是直的或弯的，不出半点声响；必要时可以在战壕和河流下面挖。

六、我能制造装有大炮的铁甲车，可用来冲破敌军最密集的队伍，从而扩开一条向敌军步兵进攻的安全通道。

七、在必要情况下，我能建造既美观又实用的大炮、迫击炮和其他轻便军械，不同于通常所使用者。

八、不能使用大炮时，我能代之以弹弓、投石机、陷阱和其他效果显著的器械，不同于通常所用者——总之，必要时我能供不胜枚举的进攻和防御器械。

九、倘若在海上作战，我能建造多种极其适宜进攻和防守的器械，也能制造可以抵御最重型火炮炮火的兵船以及各种火药和武器。

十、在太平年代,我能营造公共建筑和民用房屋,还能疏导水源,自信技术决不次于他人,而且保君满意。

此外,我还善于用大理石、黄铜或陶土雕塑;在绘画方面我也绝不逊色于当今任何一位画家。

我还愿意应承雕塑铜马的任务,它将为您已故的父亲和声名显赫的斯福乐尔扎家族增添不朽的光彩和永恒的荣誉。

如果有人认为上述任何一项办不到或不切实际的话,我愿随时在阁下花园或您指定的其他任何地点实地试验。谨此无限谦恭之忱,向阁下候安。

(选自李志华、赵枫主编:《书信经典99》,山东人民出版社 2012 年版。收录时略有修改)

◎练习 请说出本文的语言特点,具体分析一下达·芬奇胜任的原因。

习作实践

练习一 阅读下面材料,按要求作文。

语文课堂上,老师在讲到杜甫的《春望》"烽火连三月,家书抵万金"时,不无感慨地说:"可惜啊,我们现在已经很难见到家书了,书信这种形式恐怕要消失了。"

学生甲:"没有啊,我上大学的表哥就经常给我写信,我觉得这种交流是不可替代的。"

学生乙:"信息技术这么发达,打电话、发短信、写邮件更便捷,谁还用笔写信啊?"

学生丙:"即使不用笔写信,也不能说明书信消失了,只不过是书信的形式变了。"

……

请正确理解材料,说说你对书信使用情况的看法,写一篇不少于 600 字的文章。要求:明确立意,自拟标题;不要套作,不得抄袭。

练习二 以下面这则招聘广告为参考材料,请你以求职者的身份写一封求职信。

××市××电器有限责任公司高薪诚聘

英语翻译:本科以上学历,英语六级,25 岁以下,男女均可,参加笔试、口译测试。

会计:财会专业,本科以上学历,具有会计师资格,如有注册会计师资格者优先。

销售人员:专科以上学历,男性,30 岁以下,肯吃苦,具有一定的沟通能力。

联系电话:82983618

联系人:刘小姐 沈先生

公司地址:××市××开发区××路××号

素养积淀

秋 思

〔唐〕张 籍

洛阳城里见秋风,欲作家书意万重。

复恐匆匆说不尽,行人临发又开封。

　　赏析　这首诗借助日常生活中的一个片断——寄家书时的思想活动和行动细节,异常真切细腻地表达了羁旅之人对家乡亲人的深切思念:第一句交代"写家书"原因,以下三句是描写作书前、作书后的心理活动。作书前是"意万重",作书后是"复恐匆匆说不尽","临发又开封"把"复恐匆匆说不尽"的心态表现得栩栩如生。全诗写的是人人意中常有之事,却非人人所能道出。

（应用文）虽艺文之末品，而政事之先务。

——刘　勰

应用文的对手往往是特定的某一个人或若干人，而内容又多牵涉到实际生活上的事务，写作起来须顾虑到社交上、法律上、经济上的种种关系，所以限制就严密了。

——夏丏尊

第五十二课

面向大众　传递讯息

导论　不管行政性公务还是普通人的日常生活，都需要有书面文字来告知重大事件或重要事情。周知类文书通过新闻媒体公开发表、信件寄送、在大街小巷上张贴等方式，让大众了解国家和社会重大事件与日常生活的方方面面。

要点　认识和了解周知类文书，理解和掌握公文、广告和请柬的写作要领；学会写作广告、请柬，提高写作实践能力。

❧❧ 写作启迪 ❧❧

故事一　万历年间，绍兴城里新开了一家点心店，徐文长常光顾。一次，店主央求他写一块招牌，徐文长一挥而就，并嘱咐店主不得改动。谁知招牌一挂出来，立刻门庭若市，原来大名鼎鼎的徐文长竟然没有把"心"字中心的一点写上，绍兴城的人都来看热闹，点心店的生意也就格外兴隆。但名声卖出去以后，店主就开始偷工减料，生意也就渐渐不景气了。一天，一顾客对店主说："'心'缺一点还叫'心'吗？难怪生意不好！"店主于是用黑漆在"心"中间补了一点，可生意却并未好转，反而更萧条了，店主摸不透个中奥妙来请教徐文长。徐文长说："'心'无一点，引人注目，又使人有空腹的感觉，来吃点心的人就多。加上一点，变成了个实心肚子，谁还要来吃？做生意不可过分贪心。现在你把'心'上那个黑点改成红的，生意还会兴隆。"店主恍然大悟，照办了，果然灵验。

故事二　2006 年 11 月 8 日临川晚报报道：海南省儋州市那大镇美食街先锋市场旁悬挂着一条宣传人大代表选举的横幅，把人大代表印成了"大人代表"，落款是儋州市民族宗教事务局。该横幅竟然在大庭广众之下悬挂了 3 天，不少市民看到后议论纷纷，认为这样的错误也太离谱了，整个意思完全变了样。儋州市民族宗教事务局办公室一位姓王的工作人员说，这件事他们也是昨天才知道的,当时跟广告公司说好了,挂横幅时要通知他们过去验收。可广告公司在半夜挂横幅,就没有通知他们去查看,结果没有及时发现这个错误,闹出了大笑话。

✿✿ 知识技能 ✿✿

周知类文书是向下级机关、人民群众、国内外公开发布或者向朋友传达的文书,包括公务文书(公告、通告、通知、通报、决定、请示、批复等)、公共关系文书(公益广告、请柬、致辞等)等,这类文书需要广泛发布周知。

通告是向广大群众公布的周知性文件,发布者通常是国家机关的业务部门,也可以是基层单位、群众团体。行文关系可以是下行文,也可以是平行文。通告主要由标题、正文和落款三部分构成。标题与公告基本一样。正文一写通告的缘由,二写通告的事项,三写执行通告的要求。

通知是机关单位向特定的受文对象告知有关事项的晓谕性公文。通知分为指示性通知、批示性通知和会议性通知。通知的格式一般包括标题、主送单位或个人、正文、结尾四个部分。标题一般写"通知"二字即可,事关重大的通知标题往往由发文机关和文种组成,或由发文机关、事由与文种组成。正文说明通知的原因或目的、具体事项、对受文单位或个人的要求以及有关说明。结尾注明发出通知的机关名称和日期,加盖公章。

通报是上级机关表扬好人好事、批评错误、传达重要情况等具有指导、教育、警戒意义的事件时使用的一种文体。根据内容可分为表彰性通报、批评性通报和事项性通报。通报一般由标题、正文、结尾三部分组成。标题和公告基本一样。结尾要注明发文单位和时间。

广告是指向公众传播信息的一种大众传播活动,包括不以盈利为目的的广告和盈利性广告。广告有标题、正文、结尾三大基本部分。广告标题往往放在广告之首,是全篇广告的最重要的组成部分。正文是主体部分,如对商品具体介绍就应在广告正文中完成。结尾文字应简短、有力,不宜过长,可写明厂名、厂址、电话号码等。

请柬又称请帖,是邀请宾客参加某一活动时所使用的一种书面形式的通知。它最具礼仪和传统色彩,文字简短,言辞客气典雅,礼貌周全,制作精美。请柬一般由标题、称呼、正文、结尾、落款五部分组成。结尾写礼节性问候语或恭维语。

✿✿ 阅读借鉴 ✿✿

直述不曲写公文

鄢明定

国务院于2000年8月发布的《国家行政机关公文处理办法》(以下简称新《办法》),在原《办法》基础上做了不少修改,使公文写作和处理更符合时代特点和要求。其中第五章第二十五条第二款对公文写作的表达提出了一个新要求——直述不曲。笔者不揣浅陋,就此谈点看法,愿与各位同仁共同探讨。

直述不曲，要求表达直白晓畅，不含蓄委婉、旁敲侧击，多用陈述手法，包括简要的叙述、说明、评述、论断等，一般不用比喻、借代、比拟等曲笔，而是用平实的语言，力求一语中的。要做到"直述不曲"，主要可从以下几方面下工夫：

主旨鲜明集中。任何公文都是为了实现发文机关的某个意图而写，这个意图便是公文的主旨。整个写作过程都必须紧紧围绕与主旨相关的某件事情、某个方面或某个问题主次分明地加以表述。对"为什么""做什么""不做什么""怎么做"等问题，用尽可能少的语言直截了当地表述，让受文者花最少的时间领会意图。这样，公文才能有效地、最大限度地实现它的预定目标。

开头单刀直入。公文正文开头往往是总揽全篇的纲要，一般要交代行文的目的、依据、缘由、背景等内容，多用开宗明义的议论，少用叙述，尤其不用大段过于细致具体的叙述和描写性语言。往往要求运用高密度语言，简明扼要、单刀直入地阐明主题，力戒言不及义、套话空话连篇。如："近一段时间，旅游交通安全事故频发引起国务院领导和有关部门的高度重视。"（《国家旅游局国家安全监管总局关于加强旅游交通运输安全的紧急通知》旅发明电567号）这就是干净利落、一语中的的公文开头。又如："在这金光灿灿、步履辉煌的改革年代……鸟瞰三江……"这样的形容和渲染，除了给人卖弄辞藻、华而不实的感觉之外，并无任何实际意义。另外，像连用几个"在……之下"一类的句式，也嫌过于琐碎。

主体简明平实。主体要求内容具体，层次清晰，条理分明。叙事应概括简明，紧扣主题，只求基本事实清楚，不做层层铺叙和精雕细刻。处理已知信息材料宜简略，力去与主题无关的材料，突出重点和中心。说理直接，论而不证，抓住事由，直陈其事。切忌长篇大论，旁征博引，以及以"叙"代"述"。上行文要如实客观陈述，力戒夸大和渲染；下行文多用夹叙夹议，既摆出问题，又讲清道理。表达方式主要用简明平实的说明、叙述和议论，少用甚至不用抒情和描写。如一篇公文是这样写的："2000年某天深夜，乌云密布，雷声隆隆，大雨倾盆而下，刹那间，美丽富饶的鱼米之乡被一片汪洋吞没。接连几天如注的暴雨，淹没了田野、冲毁了村庄和工厂，交通、电力、通讯一度中断。这百年不遇的特大洪涝灾害，给我乡造成了不可估量的损失……"这段语言带有浓厚的文学色彩，违反了应用文语言的写作要求，不够朴实、简洁，也有失真实。又如一份会议情况的报告写道："在整个会议期间，天气晴朗，风和日丽，群情激昂，歌声不绝，充分显示了会议圆满成功的气氛。"再如一份表扬通报写道："他用自己的行动，谱写了一曲社会主义文明的赞歌，多么嘹亮，多么优美！"这类描写和抒情成分显然不合公文简朴庄重的语体风格。此外还要避免无关痛痒的、浮夸性的，以及含糊推诿的语言，诸如"成绩是主要的""主流是好的""工作是努力的""领导非常重视""创历史最高水平""取得很大成绩""大致尚可""尚无不可""基本同意""事出有因，查无实据"等等，这些语言或缺少实际意义，或叫人无法把握。虽然很难说这类话绝对不能用，但必须谨慎，尽量避免使用。

结尾干净利落。公文结尾总的要求是意尽言止，干净利落，不留余味，不添蛇足，但也不能马虎草率。常用的结尾方法有：强调重申式。对文中问题做强调说明，以期引起重视。结论式。对文中主要观点或问题进行归纳总结或略作回顾，以强化印象。说明式。交代施行日期、执行范围、传达对象，与该文规定不符的原有规定如何处置，说明尚未解决而应另作规定的问题等。号召式。提出希望，发出号召，展望未来等。建议式。针对设定的施行目标、产生的问题等提出相应意见和建议。此外还有请求式、责令式、表态式等。总的原则是力戒画蛇添足、节外生枝,避免出现"为……而奋斗""虽然……但是……我们一定……"之类无关痛痒的套话、空话。如果可能,也完全可自然收尾,更显简洁利落。

词语准确简洁。规范性公文应该体现出一种权威性和法制性的刚性形象,要求使用"法言法语"。语言的基本要求包括:1.准确。词义确切,表意肯定,没有歧义,追求一种庄重美。2.简洁。文词洗练利落,少用修饰语,段落分明,篇幅简短。3.严谨。用语规范严密,少用形象语言,不用土语方言,表达前后一致,力求无懈可击。4.通俗。尽量运用适合广大群众的本色语言,不用深奥冷僻语言,力求深入浅出。公文中虽然可以而且有时只能使用模糊词,但多数情况还是运用含义确切的词,尤其要避免"基本上""大体上""绝大部分""普遍""几乎""差不多"等笼统含糊的表述。否则,不但造成文章空洞无物,更让人难以把握,无法操作和执行。

句式明快畅达。公文句式的主要特点是句式单纯,结构完整;多用短句,少用长句;多用陈述句和祈使句,慎用疑问句和感叹句;多用常式直述句,少用变式句、省略句。

(选自《秘书》2007年第7期。收录时略有删改)

◎练习一 阅读本文,谈谈你对公文写作语言特点的理解。

◎练习二 按照文章的公文写作的原则,拟写一份《××学院关于举办第×届××杯演讲比赛的通知》。

实践提高

练习一 某省教育厅准备召开一个全省教改研讨会,与会代表为大专院校的有关专家、院校负责人;会议地点是该省省委培训中心;会期6天,即10月11日至16日;每位代表提交一篇相关论文,打印160份交会务组;报到时间为10月10日,报到地点为省委培训中心502房间;与会人员到某火车站、某机场都有人接;会务费600元,食宿自理。请你作为会务组秘书代拟一份会议通知。

练习二 班主任王老师生病住院,你想让××同学和你一起在2012年9月20日上午10点去人民医院看望老师。请给你同学写一份请柬表明你的意愿。

练习三 请拟一条以"公民义务献血"为内容的公益广告词。要求:主题鲜明,感情真挚,构思新颖,语言简明。

素养积淀

虞 美 人

〔南唐〕李 煜

春花秋月何时了,往事知多少?小楼昨夜又东风,故国不堪回首月明中。

雕栏玉砌应犹在,只是朱颜改。问君能有几多愁,恰似一江春水向东流。

赏析 全词以问起,以答结;由问天、问人而到自问。凄楚中不无激越的音调和曲折回旋、流走自如的艺术结构,使作者沛然莫御的愁思贯穿始终,形成沁人心脾的美感效应。结句中"一江春水向东流"是以水喻愁的名句,含蓄地显示出愁思的长流不断,无穷无尽。

> 凡事预则立，不预则废。
>
> ——《礼记·中庸》
>
> 　　虽然计划不能完全准确地预测将来，但如果没有计划，组织的工作往往陷入盲目，或者碰运气。
>
> ——[美]哈罗德·孔茨

第五十三课

周密规划　及时总结

　　导论　一般机关在处理公务时，不可能也不必要时时、事事都正式发布公文，而更多的是使用处理日常事务的简便文书。这类文书有助于工作人员对上下级领导决策进行咨询、建议和参谋，有助于规范和约束所涉及单位和人员，还有助于布置工作、宣传教育、上传下达等，对人们的工作生活有着极其重要的作用。因此，认识和写作事务类文书显得尤为重要。

　　要点　了解事务文书的概念，初步认识事务文书；理解计划和总结的概念、特点、写作要求；掌握计划和总结的一般写法。

❧ 写作启迪 ❧

　　故事一　有次，年少的阿巴格和他爸爸在草原上迷了路。阿巴格又累又怕，到最后快走不动了，爸爸就从兜里掏出五枚硬币，把一枚硬币埋在草地里，把其余四枚放在阿巴格手上，说："人生有五枚金币，童年、少年、青年、中年、老年各有一枚，你现在才用了一枚，就是埋在草地里的那一枚，你不能把五枚都扔在草原里，你要一点点地用，每一次都用出不同来，这样才不枉人生一世。今天我们一定要走出草原，你将来也一定要走出草原。世界很大，人活着，就要多走些地方，多看看，不要让你的金币没有用就扔掉。"在父亲鼓励下，那天阿巴格走出了草原。长大后，阿巴格离开了家乡，成了一名优秀的船长。

　　故事二　李可染先生是现代著名国画艺术家，他将西画中的明暗处理方法引入中国画，将西画技法和谐地融化在深厚的传统笔墨和造型意象之中，取得了杰出的成就。李可染一生专注于绘画，并且善于总结。他的儿子苏玉虎回忆道："父亲的一生过得严谨、俭朴，律己甚严，自奉甚简。他烟酒不沾，没有任何不良嗜好，即使喝茶，对茶叶茶具也不讲究，生怕陷入玩物丧志的泥沼中不能自拔。"李老生前曾说："70岁后，我天天总结，找弱点。弱点是拦路虎，克服了一个，就前进一步，在闯关中前进。总结时，不要老留恋长处，长处是跑不掉的，一定要总结短处。"

❧ 知识技能 ❧

　　事务类文书是指团体、机关、企事业单位和个人为处理日常事务,用以交流、沟通、总结、探讨问题、规范工作等而使用的文体,是日常工作中使用频率最高的文书。事务类文书主要有计划、总结、调查报告、述职报告、演讲稿等。

　　计划是党政机关、社会团体、企事业单位和个人,为了实现某项目标或完成某项任务,把事先作出的安排用书面形式表达出来的一种常用的事务类应用文体。按内容分,计划有生产计划、工作计划、学习计划、科研计划、教学计划、文体活动计划等;按时间分,计划有长期规划、短期规划、年度计划、月计划等;按范围分,计划有国家计划、部门计划、单位计划、个人计划等;按表达形式分,计划有条文式计划、表格式计划和文表结合式计划。计划的基本内容都由标题、正文、落款三部分组成。标题一般由计划的单位、时限、内容、文种四项内容组成。有时单位名称可省去。正文是计划的主体部分,是具体内容,一般由前言、目标和任务、措施和步骤构成。前言简要概括基本情况,说明制订计划的依据和理由,或分析前段时间的实际情况、工作经验和存在的问题,宏观地提出今后总的工作任务和目标。目标和任务是计划的核心,提出工作任务以及要达到的数量和质量的指标。措施和步骤是完成任务的保证,措施要具体,分工要明确,步骤要有序,条理要清楚,时间要具体。落款在正文右下方注明制订计划的单位名称和日期。

　　总结是单位或个人对过去一个时期内的实践活动作出系统的归纳、分析和评价,从中得出规律性认识用以指导今后工作的事务性文书。总结与计划是相对应的两个文种,是一项工作的两个方面。计划是事前的打算,总结是事后的分析。总结既是对计划执行情况的检查,又是制订新计划的重要依据,二者有着密切的联系。总结的种类很多,按性质分,有工作总结、学习总结、思想总结、生产总结等;按范围分,有个人总结、集体或单位总结等;按时间分,有年度总结、季度总结、月份总结等。总结一般有三部分:标题、正文和结尾。标题通常由单位名称、总结的期限和总结的内容组成;正文一般包括基本情况、取得的成绩和经验、存在的问题、今后的努力方向等几个层次;结尾要写明总结单位和写作日期。

　　调查报告是对某项工作、某个事件、某个问题,经过深入细致的调查后,将调查中收集到的材料加以系统整理、分析研究,以书面形式向组织和领导汇报调查情况的一种文书,一般由标题、前言、主体、结语四部分组成。标题有单标题和双标题。单标题即公式化写法,是按照"调查对象＋调查课题＋文体名称"的公式拟制标题。双标题由正副标题组成,其中正标题一般采用常规文章标题写法,具体手段如上所述。副标题则采用公式化写法,由调查对象、调查课题、文体名称组成。前言一般要根据主体部分组织材料的结构顺序来安排,常用的有以下几种类型:①提要式。提要式就是把调查对象最主要的情况进行概括后写在开头,使读者入篇就对它的基本情况有一个大致的了解。②交代式。在开头简单地交代调查的目的、方法、时间、范围、背景等,使读者在入篇时就对调查的过程和基本情况有所了解。③问题式。在开头提出问题来,引起读者对调查的关注。这样的开头可以采用提问的方式引出问题,也可以直接将问题摆出来。主体部分,是调查报告写作中最主要的内容,其结构形态有三种:①用观点串联材料。由几个从不同方面表现基本观点的层次组成主体,以基本观点为中心线索将它们贯穿在一起。②以材料的性质归类分层。课题比较单一、材料比较分散的调查报告,可采用这种结构形式。作者经分析、归纳之后,根据材料的不同性质,将它们梳理成几种类型,每一个类型的材料集中在一起进行表达,形成一个层次。每个层次之前可以加小标题或序号,也可以不加。③以调查过程的不同阶段自然形成层次。事件单一、过程性强的调查报告,可采用这种结构形式。它实际上是以时间为线索来谋篇布局的,类似于记叙文的时间顺序写法。调查报告常在结尾部分显示作者的观点,对主体部分的内容进行概括、升华,因此结尾往往是比较重要的一个部分。

阅读借鉴

怎样写总结

向 黎

每当我们的学习、工作告一段落或结束之后,往往需要回顾一下,写一个总结。总结就是人们事后对一定时期的学习、工作或思想加以分析、研究,找出经验、教训,用以指导今后实践的文书。我们的思想政治工作更需要不断地总结经验,探索和发现适应新形势、新特点的方法和规律。

总结的种类很多。按性质分,有工作总结、学习总结、思想总结、生产总结等;按范围分,有个人总结、集体或单位总结等;按时间分,有年度总结、季度总结、月份总结等。一般来说,思想政治工作总结属于一定时期或一定范围里的工作总结。

由于侧重点的不同,总结又可以写成综合性的和专题性的。比较全面地总结一个单位、一个部门或个人在一定时期里的整个工作情况的好坏、经验、教训的是综合性总结。只对某项工作或某一方面的经验进行专门性的总结,对其他方面的情况则不涉及或简略带过的是专题性总结。综合性总结一般用于向本单位干部群众总结报告或向上级机关汇报本单位一定时期的工作,而专题性总结则多用于探讨、研究某项工作或某个问题,报刊上登载的用于经验交流类的总结大多是专题性总结。

总结的结构一般包括三部分:(一)基本情况概述。简明扼要地交代工作的背景、大致经过,也可以对主要成绩和问题做总的说明。(二)基本成绩和经验。这是总结的主要部分,通过对工作情况进行细致的分析,总结出主要的成绩和收获,说明工作的做法和取得成绩的原因,从中找出规律性的东西。(三)存在的问题和今后的努力方向。找出工作中的缺点、错误或有待于解决的问题,并简略分析其产生、存在的原因,提出今后的努力方向。

总结就是把人们在实践中经历过、感觉到的材料集中起来,上升到理性认识,找出其中规律性的东西。因此,要写好总结,首先必须详细地占有材料。要进行深入的调查研究,对从背景到现状,从典型到一般,从正面到反面的"第一手材料",都要充分掌握。在此基础上,细致地综合、归纳、分析、研究,概括出结论,形成经验。

详细地占有材料并不等于写总结面面俱到。要注意抓住重点,突出特点。每个单位里的工作都是大大小小、千头万绪的,如果事无巨细,面面俱到,唯恐漏掉一角,冷落一方,势必搞成一锅"大杂烩",结果往往会是全美未得,一美反失,本来应有的一点特色被其他众多方面淹没了。所以,选择重点很重要。只有抓住本单位最成功、最有特色或体验最深的一个方面去总结(即使是综合性总结也要有所侧重),突出自家的"特殊矛盾",才有可能总结得深,总结得好。像思想政治工作所涉及的方面,既有政工队伍的建设,又有党员教育;既有系统轮训,又有日常教育;既有比学赶帮竞赛,又有"五讲四美"活动;等等。这都是我们思想政治工作必不可少的方面,但写总结的时候,就需有所侧重,突出主要方面、主要特色。

写总结必须注意理论与实践、观点与材料的统一。要选用恰当材料,突出主要观点。每个观点概括出一个方面的经验,要让具体事实说话,用一组材料或典型事例或统计数字来证明观点。虽选了重点,但对这个方面的工作若只是一味地铺叙过程,罗列现象,没有上升到理性认识,没有抽象、概括出观点来,就容易写成工作"流水账",达不到总结经验的目的。而如果多是大套大套的议论,缺乏说明观点的材料事例,那就不是总结,而是议论文了。给人以"事",同时给人以"理",总结应达到这样的效果。

要真实,实事求是。这是写总结的一条基本要求。总结作为实践的回顾和概括,要求符合实际,切实反映出本单位和个人的情况,做了哪些工作写哪些工作,有什么经验写什么经验,有什么缺点写什么缺点。对材料要深入调查,清楚了解,弄清来龙去脉,不能主观武断,片面歪曲;对观点,要认真推敲,严格把握,注意分寸,既不能夸大,也不能缩小,恰如其分地揭示出客观规律。此外,总结的语言应力求准确、简明、严谨,行文切忌拖沓冗长。语句要精练,言辞要朴实,避免随意夸张和藻饰。

(选自《思想政治工作研究》1984年第6期。收录时略有删改)

◎练习一　具体谈谈你对"要注意抓住重点,突出特点"一句的理解。

◎练习二　结合本文写一份有关这周学习的总结纲要。

"七嘴八舌"话高考
——一份关于胜战高考的问卷调查报告

程　群

自1977年恢复高考以来,高考逐渐成为学界的热点。据不完全统计,从1977年到1997年20年间,《人民日报》发表的有关高考的文章多达142篇,平均每年7篇。莘莘学子,殷殷期盼,高考渐渐成为中学生实现大学梦的重要桥梁。掌握重要的高考应考信息,听取最新的高考经验,锻造自身的过硬本领,遂成为胜利应战高考的重要一环。

如何才能为正在备考的中学生朋友们提供最新的经验、资料和信息呢?众人拾柴火焰高,集体智慧胜一人。刚刚通过高考、顺利踏入大学校门的大学本科生们,对于高考定是感慨万千,话语多多,也一定有许多宝贵经验可以向正在备考的学弟、学妹们传授。为此,笔者于10月18日上午对复旦大学某系2000级40名本科新生做了有关问卷调查(有效答卷34份),调查结果如下:

问题一:您为什么要考大学?(动机、愿望)61.76%的同学是为了"将来找一个好工作,出人头地",47.06%是出于"父母的期望",29.41%是"喜爱读书",11.76%是"为中华之崛起而读书",还有个别同学是为了"提高个人素质","实现人生价值","强化个人能力",有的认为考大学是"社会发展的必然趋势"。

问题二:您认为您能够考入大学的原因是什么?(优势、经验)58%的同学认为是因为

"学习刻苦、习惯良好",38.23%是"父母照顾较好",32.35%"临场发挥较好",26.47%"老师辅导对路",2.94%"服用了补脑的药物",还有同学说是"来自多方的动力和目标","自己有信念,把握住了机遇","对高考的出题思路、目的把握充分","心理状态比较好","运气不错","靠感觉","天分","轻松自如,玩得开心",等等。

问题三:您为高考做了哪些有效的准备?79.41%"认真复习",64.70%"心态平和,如果失败了会正视挫折",38.23%"生活有规律",29.41%"积极锻炼身体",还有同学说"自由自在","玩得开心","没做什么有效准备"。

问题四:您考前身体状况如何?62%良好,9%较好,20%一般,6%不好,3%偶尔生病。

问题五:您考前的心理状况如何?58%良好,26%较好,14%紧张,2%焦躁不安。

问题六:如果有机会再次参加高考,您将如何去做?(或者您对即将参加高考的高中生有何建议)关于学习方面,88%的同学提出了良好建议:认真刻苦,拓宽知识面/注意归纳/高效率/平时认真学习,打好扎实基础,考前对难点、重点认真复习/培养正确而有规律的学习习惯/自律,掌握良好的学习方法/积极参加讨论,向更好的同学看齐/劳逸结合等。

关于心理方面,94%的同学建议:不要将分数看得太重,放下包袱,轻松上阵/能够正视挑战,不畏缩/考前几天要尽量放宽心,给自己准确定位/做好最坏的打算,鼓励自己相信自己/充满自信,坚信一定会胜利。

关于身体方面,85%的同学建议:积极锻炼/强壮,能够承受挑灯夜战,最起码不畏小毛病/平时起居有规律,注意锻炼,不挑食/每天抽空进行定量活动,保持最佳状态/好好休息,勿过度疲劳/健康第一,考试第二/不依赖保健品,注意营养/认真上体育课。

关于其他方面,有一位同学提议:老师、家长、同学应该多多鼓励,让他们知道有许多人在关心他们、帮助他们。

从以上调查结果可以看出,高考中机遇的成分还是有的,但是最重要的还是要学习刻苦、心态平和、生活有规律、身体健康。

希望正在备考的中学生朋友们,通过这些资料和建议,能够受到启迪和鼓舞,顺利通过高考,早日实现灿烂的大学梦!

(注:问题一至三的百分比系多项选择比算得出)

(选自《上海成人教育》2000年第12期。收录时行文结构有所调整)

◎练习一　本文题目有什么特点?请具体解释。

◎练习二　文中具体调查了高考学生的哪些方面,调查的结果是什么?

习作实践

练习一　拟订一份个人学习计划,要求格式正确,内容完整。

练习二　学写一份总结,内容可以是学习、业余生活或考证、消费等方面。要求:500字以上。

练习三　就本校学生的消费情况在校园里做调查并写成报告。

素养积淀

鹿　柴

〔唐〕王　维

空山不见人，但闻人语响。
返景入深林，复照青苔上。

赏析　这是王维山水诗中的代表作之一，是他隐居辋川时的作品。全诗描绘了鹿柴附近的空山深林在傍晚时分的幽静景色，充满了绘画的境界，反映了诗人对大自然的热爱和对尘世官场的厌倦。

世界上的一切都必须按照一定的规矩秩序各就各位。

——[波兰]莱蒙特

应用文的目的在应付实际事务,有的属于交际方面,有的属于社会约束方面,和我们的实际生活关系很密切,所以都有一定的形式。

——夏丏尊

第五十四课

严谨规范 表意明确

导论 生活在现代社会中,人们的一言一行都受到一定的限制,也是由于限制社会才和谐。国家社会管理、经济交往等活动不可避免受到规范制约,将这些活动规范化要通过书面文字体现出来,这就要求我们写好规范类文书。

要点 了解规范性文书的含义和类别,对规范类文书有直接的认识;掌握条据的写作方法,写出规范正确的条据。

写作启迪

故事一 清代,一寡妇想改嫁他人,受到邻居和家人的百般阻挠。于是,她向官府呈上了状纸:"豆蔻年华,失偶孀寡,翁尚壮,叔已大,正瓜田李下,当嫁不嫁?"寥寥数语,尽述了改嫁理由。知县接状,拍案叫绝,挥笔写下一字判词:"嫁!"

故事二 清朝乾隆年间,有个叫胡封翁的人,心地仁慈。他在通州府里做一个小吏,有回抓住了一伙盗窃犯,是十几个穷人纠集在一起,从一家人的大门里溜进去偷东西。案件简单,罪犯也招供,州官依律判处斩刑。胡封翁看了案卷,心里不忍。于是他就对州官说:"大人,您看这些罪犯,一被抓进来就坦白承认了自己盗窃的事实和情节,可见他们肯定不是罪恶深重的惯盗。这样不分轻重首从一律斩死,似乎处罚过重了些吧?"州官也想早点交差了事,就说:"现在上级催促结案催得紧,已经来不及另外再写案卷供词了,也没机会向上边求情,只能这么判了。"胡封翁想了一下,对州官说:"您何不在'从大门入'的'大'字上加上一点,变成'从犬门入'?"州官一看,这一改,这伙盗窃犯就从明火执仗地聚众强盗变成了钻洞跳墙的小偷小摸。看到州官有点犹豫,胡封翁赶紧说:"大人,我早就仰慕您的好生之德了,所以才大胆跟您说这事。咱们这样做都是为了苍生百姓,算不得徇私舞弊!"州官这才释然,拿起笔来加了这一点,十几个人的生死就这样改变了。

❧ 知识技能 ❧

规范类文书是各级机关、团体制发的各类文书中最主要的一类,因其内容具有约束和规范人们行为的性质,故称规范类文书,包括公告、命令、决定、声明、合同、条据等。

公告是国家各级各类行政机关向公众公布、发布重要事情的一种公务用文,属下行文。公告由标题、正文、签署、日期和编号五部分构成。标题有三种形式,一是由发文机关的名称和文种组成,二是只写公文文种,三是事由加文种;正文较简单,一般采用一段式写法;签署在正文之下的横宽二分之一处,写上发布公告机关的全名;日期在签署下面排齐写上年月日,并带上发布公告的地点;编号在标题下,要单独编出顺序号。

命令是指法定的领导机关或领导人对下级发布的一种具有强制执行效力的指挥性公文。它适用于依照法律规定公布行政法规和章程,宣布施行重大强制性行政措施以及嘉奖有关单位和人员。根据用途的不同,命令可以分为公布令、嘉奖令、任免令、通缉令、赦免令等。

决定是各级党政机关普遍使用的一种下行公文。它适用于对重要事项和重大行动作出安排。决定具有权威性、指挥性、全局性。按内容和作用不同,决定分为三类:法规政策性决定、重要事项和重大行动的决定、奖惩性决定。

声明是就有关事项或问题向社会表明自己立场、态度的应用文体。政党和国家的领导机关及其领导人、机关单位、社会团体、企事业单位、其他组织或公民个人均可发表声明。声明可以在报刊登载,也可以通过广播、电台播发,还可以进行张贴。声明由标题、正文和尾部三部分组成。标题一般只写文种"声明"两字,另一种由事由和文种构成,如"遗失声明"等,还有一种采用发文机关名称、授权事由、文种三项结构形式;正文简明扼要地写明发表声明的原因,表明对有关事件的立场、态度;尾部包括署名、时间和附项三项。

合同是当事人或当事双方之间设立、变更、终止民事关系的协议。依法成立的合同,受法律保护。合同是一种比较正式比较严谨的契约,而协议趋向于口头化。根据我国合同法,从内容和性质的角度可以将合同分为买卖合同,供电、水、气、热力合同,赠予合同,借款合同,租借合同,建设工程合同,技术合同,等等。合同的特点有合同内容的合法性、合同效力的约束性、合同主体的平等性和合同措辞的严谨性。合同文本的书面结构模式一般由首部、正文、尾部、附件四部分构成。首部由标题、当事人基本情况及合同签订时间、地点构成。当事人基本情况及合同的签订时间、地点居标题之下,正文之上;正文是合同的最重要的部分,也是合同的主要条款;尾部一般包括双方当事人签名、盖章,单位地址,电话号码,邮政编码,银行开户名称,开户银行账号,签证或公证;附件主要是对合同标的条款或有关条款的说明性材料及相关证明材料。合同写作应注意合同内容要合法、合理,条款要完备、具体、明确,表意要清晰,书写要规范,格式要完备。

条据是作为某种凭据的便条,常用的有请假条、留言条、收条、借条、领条等。它们都有一个固定的格式。条据的特点在于一个"便"字:写起来简便,看起来方便,纸小而作用大。条据立据时必须遵守一些规范性的要求:认真负责的立据态度,简单准确的立据语言,整洁耐用的立据工具,妥善的条据保管。条据可分为凭据性条据和说明性条据。凭据性条据是为了证明某一事实或契约而出具的条据,主要有借条、欠条、收条、领条、发条等;说明性条据通常是指用来传递信息、道明原委的条据,主要有请假条、留言条等,除请假条之外其他不必加标题。各种条据格式基本相同,一般包括名称、正文和落款三部分。名称写在第一行的中间。正文是条据的主要部分,一般从第二行空两格开始写起,包括两项:写给谁的,条据的内容。落款应分两行写在正文右下方,包括写条据人的姓名和时间。写条据时应注意当面写清,数字大写,表明责任。

阅读借鉴

怎样写合同

路世泰

合同的性质及使用范围。合同是单位与单位、单位与个人、个人与个人之间,为实现各自相关的目的,通过讨论和协商,确定彼此的权利与义务而签订的一种共同遵守的信用文书。这种文书大部分使用于经济领域,所以也常常被称为"经济合同"。它具有法律约束力,签署的双方(或多方)必须信守合同规定的义务,不得单方停止执行。

合同的种类与格式。常见的合同,其种类按内容可分为供销合同、委托代办合同、协作研制合同、加工合同、订货合同、修建合同、租赁合同等;按其形式来分,有条款式和表格式;按时间分,有长期合同、中期合同、短期合同等。合同的格式,主要有条款式和表格式两种。

条款式:是把双方达成的协定列成文字条目,写入合同。

表格式:是按印制好的表格,把协商同意的内容逐项填入表中。

无论是条款式合同还是表格式合同,它们的写法都有固定的程式,一般包括四个部分。(1)标题。明确写明是什么性质的合同,如"供销合同""租赁合同"等。(2)写明双方单位名称或代表人姓名。为了行文方便,可规定某方为"甲方"或"供方",另一方为"乙方"或"需方"。贸易合同中,有的称一方是"卖方",另一方是"买方"。如有第三方,可简称为"丙方"。(3)正文。这是合同的中心部分。主要有以下五个方面的条款:标的(指货物、工程项目等);数量和质量;价款或酬金;履行的期限、地点和方式;违约的责任。除上述主要条款外,根据法律规定的或按经济合同性质必须具备的条款,以及当事人一方要求而另一方认可必须规定的条款,也是经济合同的主要条款。合同的性质、目的不同,条款中的内容要求也有区别。如在财产租赁合同中应明确规定租赁财产的名称、数量、用途、租赁期限、租金数量和租金交纳期限,以及租赁期间财产维修保养的责任、违约责任等条款。而在科技协作合同中,则应明确规定科技协作的项目、技术经济要求、进度、协作方式、经费和物资概算、报酬、违约责任等等。(4)结尾。一般写明本合同一式几份、由谁保管,注明合同的附件、合同的有效期限。最后是署名和填写签订日期。署名时在正文的下方写明签订合同双方单位全称和代表姓名,并签名、盖章。如有双方主管部门作监订或鉴证机关审核意见,应写明双方主管部门和鉴证机关的名称并盖上印章。另外,为表示慎重,合同还要签合,即在一式两份(或多份)的骑缝处,做一个共同的记号(如写上"合同"两字,加盖双方印章),以证明合同的内容完全相同。合同中如果有表格、图纸或实样等附件,可以写在或附在正文的后面,并注明件数。

撰写合同的要求。第一,签订合同必须遵循国家法律,坚持平等互利、协商一致和等价有偿的原则,内容必须符合国家的政策、法令和计划的要求。第二,内容要明确具体,条款清楚,概念准确,措词得当,书写工整,标点符号要正确使用。第三,项目要完整,责任要明确。合同中所列各项,都要按要求填写清楚。如果需要,可以另加附件,并注明附件的名称、件数,以保持合同的完整性。

(选自《秘书之友》1987 年第 6 期。收录时有删改)

◎练习一　根据本文,谈谈你对合同准确性的理解。

◎练习二　阅读本文后,你认为写合同最重要的是什么。

为什么要学习应用文写作

周文建

从应用文在社会生活中的地位和自身特点看学习应用文写作的必要性。在科学文化高度发展的当今社会,作为交流思想、传递信息的应用文写作,已经深入社会生活的各个领域,从政治、经济、军事、文化到人们的日常生活,几乎是无处不在,无时不用。应用文已成为党政机关进行管理的工具,是实现领导意图的重要手段。

从应用文本身的特点看,应用文写作有它自身的规律和方法。一个人学问很大,会写小说、诗歌、戏剧等,但如果不晓得应用文写作的特点和方法,他就写不好应用文。

从做一个合格的工作人员看学习应用文写作的重要性。写作,直接或间接地影响着人们的工作效率,关系到社会生产和人们生活的顺利进行,这些已逐渐为人们所认识,也为事实所证明。学习写作,尤其是学习应用文写作知识,提高写作水平是现代化建设迫切需要,是现代化社会生活提出的重要任务。对于国家工作人员来说,能否写出思想正确、观点鲜明、文理通顺、结构完整、语言流畅并有一定文采的应用文,这是对合格的国家工作人员起码的要求。

毛泽东说:"一个革命干部,必须能看能写,又有丰富的社会常识与自然常识,以作为从事工作的基础与学习理论的基础;工作才有做好的希望,理论也才有学好的希望。没有这个基础,就是不识字,不能看,其社会常识与自然常识限于直接见闻的范围,这样的人,虽然也能做些工作,但要做得好是不可能的。"这段话给我们的重要启示是:我们不学应用文写作的理论,虽然也能干工作,但干得好并不容易,我们要知其然,还要知其所以然。作为合格的国家工作人员,如果应用文写作过不了关,就很难胜任工作,甚至还会给国家的经济建设带来损失。例如,对内贸易方面,由于不符合合同签订的要求,造成了大量的纠纷。如,××从××省××公司购进的二手设备,由于成交确认书项目签订不严密,致使增加了约百分之七十的运输费用。

从应用文的产生发展看应用写作的广阔前途。应用文起源于人类生活的实际需要,又直接为人类生活的实际需要而服务。例如,殷商时期甲骨卜辞所记载的内容已经比较多,范围比较广,有国家政务方面的记载,有经济方面的记载,有军事作战方面的记载,有帝王生活、活动方面的记载,还有占卜方面的记载。在《殷墟卜辞综述》中,把记载的各方面的内容归结为六大类,为祭祀、天时、年成、王事和旬夕等。这些都是对当时生产活动和生活等各方面情况的记述,是殷商时期人们生活、活动的文字标记。

应用文的广泛应用是工业社会向信息社会发展的重要条件之一。因此，现在美国很多一流的大学，如哈佛大学、麻省理工学院、普林斯顿工学院等，都开设了应用文写作课。中国香港工商业繁荣，而中文地位日益提高，应用文写作也越来越被重视，连理工学院也开设了应用文写作课。日本、新加坡等国也对应用文的教学非常重视。1963 年，在日本出版的《文章构成法》中就明确地讲述了有关应用文写作的问题。虽然该书只把"学术性调查报告"作为应用写作文体的唯一一种，但是应当看到，这毕竟是在写作理论上的一个突破，而且是一个重大的突破，反映着一种社会趋势。作为世界大国的美国和世界先进国家的日本，对应用文写作是如此重视，则在一定程度上说明重视应用文写作已成为一种世界趋势。

综上所述，应用文体和应用写作具有悠久的历史。它基于人类的需要而产生，又为适应人类历史进展多方面的需要而不断发展。"需要就是科学。"这是任何学科存在的前提、基础。现代新技术革命，需要应用写作；我们建设有中国特色的社会主义、建设现代化的强国，需要应用写作；当今社会人类生活，离不开应用写作。所以应用写作学科的发展，势在必然。应用写作的前途，是无限广阔的。因此，必须学习应用文写作，进一步提高应用写作能力，以适应社会发展的需要。

（选自《新闻与写作》2006 年第 3 期。收录时略有删改）

◎练习一　本文为什么说"一个人学问很大，会写小说、诗歌、戏剧等，但如果不晓得应用文写作的特点和方法，他就写不好应用文"？说说你的看法。

◎练习二　根据本文内容，归纳出应用文在现代社会中的基本作用与功能。

习作实践

练习一　徐刚的母亲生病了，徐刚需要照顾母亲，所以向辅导员王老师请一天假，请代徐刚写一张请假条。

练习二　程丽丽借了王晓明 50 张桌子搞活动，现在已经归还了 30 张，剩下的两天内归还。请根据此材料写一张欠条。

素养积淀

墨　梅

〔元〕王　冕

吾家洗砚池头树，朵朵花开淡墨痕。
不要人夸好颜色，只留清气满乾坤。

赏析　诗中一、二两句运用白描手法写梅花的形态，一个"淡"字道出画梅花的技法，又刻画出梅花朴素淡雅、傲立于严寒的风骨。末句一个"满"字，不仅传神地写出了梅香的充盈激荡，且使得诗人人格魅力的凸现分外耀眼。全诗不仅反映了他所画的梅花的风格，也反映了作者的高尚情趣和淡泊名利的胸襟，鲜明地表明了他不向世俗献媚的坚贞和纯洁的操守。

> 我们写普通文,不论是记述文、叙述文或是说明文、议论文,都可自由说话,不受刻板的形式的限制;唯有写应用文不能不遵守形式,否则就不合适。
>
> ——夏丏尊
>
> 传播是指一个社会不断创造新的生产、流通和消费状态,并使属于这些状态的社会关系与之相适应。
>
> ——[法]戴拉海

第五十五课

形式多样　便捷及时

导论　现代传媒手段日新月异,使传播类文书应用并影响到人们生活的每一个方面。人们可以通过新闻通讯与消息尽知天下大事小事,通过说明书正确选择和使用各种各样的产品,通过海报了解到活动方面的信息,通过启事支持身边的人和事。

要点　了解传播性文书的含义和种类,掌握新闻、通讯、海报及启事的写作方法及注意事项,提高写作水平。

写作启迪

故事一　外经贸部原部长龙永图曾做客中央电视台,畅谈中国"入世"的意义。龙永图在谈到中国为什么要"入世"时,有这样一个比喻:如果我们只是一般性地参加世界经济,那不遵守世界规则也可以,就像担着菜篮卖菜的那种小贩,尽管市场就在那里,你也可以不进入市场,可以不遵守工商部门的规则,看到工商管理干部来了就赶快跑。但如果要进入世界经济的主流,想把生意做大,你就要进入市场,要成为市场中有头有脸的人物,就得在市场里建一个铺面,就得遵守市场的规则,甚至还得与工商部门建立好关系。而且这个时候你不按照规则办事也不行,跑也跑不了,跑了和尚跑不了庙。

故事二　1954 年,周恩来参加日内瓦会议,通知工作人员,给与会者放一部《梁山伯与祝英台》的彩色越剧片。工作人员为了使外国人能看懂中国的戏剧片,写了 15 页的说明书呈周总理审阅。周恩来批评工作人员:"不看对象,对牛弹琴。"工作人员不服气地说:"给洋人看这种电影,那才是对牛弹琴呢!""那就看你怎么个弹法了,"周恩来说,"你要用十几页的说明书去弹,那是乱弹,我给你换个弹法吧,你只要在请柬上写一句话:'请您欣赏一部彩色歌剧电影——中国的《罗密欧与朱丽叶》'就行了。"电影放映后,观众看得如痴如醉,不时爆发出阵阵掌声。

知识技能

　　传播类文书是指人们日常信息传播活动中所使用的应用文书体式,它包括以报刊、出版社、通讯社、广播电台等大众传媒及公共场所、大众聚会、公用交通等为渠道和途径传播相关信息所采用的文书,主要包括采访、新闻、通讯、说明书、海报、启事等。

　　采访是新闻工作人员出于大众传播的目的,通过观察和访谈等手段,对可能受到广泛关注且鲜为人知的信息的搜集活动,是新闻写作的前提,是一种特殊的调查研究。采访的目的是获得适于向大众传播的新闻事实。不论采访的客体是自然现象还是社会现象,记者注意的只是为大众所关心的具有新闻价值的事实。新闻采访要求采访者具有新闻敏感、应变能力和采访技巧,即能够在错综复杂的客观事物中敏锐地发现新闻,在稍纵即逝的机遇中迅速地捕捉新闻,在各种困难的条件下巧妙地挖掘新闻。

　　新闻又称消息,是及时准确报道国内外最新发生或出现的有意义的事件或现象。新闻具有真实性、及时性和准确性。广义的新闻,泛指消息、通讯、特写、报告文学等。狭义的新闻,专指消息。新闻的结构分为五部分,即标题、导语、主体、背景、结语,其中背景可有可无。标题分为引标、主标、副标;导语一般是新闻开头的第一段或第一句话,它扼要地揭示新闻的核心内容;主体是新闻的躯干,是用充足的事实来表现主题,是导语内容的扩展和阐释;背景是新闻发生的社会环境和自然环境,背景和结语有时可暗含在主体中。新闻六要素包括时间、地点、人物,事情的起因、经过、结果,与记叙文六要素相同。

　　通讯是运用叙述、描写、抒情、议论等多种手法,具体、生动、形象地反映新闻事件或典型人物的一种新闻报道形式。它是报纸、广播电台、通讯社常用的文体,包括人物通讯和事件通讯两类。它和消息一样,要求及时、准确地报道生活中有意义的人和事,但报道的内容比消息更具体更系统。通讯写作应注意:第一,主题要明确。有了明确的主题,取舍材料才有标准,起笔、过渡、高潮、结尾才有依据。第二,材料要精当。按照主题思想的要求,去掂量材料,选取材料,把最能反映事物本质的,具有典型意义的和最有吸引力的材料写进去。第三,写人离不开事,写事为了写人。第四,角度要新颖。写作方法要灵活多样,除叙述外,可以描写、议论,也可以穿插人物对话、自叙和作者的体会、感受,既可以用第三人称的报道形式,也可写成第一人称的访问记、印象记或书信体、日记体等。第五,立场态度要鲜明。对于立场态度来说,大部分的新闻都会有体现。不要过多地议论抒情,不要左右群众的思想。

　　海报是人们极为常见的一种招贴形式,多用于电影、戏剧、比赛、文艺演出等活动。海报中通常要写清楚活动的性质、主办单位、时间、地点等内容。海报的语言要求简明扼要,形式要做到新颖美观。

　　启事是指将自己的要求向公众说明或希望协办的一种短文,通常张贴在公共场所或者刊登在报纸、刊物上,机关、团体、企事业单位和个人都可以使用。按其内容,启事可分为招生启事、征稿启事、寻物启事、招聘启事、挂失启事、征集启事、征婚启事、庆典启事等。启事一般由三部分组成:一是写明启事的名称,这主要由启事的内容决定,如内容是征文,则名称写明"征文启事",名称字体应大于正文字体,居中排写;二是具体内容,即要向大家说明的情况;三是启事者的落款和启事日期。

阅读借鉴

西藏百余名先心病儿童赴京接受免费救治

（藏族）扎西

本报拉萨5月18日电（记者扎西） 18日，来自西藏阿里、山南、日喀则、拉萨、那曲、昌都六地（市）的百余名先心病患儿乘坐T28次列车赴京接受免费救治，这是截至目前西藏一次性救治先心病患儿规模最大的一次。"感谢金珠玛米！"得知自己能到北京接受治疗，先天性心脏病患儿、藏族小女孩央金措姆向解放军总医院专家献上了洁白的哈达。

据悉，此次"2012年西藏百名先心病儿童赴京接受免费救治"活动由解放军总医院牵头，空军总医院、海军总医院及武警总医院等部队医院与中华慈善总会共同开展，也是"为了我们的孩子——千名少数民族贫困家庭先心病儿童救助行动"的内容之一。

据介绍，西藏是儿童先心病高发地区，目前仍有7000余患儿承受着病痛的折磨，西藏自治区计划安排两年时间全面完成西藏现有先心病儿童免费医疗救治工作。由于在高原进行先心病手术的风险较大，2011年5月以来，先后有103名先心病儿童经中华慈善总会组织，在中国武警总医院等爱心医院得到了精心救治，现已全部治愈返藏。

此外，西藏自治区计划在两年内基本完成全区0—18岁所有类型具有手术指征和介入治疗指征的儿童先心病患者的免费救治工作。

（选自《人民日报》，2012年5月19日。收录时略有修改）

◎练习一 阅读本文，谈谈新闻的及时性是如何体现出来的。

◎练习二 仿照本文，就校园内当前发生的事，写一则短消息，要有标题、导语、主体三部分，200字以上。

"我天天想着新疆！"
——《你好，新疆》作者王蒙访谈

吴 娜

"新疆是我的第二故乡，新疆是我的人生的纪念，新疆是我的快乐与坚毅的源泉。永忆新疆，何悲白发，宽宏天地，情满神州。新疆，请接受我永远的祝福！"——王蒙

记者：《你好，新疆》中是否收录了您大部分新疆题材的重要作品？写于何时？

王蒙：我的自传和回忆录里也有很多关于新疆的部分，大概有25万字。除此之外，《你好，新疆》收录了我几乎所有关于新疆题材的文学作品，包括诗歌、小说、散文等等。

从创作的时间上看，这些作品大多集中写于1973年到1975年之间。此后我还陆陆续续写了一些关于新疆的诗歌和散文。

2009年7月，新疆自治区党委宣传部和中国作协联合组织作家看新疆、写新疆采风活动，同时举行关于我的新疆题材作品的研讨会。7月5号上午8点多，我从乌鲁木齐乘飞机返回北京。就在当天，新疆发生了"七五"事件。开始我对这一事件完全不了解，了解之后感到很震惊。这使得我益发惦念新疆，怀念在新疆的经历。因此又连续写了几篇散文，也收录

在这本书里。

记者:在新疆生活了16年,让您印象深刻的人和事是否都通过这些作品体现出来了?

王蒙:大致如此。我在新疆的主要经历都在我的自传中记录了。《你好,新疆》收录的大都是文学作品,其中虽然有些人名是虚构,但很多事情都是真实的。

我在个人情况非常不好之时去到新疆,但是新疆的土地、风光、百姓,以及这里的民族文化,都给我留下很深的、非常美好的印象,始终牵动着我的感情。虽然在当时,我个人的处境是不幸的,但新疆留给我的回忆是美好的。从某种意义来说,新疆使我在不幸的时期得到了很大安慰,得到了充实和温暖。

29岁到45岁的这段人生最好的时光,我都是在新疆度过的。那里的少数民族很善良,在那个特殊的年代,很大程度上为我提供了一种保护。因此,每当我回忆起新疆,少有叹息,不觉冤枉,而是感到真正的美好。

同时,在新疆的经历还让我增长了很多知识。如果只在北京生活,新疆的很多风土人情是一般人很难想象的。短期到新疆旅行或工作都不可能像我一样,有这种深刻的感受。

记者:书中有篇文章——《我的另一个舌头》,里面写道:"我爱听维吾尔语,我爱讲维吾尔语","一讲维吾尔语,我就神采飞扬,春风得意,生动活泼,诙谐机敏"。您为什么会对维吾尔语有如此浓厚的兴趣和感情呢?您的维吾尔语水平达到了什么程度?

王蒙:身为一名作家,我有一种创作的追求,希望不断地学习新的知识。我学习维吾尔语,就是为了更好地了解新疆,更深地了解这里的男女老少,拉近和维吾尔族人民的距离。如果经过翻译,就会多一层交流的障碍。

后来我用维吾尔语朗诵毛主席著作,还曾经被邻居的维吾尔族大娘误以为是收音机里的维吾尔族播音员在广播。现在我还能用维吾尔语交流,不过因为离开新疆久了,有时候刚开始会有点结巴,不过说着说着就流利了。

学会语言能够更深地了解一个民族,同时也增加了文化上的一个参照系。我们熟悉的文化体系里有李白、杜甫和《红楼梦》。了解维吾尔族之后,就能了解这个民族的文学形式、文学遗产和这个民族的伟大作家。

2009年7月,我回到新疆参加活动,同行的铁凝听到我和当地的老百姓说维吾尔语,觉得很新鲜,说好像出现了另一个王蒙。自治区主席努尔·白克力告诉她:"讲维吾尔语的王蒙,那才是真的王蒙呢!"

可以这么说,讲维吾尔语的我,和新疆的老百姓在一起的我,展现的是完全的真性情,是最草根化的王蒙。

记者:1979年离开新疆回京工作以后,您几次重返新疆?现在的新疆和您当年生活的时期相比,有哪些变化?

王蒙:回北京后,我重返新疆9次,几乎每两三年都要回去一趟。

现在的新疆和过去相比变化很大。拿交通来说,当时新疆区内是罕有火车的,飞机也很少。从乌鲁木齐到和田出差,坐长途汽车需要9天,到喀什噶尔需要6天,到伊宁3天。这在今天是很难想象的。现在既有飞机,又有高速公路,火车既到南疆,又到北疆;大陆桥铁路,更是可以从北疆直通中亚,开到欧洲去。

新疆的城市建设也和过去完全不一样了。当时伊犁最高的建筑只有3层,全市只有很有限的几处,像伊犁饭店和州银行,屈指可数。

当时的食品供应也相对匮乏。比如啤酒很稀缺,一来货就被一抢而光,而且价格很贵,也很少能吃到鱼虾这些水产品。现在很丰富。

此外,让我印象非常深刻的是,当时民族团结的氛围很浓厚,各民族之间相处非常融洽。我在新疆16年,各民族百姓之间相互串门的情况,多得不得了。特别是在各种节日期间,大家都会互相拜访,关系非常亲密。

记者:您这本书的自序题为《永忆新疆》,第一句话就是"我天天想着新疆",这份浓郁的新疆情结,读来不禁令人动容。如今关于新疆,您最关注的是什么?

王蒙:我非常怀念在新疆的岁月。

现在全国各地、各行各业都在积极号召援疆。新疆当然首先需要重视生产,实现跨越式发展。但全国人民不仅要在物质上支援新疆,与此同时,更需要对新疆各族人民进行精神上的支援,要表达我们对新疆各族人民与文化的尊重、热爱与理解。这份情感上的交流,在我看来更为重要。

新疆老百姓是可爱可敬的,我对他们有一份很深的情怀,也希望全国人民都能爱新疆,爱那里的人民,全国各族人民能够形成强大的精神凝聚力。

记者:您的这些作品打动了很多人,特别是广大的新疆读者。在您看来是因为什么?

王蒙:每次回到新疆,各族老百姓对我的欢迎程度都让我非常感动。我并没有为新疆做过大事,更没有给新疆的发展带来过什么福;甚至一些新疆的朋友到北京来,让我帮他们联系到医院看病,或者买火车票飞机票,我都很难一一做到。

我认为新疆人民对我如此厚爱,是因为他们能够通过我的作品,体会到一份理解和尊重,感受到汉族人民是他们真正的朋友与亲人。

全国人大常委会原副委员长司马义·艾买提说,王蒙既是汉族人民的儿子,也是维吾尔族人民的儿子。

1993年我去台湾,遇到一位曾在新中国成立前担任国民党政府要职的维吾尔族人,名叫阿不拉·提曼。他告诉我,自从1948年离开新疆后,他再没有回过故乡。在台湾生活的维吾尔族人非常少。故乡的很多变化,他都是通过阅读我的作品了解的,常常一边看一边哭。

我想这其实就是文学的力量。只要持有真正的理解和尊重,以情动人,我们伟大祖国的民族的凝聚力、团结性是不可动摇的。

(本文系记者与著名作家王蒙的访谈录,选自《光明日报》,2011年4月26日。收录时略有修改)

◎练习一 阅读采访稿,请谈谈你对采访结构的看法。

◎练习二 假如你是一名小记者,你会设计哪些问题提问作家王蒙?

习作实践

练习一 根据下面材料写一份招领启事。

××学院学生王一在操场上捡到一个皮包,内有365元人民币、饭卡、图书馆借阅证、银行卡。

练习二 说说下面这篇"雨伞使用说明书"的特点。

警告:当伞还是潮湿的时候,请不要用它戳电器开关;请不要在骑摩托车时使用;使用时,伞的下沿必须高于眼睛;本品只能为您的上半身提供有限度的防雨保护,如果雨量过大,您的名牌皮鞋进水,本公司不承担连带责任;不建议将本品当作拐棍使用,如果因此而戳伤使用者或他人脚面,责任自负;潮湿的雨伞在被带进屋之前,请甩干水分,以免雨水滴落地板后,造成地板变形或滑倒行人。最后切记:本品不可当作降落伞使用。

练习三　以"追求——记一位老师"为题,写一篇通讯稿。要求从事实出发提炼主题,综合运用记叙、描写、议论、抒情多种手法,语言要求生动形象,600 字左右。

素养积淀

小 儿 垂 钓

〔唐〕胡令能

蓬头稚子学垂纶,侧坐莓苔草映身。

路人借问遥招手,怕得鱼惊不应人。

赏析　诗人直写山野孩子头发蓬乱的本来面目,使人觉得自然可爱与真实可信。"侧坐"可想见小儿不拘形迹专注于钓鱼的情景,"草映身"不仅是在为小儿画像,在结构上也为下句的"路人借问"埋下伏笔。后两句中"遥招手"的主语还是小儿,他之所以要以动作来代替答话,是害怕把鱼惊散。他的动作是"遥招手",说明他对路人的问话并非漠不关心,至于他在"招手"之后,又怎样向"路人"低声耳语,那是读者想象中的事,诗人再没有交代的必要,诗作也就戛然而止。这首诗勾画小儿垂钓的神情动态活灵活现,富有生趣。

> 短信文学非常适合捕捉那短促的灵感一现,具有更加私人性、隐秘性的
> 特点。
>
> ——李少君
>
> 微型博客的出现具有划时代的意义,真正标志着个人互联网时代的到来。
>
> ——李 松

第五十六课

日新月异 方便快捷

导论 现代交流方式日新月异、层出不穷,但目前给人们生活产生较大影响的当属短信和微博。它们不仅方便了亲朋好友之间的联络,就连陌生人之间的交流也不再有障碍。优美的短信和微博会给人们带来快乐和思考,因此在现代生活中我们需要编辑出好的作品来。

要点 认识了解短信和微博,提高认识能力;掌握短信和微博写作方法,能创作出文质兼美的短信,写出有价值的微博。

❧ 写作启迪 ❧

故事一 1992 年,世界上第一条短信在英国沃达丰的网络上通过电脑向手机发送成功,手机短信诞生。至于中国的第一条短信诞生于何时何地已无从知晓,但据考证,中国的移动通信网络在 1994 年就具备了短信功能,只是那时的人不需要它罢了。随着手机的日益普及,从 1998 年开始,移动、联通先后大范围拓展短信业务:2000 年,中国手机短信息量突破 10 亿条;2001 年,达到 189 亿条;2004 年,涨到 900 亿条,短信成了第五种传播工具。从 1998 年至今,不管你愿意与否,短信已走入我们的生活,我们的生活也因短信而改变着。

故事二 2009 年 11 月 21 日,针对昆明市螺蛳湾批发市场的群体性事件,在云南省宣传部副部长伍皓的主导下,云南省政府新闻办在新浪微博开设了国内第一家政府微博客“微博云南”,并在第一时间对“螺蛳湾”事件作出了简要说明。“微博云南”开设后,引起社会高度关注。11 月 23 日,《人民日报》载文,将“微博云南”称为国内第一家政府微博,并评论说,“现场直播”不一定只在电视上才有,突发事件现场的每个人都可以是“记者”,应对突发事件要“边做边说”,才有主动。

◈❖ 知识技能 ❖◈

现代通讯丰富多彩,但对我们影响较大的主要有短信和微博。短信是用户通过手机或其他电信终端直接发送或接收的文字或数字信息,用户每次能接收和发送 160 个英文或数字字符或者 70 个中文字符。在手机短信编写成为一种时尚之时,随之产生了短信文学。

短信文学表现出与传统文学不同的特征:第一,短小精悍。短信写作力求语言简洁凝练,表现力强。第二,大众娱乐化。短信除了可以用来交流实用信息外,在更多的时候是用来问候和祝福,加强联系,表情达意或向人倾诉宣泄心中的郁闷与烦恼,或用开玩笑的方式来调节一下生活。第三,语言生动形象。由于手机屏幕和短信字数的限制以及短信收发的快捷,短信文学大多以现代都市生活的时尚琐事为表现对象,擅长在细小杂碎中巧妙自如地折射出人生社会的意义。所有短信文学创作都大量使用了谐音、夸张、比喻、拟人、对偶、借代、双关等修辞手法,造句生动形象,独具智慧和幽默。第四,便捷方式。短信文学反映社会生活,更加关注普通老百姓的平凡生活,凸显了平民化、人性化倾向,但也有着一些弊端。

微博的代表有腾讯微博、新浪微博和网易微博。微博客草根性很强,并具有以下特性:第一,自主选择性。微博的信息获取具有很强的自主性、选择性,用户可以根据自己的兴趣偏好,依据对方发布内容的类别与质量来选择是否"关注"某用户,并可对所有"关注"的用户群进行分类。第二,影响的广泛性。微博宣传的影响力具有很大的弹性,与内容、质量高度相关。其影响力基于用户现有的被"关注"的数量,用户发布信息的吸引力、新闻性越强,对该用户感兴趣、关注该用户的人数也越多,其影响力越大。第三,内容短小精悍。微博的内容限定为 140 字左右,内容简短,不需长篇大论,门槛较低,信息共享便捷迅速。可以通过各种连接网络的平台,在任何时间、任何地点即时发布信息,其信息发布速度超过传统纸媒及网络媒体。第四,内容的原创性。微博网站现在的即时通讯功能非常强大,通过 QQ 和 MSN 直接书写,在没有网络的地方,只要有手机也可即时更新自己的内容,哪怕你就在事发现场。例如一些大的突发事件或引起全球关注的大事,如果有微博客在场,利用各种手段在微博上发表出来,其实时性、现场感以及快捷性,甚至超过任何媒体。

◈❖ 阅读借鉴 ❖◈

趣谈 E 时代通讯风景

曾 点

手机、呼机、短信、彩铃、互联网,这些 E 时代的流行品,在短短的 20 多年里,有些人亲历了它们从无到有的过程,而有些人则直接面对铺天盖地到来的它们。现在的事实是,当你对一种现象一种生活方式还来不及定论时,它就已经成为过去。身处 E 时代不断变换的通讯风景,你将如何来享受这样的时尚风暴呢?

20 世纪 80 年代,当大街上有人扛着砖头般的"大哥大"打电话,那是让人羡慕的事。那些使用"大哥大"的人,不是官员就是老板,反正是当时社会公认的成功人士。他们的通讯工具,一般人难以企及。也就过了几年,寻呼机的出现,满足了平民百姓对"大哥大"的欣羡之情,"有事你呼我",成了时代流行语。再后来,"大哥大"越"长"越小。寻呼机也知趣地退隐到"牛棚"。等到了21世纪,电话拜年也成为落后的老派才使用的方式,短信火爆起来,单调的嘟嘟声变成各种音乐、段子组成的彩铃,"真棒""帅呆""酷毙"等流行语词犹如海浪,一浪高过一浪。生活像海洋,而时尚就是潮头的浪花,后浪扑前浪勇往直前,8分钱一张邮票的平信,30年中涨了10倍的邮资,现在还是少则3至5天,多则10天半月才能到达对方手中,而成为难得的"古典"。手机短信却几秒之内传遍地球。通讯工具的升级换代和通讯方式的新颖简捷带来人们生活新时尚,"不是我不明白,而是世界变化得太快"。

一、电话变成"大哥大"。20世纪70年代,一个机关单位、一家工厂企业也就有一两部手摇电话。拿起摇把,摇上几下,话务员问:"要哪儿?""哪哪",于是你就拿着电话等,当对方确认是"哪哪"时,又会有"哪哪"的人问你找"谁谁",这时你再告诉找"谁谁",等找来"谁谁"时,你们才能说上话,所以,电话是非有急事绝不去打的。

后来,摇把电话换上了数字转盘,1234567、7654321……一圈一圈拨到头,就找到了你要的单位。这时你就可以把自己的"隐私"挡住一块,不用说"哪哪",只要说上找"谁谁"就行,办公室里的老大姐们就不会知道这"谁谁"和你是什么关系,两句话把事说完,她们还在那里埋头看报,不会理会你在电话里说什么,就是听到了,也常常是一头雾水。

等拨号电话把摇把电话全换了以后,不久,拨号的转盘也换上了更方便的按键,情况仿佛越来越好。这时一些地方领导同志家里就安装上了电话,家人走到哪里都会来个电话报个平安。"你家有电话啊?"那是平民百姓想不到,也没想过自己也该有一部的事。天下大乱不行,要有秩序就得有领导,领导责任重,待遇高是自然的。

改革开放,搞活经济,一部分人先富起来,电话就不再只是领导的待遇,它真正成了便捷人们相互联络的工具。最早享用的当然是那些改革大潮中闯出来的老板们,也就是那些老板们把砖头样的"大哥大"最先扛上喧闹的街头。"等等,这儿太吵……"于是到马路边人少的地方再把"大哥大"扛上:"喂?"

那曾经是人们熟悉的风景。

二、"有事你呼我。""有事你呼我"是20世纪90年代兴起的流行语。这个时候,"大哥大"越"长"越小。手机、寻呼机几乎同时走上市场。有钱的买手机,手头一时紧的买上寻呼机。和朋友谈着话,腰上别的寻呼机抽抽一般叫起来,马上抱歉地让人家等上一会儿去找电话打过去,有事也真不耽误。还会让正说话的朋友羡慕几分,"看你多能!"

可是,人家闲着没事也未必总是呼你。"蛐蛐"不叫也让人着急,索性自己呼上自己一回也是很多人都干过的事。寻呼机越卖越火,几乎城里小青年们腰上都别上了寻呼机。市场几近饱和之时,媒体才开始说话了:"在西方,寻呼机是用来呼牛的。"如何如何。带着寻呼机的人多是尴尬而得意地笑笑,还没买上的人侥幸自己聪明。接着手机以强大的优势,随着"移动""网通""联通""铁通"……机器设备的更新换代、财大气粗,各种各样、各种档次的手机迅速风卷残云地席卷市场。城市平民、打工仔也有一部"小灵通"不再是"天方夜谭"了。寻呼机很知趣地退出了。等到21世纪过来的这几年,还有谁用寻呼机吗?估计没有了。

三、短信。手机有发短信的功能。你在和别人通话,那我写短信。短信70字,最早用于"拜年",拜年话当然都好听。最早人们收到的短信还都是用大拇指一个一个按出来的。发短信的人情真意切，收短信的人激情满怀。比如我就把一位老朋友用拇指按来的短信精心保存3年还舍不得删除。也有"老古董"坚持自己写短信，更有"老古董"写文章批评短信"大旅行"，你转我我转你不够实在。也是。同样的短信，一个节日就收上三两回，这有点像游戏而不是情感交流。

刚刚过去的2005年，我收到的短信最多。最欣慰的是平平常常的日子里收到久不联系的朋友问候，会让你平淡的日子变得美好。那些短信都很漂亮，常常正合我意，我便高兴地一个一个按键回信，按着按着，一不小心，写了满屏的心里话全丢了，只得再来，再来还不成，就干脆发个"谢谢"过去。可朋友们的短信都抒情写意，实在不好意思，于是便找来现成的转发。嗨！效率果然高，效果非常好。转发的短信竟会让我和朋友们都真诚感动着，想来我们是赶上"时尚"的快车了！由此我明白了什么叫作"分享"，转发短信其实就是分享朋友间的情谊。

转发短信快捷又方便，是促成短信发达的原动力。

手机短信大旅行，造就了短信文学。通讯公司非常聪明地从有些有着超前意识的文人墨客手中高价买进一条条精彩的短信，加上民间流行集体创作，短信内容越来越丰富，问候、祝福、友情、爱情五花八门应有尽有，只要收到，再转发，你的心情便随短信快乐流转，朋友间的感情便可以长期保温。

短信长篇小说以几十万元的高价卖出，能卖出高价的当之无愧应该是大师。短信文学大师平时是怎样用短信的呢？好奇之际，元旦前夕我给卖出36万元天价短信小说的王筱鸣转发过去一封祝贺圣诞节的短信。王筱鸣本职工作是律师，我们在"故乡网"马长山主持的写寓言、格言的"二言堂"相识。他的回复有着浓厚的职业色彩，非常有趣。莫不真是原创？爱较真的我"刨根问底"问大师。大师毕竟是大师，他回信说不是原创，"只能说参与了共同创作"。

不言而喻的是，现在手机短信在"快乐大旅行"过程中，因为无数人的"参与"而变得日臻完美，因为是"集体无意识"，所以人见人爱。到现在我还没有看过《手机》这部电影，据说其中对于利用手机婚外恋的故事大肆渲染，引发了冯小刚和崔永元之间的官司。我是站在崔永元一边的。我身边就有一对在面粉厂扛大包的工人，靠手机成功进行了婚外恋，愣是拆散了一个9岁男孩好好的家。就是说社会上这种事情一定不少，那些火辣辣的情爱短信一定也不少。但是著名谈话节目主持人全国有几个？冯小刚在《手机》中把主角定为谈话节目主持人，崔永元当然要和他急——怎么也不能让人家凭空泼脏水吧？

虽然有《手机》"寒流"，但手机短信主流是流动着的温情，让人们在市场经济的冰冷中相互抚慰着。不过，用大拇指自己写短信，实在是E时代的"古董"，该淘汰了。因为，古老的方式，还是用古老的材质才好。现代的工具要发挥现代工具的优势，只要你选准了自己发信的对象和内容，现成的短信应有尽有，任你"天女散花"和朋友说说心里话，不妨拿出笔墨，一笔一画写在纸上也比在手机上用大拇指按，来得快。书信因为少见而被称为"古典"，成了人们的珍藏。

我正为自己这不断"增值"的观点得意之时，一个高中生告诉我说："什么呀，人们现在写短信盲打了，把手放在衣服口袋里，眼睛看着老师，悄没声地短信就发出去了，连看都不用看。"正好，一封"点点，明天新年，祝你在新的一年过得充实而不疲惫，心里始终有爱和温暖，身体健健康康！"的短信"嘀"的一声闯进我的手机，让我还得修正自己。

只要你执着于自己的信念，又会使用现代通讯工具，你就能在新的时尚中自由自在。所以，还是有很多朋友自己努力锻炼着大拇指的功能，"书写"着自己独特而美丽的心声，展示着真正的时尚。

时尚无疑是年轻的，富有生命活力的，既属于青年们，也属于那些永葆青春的精英们，更属于未来。它在大范围中流行，在流行中自然地创造着属于时代的时尚经典。

四、别和"彩铃"说话。"彩铃"风行，还是在年轻人中来得快。过去只听过广告，不知道什么是真的彩铃。一次给读高一的侄女电话，侄女突然变得嗲声嗲气："喂——，你找谁啊？"侄女不是这般人啊？莫不就是人们说的"彩铃"？便听下去，"你找我啊？我还没长大呢……"呵呵，一定是"彩铃"了。可它没完没了："你找我干什么啊？……"这让我听得实在不耐烦了，便嚷："蓉蓉快说话。"那边倒乐了："大姑，你跟我的彩铃说话了？"

"可不是，说了半天了。"我一着急把"听了半天"说成是"说了半天"，于是，便演绎成E时代的笑话在亲友间流传开来——我和彩铃说话——之所以能流传，一定因为遇到"知音"了，估计和彩铃说过话的人不只我一个。

没辙儿，那彩铃真的多姿多彩。一个老实巴交的青年可以用他的彩铃歌声"带上你走到天边"，让你听着都脸热心动。一位内蒙古的朋友会让你听一遍又一遍悠长的蒙古族长调，不管你着急不着急。最可气的是，有的114查号台也放上一段彩铃，急得客户找到经理说："我不要听歌，我要查号着急打电话，你放上彩铃不是浪费我时间吗？"时尚和时髦混在一起，五彩斑斓，选择起来却真的很麻烦。

五、互联网——地球村的高精度地图。2500多年前，或许更早，老子留下一部《道德经》，其中第四十七章说："不出户，知天下；不窥牖，见天道。其出弥远，其知弥少。是以圣人不行而知，不见而明，不为而成。"那时不知他老人家是用什么样的通讯方式，才不出门知天下的。或许真是天赐于人的自然本能？在2005年印度洋海啸中就有一个1000多人的原始部落，早早知道"消息"，转移了，保住了部落的安全。而且据有关报道说，海啸后，人的尸体遮地，却没有动物的尸体混在其中，莫不是被高级的人看得很低级的动物们没有开发出高智商，因而也保存下来"不出户，知天下"的灵性。这都很难说。

然而今天，人们靠着超常的"高智商"，靠着一代又一代不断升级的电子"服务器"，真正实现了"不出户，知天下"。不见的互联网上，一个个"节点"仿佛一个个"蜂巢"，世界各地的人分布在那一个个"蜂巢"里，却可以通过"信息高速公路"四通八达，好不热闹。互联网拉近了人们心理、精神、情感的距离，所以，偌大的地球因为这"距离"拉近被人们"贬"为"村落"。"互联网"实际上就是地球村的"高精度地图"，有了它，我们哪儿都找得到！现在，这"地图"越发好看和实用，它不只是平面的，而且变成立体的，声像画俱全的。

E时代极大地开发着人们的智力。网络写作打破了传统意义上的作家在纸质出版物上的"垄断"，大批大批的网民成为出色的"作家"，被同样是网民的"粉丝"捧上了天。有的真就跟着上了一个台阶，成为传统媒体和网络媒体中的两栖新人类。比如我当初在人民网读书论坛的两位年轻搭档——版主绿茶、版副孤云，也就是方旭晓和魏英杰，一个已经成为首都一家大报"大家"版的资深编辑，一位成为大上海著名的时评作家兼专访大家。但更多的人玩到"老"也不过是互联网上某个节点的一片落叶，消失了自己，没了。"我甘愿做一棵无人知道的小草"，那也是人家自己的自由。

虽然有了周游地球村的高精度地图，但是人们常去的还是各自的那么几个地方。但地球村绝对不可以小觑,它可是迄今为止唯一承载高级智慧生物的天体。

"时尚"是什么?有人说是"时代的风尚",我调侃是"高尚的时髦"——时髦的未必都高尚,但时尚必须得时髦。

现在的事实是,当你对一种现象一种生活方式还来不及定论时,它就已经成为过去。时髦的东西总是吸引着人的眼球,因为人太喜欢新奇的刺激。

时尚的风潮仍然会此起彼伏,因为人是喜欢不断创新的智慧生命。真正的时尚,是会深入人们内心而成为一个时代的风向标。

我希望这样的风向标是高尚的,是引领人们向往和谐、美好新生活的。

(选自《资源与人居环境》2006年第4期。收录时结构有调整,个别词句有修改)

◎练习　阅读文章,谈谈现代通讯的特点。

全国各省(区市)给"神九"的信(节选)

北京市:爱我神州美江山,国富民强竞飞天。创造神九去交会,新舟新试开新篇。包揽科技最尖端,容牵百业齐发展。厚望神九返航顺,德才兼备航天员。

内蒙古自治区:神九飞天,腾起巨龙神武,气势恢弘,夸父自卑。草原儿女,奏起马头琴曲,托起哈达,深情遥祝:航天健儿,早日荣归!祖国各族人民,为你加油助威!

广西壮族自治区:浩渺的太空,天宫一号承载十三亿神州人的梦,璀璨夺目。人类的地球,八桂大地犹如嵌在北部湾的明珠,遥相辉映。神九的勇士,请冠以壮乡的夜明珠,划过寂静的太空,完成对接,早日凯旋!

西藏自治区:在离太阳最近的地方,品一口甘甜的青稞美酒,仰视苍穹,感叹自然。探索宇宙、平安凯旋,齐捧哈达、祝福神九!

青海省:华夏九州齐欢腾,千年梦想登太空。东方巨龙神九升,摘星揽月畅无通。巍巍昆仑扬国威,三江源头书功名。青稞美酒高举起,愿我中华永繁荣。

宁夏回族自治区:你们乘风而上,九天揽月,傲视苍穹。贺兰山抬头仰望着星空说你们志在蓝天;甘草伸伸沉睡的懒腰说你们会心念黄土;滩羊咽了下嗓子说你们有白云相伴;发菜扭了下纤腰说你们同黑夜共眠;枸杞通红着脸祝神九及中国航天事业红红火火。

新疆维吾尔自治区:巍巍天山绽雪莲,茫茫戈壁动惊雷。倚天长剑腾空起,东方蛟龙排云去。在这激情似火的季节里,无论是在驼铃阵阵的沙漠,还是在冰峰雪岭的帕米尔高原,或是在那清凉醉人的绿洲,大疆南北的各民族兄弟姐妹双手交胸,向祖国的航天英雄致敬,送上边疆同胞最美好的祝福。

台湾省:你们的名字虽然我不知道,但就像仰望黑夜的天空,也有无数我叫不出名字的星辰那样,依然耀眼。或许我登上101,站上玉山顶,也无法触及你们;但如果可以,真希望你们能带着我们台湾的种子和大陆的泥土,一起上太空,在无垠永恒的银河边种下期望:两岸和平,一家合一。祝福你们!

(本文是"神九"腾飞时全国各省(区市)的贺信节选,选自《中国航天报》,2012年6月29日。收录时略有修改)

◎练习一　选择其中一则短信,从内容和形式上分别分析其写作特色。

◎练习二　请你发挥自己的创造力和想象力也为"神九"写条短信,要求100字以内。

习作实践

练习一 目前,发送手机短信已成为人们喜爱的一种交流方式。手机短信的特点是简明、清晰、得体,好的短信还要富有文采。请以"风,帆,船"三物为喻体,给你的朋友发一条生日快乐的短信,要求 70 字以内。

练习二 请你任选一个微博网站注册账号,在你的微博"关注"你的朋友以及你欣赏的名人,看看他们的博客,自己写几则微博。

素养积淀

十五夜望月

〔唐〕王　建

中庭地白树栖鸦,冷露无声湿桂花。

今夜月明人尽望,不知秋思落谁家。

赏析 这是唐代诗人王建创作的一首以中秋月夜为内容的诗,描写了中秋月色和望月怀人的心情,展现了一幅寂寥、冷清、沉静的中秋之夜的图画。此诗以写景起,以抒情结,想象丰美,韵味无穷。在当代,此诗被作为中秋短信寄托思念。

古往今来,凡是文章写得好的人,大概都在修改上用过工夫。

——何其芳

文章不能一做便佳,须频改之,方入妙耳。此意学人必不可不知也。

——唐　彪

第五十七课

精益求精　文不厌改

导论　清人李沂在《秋星阁诗话》中说:"能改则瑕可为瑜,瓦砾可为珠玉。"就是说,作者要制成一篇成功之作,非经过精心修改不可。因为文章是客观事物的反映,只有反复修改才能反映恰当。同时,修改也具有重要的社会意义,因为文章是社会交流的一种载体,修改文章就是作者对社会负责,对读者负责。真可谓,玉经雕琢方成器,文不厌改工自出。

要点　认识修改文章的重要性,提高反复修改文章的主动性;树立修改好自己文章的信心,养成修改文章的好习惯。

写作启迪

故事一　毛泽东《沁园春·雪》中有一句"山舞银蛇,原驰腊象",其中"腊"字颇让人费解。郭沫若大胆推论"腊"乃柬埔寨的古地名真腊的简称,"腊象"可解释为雪后的秦晋高原如真腊的大象奔驰。此诗在1957年初发表前,主编臧克家请周振甫做注释。周振甫对郭沫若的解释不以为然:柬埔寨的大象在我们祖国北方黄土高原上奔驰,是不是有点不大对头啊!周振甫以为"腊"可能是"蜡"之误,取白蜡之白,状雪后的山姿如奔驰的白象。山和原、舞和驰、银和蜡、蛇和象,模状、比喻、对偶工整,用字严谨。后来,毛泽东召见臧克家谈诗,臧克家当面请教毛主席"原驰腊象"的"腊"怎么解释,出乎意料,毛泽东自己好像也不大清楚,反问:"你看应该怎样改?"臧克家说:"改成'蜡'字比较好,可与上面'山舞银蛇'的'银'字相对。"毛泽东非常爽快:"好,你就替我改过来吧。"

故事二　欧阳修是我国宋代大文学家,也是"唐宋八大家"之一,以善于修改文章闻名于世。他写文章时,总是围绕题目中心及写作要求删来删去,苦苦思索。他的夫人见他这样费劲,劝他说:"你的文章写得那么好,已经很有名了,何必还这么自找苦吃呢?难道还怕先生骂你吗?"欧阳修笑着说:"我不怕先生看了生气骂我,但是我怕后人读了笑话我啊!"

❧ 知识技能 ❧

　　修改文章的能力是写作的基本能力之一，修改是写作过程中不可缺少的一道工序。俗话说："文章不厌百回改。"从某种意义上讲，好的文章不是写出来的，而是改出来的。我们必须从培养修改文章的能力入手，来提高写作水平。写一篇文章往往涉及筛选材料、明确立意、谋篇布局、流畅表述、推敲词句等方面的写作基本功。初写成的文章，不可能兼顾到以上方方面面，于是在文章完成后，修改就显得极其重要。修改文章的过程，是写作能力渐进的过程，也是文章质量提升的过程。因此，我们要重视修改作文，掌握修改作文的基本技能。清代诗人袁枚在《遣兴》诗中有四句话："爱好由来落笔难，一诗千改始心安。阿婆还是初笄女，妆未梳成不许看。"诗人袁枚对诗作斟酌、揣摩、执着和修改的态度令人佩服。古人所说的"吟安一个字，拈断数茎须""文章千古事，得失寸心知"也是表达了一个同样的道理：佳作源于反复修改。

　　古往今来凡有成就的作家没有不重视文章修改的。曹雪芹写《红楼梦》，于悼红轩中，披阅十载，增删五次，"字字看来皆是血，十年辛苦不寻常"。海明威把《老人与海》的手稿反复读过近 200 遍才最后付印。作家巴金说："写到死，改到死；用辛勤的修改来弥补自己作品的漏洞。"修改是写作中一个非常重要的环节，从某种意义上可以说是具有决定性作用的环节。修改能力是作文能力的重要组成部分，修改文章能力的强弱是独立写作能力高低的重要标志。修改文章，不仅能促进"写"，而且能在修改的成功过程中养成认真学习、勤于思考、精益求精的好习惯。叶圣陶说："写完了一篇东西，看几遍，修改修改，然后算数，这是好习惯。"世界上一切好文章都是改出来的，只有反复多次的修改，才能把文章中语句、段落、情节改好，使自己的文章生动感人。

❧ 阅读借鉴 ❧

简洁的力量

周国平

　　不同的书有不同的含金量。世上许多书只有很低的含金量，甚至完全是废矿，可怜那些没有鉴别力的读者辛苦地去开凿，结果一无所获。

　　含金量高的书，第一言之有物，传达了独特的思想或感受；第二文字凝练，赋予了这些思想或感受以最简洁的形式。这样的书自有一种深入人心的力量，使人过目难忘。在这方面，法国作家儒勒·列那尔的作品堪称典范。

　　《胡萝卜须》是列那尔的代表作，他在其中再现了自己辛酸的童年生活。记得第一次读这本书时，我常常情不自禁地流泪，又常常情不自禁地破涕为笑。书中那个在家里饱受歧视和虐待的孩子，他聪明又憨厚，淘气又乖顺，充满童趣却被逼得少年老成，真是又可爱又可怜。他清楚地意识到自己在家里的地位，因此万事都不敢任性，而是努力揣摩和迎合大人的心思，但结果总是弄巧成拙，遭受加倍的屈辱。当然，最后他反抗了，反抗得义无反顾。我相信,列那尔的作品以敏锐的观察和冷峭的幽默见长,是与他的童年经历有关的,来自亲人的折磨使他很早就养成了对世界的一种审视态度。《胡萝卜须》由一些独立成篇的小故事组成,每一篇的文字都十分干净,读起来毫无窒碍,我几乎是一口气把它们读完的。

列那尔的观察之细致和文风之简洁是公认的,《不列颠百科全书》说他的散文到了无一废字的地步。列那尔的眼力好,笔力也好。他非常自觉地锤炼文字功夫,要求自己像罗丹雕塑那样进行写作,凿去一切废料。他认为,风格就是仅仅使用必不可少的词,绝对不写长句子,最好只用主语、动词和谓语。拉马丁思考五分钟就要写一小时,他说应该反过来。他甚至给自己规定,每天只写一行。他的确属于那种产量不太高的作家。我所读到的他的最精辟的话是:"我把那些还没有以文学为职业的人称作经典作家。"以文学为职业的弊病是不管有没有想写的东西都非写不可,于是难免写得滥。

当然,一个职业作家仍然可以用非职业的态度来写作,只写自己真正想写的东西,就像列那尔那样。对于一个作家来说,节省语言是基本的美德。所谓节省语言,倒不在于刻意少写,而在于不管写多写少,都力求货真价实。这一要求见之于修辞,就是剪除一切可有可无的词句,达于文风的简洁。由于惜墨如金,所以果然就落笔成金,字字都掷地有声。

在印刷垃圾泛滥的今天,我忽然怀念起列那尔来,于是写了上面这些感想。

(选自周国平:《在维纳斯脚下哭泣》,华东师范大学出版社2006年版。原题目为《简洁的力量——读列那尔〈胡萝卜须〉》。收录时略有修改)

◎练习一　作者为什么说"对于一个作家来说,节省语言是基本的美德",谈谈你的看法。

◎练习二　结合文义,说说作者为什么突然怀念起列那尔。

谈文章的修改

叶圣陶

有人说,写文章只该顺其自然,不要在一字一语的小节上太多留意。只要通体看来没有错,即使带着些小毛病也没关系。如果留意了那些小节,医治了那些小毛病,那就像个规矩人似的,四平八稳,无可非议,然而也只成个规矩人,缺乏活力,少有生气。文章的活力和生气全仗信笔挥洒,没有拘忌,才能表现出来。你下笔,多所拘忌,就把这些东西赶得一干二净了。

这个话当然有道理,可是不能一概而论。至少学习写作的人不该把这个话作为根据,因而纵容自己,下笔任它马马虎虎。

写文章就是说话,也就是想心思。思想,语言,文字,三样其实一样。若说写文章不妨马虎,那就等于说想心思不妨马虎,想心思怎么马虎得?养成了习惯,随时随地都马虎地想,非但自己吃亏,甚至影响到社会,把种种事情弄糟。向来看重"修辞立其诚",目的不在乎写成什么好文章,却在乎绝不马虎地想。想得认真,是一层。运用相当的语言文字,把那想得认真的心思表达出来,又是一层。两层功夫合起来,就叫作"修辞立其诚"。

学习写作的人应该记住,学习写作不单是在空白的稿纸上涂上一些字句,重要的还在乎学习思想。那些把小节小毛病看得无关紧要的人大概写文章已经有了把握,也就是说,想心思已经有了训练,偶尔疏忽一点,也不至于出什么大错。学习写作的人可不能与他们相比。

正在学习思想,怎么能稍有疏忽?把那思想表达出来,正靠着一个字都不乱用,一句话都不乱说,怎么能不留意一字一语的小节?一字一语的错误就表示你的思想没有想好,或者虽然想好了,可是偷懒,没有找着那相当的语言文字:这样说来,其实也不能称为"小节"。说毛病也一样,毛病就是毛病,语言文字上的毛病就是思想上的毛病,无所谓"小毛病"。

修改文章不是什么雕虫小技,其实就是修改思想,要它想得更正确,更完美。想对了,写对了,才可以一字不易。光是一个字不易,那不值得夸耀。翻开手头一本杂志,看见这样的话:"上海的住旅馆确是一件很困难的事,廉价的房间更难找到,高贵的比较容易,我们不敢问津的。"什么叫作"上海的住旅馆"?就字面看,表明住旅馆这件事属于上海。可是上海是一处地方,绝不会有住旅馆的事,住旅馆的原来是人。从此可见这个话不是想错就是写错。如果这样想:"在上海,住旅馆确是一件很困难的事",那就想对了。把想对的照样写下来:"在上海,住旅馆确是一件很困难的事",那就写对了。不要说加上个"在"字去掉个"的"字没有多大关系,只凭一个字的增减,就把错的改成对的了。推广开来,几句几行甚至整篇的修改也无非要把错的改成对的,或者把差一些的改得更正确,更完美。这样的修改,除了不相信"修辞立其诚"的人,谁还肯放过?

思想不能空无依傍,思想依傍语言。思想是脑子里在说话——说那不出声的话,如果说出来,就是语言,如果写出来,就是文字。朦胧的思想是零零碎碎不成片段的语言,清明的思想是有条有理组织完密的语言。常有人说,心中有个很好的思想,只是说不出来,写不出来。又有人说,起初觉得那思想很好,待说了出来,写了出来,却变了样儿,完全不是那回事儿了。其实他们所谓很好的思想还只是朦胧的思想,就语言方面说,还只是零零碎碎不成片段的语言,怎么说得出来,写得出来?勉强说了写了,又怎么能使自己满意?那些说出来写出来有条有理组织完密的文章,原来在脑子里已经是有条有理组织完密的语言——也就是清明的思想了。说他说得好写得好,不如说他想得好尤其贴切。

(选自叶圣陶:《叶圣陶语文教育论集》,教育科学出版社1980年版。收录时略有删改)

◎练习一 作者为什么认为"修改文章不是什么雕虫小技,其实就是修改思想,要它想得更正确,更完美"?

◎练习二 文中指出"不要说加上个'在'字去掉个'的'字没有多大关系,只凭一个字的增减,就把错的改成对的了",这种现象依然存在,在实际写作实践中找出一到三个例子。

习作实践

练习一 从自己习作作品中,找一篇文章进行具体、全面的修改,并分析之所以修改的原因。

练习二 阅读下面的材料,按要求作文。

胡适说:"我从山中来,带得兰花草。种在小园中,希望花开好。一日望三回,望到花时过。急坏看花人,苞也无一个。眼看秋天到,移花供在家。明年春风回,祝汝满盆花。"艾青说:"梦的朋友,幻想的姊妹,原是自己的影子,却老走在你前面,像光一样无形,像风一样不安定。她和你之间始终有距离,像窗外的飞鸟,像天上的流云,像河边的蝴蝶,既狡猾而美丽,你上去,她就飞,你不理她,她撵你。她永远陪伴你,一直到你终止呼吸。"

他们说的不仅仅是"花"和"梦",请你围绕上述材料写一篇作文。要求:文题自拟,立意自定,文体自选,不少于 500 字。

素养积淀

遣　兴

〔清〕袁　枚

爱好由来落笔难,一诗千改始心安。

阿婆还是初笄女,头未梳成不许看。

赏析　袁枚为清代重要诗论家,此诗反映出他的写作态度和创作观点:以阿婆梳妆为喻,形象生动地说明作家对作品要一丝不苟,反复修改,精益求精,这样呈现给世人的才是精品。

改章难于造篇,易字艰于代句。

———刘　勰

　　如文章草创已定,便从头至尾,一一检点。气有不顺处,须疏之使顺;机有不圆处,须炼之使圆;血脉有不贯处,须融之使贯;音节有不叶处,须调之使叶。如此仔细推敲,自然疵病稀少。

———唐　彪

第五十八课

学会方法　臻于完善

　　导论　修改文章既是作者对文章内容不断加深认识、提高思想蕴含的过程,也是作者对文章表现形式不断完善的过程。修改文章是有规律可循的,掌握修改方法可事半功倍。

　　要点　学习"增、删、改、调、换、留"的修改方法,掌握修改文章的基本技巧;善于发现文章中错误词句、段落,并运用相应的方法来修改。

❧ 写作启迪 ❧

　　故事一　1877 年,俄国著名作家列夫·托尔斯泰相继写出了轰动世界文坛的《战争与和平》和《安娜·卡列尼娜》两篇巨著。于是每天来采访的、要求签名的人络绎不绝,托尔斯泰陷入了狂热者的"包围"之中。为了避开这种"包围",免受干扰,他将自己锁在房间里,并对佣人说:"从今天起,我'死'了,就在房间里,不过别忘了给我饭吃。"渐渐地,社会上都知道托尔斯泰神秘地"死"去了。1891 年,《复活》终于脱稿,为了修改这部作品,在以后的几年里,他又"死"过几次。直到 1899 年《复活》出版后,托尔斯泰才真正地"复活"。他对《战争与和平》修改过七次,对《复活》的开头修改就达二十多次。

　　故事二　1963 年,莫桑比克解放阵线外事兼组织书记桑托斯把自己的中文本诗集送毛泽东时,毛泽东颇为惊讶:"你会写诗? 这是送给我的?"然后与这位非洲兄弟谈起了作诗心得:"有些诗写好后,不能马上用,要经过修改,写文章和写诗,不经过修改是很少的……你写过不要修改的诗吗?"桑托斯回答:"很少,我要修改,有时还要征求别人的意见。别人有不同意见,我就要想一想。不征求敌人的意见,只征求朋友的意见。"

知识技能

文章修改是指由初稿到定稿,作者对文章思想内容、篇章结构、语句标点等方面所做的一个不断加工与完善的过程。契诃夫曾说:"写作的艺术,其实并不是写的艺术,而是删去写得不好的东西的艺术。"古今中外成名作家都注重文章的修改。因此,一篇文章写成后要主动进行"删削",吕叔湘称之为"挤水"。

修改是写作过程中不可缺少的一道工序,更是文章的完善阶段。从总体来看,修改是贯穿在整个写作过程的:写作一般分为四个阶段,在每一个阶段都应加强修改功夫。第一阶段,酝酿构思中的修改。在动笔之前,要酝酿、构思、打腹稿。修改就要从这里开始,如确立中心、选择题材、布局谋篇等都要经过反复思索,要有分析也要有综合。这不落笔端的修改,却决定着通篇的成败,腹稿改得好,写起来少走弯路。第二阶段,动笔后的修改。落笔以后就进入细致的思索过程,形象思维与逻辑思维交用,有事理的推断、形象的探索、层次的划分、段落的衔接、句式的选检、词汇的斟酌与推敲,各方面都可能经过反复分析、对比、抉择,并在改换取舍一些词语、句式、层次、段落之后完成初稿,这就是边写边改、边改边写的阶段。第三阶段,初稿后的修改。全文完成后,自己要逐字逐句、逐层逐段审读,做通盘修改。在修改中不仅要斟字酌句,还要考虑材料取舍、层次安排、结构组织、中心表达等。第四阶段,在老师(别人)指导下修改。作者在听取老师(别人)意见后要进一步发现自己文中的优缺点,重新考虑修改。这时的修改并不是一两次能结束的,但如改好了,文章水平可有显著提高。

修改是多种多样的,其中最基本的方法是从大处着眼,删繁就简。就是说,文章写出以后,要先从整体上审查一下文章的观点是否正确、立意是否高远、材料和观点是否一致、谋篇布局和表现形式是否得当,然后再进行删繁就简,以最简洁的语言把要表达的观点表达清楚。而要做到这些,就必须注意四方面的修改:一是观点的修改。观点是文章的灵魂,是根植于材料并从材料中提炼出来的。一篇文章一般只有一个基本观点(中心思想),它表明了作者的写作目的。在写文章时要改一遍,进一步。二是材料的增删。材料是为表达主题服务的,材料的选择和使用直接影响着作者思想感情的表达,所以对材料的取舍、增删是文章修改不可忽视的一个重要内容。三是结构的调整。为了言之有序,就要修改文章的结构布局,使之安排合理。四是语句的修饰。语句是思想的载体和构成要素,不容忽视。

修改文章有两个步骤:第一步,"找毛病";第二步,"动手术"。"找毛病",就是根据写作要求从以下几个方面来检查:一查审题是否正确,二查中心是否明确,三查材料是否典型,四查内容是否具体,五查层次是否分明,六查语句是否通顺,七查标点是否正确。"动手术",就是针对文章存在的问题来进行具体修改。根据原文"毛病"大小,可分为大改和小改两种。大改是指整篇文章有毛病,如偏离题目、中心不明、详略不当等,这需要重写;小改主要是纠正语言文字上的毛病,具体方法就是增、删、改、调、换、留。"增"指的是增加必要的内容,使文章的语句或内容更加完整,具体方法就是添加一些必要的字词。"删"就是把多余的字、词、句、段删去,也就是删去与中心无关的语句或内容,把重复的内容、啰唆的语句改得简洁明白。"改"就是把不合理、不通顺的语句改得合理、通顺,具体是指出、纠正文章中错误的词句或内容。"调"就是把文章结构不合理和词序不对的地方做必要的调整,使文章表意明确。"换"指的是换一个合适的词句或说法,使表达更清晰。"留"指的是把原来被删去的,但后来又认为正确的词句或内容再保留下来。

阅读借鉴

谈修改文章

何其芳

修改是写作的一个重要部分。古今中外,凡是文章写得好的人,大概都在修改上用过工夫。马克思写《资本论》,从计划到草稿都经过了多年的和多次的修改。《资本论》第一卷写完后,他还要作一次文体上的修饰。他给恩格斯写信说:"这自然就像生小宝宝一样,在一阵剧痛以后用舌头去遍舔那活宝宝,多愉快呀。"德文本出第二版,马克思又改了一遍。对法文译本,马克思为了使法国的读者容易了解,又作了许多修改。在文学家方面,托尔斯泰写《战争与和平》,据说改七遍。他们写那样大的作品还改了又改,我们平常写短文章就更应当多加修改了。

普通所说的修改,是在文章写成以后。其实在文章未写以前,对于立意布局的反复推敲,对于写作提纲的再三斟酌,都带有修改的性质。这种下笔以前的修改是最要紧不过了,正如盖房子首先要打好图样,作战首先要订好计划一样。要是这第一步工夫没有用够,写起来就常常会写不下去,或者勉强写下去了,结果还是要不得。这种事先的构思或写提纲,一般人都是做的,但工夫却不一定都用得够。

中国过去有文不加点的说法,就是说有的人写文章不用涂改一个字。又还有这样一个故事,说有一位文学家在写文章之前,总是把墨磨得很充足,然后钻到被子里去睡,睡了起来就挥笔写成,也是一字不改。这些说法如果是真的,我想一定是他们早就在脑子里修改好了的缘故。

我们现在写文章,倒也用不着一字一句都完全想好才下笔。现在的事物和我们对于事物的看法都比古代复杂,下笔以前多思索,多酝酿,仍常常只能完成一个图样,一个计划,还是需要下笔以后边写边改来充实,来修正,还是需要写完以后根据自己的审查和别人的意见来再三修改,来最后写定。这种写作过程中和全篇写好后的修改,一般人也都是做的,但工夫也不一定都用得够。

怎样才算修改的工夫用够了呢?改过的遍数多还并不就等于改得够。衡量够不够的标准我想有两个:一是内容正确,一是读者容易接受。毛主席在《反对党八股》中讲:"文章是客观事物的反映,而事物是曲折复杂的,必须反复研究,才能反映恰当,在这里粗心大意,就是不懂得做文章的 ABC。"这是从根本上说明了文章要多改的理由,同时也指出了修改的目标。客观事物不是一下子就能够认识清楚认识完全的,多一次修改就是多一次选择。能否做到内容完全正确,自然要看我们的思想水平怎样;但如果我们采取谨慎态度去修改,自己多用脑筋,加上向别人请教,对每一个论点每一个看法都不随便放过,也就可以去掉或减少许多内容上的错误。内容正确,就具备了说服读者的基本条件。不过要读者容易接受,也还依靠好的表现形式。还得在布局上、逻辑上、修辞上再花些工夫,才能够使文章的每一句、每一段,一直到全篇,一下子打进读者的脑筋。能否做到表现形式很完美,自然要看我们的写作水平怎样;但如果我们采取替读者着想的态度去修改,总是想着我们所写的—般读者能不能完全了解,会不会相信赞成,是不是感到枯燥沉闷,也就可以去掉或减少许多表现形式的缺点。

一般文章的毛病,根本成问题的大概不外乎观点错误、不合事实、教条主义、空洞无物等项。并不是整篇要不得,而是局部内容或表现形式有缺点,必须加以修改的却相当多。就我所能想到的缺点列举出来,就有这些:

一、抽象笼统,叙事不具体,说理不分析。

二、根据不足,就下断语,我要怎样说就怎样说,信不信由你。

三、强调一点,不加限制,反驳别人,易走极端,没有分寸,不够周密。

四、大家都知道的事情说得很多,以为只有自己知道别人不知道。

五、别人不知道的事情说得很少,以为自己知道别人也应该知道。

六、许多事情或问题,随便放在一起,没有中心,没有层次,逐段读时也还可以,读完以后一片模糊。

七、写好下句不管上句,写到后面不管前面。

八、信手写来,离题万里,偏又爱惜,舍不得割弃。

九、抄书太多,使人昏昏欲睡。

十、生造词头,乱用术语,疙里疙瘩,词不达意。

十一、没有吸取说话里面的单纯易懂、生动亲切等好处,只剩下说话里面的啰唆重复、马虎破碎等缺点。

十二、没有学到外国语法的精密,却模仿翻译文字造长句子,想把天下的事情一口气说完,一直是逗点到底。

这是我们常写的叙事说理文章中的一些毛病。文艺作品还有别的特殊问题,这里不去说它。我们犯这些毛病,也并不完全由于我们的思想水平写作水平真正就这样低,而常常由于我们花心思花工夫不够,尊重读者体贴读者不够。

内容要正确,表现形式要恰当,都是为了读者。好文章不仅读者容易懂得、相信,并且还能够吸引读者,使读者能够得到一种提高,一种愉快。这个境界不易达到,但我们总应该努力把文章写得讲究一点。文章也是一种重要的革命工具,发表出来是要对群众负责的。

因此,从写作以前到写完以后,从内容到形式,凡属可能做到的反复研究,充分修改,都大有必要。我讲这些,并不是说我就做了这些,刚刚相反,正因为我也是粗心大意,不懂得做文章的 ABC,现在有些觉悟,愿从此努力而已。

（选自何其芳:《西苑集》,人民文学出版社 1952 年版。收录时略有删改）

◎练习一　结合本文,具体说说文章修改应该从哪些方面入手。

◎练习二　本文中列举了写作中常见的几种毛病,你写文章时有吗? 如果有,你觉得应如何修改呢?

❀❀❀ 习作实践 ❀❀❀

练习一　下面语段中有两个病句,请找出并进行修改。

(1)近日我国西南大旱,究其主要原因,是因为高压坝破坏了大气活动。(2)高压坝像一堵干墙,横在广西南部上空,阻挡太平洋水汽西进。(3)虽然北方有冷空气南下,也无法与水汽汇合。(4)因此,广西、贵州、云南交汇地区长时间没有降雨,遭遇 50 年来少有干旱天气。

练习二　阅读下面材料,进行作文。

写作业时一旦写错了,修正带便会带给错误最方便、快捷的弥补:用一块乳胶成分的纸布掩盖住了错误。正因如此,修正带成了最受学生欢迎的热销学习用品,它的存在逐渐取代了能把错误彻底清除的透明胶和粗橡皮,因为它能用崭新的一面掩盖了错误的一面。过些时间,那些乳胶成分便会分解渗透到纸张中去,而覆盖在纸面上的纸布便逐渐淡化,最终被掩盖在纸布背后的错误便会再一次赤裸裸地显露出来,错误依旧存在。

联系实际,任选角度,写一篇文章。要求:文体不限,题目自拟,不少于 500 字。

素养积淀

论诗十绝

〔南宋〕戴复古

草就篇章只等闲,作诗容易改诗难。

玉经雕琢方成器,句要丰腴字妥安。

赏析　本诗旨在强调反对因袭,重视精细,切忌草率。其意是要重精粹,忌平庸。要不厌修改,方能达到至精至美的境地,方能成为精品。

> 世人著述，不能无病。仆常好人讥弹其文。有不善者，应时改定。
>
> ——曹　植
>
> 写作的艺术，其实并不是写的艺术，而是删去写得不好的东西的艺术。
>
> ——[俄]契诃夫

第五十九课

掌握符号　注重运用

导论　在文章上进行修改必定要使用各种符号，有些人有自己独特的修改符号。但我们必须掌握通用的标准改稿符号，这样，把自己修改过的稿子传递给别人时，别人就能看得懂。

要点　认识通用的修改符号，并用来修改文章；继续提高修改文章的主动性，提高正确熟练使用修改符号来修改文章的能力。

❧ 写作启迪 ❧

故事一　著名英国作家查尔斯·兰姆是这样描写自己第一次读到大诗人约翰·弥尔顿悼念亡友的名诗 *Lycidas* 手稿时的失望感受：

我一直把 *Lycidas* 当成一件一气呵成的天工之作，刚一问世就是那么丰盈、那么完美无疵，可某一个邪恶的时刻，有人却向我展示了它的原稿。它和其他一些这位诗人的次要的作品都收藏在修道会的图书馆里，像什么可引以为傲的宝贝似的。让我瞧见那么精美的东西处于粗胚时的状态，真让我几乎要瘫倒在地上了！稿纸上横一道、竖一道画满了连线，密密麻麻地写满了校正的字句！就好像那首诗里的词句的生命是有限的，是可以任意改动和取代似的！好像那首诗本来很可以是另外一番模样，但却是一样绝妙似的！就好像灵感是由零碎部件构成的，而这些部件是动荡不定、忽上忽下和毫不在意似的！我再也不会走进任何一位伟大的艺术家的工作间里了！

故事二　福楼拜是莫泊桑一生中重要的四位老师之一。福楼拜曾对莫泊桑说："一目了然，这是才情卓越的秘诀。"一天，莫泊桑带着一篇新作去请教福楼拜。他发现福楼拜桌上的文稿每页都只一行字，他不解地问道："先生，您这样写，不是太浪费了吗？"福楼拜笑笑说："你知道吗？只写一行，其余的是留着修改用的。"莫泊桑听罢立即起身告辞，回去修改自己的作品去了。

❧ 知识技能 ❧

修改指的是修改文章的错误、缺点与词句不妥之处,使之尽善尽美,因此文章修改要求作者有更高更全面的技能技巧。文章为什么要修改呢?这是由文章的性质决定的。首先,修改是为了更恰当地反映客观事物。其次,修改文章是作者对社会负责、对读者负责的表现。再次,从文章复杂的产生过程来看,也必须重视修改。构成文章的要素是多方面的,有内容问题、形式问题,牵涉到主题、材料、结构、语言等方面。文章质量如何不仅在于作者的文学技巧,还在于作者的思想修养、知识修养、生活阅历、思维能力等方面。文章修改也是提高写作水平的一种手段。1993 年,我国发布了《校对符号及其用法》(GB/T14706 – 93)。该标准规定的符号共有 21 种,最常用的有以下 6 种。

1. 删除号
删除号是删去字、词、句的符号。
2. 对调号
对调号是调整字、词、句次序的符号。第一个符号用于相邻的字词,第二个符号用于隔开的字词。
3. 增补号
增补号是增补字、词、句的符号,一般用在需要增补的字、词、句的上方。增补的字符较多,圈起来有困难时,可用线在页边画清增补的范围。
4. 改正号
改正号表示需要在符号内改正错误。改正的字符较多,圈起来有困难时,可用线在页边画清改正的范围。必须更换的损、坏、污字也用改正符号画出。
5. 另起段号
另起段号表明要另起一段。需要另起一段的地方,用引线向左延伸到起段的位置。
6. 接排号
接排号表明两行文字之间应接排,不需另起一行。

❧ 阅读借鉴 ❧

谈 修 改

张中行

写完了,补缺纠谬,或精益求精,要修改。古人有"腹稿"的说法,是说"初唐四杰"中的王勃,因为腹已成稿,所以成文之后可以"不易一字"。这是旁人吹捧。还有"文不加点"的说法,是说三国时击鼓骂曹的祢衡,因为才高,所以下笔便能恰到好处。这是自己吹捧。事实能不能这样?应该承认,可能还是有的。但这有如从树上掉下一根枯枝,恰好是合用的拐杖;不过就常情说,拾枯枝作拐杖,总难得恰好合用,所以还要修理修理。因此,在这方面,引昔人为榜样,我们宁可多信另一端的古事,就是要"易字",要"加点"。这样的古事,历代笔记中记了很多,这里无妨引一两件,轻可以为谈助,重可以作教训。先说一位,是大名鼎鼎的欧阳修,传说他应北宋名宰相韩琦之请,为韩作了《昼锦堂记》,开篇云:"仕宦至将相,富贵归故乡。"内容雍容,文字典重。韩琦读完全篇,大加赞赏。可是过了几天,欧派人送来另一篇,说前一篇不妥。韩拿前后两篇对比,几乎完全相同,只是后一篇开头换成"仕宦而至将相,富贵而归故乡",加了两个"而"字。前后意义无别,只是后一篇,读起来显得更顿挫,更凝重。这是连声音的精粗也不放过。用力求好还不只这一篇,沈作哲《寓简》记这样一个故事:"欧公晚年,尝自窜定平生所为文,用思甚苦。其夫人止之曰:'何自苦如此! 尚畏先生嗔耶?'公笑曰:'不畏先生嗔,却怕后生笑。'"晚年还改,并且改起来没完没了。说起没完没了,不禁想起自信心强、志气高、魄力大、外号"拗相公"的王安石,洪迈《容斋续笔》记他一件事:"王荆公绝句云:'京口瓜州一水间,钟山只隔数重山。春风又绿江南岸,明月何时照我还?'吴中士人家藏其草,初云'又到江南岸',圈去'到'字,注曰'不好',改为'过'。复圈去而改为'入'。旋改为'满'。凡如是十许字,始定为'绿'。"这位"拗相公",连变法都未必考虑得这样周密,可是作诗却不轻易决定一字。——不惮烦而翻腾这类老古董做什么呢? 是有所感而出此。我有时要看一些现在年轻人写的东西,其中很不少,不要说求好,甚至连再看一遍的耐心也没有,比如标点不全,落字,错字,别字,同是这个意思,这一行用"再"来一次,下一行用"在"说一次,这里用"既"然,那里用"即"然,等等;比这些较难驾驭的立意、遣词等毛病同样不少就不必说了。自然,手无缚鸡之力,求勉强扛鼎是不合适的;但关键不是"不能",而是"不为",就是说,写时不用心,又不想补救,修改。这类古事的教训是,名家如欧、王尚且如此,何况我辈呢!

以下言归正传,谈为什么要修改。可以分作几项说。

一种意思,可用的表达方式(用什么词语,组成什么句式)不只一种,比如甲、乙、丙、丁等。几种之中可能有高下之别,动笔时所选择未必就是那个最好的。改,有可能把不好的换为好的,或较好的换为更好的。

动笔时,笔所随的思路有不很清晰的可能,因而表现在纸面上,就会在立意、条理、措辞等方面出现问题。解铃还得系铃人,所以补救之道只能是,过些时候,等思路清晰的时候清理一过,合的留,不合的改。

即使文章出于清晰的思路,过些时候再看,对于其中的某一点或某几点,也会想得比较周密或更加周密,粗中求细,也要改。

所谓过些时候,间隔可以相当长,其间我们会经历很多事,读很多作品,尤其读的作品里会讲到同类的内容,我们就会受到启发。再看原来的文章,本来以为天衣无缝的有了缺漏甚至错误,至少是本来觉得这样说合适的,现在看来不如那样说更妥当,总之,会发现一些问题,所以也得改。

更是常情,人,只要不安于总是吃老本,就会逐渐提高。高了,看旧作就必致发现不足之处,所以也不能不改。改,有各种情况。以下由小到大,由粗到精,谈一些主要的,也只能算作举例。

(1)规格方面的不妥和错误。

(2)明显的缺失。如落字、错字、别字之类,生造词语之类,造句错误(即不通)之类。

(3)标点的不妥和错误。这方面的情况很复杂,只能举一点点例:严重的,如复句的两个分句间用了句号;斥责的句子(这哪里是开会!)和叙述的句子(我不知道他来不来。)用了问号;等等。轻微的,如对称的几部分之间用了分号,最后总括的话之前也用了分号(应该用冒号);引文之前有冒号,末尾点了句号,引号后半却用在句号里边(应在外边);等等。

(4)词语不妥。这概括地说容易,是应该用这个而用了那个。分类说就困难,因为情况千变万化:由轻微的差别(如"推崇"与"美慕","鄙视"与"看不起",等等)到重大的差别(如"团结"与"勾结","兢兢业业"与"苟苟营营",等等),中间可以插入一大串。幸而道理很浅显,可以不多说。

(5)句法不妥。这指的是句式选用不当,因而表达能力受到影响的那些。情况自然很复杂。例如:意思不很鲜明的换为鲜明的(如"我不觉得有任何不合我的心的地方"→"我完全同意");为了突出当事人的主动性,换被字句为把字句(如"要考的功课都被我温习完了"→"我把要考的功课都温习完了");为了情调委婉,换直陈句为疑问句(如"这样做很好"→"这样做不是很好吗?");为了化板滞为轻快,换长句为短句(如"我对于是上学好还是就业好这样的问题是必须考虑考虑之后才能回答的"→"上学好还是就业好,我要考虑考虑再回答");等等。

(6)词、语、句的增减。作文有如打仗,要一个战士发挥一个战士的作用,而且要发挥最有效的作用。中国传统的文章风格是求简,要求意备而文省。鲁迅先生也说过将无用的字、句、段删去的话。近些年来,文章的通病是废字废话多,所以所谓"增减",应该特别重视"减",就是把凡是删去不影响意思表达的词(尤其虚词)、语、句都删去。当然,少数地方没有说清楚,或者应该说而没有说,也要增。

(7)分段不妥。全文有总的主旨,各段有分的主旨。分的主旨,内部要能合,对外要有别,这是分段的原则。不合这个原则的:不能合的要拆散,即多分段;不能别的要归拢,即少分段;分合不妥的要另分段。

(8)次序不妥。这指条理有问题。作文,怎样算作有条理?这要就事论事,看是什么内容,选用什么写法,难得一概而论。因此,这里只能说一句说了等于不说的话:发现意思不显豁是由于条理不合适,应该不怕费事,甚至大换班,首尾颠倒,也要在所不惜。

(9)内容不妥。这也可大可小。大可以大到全篇要不得,如意思错误,见解平庸,或者与人雷同,等等,那就应该扔掉,或效法古人,用它覆瓿。一般说,内容不妥,绝大多数是部分有问题,那就哪里错了哪里改:不该说的删,该说而没有说的补,说得不对路的换成对路的。

(10)修辞方面的推敲润泽。修辞是个百货大仓库,包罗万象;还有,神而明之,存乎其人:甚至只要求举例也很难。这里只好偷巧,还是拉古人来解围,如王荆公的"春风又绿江南岸"的"绿",欧阳文忠公的"仕宦而至将相"的"而",都是用力修辞,以至追求到颜色和声音。我们应该学习这种精益求精的精神,成篇之后,用心捉摸,把勉强可用的改为鲜明生动的。

(11)题目的变动。这像是很奇怪,文章是对准题目作的,怎么会有变动题目的情况出现呢?事情是这样:有时候,就题作文,忽而兴之所至,连类而及,写入不切题的内容,而偏巧,文章写得还不坏,这就不应该削足适履,而应该爱护足,把履换一换。标题也是一种技术,甚至艺术,利用它,有时候可以点铁成金,至少是化险为夷。比如题目是"校园",写完一看,校外也写了不少,而且写得相当好,难于割爱,那就不妨把题目改为"校园内外",这不就水乳交融了吗?

(12)篇幅的调整。前面谈题与文的时候曾提到，小题可以大作，大题可以小作，这与篇幅的调整有关系。这里想谈的不是那样的大道理，而是应付有时候会遇见的编辑先生颁布的小条例，比如电台广播稿，半小时，字数多不得多过五千，少不得少于四千八，报纸副刊"花边文学"常常更严格，必须一千以内的若干字，等等。怎么办? 起草的时候自然不能像银行数票子那样，一五一十，十五二十，只能心里大致估计着。写完算字数，难免多一些或少一些，为了遵照办理，也要用修改来解决，多，删，少，补。

此外自然还有种种问题需要在修改中解决，可以准上例，相机处理。

下面谈谈改的时间。

(1)边写边改。我的经验，写文章，写了一些，尤其中间停一会的时候，继续写，常常要念念前面的，以期意思和语句能够串下来。念，会发见一些小的不妥，要随发见随改。

(2)写完即刻改。文章写完，要通读一过;通读中发见不妥和错误，当然要改。这时的修改，因为思路没有大变化，多半是较轻微的变动。命题作文，定时交卷，自然只能采取这样的修改形式。

(3)以后陆续改。如果不是定时交卷，过些时候改，效果会更好。这样的修改，常常会有较大的变动，时间越靠后越是这样。不过俗话说，丑媳妇难免见公婆，一般说，写成了总不能永远放在抽屉里。因此，写完与定稿之间究竟以多长时间为宜，要灵活处理，难于划一。不过原则是，多改比少改好，远改比近改好。

以上所说都属于自力更生的范围。有时候，甚至常常，或说最好，是利用他力，就是请别人看看，提些意见，然后以之为参考，修改。俗话说，旁观者清，参考别人意见，常常可以更容易补救偏颇缺漏的毛病。自然，别人的意见未必都可取，要慎重考虑，平心静气地定取舍。

最后，还要记住，无论怎样修改，做到天衣无缝是很难的，或说办不到。因此，修改的目标不过是，由消灭缺失而渐入佳境，而不是十全十美。十全十美是极限，能够因修改而渐渐接近它，至少是趋向它，也就可以满足了。

(选自张中行:《作文杂谈》，人民教育出版社 1984 年版。标题是教材编者所加，原标题为《修改》。收录时略有删改)

◎练习一　联系自己的写作实践，用本文作者提出的这 12 条衡量对作文的修改，看自己哪些地方已经做到了，哪些地方尚未做到，还需努力。

◎练习二　作者认为现在年轻人修改文章不是"不能"，而是"不为"，写时不用心，写后不修改，也就是说，是写作态度问题。对此，你怎么看?

习作实践

练习一　找一篇自己的文章，用修改符号进行修改，并写出 300 字左右的修改体会。

练习二　根据下面材料，写篇 600 字左右的议论文。

1951 年秋天，赵树理回到自己所熟悉的太行山，体验农村生活。村里有个小青年写了一篇文章让赵树理指导。赵树理看了一遍说:"你先改一次，明天让我看。"第二天，小青年把稿子改好，送给赵树理，他看了一遍说:"你再改一次，明天送给我。"第三天，小青年又把稿子改好了送来。赵树理看了一遍说:"我看你会改，再改一遍。"第四天，小青年再次将稿子送给赵树理，他看了微微一笑:"你改得有门路，再改一遍。"小青年应声而去。第五天，稿子再次改好,赵树理夸赞道:"你的耐性真好,再改一遍,行吗?"第六天,赵树理满意地说:"好了,弄个信封,把它寄到《山西农民报》去。"小青年对赵树理说:"你光叫我改,改,改。你是大作家,那么多写作经验为什么不给我讲一讲呢?"赵树理说:"我已把我的真经全部传给你了。"

素养积淀

戏为六绝句

〔唐〕杜 甫

王杨卢骆当时体,轻薄为文哂未休。

尔曹身与名俱灭,不废江河万古流。

赏析 这组诗共六首,当时有些人对文学遗产任意歪曲否定,杜甫对此作了批评,并就文艺评论和创作问题提出了很有价值的见解。本诗是说那些非议"初唐四杰"王杨卢骆文章的人,你们现在攻击和诬蔑他们的文章,但是即使等到你们这些家伙身体死亡,名字也让人忘了,也阻止不了他们的声名和文章,这就像江河那样万古长流。

> 一挥而就的作品算不上好作品,但好作品却往往一挥而就。
> ——[英]本·琼森
> 作家应该竭力从平凡中间挖掘既有趣味又有教育意义的东西。
> ——[俄]陀思妥耶夫斯基

第六十课

呕心沥血 不朽作品

导论 好文章之所以好,一是好看,二是耐看,三是值得回头再看。好看,是由于能吸引他人读下去;耐看,是由于文章经得起推敲;值得回头再看,是由于文章有意蕴并能启发别人思考而留下回味的空间。一篇文章之所以显得好看、耐看、值得再看,离不开基本要求。

要点 认识怎样的作品才是优秀的作品,提高写作优秀作品的兴趣与动力;学习优秀作家"语不惊人死不休"的认真态度,提高写作优秀作品的水平。

❧❧❧ 写作启迪 ❧❧❧

故事一 传说唐朝文学家王勃到南昌参加都督阎伯屿的宴会,一气呵成写成《滕王阁序》,最后写了序诗:

闲云潭影日悠悠,物换星移几度秋。阁中帝子今何在?槛外长江□自流。

最后一句空了一个字,将序文呈上就上马走了。在座人看到这里,有人猜是"水"字,有人猜是"独"字,阎伯屿觉得都不对,派人去追回王勃,请他补上。赶到驿馆,王勃随从对来人说:"我家主人吩咐了,一字千金,不能再随便写了。"阎伯屿知道后说:"人才难得。"便包好千两银子,亲自率领文人们到驿馆见王勃。王勃接过银子,故作惊讶问:"我不是把字都写全了吗?"大家都说:"那里是个空(kòng)字呀!"王勃说:"对呀!是'空'(kōng)字,'槛外长江空自流'嘛!"大家都称:"绝妙!奇才!"这就是"一字千金"的来历。

故事二 许多优秀作家和著名学者的"书屋"名称都蕴含深意,体现出写作、治学的态度。"老学庵",是南宋爱国诗人陆游晚年的书屋名称,此名表达了诗人活到老、学到老和生命不息、学而不止的精神。"瓶水斋",是清代诗人舒位的书斋名,尽管他的诗作很有成就,但他非常谦逊,把自己的知识和创作成就比作大海中的一瓶水,所以命名自己的书斋为"瓶水斋"。"积微居",是语言学家杨树达的书屋名,他曾说:"小是大的基础,大是小的发展;多是少的结果,少是多的积蓄。学问是一点一滴积累而来的。"因此,他给书屋取名为"积微居"。

"静虚村",是著名作家贾平凹的书屋名,他说:"我刚从山里搬到西安时,住城北新村,地方虽小,却很安静,我就取名'静虚村'。静是心静,虚是心宽,包容大。"

知识技能

什么样的文章才算是好文章呢?衡量标准自然很多,但一般来说符合如下标准的文章就是优秀的文章。想象力丰富的文章是好文章。英国诗人雪莱说:"想象力是创造力。"作品实际上就是我们对自己的生活经历和知识能力的一个再创造,所以离开丰富的想象力是不行的。只有想象力丰富了,才会创作出优秀的作品来。有真情实感的文章才是好文章。"作文如做人",讲求一个"真"字。我们写作时应从写好身边的小事开始,写真人、叙真事、抒真情、发实感,只有这样的作品才能够感动自己、感动别人。细节描写生动、传神的作品是好作品。没有细节就不可能有艺术品,作品题材无论多有意义,主题思想无论有多正确,但如果没有真实感人的细节描写,就无法给人以强烈的艺术感受。因此,运用细节表现刻画人物,一方面要找到真实的细节,细节不真实,人物就不真,作品就必然失败;另一方面还要注意细节的选择,要选择那些最具特征的、最能表现主题的细节来写。能巧妙运用修辞手法的作品是好作品。巧妙运用比喻、排比、拟人等多种修辞方法,能使人、物、景栩栩如生,把平淡的材料变得生动有趣,这样充满"艺术性"的作品才是好作品。题材新颖的作品是好作品。"创新是一个民族的灵魂,一个没有创新精神的民族是一个没有希望的民族。"写作也叫创作,是因为写出来的东西是独一无二的,否则就缺乏了可读性。

怎样才能写好作文呢?实际上本书中以上的各课内容都较为具体地告诉了我们某一方面的要求或做法,要写好作文还必须注意做到以下几点:第一,要勤于积累语言。文章,要有佳词妙句才有文采,才能吸引人,才能感动人。一篇文章,如果没有佳词妙句,无论这件事情多么精彩,写出来的文章也是平淡无味的,不能够吸引人,不能让人去欣赏。而佳词妙句,只有靠平时的积累。第二,要注意留心观察社会生活。写文章,不是在屋子里憋出来的,而是要到实际生活中去观察、去体验、去感受。同时,在观察时要留心、多思考,才能产生新思想、新观点,只有有了新思想、新感受,才能写出与众不同的好作文。第三,要多学习和借鉴优秀作品。从对优秀作品的借鉴中提高写作能力,是写好文章的重要渠道,也是写好作文的关键之所在。只有多看优秀作品,才能学到写作技巧和方法,才能写出优秀的作文。第四,要有强烈的写作动机。兴趣是最好的老师,只有爱写才能善写,只有善写才能写好。因此,培养自己强烈的写作兴趣,才能写好文章。第五,要有长期大量的练笔实践。要写好文章,就要长期坚持、勤奋不辍,并具体表现为长期坚持练笔:每天坚持写日记,每周坚持写作文,每月坚持发表好文章,每年坚持对写作做总结……这样长期坚持,才能做到写作时随心所欲、挥笔自如。

阅读借鉴

好文章的标准

梁 衡

《岳阳楼记》这篇文章到底好在什么地方?在下评语前,不妨先探究一下好文章的标准。

概括地说可以叫作"一文、二为、三境、五诀"。

"一文"是指文采。文者,纹也,花纹之谓;章者,章法。文章是一门以文字为对象的形式艺术,它要遵循形式美的法则,并通过这个法则表达作者的精神美。

"二为"是写文章的目的:一是为思想而写,二是为美而写。既要有思想价值,又要有审美价值。文章有"思"无美则枯,有美无"思"则浮。

"三境"是指文章要达到三个层次的美,或曰三个境界:一是景物之美,描绘出逼真的形象,让人如临其境,谓之"形境",类似绘画的写生;二是情感之美,创造一种精神氛围叫人留恋体味,谓之"意境",类似绘画的写意;三是哲理之美,说出一个你不得不信的道理,谓之"理境",类似绘画的抽象。这三个境界一个比一个高。

"五诀"是指要达到这三境的办法,即"形、事、情、理、典",文中必有具体形象,有可叙之事,有真挚的情感,有深刻的道理,还有可借用的典故知识。

以这个标准来分析《岳阳楼记》,我们就不难明白它为什么称得上"千古第一美文"。

《岳阳楼记》的核心是阐述"先天下之忧而忧,后天下之乐而乐"的道理。但如果作者只说出这一句话,这一个理,就不会有多大的感染效果,那不是文学艺术,是口号,是社论。这篇文章好就好在它有形、有景、有情、有人、有物的铺垫,而且全都用优美的文字来表述,用了许多修辞手法。在"理境"之美出现之前,已先收"形境""意境"之效,"三境"之美俱全。再加上贯穿始终的文字之美,算是"四美"了,在内容和形式两方面都分别达到了很难得的高度。

（选自《北京日报》,2009 年 4 月 20 日。收录时略有修改）

◎练习一　阅读本文,谈谈好文章都有些什么样的标准。

◎练习二　结合自己的写作经验,谈谈你认为什么样的文章才算是一篇佳作。

如何把作文写得漂亮

伍友清

一篇漂亮的作文应像一位靓丽的姑娘——她应该有一对有神的眼睛,一张娇美的脸蛋,一颗美好的心灵,一副丰满的身段,一身得体的衣裳,一双健美的腿脚。这样的姑娘就会人见人爱,这样的作文就会获得满分。因此,要把作文写得靓丽,就必须——

一、炼就一对神奇的眼睛——拟好题目。好的标题应是新颖别致,引人读文。方法有:1.反常法,即拟出似乎违反常理的题目。这种题目有引人探究之效,如《欲速可达》《蓝树叶》等。2.公式法,即用数学公式写成的题目。这种题目新颖别致,富于哲理,如《素质教育≠玩花样》《8－1＞8》等。3.谐音法,即借用语音相同或相近的字拟的题目。这种题目诙谐幽默,如《见义勇为与见义勇"围"》,"为"与"围"同音,《要重理"亲"文》,"亲"与"轻"谐音。4.借用法,即借用影名、歌名或俗语等拟的题目。这种题目能接近读者,如《爱拼才会赢》借用歌名,《敢问千年谁最酷》改用影曲名,《尺有所短,寸有所长》借用俗语。5.比拟法,即用比喻和拟人等修辞方法拟成的题目。这种题目形象生动,如《我与自信签约》用拟人,《忠诚:沟通友谊的桥梁》用比喻,《时代呼唤雷锋》用借代,《为何腐败不败》用反问,《榜上无名,脚下有路》用对偶,《"打假"岂能"假打"》用回文,《人人为我,我为人人》用顶真。6.悬念法,即用吊起读者胃口的方法拟的题目。这种题目有使人欲罢不能之效,如《感激车祸》《耳朵"挑食"》等。7.时尚法，即用当前流行的事件或话语拟成的题目。这种题目有浓郁的时代气息，如《李白上网》《QQ风波》等。

二、设计一张漂亮的脸蛋——作好开头。开头要写得像姑娘的脸蛋那样美好，且能引人下读。方法有：1.用优美简洁的语言开头。可用整句写，也可用整散结合的句子写，或引用诗词句子写，或用描写的方式写。2.用直截了当的入题开头。如《心愿》的开头："这个心愿在我的心里已经埋藏了很久。"只一句话便入正题，可谓惜墨如金，干净利索。3.用悬念开头。这也叫倒叙法。如朱自清写的《背影》的开头。4.用激烈浓郁的抒情开头。这也叫"直抒胸臆"法，如《谁是最可爱的人》的开头。5.用寓于哲理的"题记"开头。"题记"可以是自己的语言，也可以是名人名言。

三、塑造一颗美好的心灵——定好主题。确定的主题在正确的基础上力求新颖。这可从两方面去着手。1.确立有时代特色的主题。如当前的建立和谐社会、建立节约型社会、"神六"飞天、奥运、禽流感、农村的减税增收、学校的素质教育、工厂的减本增产等。我们通过写自己熟悉的题材来反映上面这些主题，文章的中心就有时代特征了。2.确立有自己独特感受且能鼓励人向上的主题。如满分作文《人生的句号》，写从"顿号""逗号"到"感叹号"的变化，真实反映出作者思想逐步变化的过程，充分表现出作者积极进取的精神，很能鼓舞人上进。

四、锻造一副丰满的身段——写好中间。这包括要选好材料并安排好结构，中间部分要写得像姑娘的胸膛那样丰美圆实。方法有：1.事实要多，议论要少；2.细节要多，概括宜少；3.新颖的材料要多，陈旧的事物应弃；4.真情实感要多，虚情假意不要；5.表现角度要多，单调角度应戒；6.句子形式要多，雷同句式应改；7.故事波澜要多，直平写法应去。总之，要多姿多彩。

五、裁剪一身得体的衣裳——用好语言。语言要新颖有文采。方法有：1.句式整散结合，长短相配，能使句子朗朗上口；2.引用诗词歌曲的句子，能使句子增色添彩；3.用拟人比喻，能使句子形象生动；4.用群众的口头语言，能使句子生动活泼，富于生活气息；5.仿拟改编，能使句子风趣幽默。

六、磨炼一双健美的腿脚——收好结尾。结尾要写得像姑娘的双腿那样漂亮有力，干脆利落。方法有：1.画龙点睛式结尾。就是结尾点题，这种结尾能使文章主题明了，点题的方式有抒情式、希望式、推卸式、决心式、感悟式、比喻式、号召式、歌曲名言式。2.呼应开头式结尾。这种结尾能使文章显得结构完整，浑然一体。3.记叙事件式结尾。这种是以事情的结局做结尾，这种结尾能使文章显得含蓄蕴藉。4.描写景物式结尾，这种结尾能对主题起烘托作用。

总之，要形神并茂，"姑娘"才能"光彩照人"。

（选自《学生之友（初中版）（下）》2010年第2期。原题目为《如何把中考作文写得漂亮》，收录时文章结构有所调整，个别词句有删改）

◎练习一　作者以何为喻，来具体论述怎样写好文章？

◎练习二　认真阅读本文，结合自己的写作经验，也谈谈怎样才能写好一篇文章。

习作实践

哈佛图书馆自习室墙上有着这样的一些训言:

1. 此刻打盹,你将做梦;而此刻学习,你将圆梦。

2. 我荒废的今日,正是昨日殒身之人祈求的明日。

3. 觉得为时已晚的时候,恰恰是最早的时候。

4. 勿将今日之事拖到明日。

5. 学习时的苦痛是暂时的,未学到的痛苦是终生的。

6. 学习这件事,不是缺乏时间,而是缺乏努力。

7. 幸福或许不排名次,但成功必排名次。

8. 学习并不是人生的全部。但,既然连人生的一部分——学习也无法征服,还能做什么呢?

9. 请享受无法回避的痛苦。

10. 只有比别人更早、更勤奋地努力,才能尝到成功的滋味。

11. 谁也不能随随便便成功,它来自彻底的自我管理和毅力。

12. 时间在流逝。

13. 现在淌的哈喇子,将成为明天的眼泪。

14. 狗一样地学,绅士一样地玩。

15. 今天不走,明天要跑。

16. 投资未来的人是忠于现实的人。

17. 教育程度代表收入。

18. 一天过完,不会再来。

19. 即使现在,对手也不停地翻动书页。

20. 没有艰辛,便无所获。

练习一　模仿借鉴哈佛图书馆自习室墙上的训言,给自己或朋友写数条训言。

练习二　根据训言,反思自己的写作状况,写一篇提高写作能力的发展规划,要求500字左右。

素养积淀

如　梦　令

〔宋〕李清照

常记溪亭日暮,沉醉不知归路。兴尽晚回舟,误入藕花深处。争渡,争渡,惊起一滩鸥鹭。

赏析　这是一首绝妙的大自然的赞歌。此首小令,为作者年轻时的词作。写她经久不忘的一次溪亭畅游,并用白描的艺术手法,创造了一个具有平淡之美的艺术境界,清秀淡雅,静中有动,语言浅淡自然,朴实无华,给人以强烈的美的享受。

后　记

　　提高大学民族预科学生的汉语写作能力,是我们承担这一教学任务的教师的共同愿望;编写出一本较高质量的汉语写作教材,是我们为实现这一愿望共同努力的目标。现呈现于我们面前的这本《汉语写作教程》,则是我们共同努力的劳动结晶。

　　《汉语写作教程》的编写意图、体例框架、章节设计、结构组成、范文选取标准等全局性问题由主编解光穆(宁夏教育厅教科所、宁夏大学硕士生导师)、陶玉凤(宁夏大学民族预科学院硕士生导师)负责拟定,参与编写人员给予了积极支持,一些宝贵意见被及时吸纳到编写体系之中,使教材体系更趋完善、结构更为合理、内容更加科学、使用更觉方便。现借教材出版之际,对各位参编人员提出宝贵意见特致谢忱!

　　《汉语写作教程》按统一设计、分工编写的形式来组织实施。具体编写分工为:解光穆负责第一课、第二课、第六十课的编写和教材的编写指导、统稿与定稿等工作;陶玉凤负责第三至二十五课的编写;李秀霞(银川市第二中学)负责第二十六至二十九课、第五十七至五十九课的编写;高洁(宁夏长庆石油初级中学)负责第三十至三十四课的编写;刘静(宁夏大学人文学院硕士研究生)负责第三十五至三十九课的编写;谢亚欣(宁夏大学人文学院硕士研究生)负责第四十至四十四课的编写;徐丽(宁夏大学人文学院硕士研究生)负责第四十五至四十九课的编写;齐昕(宁夏大学人文学院硕士研究生)负责第五十至五十四课的编写;肖楠(宁夏大学人文学院硕士研究生)负责第五十五至五十六课的编写。在编写过程中,编写人员通力协作、互帮互助,体现出良好的学术情操。现借教材出版之际,对各位参编人员付出辛勤劳动特致谢忱!

　　《汉语写作教程》在编写与出版中,还得到了多方支持与众多帮助:宁夏大学副校长李伟教授,宁夏大学民族预科学院王俊院长、郝育兰书记都给予了大力支持;宁夏大学教育学院马青博士给予了编写指导;宁夏大学民族预科学院图书资料室马瑞英老师在资料查阅中提供了诸多便利;陕西师范大学出版总社有限公司张俊胜老师在体例编排、出版校对中付出了艰辛劳动。现借教材出版之际,对各位领导与同事给予关心和支持特致谢忱!

　　编写《汉语写作教程》,我们积极吸取了众多专家学者的写作理论与观点作为阐述写作知识与技能的依据,选取了古今中外众多著名作家与学者的经典作品并根据需要略有删节以作为民族预科学生学习与借鉴的范文,也精选了《读者文摘》等许多报刊上发表的部分文质兼美的"时文",并依据需要有所删改,以作为"印证"汉语写作技巧的典范。众多专家学者、著名作家的写作观点、经典作品在丰富和支撑教材内容等方面起到积极作用。现借教材出版之际,对各位专家学者、作家特致谢忱!

　　《汉语写作教程》是一次提高民族预科学生汉语写作水平的积极尝试,因主编与参编人员水平所限,书中疏漏之处定然难免,恳请教材使用者和专家学者批评指正!

编者

2013 年 6 月 6 日